CW00346899

Storia antica del Messico : cavata da' migliori storici spagnuoli, e da' manoscritti, e dalle pitture antiche degl' Indiani : divisa in dieci libri, e corredata di carte geografiche, e di varie figure : e dissertazioni sulla... Volume 1 of 4

Francesco Saverio Clavigero

52630

STORIA ANTICA
DEL MESSICO

CAVATA DA' MIGLIORI STORICI SPAGNUOLI,

E DA' MANOSCRITTI, E DALLE PITTURE ANTICHE DEGL' INDIANI:

DIVISA IN DIECI LIBRI,

E CORREDATA DI CARTE GEOGRAFICHE,

E DI VARIE FIGURE:

E

DISSERTAZIONI

Sulla Terra, sugli Animali, e sugli abitatori del Messico.

OPERA
D E L L' A B A T E
D. FRANCESCO SAVERIO
CLAVIGERO

✳══════════════✳

TOMO I.

✳══════════════✳

IN CESENA MDCCLXXX.

\approx\!\!=\!\!=\!\!=\!\!=\!\!=\!\!=\!\!=\!\!=\!\!=\!\!=\!\!=\!\!=\!\!=

PER GREGORIO BIASINI ALL' INSEGNA DI PALLADE

Con Licenza de' Superiori.

antiche, che ci rimangono, o s'andranno fcoprendo negli fcavamenti, le armi, i lavori di mufaico,
ed altre sì fatte anticaglie, le pitture meffcane d'o-
gni forta, e quà e là fparfe, e foprattutto i manofcritti tanto quelli de' primi Miffionarj, e d'altri antichi Spagnuoli, quanto quelli de' medefimi
Indiani, che fono nelle librerìe d'alcuni Monifterj: onde fi potrebbono ricavar delle copie, prima
ch'effi fieno dalle tignuole confunti, o per qualchè
altra difgrazia perduti. Ciò che fece pochi anni
fa un curiofo, ed erudito Straniere, (*) ci dà a (*) Il Ca-
conofcere quello, che far potrebbono i noftri com-
valier Bo-
turini.
patrioti, qualora ad una gran diligenza, e ad un'
accorta induftria aggiungeffero quella prudenza, che
fi richiede per tirar sì fatti monumenti dalle mani
degl' Indiani.

Degnatevi frattanto d'accettar quefta mia fatica, come un contraffegno del mio fincerifsimo a-
mor della patria, e della fomma venerazione, colla quale mi protefto

Bologna 13. Giugno 1780.

Di VV. Signorie Illuftrifsime

Affezionato compatriota, ed umiliffimo Servitore,
Francefco Saverio Clavigero.

Vidit pro Illuſtriſs. ac Reverendiſs. D. Vic.
Gen. Bartolucci

Carolus Catani.

IMPRIMATUR:

Jo: B. Bartolucci Vic. Gen.

Vidit pro Admod. R. P. Vic. S. Offic. Cæfenæ

Comes Francifcus Fattiboni Conſultor S. Officii.

IMPRIMATUR:

F. Antonius Gatti Vic. S. Offic. Cæfenæ.

PREFAZIONE

A Storia antica del Meſſico da me intrapreſa per iſchivare la nojoſa, e biaſimevole ſcioperaggine, a cui trovavami condannato, per ſervire comunque poteſſi alla mia patria, ed alla mia Nazione, e per rimettere nel ſuo ſplendore la verità offuſcata da una turba incredibile di moderni Scrittori dell'America, e ſtata non men faticoſa, e malagevole per me, che diſpendioſa. Imperocchè, tralaſciando le grandi ſpeſe fatte nel procacciarmi da Cadice, da Madrid, e da altre Città dell'Europa i libri neceſſarj, ho letto, e diligentemente diſaminato quaſi tutto, quanto è ſtato finora ſopra un tale argomento pubblicato: ho confrontato i ragguaglj degli Autori, ed ho peſata nella bilancia della critica la loro autorità: ho ſtudiate moltiſſime dipinture ſtoriche de' Meſſicani: mi ſono prevaluto de' lor manoſcritti già letti, allorchè io era nel Meſſico, ed ho conſultati molti uomini pratici di que' paeſi. Ad una tal diligenza potrei aggiunger per accreditar le mie fatiche, d'eſſermi trattenuto trentaſei anni in parecchie Provincie di quel vaſto Regno, d'aver imparata la lingua meſſicana, e d'aver praticati per alcuni anni gli ſteſſi Meſſicani, la cui ſtoria ſcrivo. Non però mi luſingo di poter dare un'opera perfetta; poichè oltre al trovarmi ſfornito di que' fregj d'ingegno, di giudizio, e d'eloquenza, che ſi richiedono in un buono ſtorico, la perdita lamentabile della maggior parte delle pitture meſſicane, da me altrove rammentata, e compianta, e la mancanza di tanti manoſcritti pregevoli, che ſi conſervano in parecchie librerie del Meſſico, ſono oſtacoli inſuperabili per chiunque intraprender voglia sì fatta Storia, maſſimamente fuori di que' paeſi. Nulladimeno io ſpero, che ſia gradita la mia fatica, non già per la eleganza della favella, per la bellezza delle deſcrizioni, per la gravità delle fentenze, o per la grandezza de'fatti raccontati ; ma bensì per la diligenza nelle ricerche, per la fincerità della narrazione, per la naturalezza dello ftile, e pel fervigio fatto a' Letterati vaghi di fapere le antichità meffiche, prefentando loro raccolto in quefta operetta quanto di pregevole trovafi fparfo quà e là negli Autori, e davvantaggio parecchie cofe non mai da effi pubblicate.

Effendomi io prefiffa la utilità de'miei nazionali , come fine principale di quefta Storia, la fcriffi da principio in ifpagnuolo: indotto poi da alcuni Letterati Italiani, che moftravanfi oltremodo bramofi di leggerla nella lor propria lingua , mi addoffai il nuovo, e faticofo impegno di traslatarla in tofcano ; ma coloro, ch'ebbero la bontà di pregiar le mie fatiche, avranno pure quella di compatirmi.

Indotto parimente da alcuni amici fcriffi quel faggio di ftoria naturale del Meffico, che fi legge nel libro primo, il quale da me credevafi non neceffario, e da molti forfe farà ftimato fuor di propofito; ma per non ufcir affatto dal mio argomento mi sforzai di ridurre alla ftoria antica ciò, che dico delle cofe naturali, accennando l'ufo, che ne faceano gli antichi Mefficani. Per l'oppofto a quelli che fon portati per lo ftudio della Natura, parrà quefto medefimo faggio qual'infatti è, troppo riftretto, e fuperfiziale; ma per foddisfare alla loro curiofità farebbe d'uopo lo fcrivere un'opera affai diverfa da quella , ch'io ho intraprefa. Del refto io avrei rifparmiata una gran pena, fe non foffi ftato coftretto a compiacere a' fuddetti amici, mentre per ifcrivere convenevolmente quel poco di ftoria naturale, ftudiai l'opere di Plinio, di Diofcoride, di Laet, di Hernandez , d'Ulloa, di Buffon, di Bomare, e d'altri Naturalifti; non contentandomi nè di ciò, ch'io avea veduto co'miei occhj, nè di ciò, che ho avuto per informazione d'uomini pratici di que'paefi, e bene intendenti.

Nello fcrivere niente ho avuto più a cuore, che la verità. Io avrei faticato affai meno, e la mia Storia farebbe forfe più gradita da molti, fe tutta la diligenza da me adoprata per rintracciare il vero, l'aveffi meffa nell'abbellire la mia narrazione

zione d'uno ftile brillante, e vezzofo, di rifleffioni filofofiche, e politiche, e di fatti inventati a capriccio, ficcome veggo farfi da non pochi Autori del noftro vantato fecolo; ma a me pare, come quegli che fono nemico giurato d'ogni inganno, bugia, ed affettazione, tanto più bella dover comparir la verità, quanto più ignuda. Nel raccontar gli avvenimenti della conquifta fatta dagli Spagnuoli mi fono ugualmente allontanato dal panegirico del Solìs, e dalle invettive di Monfignor de las Cafas; poichè nè voglio adulare i miei Nazionali, nè calunniarli. (a) Metto i fatti in quel grado di certezza, o di verifimiglianza, in cui gli trovo: dove poi non poffo accertare qualche fucceffo a cagione della difcordanza degli Autori, ficcome intorno alla morte del Re Motezuma, efpongo finceramente i lor diverfi fentimenti, ma fenza tralafciar quelle congetture, che detta la buona ragione. In fomma ho avuto fempre mai d'avanti agl'occhj quelle due fante leggi della ftoria, di non ofar dire il falfo, nè temer di dire il vero, e mi lufingo di non avervi contravvenuto.

Non dubito, che vi fieno de'leggitori sì delicati, e leziofi, che non poffano comportare la durezza di tanti nomi mefficani fparfi per tutta la Storia; ma queſto è un male, a cui non ho potuto rimediare fenza efpormi ad incorrere in un'altro difetto men tollerabile, ed affai comune in quafi tutti gli Europei, che hanno fcritto dell'America, cioè quello d'alterare in sì fatta maniera i nomi per raddolcirli, che non fi poffano più conofcere. Chi farebbe capace d'indovinare, che il Solìs parla di Quauhnahuac dove dice *Quatlabaca*, di Huejotlipan dove mette *Gualipàr*, e di Cuitlalpitoc dove fcrive *Pilpatoe*? Quindi ho ftimato più ficuro l'imitar l'efempio di molti fcrittori moderni, i quali dovunque adducono nelle loro opere i nomi di perfone, di luoghi, di fiumi, ec. d'un'altra Nazione della Europa, gli fcrivono tali, quali cotal Nazione

A 2 gli

(a) Io non pretendo far credere adulatore il Solìs, nè calunniatore Monfig. de las Cafas, ma foltanto voglio dire, che ciò che fcriffe il Solìs moffo dal defiderio d'ingrandire il fuo Eroe, e Monfignor de las Cafas trafportato dal pio zelo per gl'Indiani, io non potrei fcrivere fenza adulare, o calunniare.

gli ufa : e pure vi fono de' nomi prefi dalla lingua tedefca , e dalla illirica affai più duri all' orecchie italiane pel maggior concorfo di confonanti forti, che tutte le voci meßicane da me adoperate. Non però rifiuto que' nomi già alterati, ne' quali per effere generalmente conofciuti, non v'è pericolo di sbagliare. Così fcrivo *Meßico* in vece di *Mexico*, *Tlafcalla* in vece di *Tlaxcallan*, e *Morezuma* in vece di *Moteuczoma*.

Rapporto alla Geografia d'Anahuac ho adoperato ogni mio ſtudio per renderla efatta, prevalendomi or della notizia di que' paefi prefa da me medefimo ne' molti viaggj che vi feci, or dell' informazioni, e degli fcritti altrui; ma contuttociò non fono riufcito pienamente, mentre a difpetto delle più premurofe diligenze non ho potuto procacciarmi quelle fcarfe offervazioni aftronomiche, che fi fon fatte fu' luoghi. Il fito però, e le diftanze da me accennate tanto nel corpo della ſtoria, quanto nella carta geografica, non debbono crederfi meffe con quella precifione, ed efattezza, che fi richiede da un Geografo, ma a un dipreffo, come può farfi da un viaggiatore accorto, che giudica ad occhio. Ho avute nelle mani innumerabili carte geografiche del Meffico così antiche, come moderne, e farebbe ſtato facile il copiare quella, che più mi piaceffe, facendovi alcune lievi mutazioni per ridurla alla Geografia antica; ma fra tante non ne ho trovato neppure una, che non fia piena d'errori tanto rapporto alla latitudine, e alla longitudine de' luoghi, quanto in ciò che riguarda la divifione delle Provincie, il corfo de' fiumi, e la direzione delle cofte. Bafta per conofcere il conto, che fi debbe fare di tutte le carte finora pubblicate, avvertire il divario, che in effe v'è intorno alla longitudine della Capitale, contuttocchè effer debba più conofciuta di quella di qualunque altra Città del Meffico. Queſto divario non è meno di quattordici gradi, mentre da alcuni Geografi è fituata quella Città in 264. gradi di longitudine dalla ifola del Ferro, da altri in 265., da altri in 266., e così fino a 278., o forfe più.

Non meno per abbellire la mia Storia, che per agevolare l'intelligenza di parecchie cofe in effa defcritte, ho fatto intagliare fino a venti rami. I caratteri meſſicani, e le figure delle Città, de' Re, delle armadure, degli abiti, degli ſcudi, del ſecolo, dell'anno, del meſe, e del diluvio ſono ſtate preſe da varie pitture meſſicane. La figura del tempio maggiore è ſtata fatta ſopra quella del Conquiſtatore Anonimo, correggendovi le miſure da lui recate, ed aggiungendovi il reſto giuſta la deſcrizione d'altri Autori antichi. L'immagine dell'altro tempio è copia di quella, che pubblicò il Valades nella ſua *Rettorica Criſtiana*. Le figure de' fiori, e degli animali ſono per la maggior parte copie di quelle dell'Hernandez. Il ritratto di Motezuma è ſtato fatto ſulla copia, che pubblicò il Gemelli dell'originale, che aveva il Siguenza. I ritratti de' Conquiſtatori ſono copie di quelli, che ſi vedono nelle Decadi dell'Herrera. Tutte l'altre figure ſono ſtate diſegnate ſopra ciò, che abbiamo veduto co' noſtri occhj, e ſopra ciò, che ne raccontano gli Storici antichi.

Oltracciò ho voluto premettere alla narrazione de' fatti una breve notizia degli Scrittori della Storia antica del Meſſico, così per far vedere i fondamenti della mia opera, come per far onore alla memoria d'alcuni illuſtri Americani, gli ſcritti de' quali ſono affatto ſconoſciuti nell'Europa. Servirà altresì per additar le fonti della Storia Meſſicana a chi perfezionar voleſſe nell'avvenire queſto mio imperfetto lavoro.

NO.

NOTIZIA

Degli Scrittori della Storia antica del Meſſico:

NEL SECOLO XVI.

FERDINANDO CORTE'S. Le quattro lunghiſſime lettere ſcritte da queſto famoſo Conquiſtatore al ſuo Sovrano Carlo V. contenenti il ragguaglio della Conquiſta, e molti pregevoli riſcontri intorno al Meſſico, e a' Meſſicani, ſono ſtate pubblicate in iſpagnuolo, in latino, in toſcano, ed in altre lingue. La prima di queſte lettere fu ſtampata in Siviglia nel 1522. Sono tutte bene ſcritte, e vi ſi ſcorge della modeſtia, e della ſincerità ne' racconti, mentre nè vanta i ſuoi proprj fatti, nè oſcura gli altrui. S'egli aveſſe avuto l'ardire d'ingannar il ſuo Re, i ſuoi nemici, che tante querele preſentarono alla corte contro di lui, non avrebbono laſciato di rinfacciargli un tal delitto.

BERNAL DIAZ DEL CASTILLO, Soldato conquiſtatore. *La Storia vera della conquiſta della N. Spagna* da lui ſcritta fu ſtampata in Madrid nel 1632. in un tomo in foglio. Malgrado la ſconciatura de' racconti, e la rozzezza del linguaggio, queſta Storia è ſtata aſſai ſtimata per la ſemplicità, e la ſincerità dell'Autore, che da per tutto ſi ſcorge. Egli fu teſtimonio oculato di quaſi tutto quanto ne racconta; ma talvolta non ſeppe ſpiegar le coſe a cagione della ſua idiotaggine, e talvolta ancora ſi moſtra dimentico de' fatti per avere ſcritto molti anni dopo la conquiſta.

ALFONSO di MATA, e ALFONSO d'OJEDA, tutti e due Conquiſtatori, e Scrittori di Comentarj ſulla Conquiſta del Meſſico, di cui ſi ſervirono l'Herrera, e il Torquemada. Quelli dell'Ojeda ſono più diſteſi, e più ſtimati. Egli ebbe più pratica degl'Indiani, e imparò la loro lingua, come quegli che fu incaricato di badar alla truppe auſiliarie degli Spagnuoli.

IL

IL CONQUISTATORE ANONIMO. Così chiamiamo
l'Autore d'una breve, ma assai curiosa, e stimabile relazione,
che si trova nella raccolta del Ramusio sotto questo titolo,
Relazione d'un Gentiluomo di Ferdinando Cortès. Non ho potuto indovinare chi sia stato questo Gentiluomo; perchè niun'
Autore antico ne fa menzione; ma chi che sia, egli è since-
ro, esatto, e curioso. Egli non curandosi degli avvenimenti
della conquista, racconta ciò, che osservò nel Messico intorno
a' tempj, alle case, a' sepolcri, all'armi, agli abiti, al mangiare, al bere ec. de' Messicani, e ci fa vedere la forma de' lor
tempj. Se la sua opera non fosse cotanto ristretta, non sarebbe
verun'altra con essa paragonabile in ciò, che riguarda le antichità Messicane.

FRANCESCO LOPEZ di GOMARA. La Storia della
Nuova Spagna scritta da questo dotto Spagnuolo sulle informazioni avute a bocca da' Conquistatori, e per iscritto da' primi
Religiosi, che s'impiegarono nella conversione de' Messicani, e
stampata in Saragozza nel 1554. è bene intesa, e curiosa. E-
gli fu il primo a pubblicare le feste, i riti, le leggi, e la
maniera, che aveano i Messicani di computar il tempo; ma
vi sono degli errori a cagione di non essere state affatto esatte
quelle prime informazioni. La traduzione di quest'opera in toscano stampata in Venezia nel 1599. ha tanti errori, che
non può leggersi senza noja. (b)

TORIBIO di BENAVENTE, chiarissimo Francescano
Spagnuolo, ed uno de' dodici primi Predicatori, che annun-
ziarono il Vangelo ai Messicani, conosciuto volgarmente per la
sua evangelica povertà col nome messicano di MOTOLINIA.
Scrisse tra le sue apostoliche fatiche la *Storia degl'indiani della
N. Spagna,* divisa in tre parti. Nella 1. espone i riti della loro antica Religione: nella 2. la loro conversione alla fede Cri-
stiana, e la loro vita nel Cristianesimo: e nella 3. ragiona della

(b) Nella Raccolta degli Storici primi dell'America fatta dal Sig. Barcia,
e stampata in Madrid nel 1749., si trova la Storia del Gomara; ma vi mancano alcune espressioni di questo Autore intorno al carattere del conquistatore
Cortès.

la loro indole, delle loro arti, e delle loro ufanze. Di quefta Storia compita in un groffo tomo in foglio fi trovano alcune copie in Ifpagna. Scriffe parimente una opera ful Calendario Mefficano,(il cui originale fi confervava in Meffico), ed altre non men utili agli Spagnuoli, che agl' Indiani.

ANDREA d' OLMOS Francefcano Spagnuolo di fanta memoria. Imparò quefto infaticabile Predicatore le lingue Mefficana, Totonaca, e Huaxteca, e di tutte tre compofe grammatica, e dizionario. Oltre ad altre opere da lui lavorate in pro degli Spagnuoli, e degl' Indiani, fcriffe in ifpagnuolo un trattato fulle antichità Meffcane, e in mefficano l' efortazioni, che faceano gli antichi Meffcani a' loro figliuoli, di cui do un faggio nel lib. VII. di quefta Storia.

BERNARDINO SAHAGUN, laboriofo Francefcano Spagnuolo. Effendo ftato più di feffanta anni impiegato nella inftruzione de' Meffcani, feppe colla maggior perfezione e la loro lingua, e la loro ftoria. Oltre ad altre opere da lui fcritte tanto in meffcano, quanto in ifpagnuolo, compofe in dodici groffi tomi in foglio un Dizionario univerfale della lingua meffcana, contenente tutto ciò che apparteneva alla Geografia, alla Religione, e alla Storia politica, e naturale de' Meffcani. Quefta opera d'immenfa erudizione e fatica fu mandata al Cronichifta Reale dell' America, refidente in Madrid, dal Marchefe di Villamanrique Viceré del Meffico, e non dubitiamo, che finora fiafi confervata in qualche librerìa di Spagna. Scriffe ancora la Storia generale della N. Spagna in quattro tomi; li quali fi confervano manofcritti nella librerìa del Convento de' Francefcani in Tolofa di Navarra, fecondochè afferma Giovanni di S. Antonio nella fua *Biblioteca Francefcana*.

ALFONSO ZURITA, Giureconfulto Spagnuolo, e Giudice del Meffico. Dopo aver fatte per ordine del Re Filippo II. diligenti ricerche ful governo politico de' Meffcani, fcriffe in Ifpagnuolo una *Compendiofa relazione de' Signori, che v' erano nel Meffico, e della loro diverfità: delle leggi, dell'ufanze, e de' coftumi de' Meffcani: de' tributi, che pagavano &c.* L' originale manofcritto in foglio fi confervava nella librerìa del Collegio

de'

S. Domenico. Oltre alla Cronica de' Domenicani del Meſſico ſtampata in Madrid nel 1596. e alla Storia della N. Spagna, e della Florida ſtampata pure in Valladolid nel 1632., ſcriſſe la Storia antica de' Meſſicani, ſervendoſi de' materiali raccolti già da Ferdinando Duran Domenicano da Tezcuco; ma queſta opera non ſi trova.

Il Dott. CERVANTES, Decano della Chieſa Metropolitana di Meſſico. Il Cronichiſta Herrera loda le memorie ſtoriche del Meſſico ſcritte da queſto Letterato; ma non ſappiamo di più.

ANTONIO di SAAVEDRA GUZMAN, nobil Meſſicano. Nella ſua navigazione in Spagna compoſe in venti canti la Storia della conquiſta del Meſſico, e la ſtampò in Madrid ſotto il titolo ſpagnuolo d'*El Peregrino Indiano* nel 1599. Queſt' opera debbe contarſi tra le ſtorie del Meſſico; perchè non ha di poesìa, ſe non il metro.

PIETRO GUTIERREZ di S. CHIARA. De' manoſcritti di queſto Autore ſi ſervì il Betancurt per la ſua ſtoria del Meſſico; ma nulla ſappiamo del titolo, e della qualità di tal opera, neppure della patria dell' Autore, benchè ſoſpettiamo, che ſia ſtato Indiano.

NEL SECOLO XVII.

ANTONIO d' HERRERA, Cronichiſta Reale dell' Indie. Queſto ſincero, e giudizioſo Autore ſcriſſe in quattro tomi in foglio otto Decadi della ſtoria dell' America, cominciando dall' anno 1492., inſieme con una Deſcrizione geografica delle Colonie Spagnuole in quel nuovo Mondo, la quale opera fu ſtampata per la prima volta in Madrid ſul principio del ſecolo ſcorſo, e poi riſtampata nel 1730. come pure tradotta, e pubblicata in altre lingue della Europa. Benchè il principale intento dell' Autore foſſe quello di raccontar i fatti degli Spagnuoli, non però tralaſcia la ſtoria antica degli Americani, ma in ciò che riguarda a' Meſſicani copia per lo più i ragguagli dell' Acoſta, e del Gomara. Il ſuo metodo poi, ſiccome quello
lo

lo di tutti i rigorofi Annalifti, è fpiacevole agli amatori della Storia, mentre ad ogni paffo fi vede interrotta la narrazione di qualche fatto col racconto d' altri avvenimenti affai diverfi.

ARRIGO MARTINEZ Autore ftraniero, benchè di cognome fpagnuolo. Dopo aver viaggiato per la maggior parte della Europa, ed efferfi trattenuto molti anni nel Meffico, dove fu utiliffimo per la fua gran perizia nelle Matematiche, fcriffe la Storia della N. Spagna, la quale fu ftampata in Meffico nel 1606. Nella ftoria antica va per lo più fulle traccie dell' Acofta; ma vi ha delle offervazioni aftronomiche e fifiche importanti per la Geografia, e per la ftoria naturale di que' paefi.

GREGORIO GARCIA, Domenicano fpagnuolo. Il fuo famofo trattato full' origine degli Americani ftampato in 4. in Valenza nel 1607., e poi accrefciuto e riftampato in Madrid nel 1729. in foglio, è una opera d' immenfa erudizione, ma quafi tutta inutile; mentre poco o nulla giova per rintracciare il vero. I fondamenti delle opinioni, che egli apporta fulla origine degli Americani, fono per lo più congetture deboli fulla fomiglianza in alcune ufanze, ed in alcune voci delle lingue, le quali s' adducono fovente alterate.

GIOVANNI di TORQUEMADA, Francefcano fpagnuolo. La ftoria del Meffico da lui fcritta col titolo di *Monarchia Indiana*, ftampata in Madrid verfo il 1614. in tre groffi tomi in foglio, e poi riftampata nel 1724., è fenz' altro la più compita rapporto all' antichità meficana di quante fono ftate finora pubblicate. L' Autore fi trattenne nel Meffico dalla fua giovinezza fin' alla fua morte, feppe affai bene la lingua meficana, praticò i Meficani più di cinquanta anni, ammafsò un gran numero di pitture antiche, e d' eccellenti manofcritti, e faticò nella fua opera più di venti anni; ma a difpetto della fua diligenza, e di cotali vantaggj, egli fi moftra fpeffo mancante di memoria, di critica, e di buon gufto, e nella fua iftoria fi fcorgono molte contraddizioni groffolane, maffimamente intorno alla Cronologìa, parecchj racconti fanciullefchi, ed una gran copia d' erudizione fuperflua: onde fa meftier d' una buona pazienza per leggerla. Nondimeno effendovi moltiffime cofe affai pregevoli,

che

che indarno fi cercheranno in altri Autori, mi bifognò fare in tale ftoria, quello che fece Virgilio nelle opere d' Ennio, cioè ricercar le gemme fra il letame.

ARIAS VILLALOBOS, Spagnuolo. La fua Storia del Meffico condotta dalla fondazione della Capitale fino all' anno 1623. fcritta in verfo, ed ivi ftampata nell'anno fuddetto, e un'opera di poco pregio.

CRISTOFORO CHAVES CASTILLEJO, Spagnuolo. Scriffe verfo l'anno 1632. un tomo in foglio fulla origine degl'Indiani, e fulle loro prime colonie nel paefe d'Anahuac.

CARLO di SIGUENZA, e GONGORA, celebre Meffi-cano, Profeffore di Matematiche nella Univerfità della fua patria. Quefto grand'uomo è ftato uno de' più benemeriti della Storia del Meffico; poichè fece a grandi fpefe una grande, e fcelta raccolta di manofcritti, e dipinture antiche, e s'adoperò colla maggior diligenza ed affiduità nell'illuftrare l'antichità di quel Regno. Oltre a molte opere matematiche, critiche, ftoriche, e poetiche da lui compofte, or manofcritte, ora ftampate in Meffico dall'anno 1680. fino al 1693. fcriffe in ifpagnuolo 1. La *Ciclografia Mefficana*, opera di gran fatica, nella quale pel calcolo dell'ecclifi, e delle comete notate nelle pitture ftoriche de' Mefficani, aggiuftò le loro epoche alle noftre, e fervendofi di buoni documenti efpofe il metodo, che effi aveano nel contar i fecoli, gli anni, ed i mefi. 2. La *Storia dell' Imperio Cicimeco*, nella quale efponeva ciò, che aveva ritrovato ne' manofcritti, è nelle pitture mefficane intorno alle prime Colonie paffate dall' Afia all' America, ed intorno agli avvenimenti delle più antiche Nazioni ftabilite in Anahuac. 3. Una lunga, ed affai erudita differtazione fulla pubblicazione del Vangelo in Anahuac, fattavi, fecondochè egli credeva, dall' Apoftolo San Tommafo, prevalendofi della tradizione degl' Indiani, delle Croci ritrovate, e venerate già nel Meffico, e d' altri monumenti. 4. La Genealogia de' Re Mefficani, nella quale deduceva la ferie de' loro Afcendenti infin dal fecolo VII. dell' Era Criftiana. 5. Delle annotazioni critiche fulle opere del Torquemada, e del Bernal Diaz. Tutti quefti eruditiffimi manofcritti, ſcritti, i quali potrebbono porgerci un grand'ajuto per la noſtra ſtoria, ſi perdettero per la traſcuraggine degli eredi di quel dotto Autore, e ſoltanto ci rimangono alcuni frammenti conſervati nelle opere d'alcuni Scrittori contemporanei ſiccome in quelle del Gemelli, del Betancurt, e del Florencia.

AGOSTINO di BETANCURT, Franceſcano da Meſſico. La ſua ſtoria antica, e moderna del Meſſico ſtampata in quella Capitale nel 1698. in un tomo in foglio ſotto il titolo di *Teatro Meſſicano*, non è in ciò che riguarda alla ſtoria antica altro, che un riſtretto di quella del Torquemada fatto in fretta, e ſcritto con poca accuratezza.

ANTONIO SOLIS, Cronichiſta Reale dell'America. La ſtoria della Conquiſta della N. Spagna ſcritta da queſto pulitiſſimo, ed ingegnoſo Spagnuolo, ſembra più un panegirico, che una iſtoria. Il ſuo linguaggio è puro ed elegante, ma lo ſtile alquanto affettato, le ſentenze troppo ricercate, e l'aringhe compoſte a piacere; e come quegli, che non badava tanto al vero, quanto al bello, contraddice ſovente agli Autori più degni di fede, ed anche al medeſimo Cortès, il cui panegirico intrapreſe. Ne'tre ultimi libri della noſtra Storia accenniamo alcuni ſbaglj di queſto celebre Scrittore.

NEL SECOLO XVIII.

PIETRO FERNANDEZ del PULGAR, dotto Spagnuolo, ſucceſſore del Solìs nell'impiego di Cronichiſta. *La vera Storia della conquiſta della N. Spagna* da lui compoſta ſi trova citata nella prefazione della moderna ſtampa dell'Herrera, ma non l'abbiamo veduta. E' da crederſi, che ſi metteſſe a ſcriverla per emendar gli errori del ſuo anteceſſore.

LORENZO BOTURINI BENADUCCI, Mileneſe. Queſto curioſo, ed erudito Cavaliere ſi portò nel Meſſico nel 1736. e vago di ſcrivere la Storia di quel Regno fece in otto anni, che vi ſtette, le più diligenti ricerche intorno all'antichità, imparò mediocremente la lingua meſſicana, fece amicizia cogl'Indiani per ottenere da loro delle pitture antiche, e ſi procacciò

ciò

ciò delle copie di molti ſtimabili manoſcritti, che v'erano nelle librerie de' Moniſterj. Il muſeo, che ne formò di pitture, e di manoſcritti antichi, e ſtato il più copioſo, e il più ſcelto, almeno dopo quello del chiariſſimo Siguenza, che mai ſiaſi veduto in quel Regno ; ma prima di metter mano alla ſua opera, fu dalla troppa geloſia di quel governo ſpogliato di tutta la ſua robba letteraria, e mandato in iſpagna, dove eſſendoſi affatto purgato d'ogni ſoſpetto contro la ſua fedeltà ed onore, ſenza però ottenere i ſuoi manoſcritti, ſtampò in Madrid nel 1746. in un tomo in quarto un ſaggio della grande ſtoria, che meditava. In eſſo ſi trovano delle notizie importanti non mai pubblicate; ma vi ſono ancora degli errori. Il ſiſtema di ſtoria, che ſi era formato, era troppo magnifico, e però alquanto fantaſtico.

Oltre a queſti ed ad altri Scrittori così Spagnuoli, come Indiani, vi ſono pure alcuni anonimi, le cui opere ſono degne d'eſſere ricordate per la importanza del loro argomento, le quali ſono 1. certi annali della Nazione Tolteca dipinti in carta, e ſcritti in lingua meſſicana, ne' quali ſi da contezza del pellegrinaggio, e delle guerre de' Toltechi, de' loro Re, della fondazione di Tollan loro metropoli, e d'altri loro avvenimenti fino all'anno 1547. dell'era volgare. 2. certi comentarj ſtorici in meſſicano degli avvenimenti della Nazione azteca, o ſia meſſicana dall'anno 1066. fino al 1316. ed altri parimente in meſſicano dall'anno 1367. fino al 1509. 3. una ſtoria meſſicana in meſſicano condotta infino all'anno 1406. nella quale ſi mette l'arrivo de' meſſicani alla Città di Tollan nel 1196. ſecondo che diciamo nella noſtra ſtoria. Tutti queſti manoſcritti erano nel prezioſo muſeo del Cav. Boturini.

Non facciamo qui menzione di quegli Autori, che ſcriſſero delle antichità di Michuacan, di Jucatan, di Guatimala, e del N. Meſſico; perchè benchè oggidì da molti ſi credano tutte queſte Provincie compreſe nel Meſſico, non appartenevano pure all'Imperio meſſicano, la cui ſtoria ſcriviamo. Mentoviamo bensì gli Autori della ſtoria antica del Regno d'Acolhuacan, e della Repubblica di Tlaſcalla, perchè i loro avve-

nimenti fono per lo più conneffi con quelli de' Meffricani:
Se nell'annoverare gli Scrittori del Meffico pretendeffimo
far pompa d'erudizione, potremmo metter quì un catalogo
affai lungo di Francefi, d'Inglefi, d'Italiani, d'Olandefi, di
Fiamminghi, e di Tedefchi, che hanno fcritto o a bella pofta, o incidentemente della ftoria antica di quel Regno; ma
avendo io moltiffimi di loro letti per farne ufo nella mia opera, niuno ho trovato che giovarmi poteffe, fe non i due Italiani Gemelli, e Boturini, i quali per effere ftati nel Meffico,
e per efferfi procacciate da' meffricani delle dipinture, e de' rifcontri particolari intorno alla loro antichità, hanno in qualche maniera contribuito ad illuftrarne la ftoria. Tutti gli altri o hanno ridetto ciò ch'era già ftato fcritto dagli Autori
Spagnuoli da noi mentovati, o pure hanno alterati i fatti a
loro fenno, per incrudelire vieppiù contro agli Spagnuoli, ficcome hanno fatto di frefco il Sig. di P. nelle fue *Ricerche Filofofiche fugli Americani*, e il Signor di Marmontel nel fuo
romanzo de *Gl'Ingas*.
Tra gli ftranieri ftorici del Meffico niuno è più da loro
celebrato, che l'Inglefe Tommafo Gages, il quale veggo da
molti citarfi come un'oracolo, e pure non v'è Scrittore d'A-
merica più sfacciato nel mentire. Altri s'inducono a fpacciar
delle favole da qualche paffione, ficcome d'odio, d'amore, o
di vanità; ma il Gages mentì foltanto per mentire. Che paffione mai, o che intereffe potè indur quefto Autore a dire,
che i Cappuccini aveano un bel Convento in Tacubaja, che
in Xalapa fu eretto al fuo tempo un Vefcovado con rendita
di dieci mila ducati: che da Xalapa andò alla Rinconada, ed
indi in un giorno a Tepeaca: che v'è in quefta Città una
grande abbondanza d'*Anone*, e di *chicozapoti*: che quefto frutto ha un nocciuolo più grande d'una pera: che l'Eremo de'
Carmelitani fta a Maeftro della Capitale: che gli Spagnuoli
bruciarono la Città di Tinguez nella Quivira, che avendola
rifatta v'abitavano al tempo d'effo lui, e che i Gefuiti v'a-
veano un Collegio, e mille altre bugie groffolane, che ad o-
gni pagina fi trovano, ed eccitano ne' lettori pratici di que'
paefi or le rifa, ed or lo fdegno? Tra

Tra i moderni fcrittori delle cofe d'America i più famofi e ftimati fono il Signor di Rainal, e il Dott. Robertfon.
Il Sig. de Rainal, oltre a' groffi abbaglj prefi in ciò che riguarda lo ftato prefente della N. Spagna, dubita di quanto fi
dice della fondazione di Meffico, e di tutta la Storia antica
de' Meffcani. „ Niente, dice, c'è permeffo affermare, fe non
„ che l'Imperio Meffcano fi reggeva da Motezuma, allorchè
„ gli Spagnuoli approdarono alle cofte del Meffico. „ Ecco un
parlare veramente franco, e da Filofofo del Secolo XVIII.
Dunque niente più c'è permeffo affermare? E perchè non dubitare anche della efiftenza di Motezuma? Se ciò c'è permeffo
affermare, perchè fi trova accertato per la teftimonianza degli
Spagnuoli, che videro quel Re, troviamo del pari atteftato da'
medefimi Spagnuoli moltiffime altre cofe alla ftoria antica del
Meffico appartenenti, da loro vedute, e davvantaggio confermate per la depofizione degli fteffi Indiani. Affermarfi dunque
poffono sì fatte cofe, come l'efiftenza di Motezuma, o d'effa
ancora dubitar dovrèmo. Se poi c'è ragione di dubitar di
tutta la ftoria antica de' Meffcani, vi farà fimilmente per metter in dubbio l'antichità di quafi tutte le Nazioni del Mondo, mentre non è facile il trovar altra Storia, i cui avvenimenti fieno ftati da un maggior numero di ftorici teftificati,
di quelli de' Meffcani; nè fappiamo, che da alcun altro Popolo fia ftata pubblicata una legge sì rigorofa contro gli Storici
bugiardi, quanto quella degli Acolhui nel lib. VII. da noi
accennata.

Il Dott. Robertfon, benchè più moderato del Rainal nella diffidenza della ftoria, e più fornito di libri, e manofcritti
fpagnuoli, cadde pure in più errori, e contraddizioni, mentre
volle inoltrarfi più nella cognizione dell'America, e degli A-
mericani. Per farci poi difperare di potere avere una mediocre
notizia delle inftituzioni, e de' coftumi de' Meffcani, efagera la
idiotaggine de' Conquiftatori, e la ftrage fatta ne' monumenti
ftorici di quella Nazione dalla *fuperftizione* de' primi Miffionarj. „ A cagione, dice, di quefto zelo inoltrato de' Clauftrali,
„ fi perdè *totalmente* ogni notizia de' più remoti fatti, efpofti

in

„ in que' ruvidi monumenti, e non vi rimafe traccia *veruna*
„ concernente la polizia dell'imperio, e l'antiche rivoluzioni,
„ toltane quella, che proveniva dalla tradizione, o da alcuni
„ frammenti delle iftoriche loro pitture, che fcamparono dalle
„ barbare ricerche di Zumaraga. Si vede chiaro per la efpe-
„ rienza di tutte le nazioni, che la memoria delle paffate co-
„ fe non può effer lungamente prefervata, nè trafmeffa con
„ fedeltà dalla tradizione. Le pitture meffcane, che fi fuppon-
„ gono aver fervito come d'annali del loro Imperio, fono po-
„ che, e d'ambiguo fignificato. Così in mezzo all'incertezza
„ dell'una, e alla ofcurità delle altre fiamo obbligati a pren-
„ dere quella notizia, che fi può raccattare da' mefchini ma-
„ teriali, che fi trovano fparfi negli fcrittori Spagnuoli. „ Ma
in tutto ciò s'inganna quefto Autore; perchè 1. non fono così mefchini i materiali, che fi trovano negli Storici Spagnuoli,
che non fe ne poffa formare una ragionevole, benchè non affatto compita ftoria de' Meffcani, ficcome è manifefto a chiunque gli confulta fenza parzialità: bafta faper far la fcelta, e fe-
parar il grano dalla paglia. 2. Nè per ifcrivere tale ftoria è
d'uopo prevalerfi de' materiali fparfi negli Spagnuoli, mentre
vi fono tante Storie, e Memorie fcritte dagli fteffi Indiani, di
cui non ebbe contezza il Robertfon. 3. Nè fon poche le pitture ftoriche fcampate dalle ricerche de' primi Miffionarj, fe
non per rapporto alla indicibile copia, che v'era innanzi, come può facilmente fcorgerfi nella noftra ftoria, e in quella del
Torquemada, e d'altri fcrittori. 4. Nemmeno fono tali pitture d'ambiguo fignificato, fe non pel Robertfon, e per tutti
quelli, che non intendono i caratteri, e le figure de' Meffcani, nè fanno il metodo, ch'effi aveano per rapprefentar le cofe, ficcome fono d'ambiguo fignificato i noftri fcritti per quelli, che non hanno imparato a leggere. Allorchè fi fece da' Miffionarj il lagrimevole incendio delle pitture, vivevano moltiffimi Storici Acolhui, Meffcani, Tepanechi, Tlafcallefi ec., i
quali s'adoperarono per riparar la perdita di sì fatti monumenti, ficcome in parte l'ottennero, or facendo nuove pitture,
or fervendofi de' noftri caratteri imparati già da loro, or in-

ftruen-

ftruendo a bocca i loro ftefli Predicatori nelle loro antichità ;
acciocchè efli confervarle poteffero ne'loro fcritti, come il fecero il Motolinia, l'Olmos, e il Sahagun. E dunque affolutamente falfo, che *fi perdeffe totalmente ogni notizia de' più remoti fatti*. E' falfo altresì, *che non vi rimaneffe traccia veruna concernente l'antiche rivoluzioni, e la polizia dell' Imperio;
toltane quella che proveniva dalla tradizione &c*. Nella noftra
ftoria, e principalmente nelle noftre differtazioni faremo palefe
alcuni errori di que'molti che vi fono nella ftoria del fuddetto Autore, e nelle opere d'altri fcrittori ftranieri, de'quali fi
potrebbono fare grofli volumi. Nè contenti alcuni Autori di
viziare la ftoria del Meffico cogli errori, fpropofiti, e bugie
fcritte ne'loro libri, l'hanno pure guaftata colle bugiarde immagini, e figure intagliate in rame, come fono quelle del famofo Teodoro Bry. Nella opera del Gages, nella ftoria generale de'Viaggj del Sig. di Prevoft, ed in altre fi rapprefenta
una bella ftrada fatta ful lago mefficano per andar da Meffico
a Tezcuco, ch'è certamente il maggiore fpropofito del mondo.
Nella grand'opera intitolata, *La Galerie agreable du mond* fi
rapprefentano gli Ambafciatori mandati anticamente alla Corte
di Meffico montati a cavallo fopra elefanti. Quefto è fenz'altro un mentir magnifico.

DI-

DIPINTURE

NOn pretendiamo far quì regiſtro di tutte le pitture meſſicane ſottratte già all'incendio de' primi Miſſionarj, o
fatte poi dagli Indiani Storici del ſecolo XVI. di cui ſi ſervirono alcuni Autori Spagnuoli, mentre una tale enumerazione
ſarebbe non meno inutile, che nojoſa a' Leggitori; ma ſolamente vogliamo far menzione di alcune raccolte, la cui notizia può eſſer utile a chi voleſſe ſcrivere la Storia di quel Regno.

I. La Raccolta di Mendoza. Coſì chiamiamo la collezione di 63. pitture meſſicane fatta far dal primo Viceré del
Meſſico D. Antonio Mendoza, alle quali fece aggiungere da
perſone intendenti la loro interpretazione nelle lingue Meſſicana, e Spagnuola per mandarle all' Imperatore Carlo V. Il va-
ſcello, ſul quale ſi mandarono, fù predato da un Corſaro franceſe, e condotto in Francia. Le pitture meſſicane vennero in
mano di Thevet, Geografo del Re Criſtianiſſimo, dagli eredi
del quale le comprò a gran prezzo Hakluit Cappellano allora
dell'Ambaſciatore Ingleſe alla Corte di Francia. Indi portate in
Inghilterra fu tradotta in ingleſe la loro interpretazione ſpagnuola da Locke (diverſo dall'altro famoſo Metafiſico del medeſimo
nome) per ordine di Walter Raleig, e finalmente a richieſta
dell'erudito Arrigo Spelman pubblicate da Samuel Purchas nel
tomo terzo della ſua raccolta. Nel 1692. furono di bel nuovo
ſtampate in Parigi colla interpretazione franceſe da Melchiſe-
decco Tevenot nel tomo II. della ſua opera inſtolata, *Relaſion
de divers voiages curieux*. Le pitture erano, come abbiam già
detto, ſeſſanta tre; le due prime contenenti la fondazione di
Meſſico, e gli anni, e le conquiſte de' Re Meſſicani, le trenta ſei ſeguenti rappreſentanti le Città tributarie di quella Corona, e la quantità, e la qualità de' loro tributi, e le quindici ultime accennanti una parte della educazione de' loro figlj,
e del loro governo politico. Ma è d'uopo avvertire che la
edizione del Tevenot è mancante e difettoſa, poichè nelle copie delle pitture XI., e XII. ſi veggono cambiate le figure
de-

degli anni, mentre fi mettono le figure appartenenti al regno di Motezuma II. in quello d' Ahuitzotl, e all' oppofto: mancano affatto le copie delle pitture XXI., e XXII., e per lo più le figure delle Città tributarie. Il P. Kirker riftampò una copia della prima pittura fatta fopra quella del Purchas nella fua opera intitolata *Œdipus Ægyptiacus*. Quefta collezione del Mendoza è ftata da noi diligentemente ftudiata, e ci ha recato qualche vantaggio per la Iftoria.

II. La Raccolta del Vaticano. Il P. Acofta fa menzione di certi annali mefficani dipinti, che erano al fuo tempo nella librería del Vaticano. Non dubitiamo, che vi fiano tuttora, attefo la fomma, e lodevole curiofità de' Signori Italiani nel confervare sì fatte anticaglie, ma non abbiamo avuto agio di portarci a Roma per ricercarli e ftudiarli.

III. La Raccolta di Vienna. Nella librería Imperiale di quefta Corte fi confervano otto pitture mefficane. „ Da una „ nota, dice il Dott. Robertfon, in quefto codice mefficano ap- „ parifce, ch' è ftato un prefente fatto da Emmanuelle Re di „ Portogallo a Papa Clemente VII. Dopo d' effer paffato in „ mano di diverfi illuftri Proprietarj cadde in quella del Card. „ di Saxe-Eifenach, il quale lo regalò all' Imperatore Leopol- „ do. „ Lo fteffo Autore ci dà nella fua Storia dell' America la copia d' una di tali pitture, nella prima parte della quale fi rapptefenta un Re, che fa la guerra ad una Città, dopo averle mandata un' ambafciata. Vi fi fcorgono delle figure di tempj, ed alcune altresì d' anni, e di giorni; ma del refto effendo quefta copia da per fe, e sfornita di colori, e mancandovi nelle figure umane que' contraffegni, che in altre pitture mefficane danno a conofcere le perfone, è non che difficile, anche affatto impoffibile l' indovinare il fuo fignificato. Se il Dott. Robertfon aveffe infieme con effa pubblicate l' altre fette copie a lui mandate da Vienna, potremmo forfe intenderle tutte.

IV. La Raccolta del Siguenza. Quefto dottiffimo Mefficano, come quegli ch' era portatiffimo per lo ftudio dell' antichità, ammafsò un gran numero di fcelte pitture antiche, parte

com-

comperate a gran prezzo, è parte lafciategli per teftamento dal nobiliffimo Indiano D. Giovanni d' Alba Ixtlilxochitl, il quale l' avea ereditate da' Re di Tezcuco fuoi afcendenti. Quelle immagini del fecolo mefficano, e del pellegrinaggio degli Aztechi, e que' rittratti de' Re Mefficani, che pubblicò il Gemelli nel VI. tomo del fuo *Giro del Mondo* fono copie delle pitture del Siguenza allor vivente in Meffico, quando vi capitò il Gemelli. (a) La figura del fecolo, e dell' anno mefficano è quanto alla foftanza quella medefima, che più d' un fecolo innanzi avea pubblicata in Italia il Valadès nella fua *Rettorica Criftiana*. Il Siguenza dopo efferfene fervito delle fuddette pitture per le fue eruditiffime opere, le lafciò in morendo al Collegio di S. Pietro, e S. Paolo de' Gefuiti di Meffico infieme colla fua fceltiffima librerìa, ed i fuoi eccellenti ftrumenti matematici, dove io vidi, e ftudiai l' anno 1759. alcuni volumi di tali pitture, contenenti per lo più le pene prefcritte dalle leggi mefficane contro certi delitti.

V. La Raccolta del Boturini. Quefta preziofa collezione d' anticaglie mefficane fequeftrata già dal gelofo governo del meffico a quello erudito, e laboriofo Cavaliere, fi confervava per la maggior parte nell' archivio del Vicerè. Io vidi alcune

di

(a) Il Dott. Robertfon dice, che la copia del viaggio de' Mefficani o Aztechi fu data al Gemelli da D. Criftoforo Guadalaxara; ma in ciò contraddice al medefimo Gemelli, il quale fi protefta debitore al Siguenza di tutte le anticaglie meffcane, che ci dà nella fua relazione. Dal Guadalaxara altro non ebbe, che la carta idrografica del lago meffcano. „Ma ficcome adeffo, aggiunge il „ Robertfon, pare una opinione generalmente accettata, e fondata non fo „ fopra qual' evidenza, che Carreri non ufciffe mai d' Italia, e che il fuo „ famofo giro del Mondo fia la narrativa d' un viaggio fittizio, non ho voluto „ far menzione di quefte pitture „. S' io non viveffi nel fecolo XVIII., nel quale fi veggono adottati i più ftravaganti penfieri, mi farei maravigliato affai, che una tal opinione fofse generalmente accettata. In fatti chi potrebbe immaginarfi, che un' uomo, che non foffe ftato mai al Meffico, foffe capace di far un ragguaglio così minuto de' più piccoli avvenimenti di quel tempo, delle perfone allor viventi, delle lor qualità ed impieghi, di tutti i Monifterj di Meffico e d' altre Città, del numero de' lor Religiofi, e anche di quello degli altari d' ogni Chiefa, e d' altre minuzie non mai pubblicate? Anzi per far giuftizia al merito di quefto Italiano, protefto di non aver mai trovato un Viaggiatore più efatto in ciò ch'ei vide co' fuoi occhj, non già in quello, ch' ebbe per informazione altrui.

di queſte pitture contenenti alcuni fatti dalla conquiſta , e alcuni belli ritratti de' Re Meſſicani. Nel 1770. ſi ,pubblicarono in Meſſico inſieme colle lettere del Cortès la figura dell'anno meſſicano, e trenta due copie d' altrettante pitture de' tributi, che pagavano parecchie Città del Meſſico a quella Corona, l' una e l' altre preſe dal Muſeo di Boturini. Quelle de' tributi ſono le ſteſſe della raccolta di Mendoza, pubblicate dal Purchàs, e dal Tevenot. Quelle di Meſſico ſono meglio intagliate , ed hanno le figure delle Città tributarie, che per la maggior parte mancano alle altre ; ma del reſto vi mancano affatto ſei copie di quelle appartenenti a' tributi ,e vi ſono mille ſpropoſiti nella interpretazione delle figure cagionati dalla ignoranza dell' antichità , e della lingua meſſicana. Ciò biſogna avvertire, acciocchè coloro, che veggono quella opera ſtampata in Meſſico ſotto un nome riguardevole, non però ſi fidino, ed inciampino in qualche errore.

AVVERTIMENTO.

Ovunque facciamo menzione di pertiche, piedi, ed oncie ſenza dire altro, ſi dee intendere delle miſure di Parigi, le quali eſſendo più generalmente conoſciute, ſono però meno eſpoſte a qualche equivocazione. Or la pertica di Parigi (Toiſe) ha ſei piedi Reali (*Pie du Roi.*) Ogni piede ha 12. oncie o pollici (*Pouces*,) ed ogni oncia 12. linee. La linea poi ſi conſidera compoſta di dieci parti, o punti, per poter più facilmente eſprimere la proporzione di queſto piede cogli altri. Il piede Toledano, il quale è antonomaſticamente lo Spagnuolo, e la terza parte d'una *Vara* Caſtigliana, è al piede Reale come 1240. a 1440., cioè dalle 1440. parti, di cui ſi conſidera compoſto il piede Reale, ne ha il Toledano 1240. onde 7. piedi Toledani fanno a un dipreſſo 6. piedi Reali, o ſia una pertica di Parigi·

Nella carta geografica dell' Imperio Meſſicano ci ſiamo contentati d' accennare le provincie ed alcuni pochi luoghi, tralaſciando moltiſſimi, e tra gli altri non poche Città conſiderabilj; perchè i loro nomi fono così lunghi, che non darebbono luogo a' nomi delle provincie. Quelle due Ifolette, che fi veggono nel Golfo Mefficano, diftano appena un miglio e mezzo dalla cofta; ma all'incifore piacque di rapprefentarle più difcofte. Una di effe è quella che gli Spagnuoli appellarono *S. Giovanni d' Ulua*.

STORIA ANTICA
DEL MESSICO
LIBRO I.

Descrizione del paese d' Anahuac, ovvero breve ragguaglio della terra, del clima, dei monti, dei fiumi, dei laghi, dei minerali, delle piante, degli animali, e degli uomini del Regno di Messico.

IL nome d'*Anahuac*, che fu sul principio dato alla sola valle di Messico, per essere state le sue principali Città nelle isolette, e sulle rive di due laghi fondate, presa poi una più ampia significazione s'adoperò per denominare quasi tutto quel gran tratto di terra, che presentemente è conosciuto col nome di *Nuova Spagna*. (a)

§. I. Divisione del paese d'Anahuac

Era questo vastissimo paese allora diviso nei regni di Messico, d'*Acolhuacan*, di *Tlacopan*, e di *Michuacan*, nelle Repubbliche di *Tlaxcallan*, di *Cholollan*, e di *Huexotzinco*, ed in parecchj altri stati particolari.

D 2

Il

_____

(a) *Anahuac* vuol dire *presso all'acqua*, ed indi pare essersi derivato il nome d'*Anahuatlaca*, o *Nahuatlaca*, col quale sono state conosciute le nazioni dirozzate, che occuparono le rive del lago Messicano.

Il regno di Michuacan il più occidentale di tutti confinava verſo Levante, e Mezzogiorno coi dominj dei Meſſicani, verſo Tramontana col paeſe dei Cicimechi, e d' altre nazioni più barbare, e verſo Ponente col lago di Chapallan, e con alcuni Stati indipendenti. La Capitale *Tzintzuntzan*, chiamata dai Meſſicani *Huitzitzilla*, era ſituata ſulla ſponda Orientale del bel lago di *Pazcuaro*. Oltre di queſte due Città v'erano altre molto riguardevoli, come quelle di *Tiripitio*, *Zacapu*, e *Tarecuato*: tutto queſto paeſe era ameno, e ricco, e ben popolato.

Il Regno di Tlacopan ſituato fra quelli di Meſſico, e di Michuacan, era di sì poca eſtenſione, che fuor della Capitale dello ſteſſo nome, altro non comprendeva, che qualche città della nazione Tepaneca, ed i villaggj dei Mazahui ſituati nelle montagne occidentali della valle meſſicana. La Corte Tlacopan era nella riva occidentale del lago Tezcocano, quattro miglia a Ponente da quella di Meſſico. (*b*)

Il regno d'Acolhuacan il più antico, e in altro tempo il più eſteſo, ſi riduſſe poi a più ſtretti limiti per gli acquiſti de' Meſſicani. Confinava a Levante colla Repubblica di Tlaxcallan, a Mezzogiorno colla provincia di Chalco appartenente al regno di Meſſico, a Tramontana col paeſe degl' Huaxtechi, e a Ponente ſi terminava nel lago Tezcocano, ed era altresì da parecchj Stati del Meſſico riſtretto. La ſua lunghezza da Mezzogiorno a Tramontana era di poco più di dugento miglia, e la ſua maggior larghezza non oltrapaſſava le ſeſſanta; ma in così piccolo diſtretto v'erano delle Città ben grandi, e dei popoli aſſai numeroſi. La Corte di *Tezcoco* ſituata ſulla riva orientale del lago dello ſteſſo nome, quindici miglia a Levante di quella di Meſſico, fu a ragione celebrata non men per la ſua antichità, e grandez-

(b) Gli Spagnuoli alterando i nomi Meſſicani, oppure adattandogli al loro linguaggio, dicono *Tacuba*, *Oculma*, *Otumba*, *Guaxuta*, *Tepeaca*, *Guatemala*, *Churubuſco* &c. in vece di *Tlacopan*, *Acolman*, *Otompan*, *Huexotla*, *Tepejacac*, *Quauhtemallan*, e *Huitzilopochco*, il cui eſempio andremo imitando quanto convenga, per iſchivare ai Lettori la difficoltà nel pronunciargli.

dezza, che per la coltura e civiltà dei suoi abitanti. Le tre
Città di *Huexotla*, *Coatlichan*, e *Atenco* le erano così vicine, che potevano confiderarsi come altrettanti sobborghi.
Quella d'*Otompan* era affai riguardevole, come pure quelle
d'*Acolman*, e di *Tepepolco*.

La celebre Repubblica di *Tlaxcallan*, o sia Tlascalla
confinava a Ponente col regno d'Acolhuacan, a Mezzogiorno colle Repubbliche di Cholollan e di Huexotzinco, e collo stato di *Tepejacac* appartenente alla Corona di Meffico,
a Tramontana collo stato di *Zacatlan*, ed a Levante con
altri stati sottoposti ancor essi alla medefima corona. La sua
lunghezza non arrivava a cinquanta miglia, nè la sua larghezza a più di trenta. Tlaxcallan la capitale, onde prese
il nome la Repubblica, era situata sulla pendice del gran
monte *Matlalcueye* verso Maestro, e settanta miglia incirca
a Levante della Corte Mefficana.

Il regno di Meffico benchè il più moderno, pure aveva
affai maggior estenfione di tutti gli altri suddetti regni, e repubbliche prese insieme. Estendevasi verso Libeccio, e Mezzogiorno insino al Mar Pacifico, verso Scirocco insino alle vicinanze di *Quauhtemallan*, verso Levante, toltine i distretti
delle tre Repubbliche, ed una piccola parte del regno d'A-
colhuacan, insino al Golfo Mefficano, verso Settentrione sino
al paese degli Huaxtechi: verso Maestro confinava coi barbari Cicimechi, e verso Ponente era ristretto da' dominj di
Tlacopan, e di Michuacan. Tutto il regno Mefficano era
compreso fra i gradi 14. e 21. di latitudine settentrionale, e
fra i gr. 271., e 283. di longitudine presa dal Meridiano della Isola del Ferro. (c)

La più nobil porzione di questa terra, così riguardo alla sua vantaggiosa fituazione, come alla popolazione, era la
valle

(c) Solis ed altri Autori così Spagnuoli, come Francesi ed Inglesi danno affai maggior estenfione al Regno di Meffico, e il Dott. Robertfon dice,
che i territorj appartenenti ai Capi di *Tezcuco* e di *Tacuba*, appena cedevano
in estenfione a quegli del Sovrano del Meffico, ma quanto fiensi questi Autori dal vero difcostati, il faremo vedere nelle nostre Differtazioni.

valle medefima di Meffico, coronata da belle e verdeggianti montagne, la cui circonferenza mifurata per la parte inferiore de' monti, è di più di 120. miglia. Una buona parte della valle è da due laghi occupata, l'uno fuperiore d'acqua dolce, e l'altro inferiore d'acqua falmaftra, che comunicano fra loro per un buon canale. Nel lago inferiore, a cagione d'effere nella parte più baffa della valle, concorrevano tutte l'acque dalle montagne derivate: quindi dove per la ftraordinaria abbondanza delle pioggie fovravanzava l'acqua il letto del lago, facilmente allagava la Città di Meffico nello fteffo lago fondata, come accader fi vide non meno fotto la dominazione dei Monarchi Mefficani, che fotto quella degli Spagnuoli. Quefti due laghi, la cui circonferenza non era meno di novanta miglia, rapprefentavano in qualche modo la figura d'un Cammello, il cui capo e collo era il lago d'acqua dolce, o fia di *Chalco*, il corpo il lago d'acqua falmaftra, chiamato di *Tezcoco*, e le gambe e i piedi erano i rufcelli e torrenti, che dalle montagne al lago trafcorrevano. Fra ambedue i laghi v'è la piccola penifola d'*Itztapalapan*, che gli fepara. Oltre le tre Corti di Meffico, d'Acolhuacàn, e di Tlacopan erano in quefta deliziofa Valle altre quaranta Città confiderabili, e innumerabili villaggi e cafali. Le più grandi Città dopo le Corti erano quelle di *Xochimilco*, di *Chalco*, d'*Itztapalapan*, e di *Quauhtitlan*, le quali oggidì appena confervano una ventefima parte di quel ch'erano allora. (b)

Meffico, la più rinomata di tutte le Città del nuovo Mondo, e capitale dell'Imperio (la cui defcrizione daremo in altro luogo) era alla foggia di Venezia edificata in parecchie ifolette del lago di Tezcoco, in *19.* gr. e quafi *26.* min.

(d) L'altre Città riguardevoli della Valle Mefficana erano quelle di *Mizquic*, di *Cuitlahuac*, d'*Azcapozalco*, di *Tenayocan*, d'*Otompan*, di *Colhuacan*, di *Mexicaltzinco*, di *Huitzilopochco*, di *Coyohuacan*, d'*Atenco*, di *Coatlichan*, di *Huexotla*, di *Chiauhtla*, d'*Acolman*, *Teotihuacan*, *Itztapalocan*, *Tepetlaoztoc*, *Tepepolco*, *Tizayocan*, *Citlaltepec*, *Coyotepec*, *Tzompanco*, *Toltitlan*, *Xaltocan*, *Tetepanco*, *Ehecatepec*, *Tequizquiac*, *Huipochtlan*, *Tepotzotlan*, *Tehuilojoccan*, *Huehuetoca*, *Atlacuihuayan* &c. Vedafi la noftra VI. Differtazione

min. di latitudine settentrionale, ed in 276. gr. e 34. min. di longitudine, fra le due Corti di Tetzcoco e di Tlacopan, quindici miglia a Ponente dalla prima, e quattro a Levante dall'altra. Delle sue provincie altre erano mediterranee, ed altre marittime.

Le principali Provincie mediterranee erano a settentrione quella degli Otomiti, a Ponente e Libeccio quelle dei Matlatzinchi e de' Cuitlatechi, a Mezzogiorno quelle dei Tlahuichi, e de' Cohuixchi, a Scirocco dopo gli stati d' *Itzocan*, *Jauhtepec*, *Quauhquechollan*, *Atlixco*, *Tehuacan*, ed altri, le grandi Provincie dei Mixtechi, dei Zapotechi, e finalmente quelle dei Chiapanechi. Verso Levante v' erano le Provincie di Tepeyacac, dei Popolochi, e de' Totonachi. Le Provincie marittime del Golfo Messicano erano quelle di *Coatzacualco*, e di *Cuetlachtlan*, che gli Spagnuoli chiamano *Cotasta*. Le Provincie del mar Pacifico erano quelle di *Coliman*, di *Zacatollan*, di *Tototepec*, di *Tecuantepec*, e di *Xoconochco*.

La Provincia degli Otomiti cominciava nella parte settentrionale della Valle Messicana, e si continuava per quelle montagne verso tramontana fino a novanta miglia dalla Capitale. Sopra tutti i luoghi abitati, che v' erano ben molti, s' innalzava l' antica e celebre Città di *Tollan* (oggidì *Tula*,) e quella di *Xilotepec*, la quale dopo la conquista fatta dagli Spagnuoli fu la metropoli della nazione Otomita. Dopo i luoghi di questa nazione verso Tramontana e verso Maestro non v' erano altri abitati infino al Nuovo Messico. Tutto questo gran tratto di terra, ch' è di più di mille miglia, era occupato da nazioni barbare, che nè aveano domicilio fisso, nè ubbidivano a verun sovrano.

La Provincia dei Matlatzinchi comprendeva, oltre la valle di *Tolocan*, tutto quello spazio che v' è infino a *Tlaximaloyan* (oggi *Taximaroa*) frontiera del regno di Michuacan. La fertile valle di Tolocan ha più di quaranta miglia di lunghezza da Scirocco a Maestro, e fino a trenta di larghezza, dove più si slarga. Tolocan, ch' era la Città principale

dei

dei Matlatzinchi, onde prefe nome la Valle, era, come è finora;
LIB. I. fituata appiè d' un alto monte perpetuamente coronato di neve, trenta miglia lontano da Meffico. Tutti gli altri luoghi
della valle erano in parte dai Matlatzinchi, e in parte dagli
Otomiti abitati. Nelle montagne circonvicine v' erano gli
ftati di *Xalatlauhco*, di *Tzompahuacan*, e di *Malinalco*; in non
molta lontananza verfo Levante dalla valle quello d' *Ocuil-
lan*, e verfo Ponente quelli di *Tozantla*, e di *Zoltepec*.

I Cuitlatechi abitavano un paefe, che fi ftendeva più di
dugento miglia da Maeftro a Scirocco dal regno di Michuacan
infino al mar Pacifico. La loro capitale era la grande e po-
polofa città di *Mexcaltepec* fulla cofta, della quale appena
fuffiftono le rovine.

La capitale dei Tlahuichi era l' amena e forte Città di
Quauhnahuac, dagli Spagnuoli detta *Cuernabaca*, quaranta miglia incirca da Meffico verfo Mezzogiorno. La loro Provincia, la quale cominciava dalle montagne meridionali della
valle Mefficana, fi ftendeva quafi feffanta miglia verfo Mezzogiorno.

La grande Provincia dei Cohuixchi confinava a Settentrione coi Matlatzinchi, e coi Tlahuichi, a Ponente coi Cuitlatechi, a Levante coi Jopi e coi Mixtechi, ed a Mezzogiorno fi ftendeva infino al Mar Pacifico per quella parte, dove
prefentemente vi fono il porto e la Città d' Acapulco. Era
quefta Provincia in molti ftati particolari divifa, come quelli di *Tzompanco*, di *Chilapan*, di *Tlapan*, e di *Teoitztla*, (oggidì *Tiftla*:) terra per lo più troppo calda, e poco fana.
Tlachco, luogo celebre per le fue miniere d'argento o apper-
teneva alla fuddetta Provincia, o pure con effa confinava.

La *Mixtecapan*, o fia Provincia dei Mixtechi fi ftendeva
da *Acatlan*, luogo lontano cento venti miglia dalla corte
verfo Scirocco, infino al Mar Pacifico, e conteneva più Città e villaggj ben popolati, e di confiderabile commercio.

A Levante de' Mixtechi erano i Zapotechi, così chiamati
dalla loro capitale *Teotzapotlan*. Nel loro diftretto era la
Valle di *Huaxyacac*, dagli Spagnuoli detta *Oaxaca*, o *Guaxaca*.

La

La Città di Huaxyacac fu poi eretta in Vefcovado, e la
valle in Marchefato in favor del conquiftatore D. Ferdinando Cortès. (e)

A Tramontana dei Mixtechi v'era la Provincia di *Mazatlan*, e a Tramontana, e a Levante dei Zapatechi quella di *Chinantla* colle loro capitali dello ftefso nome, onde furono i loro abitanti Mazatechi, e Chinantechi appellati. Le Provincie dei Chiapanechi, dei Zoqui, e dei Queleni erano l'ultime dello Imperio Mefsicano verfo Scirocco. Le principali Città dei Chiapanechi erano *Teochiapan*, (chiamata dagli Spagnuoli *Chiapa de Indios*) *Tochtla*, *Chamolla*, e *Tzinacantla*, dei Zoqui *Tecpantla*, e dei Queleni *Teopixca*. Nella pendice, e nel contorno della famofa montagna *Popocatepec*, la quale è trentatrè miglia verfo Scirocco dalla corte diftante, v'erano i grofsi ftati d'*Amaquemecan*, *Tepoztlan*, *Jauhtepec*, *Huaxtepec*, *Chietlan*, *Itzocan*, *Acapetlayoccan*, *Quauhquechollan*, *Atlixco*, *Cholollan*, e *Huexotzinco*. Quefti due ultimi, ch'erano i più confiderabili, avendo coll'ajuto dei loro vicini i Tlafcallefi fcofso il giogo dei Mefsicani, riftabilirono il loro governo ariftocratico. Le Città di Cholollan, e di Huexotzinco erano delle maggiori, e più ben popolate di tutta quella terra. I Chollollefi avevano il picciolo cafale di *Cuitlaxcoapan* nel luogo appunto, dove poi fondarono gli Spagnuoli la Città d'Angelopoli, ch'è la feconda della Nuova Spagna. (f)

A Levante di Cholollan v'era lo ftato riguardevole di

Storia del Mefsico Tom. I.   E   Te-

(e) Alcuni credono, che non vi fofse altro anticamente nel luogo di Huaxjacac, che un mero Prefidio dei Mefsicani, e che quella Città fia ftata dagli Spagnuoli fondata, ma oltrecchè ci confta per la matricola dei tributi, che Huaxjacac era una delle Città tributarie della Corona di Mefsico, fappiamo pure, che i Mefsicani non folevano ftabilire un Prefidio, fe non nei luoghi più popolati delle Provincie foggiogate. Gli Spagnuoli fi dicevano fondare una qualche Città, qualora mettevano un nome fpagnuolo a qualche luogo degl'Indiani, e vi ftabilivano dei Magiftrati Spagnuoli · ne fu altrimenti la fondazione d'*Antequera* in Huaxjacac, e quella di *Segura della Frontera* in Tepejacac.

(f) Gli Spagnuoli dicono *Tuftla*, *Mecameca*, *Izucar*, *Atrifco*, e *Quechula* in vece di *Tochtlan*, *Amaquemecan*, *Itzocan*, *Atlixco*, e *Quecholac*.

34

Tepeyacac , e più oltre quello de' Popolochi, le cui principali Città erano *Tecamachalco*, e *Quecholac*. A Mezzogiorno
dei Popolochi v'era lo ſtato di *Tehuacan* confinante col paeſe dei Mixtechi, a Levante la Provincia marittima di *Cuc-
tlachtlan*, ed a Tramontana quella dei Totonachi. Queſta
grande Provincia, ch'era per quella parte l'ultima dell'imperio, ſi ſtendeva per ben centocinquanta miglia, cominciando dalla frontiera di *Zacatlan*, (ſtato appartenente pure alla Corona di Meſſico, e lontano ottanta miglia incirca da
queſta Corte) e terminando nel Golfo Meſſicano. Oltre
alla capitale *Mizquibuacan*, quindici miglia a Levante da
Zacatlan, v'era la bella Città di *Cempoallan* ſulla coſta del
Golfo, la quale fu la prima città dell'Imperio, dov'entrarono gli Spagnuoli, e donde cominciò, come vedremo, la lor
felicità. Queſte erano le principali Provincie mediterranee
dell'Imperio Meſſicano, tralaſciando frattanto parecchj altri
ſtati minori per rendere manco nojoſa la deſcrizione.
    Fra le Provincie marittime del Mar Pacifico la più ſet-
tentrionale era quella di Coliman, la cui capitale del medeſimo nome trovavaſi in 19. gr. di latitudine, e in 272.
di longitudine. Continuando la ſteſſa coſta verſo Scirocco
v'era la Provincia di Zacatollan colla capitale col nome
ſteſſo appellata. Indi la coſta dei Cuitlatechi, e poi quella
dei Cohuixchi, nel cui diſtretto v'era Acapulco, oggidì porto celebre pel commercio colle Iſole Filippine, a' 16. gr. 40.
min. di latitudine, ed in 276. di longitudine.
    Confinava colla coſta dei Cohuixchi quella dei Jopi, e
con queſta quella dei Mixtechi, conoſciuta ai noſtri tempi
col nome di *Xicayan*. Indi ſeguiva la grande Provincia di
Tecuantepec, e finalmente poi quella di Xoconochco. La
Città di Tecuantepec, dalla quale ſi derivò il nome allo
ſtato, era ſituata in una bella iſoletta, che forma un fiume
due miglia dal mare. La Provincia di Xoconochco, ch'era
l'ultima, e la più meridionale dell'Imperio, confinava a
Levante e Scirocco col paeſe di *Xochitepec*, che non apparteneva alla Corona di Meſſico, verſo Ponente con quello
di

di Tecuantepec , e verſo Mezzogiorno terminavaſi nel mare .
La ſua Capitale , chiamata anche *Xoconochco* , era ſituata
fra due fiumi in 14. gr. di latitudine , ed in 283. di
longitudine . Sopra il Golfo Meſſicano v' erano , oltre la
coſta dei Totonachi , le Provincie di *Cuetlachtlan* , e di *Coa-*
tzacualco . Queſta confinava a Levante col vaſto paeſe d' *Ono-*
bualco , ſotto il cui nome comprendevano i Meſſicani gli ſtati di Tabaſco , e della peniſola di Jucatan , i quali non erano al loro dominio ſottopoſti . Oltre la Capitale , chiamata
anche eſſa Coatzacualco , fondata ſulla riva d' un gran fiume,
v' erano altri luoghi ben popolati , tra i quali merita particolar menzione quello di *Painalla* , per eſſere ſtato patria della famoſa *Malintzin* , uno dei più efficaci ſtromenti della
conquiſta del Meſſico . La Provincia di Cuetlachtlan , che
aveva la Capitale coſì anche appellata , comprendeva tutta
quella coſta , che v' è tra il fiume d' Alvarado , dove termina
la Provincia di Coatzacualco , e quello dell' *Antigua* , (*) dove cominciava quella dei Totonachi . In quella parte della
Coſta , che i Meſſicani chiamavano *Chalchicuecan* , v' è preſentemente la Città , e il porto della Veracroce , il più rinomato
di tutta la Nuova Spagna .

Tutto il paeſe d' Anahuac era , generalmente parlando ,
ben popolato . Nella Storia e nelle diſſertazioni avremo occaſione di mentovare parecchie Città particolari , e di dare
qualche idea della moltitudine dei loro abitanti . Suſſiſtono
finora quaſi tutti i luoghi abitati cogli ſteſſi nomi antichi ,
benchè in parte alterati ; ma tutte l' antiche Città , fuorchè
quelle di Meſſico , d' Orizaba , e qualcuna altra , ſi vedono coſì ſce-
mate , che appena hanno la quarta parte del numero d' edifizj e d'
abitatori , che già aveano : vi ſono molte , che hanno ſolamente la decima parte , ed alcune pure , che nè anche la
venteſima parte conſervano . Or parlando in generale degl'
Indiani , e paragonando ciò che della loro moltitudine rap-

E 2   por-

(*) Damo a queſto fiume il nome Spagnuolo , con cui è preſentemente
conoſciuto . perchè ignoriamo quello , che gli davano i Meſſicani .

portano i primi Storici Spagnuoli, e gli Scrittori nazionali con quello che noi coi noftri occhj abbiamo veduto, poſſiamo affermare, che delle dieci parti degli antichi abitatori appena ne ſuſſiſte una preſentemente : effetto lamentabile delle calamità da loro ſofferte.

§. 3.
Fiumi,
laghi, e
fontane.
La Terra è in gran parte ſcoſceſa e montuoſa, coperta di folti boſchi, e bagnata da groſſi fiumi, benchè non comparabili con quelli dell' America Meridionale. Di queſti altri ſcorrono al Golfo Meſſicano, ed altri al mar Pacifico. Fra i primi ſono quelli di *Papaloapan*, di *Coatzacualco*, e di *Chiapan*, i maggiori. Il fiume di Papaloapan, che gli Spagnuoli chiamano *Alvarado*, dal nome del primo Capitano ſpagnuolo, che in eſſo navigò, ha la ſua principal ſorgente nelle montagne dei Zapotechi, e dopo aver fatto un giro per la Provincia di Mazatlan, e ricevuti altri minori fiumi e ruſcelli, ſi ſcarica per tre bocche navigabili nel Golfo, in diſtanza di 30. miglia dalla Veracroce. Il fiume Coatzacualco, il quale è altresì navigabile, ſcende dalle montagne dei *Mixes*, e traverſando la Provincia, onde prende il nome, sbocca nel mare preſſo al paeſe d' Onohualco. Il fiume di Chiapan comincia il ſuo corſo dalle montagne dette *Cuchumatanes*, che ſeparano la Dioceſi di Chiapan da quella di Guatemala, traverſa la Provincia dal ſuo nome chiamata, e quella poi d' Onohualco, donde va al mare. Gli Spaguoli il chiamano *Tabaſco*, come pure chiamarono quel tratto di terra che uniſce la peniſola di Jucatan al continente Meſſicano. Appellaronlo eziandio Fiume di *Grijalva*, per riguardo al Comandante della prima armata ſpagnuola, che lo ſcoperſe.

Tra i fiumi, che ſcorrono al Mar Pacifico, il più rinomato è ll *Tololotlan*, chiamato dagli Spagnuoli fiume di *Guadalaxara*, o *fiume grande*. Prende la ſua origine dalle montagne della valle di Toloccan, traverſa il regno di Michuacan, e il lago di Chapallan, indi va a bagnare il paeſe di *Tonallan* dov' è al preſente la Città di Guadalaxara, capitale della Nuova Gallizia, e dopo aver fatto un corſo di più di

600.

600. miglia, sbocca nel mare nell'altezza polare di 22. gradi. Il fiume di Tecuantepec nasce dalle montagne dei Mixes, e fatto un breve corso si scarica nel mare nella altezza polare di 15. gr. e mezzo. Il fiume dei Jopi bagna il paese di quella nazione, ed ha la sua foce quindici miglia a Levante dal porto d'Acapulco, formando per quella parte la linea divisoria fra le diocesi di Messico, e d'Angelopoli.

Ve n'erano altresì, e vi sono ancora, parecchj laghi, che non meno ad abbellire il paese servivano, che ad agevolare il commercio di quei popoli. I laghi di Nicaragua, di Chapallan, e di Pazquaro, ch'erano i più considerabili, non appartenevano all'Imperio Messicano. Fra gli altri sono i più importanti alla nostra storia quei due della valle messicana, di cui abbiamo già fatta menzione. Quello di Chalco si stendeva per ben dodici miglia da Levante e Ponente infino alla Città di Xochimilco, ed indi prendendo la direzione verso Tramontana per altrettante miglia, s'incorporava per mezzo d'un canale col lago di Tetzcoco; ma la sua larghezza non oltrepassava le sei miglia. Il lago di Tetzcoco aveva quindici miglia, ed anche diciassette da Levante a Ponente, ed alquanto più da Mezzogiorno a Tramontana; ma adesso è minore la sua estensione, perchè gli Spagnuoli hanno distornato molte acque, che ad esso scorrevano. Tutta l'acqua, che vi concorre è originalmente dolce, e non si rende salmastra, se non a cagione del letto salnitroso del lago, dove si riceve. (g) Oltre a questi due laghi grandi ve n'erano nella stessa valle di Messico, e a Tramontana da questa Corte altri due minori, ai quali diedero nome le due Città

(g) M. de Bomare nel suo Dizionario di Storia Naturale dice, che il sale del lago Messicano può provenire dalle acque del Mar di Tramontana feltrate per la terra: e per confermare il suo sentimento cita Le Journal des Sçavans dell'anno 1676, ma questo veramente è un errore grosso, mentre quel lago è 180 miglia dal mare discosto, oltrecchè è cotanto elevato il letto di tal lago, che almeno ha un miglio d'altezza perpendicolare sopra la superficie del mare. L'Autore anonimo dell'opera intitolata, Observations curieuses sur le lac de Mexique (quella appunto di cui fanno lo estratto i Giornalisti di Parigi) è troppo lontano dall'adottare l'errore di M. de Bomare.

tà di Tzompanco, e di Xaltoccan. Il lago di Tochtlan nella Provincia di Coatzacualco è affai bello, ed amenissime sono le sue rive.

Per quel che riguarda alle fonti, ve ne sono tante in quella terra, e così in qualità diverse, che meriterebbero una storia separata, massimamente se avessero a rammemorarsi quelle del regno di Michuacan. Vi sono infinite sorgenti d' acque minerali nitrose, zolfine, vitrioliche ed aluminose· delle quali alcune scoppiano boglienti, e tanto calde, che in pochi momenti si cuoce in esse qualfifia frutto della terra o carne d' animale. Vi sono eziandio delle acque petrificanti, come quelle di Tehuacan, città difcofta 120. miglia incirca da Meffico verfo Scirocco, quelle della forgente di Pùcuaro negli ftati del Conte di Miravalles nel regno di Michuacan, e quella d' un fiume nella Provincia dei Queleni. Coll'acqua di Pùcuaro si fanno delle pietruzze biancaftre, lifcie, e non ifpiacevoli al gufto, le cui rafure prefe in brodo, ovvero in *atolli*, (*) fono dei più potenti diaforetici, e s' adoperano con maravigliofo effetto contro varie forti di febbri. (h) I Cittadini di Meffico fi fervivano al tempo de' loro Re dell' acqua della gran forgente di Chapoltepec, che per un buon acquedotto, di cui parleremo altrove, alla Città fi conduceva. Coll' occafione di mentovar l' acque di quel regno potremmo defcrivere, fe la condizione della noftra Storia il permetteffe, gli ftupendi falti o cafcate di parecchi fiumi, (1) ed i ponti fopra altri fiumi dalla natura fteffa formati, maffimamente il *Ponte di Dio*. Così chiamano in quel paefe un vafto volume di terra traverfato ful profondo fiume *Atoyaque* preffo al villaggio di *Molcaxac*, cento miglia in circa da Meffico verfo Scirocco, fopra il quale paffano comodamente

i car-

(*) *Atolli* appellavano i Mefficani una certa farinata di *Maiz*, offia fiumentone, di cui in altro luogo parleremo.

(h) Le pietruzze di Pùcuaro fono ftate poco fa conofciute. Io fono ftato teftimonio oculato dei loro maravigliofi effetti nella epidemia del 1762. La dofe prefcritta per quei che fono facili a fudare, è d'una dramma di rafure

(1) Tra le cafcate è famofa quella che fa il fiume grande di Guadalaxara in un luogo detto *Tempizque*, quindici miglia a Mezzodì da quella Città

i carri, e le carrozze. Si può credere, che fia ftato un fram-
mento della vicina montagna, da qualche antico tremuoto
ftrappato.

Il clima dei paefi d'Anahuac è vario fecondo la loro
fituazione. I paefi marittimi fon caldi, e per lo più umidi
e malfani. Il loro caldo, il quale fa fudare anche nel gennajo, è cagionato dalla fomma depreffione delle cofte rapporto alle terre mediterranee, o dai monti di rena ammaf-
fati nelle fpiaggie, come accade nella Veracroce, mia patria. La umidità proviene non men dal mare, che dalle acque, che dalle montagne, che dominano le cofte, in abbondanza fcendono. Nelle terre calde non v'è mai della brina, e moltiffimi abitatori di cotali regioni non hanno altra idea della neve, fe non quella che fi procacciano per la
lezione dei libri, o pel racconto dei foreftieri. Le terre troppo
elevate, o troppo vicine alle altiffime montagne, che vi fono eternamente coperte di neve, fono fredde: ed io fono ftato in montagna
non più di venticinque miglia dalla Capitale difcofta, dov'
è della brina e del ghiaccio anche nei canicolari. Tutti
gli altri paefi mediterranei, dov'era la maggior popolazione di quella terra, godono d'un clima così benigno, e così dolce, che nè fentono il rigore del Verno, nè gli ardo-
ri della State. E' vero, che in molti di que' paefi vi è frequentemente della brina nei tre mefi di Decembre, Gennajo, e Febbrajo, e talvolta ancora fuol nevicare; ma il lie-
ve incomodo, che un tal freddo cagiona, non dura più che
infin'allo fpuntar del Sole: non è d'uopo di altro fuoco,
che di quello dei fuoi raggj per rifcaldarfi nell'inverno, nè
d'altro refrigerio in tempo di caldo, che di quello della ombra. La medefima vefte, che copre gli uomini nei canicolari, gli difende nel Gennajo, e gli animali dormono tutto
l'anno a cielo fcoperto.

Questa dolcezza e piacevolezza del clima fotto la zona torrida è effetto di parecchie cagioni naturali affatto in-
cognite agli Antichi, che inabitabile la credevano, e non ben
intefe da alcuni Moderni, dai quali ftimafi poco favorevole

ai

ai viventi. La nettezza dell' atmosfera, la minor obbliquità
dei raggj folari, e la più lunga dimora di quefto Pianeta
full' orizonte nell' inverno, rapporto ad altre regioni più difcofte dalla equinoziale, concorrono a fcemare il freddo. ed
a fchivare tutto quell' orrore, con cui sfigurata vedefi fotto
altre zone la Natura. Godefi anche in quel tempo della bellezza del Cielo, e delle innocenti delizie della campagna, laddove fotto le zone fredde, ed anche, per lo più, fotto le
temperate le nubi involano il profpetto del Cielo, e la neve
feppellifce le belle produzioni della terra. Nè minori cagioni concorrono a temperare il caldo della State. Le copio-
fe pioggie, che bagnano frequentemente la terra dopo il mezzogiorno da Aprile o da Maggio fin' a Settembre ed Ottobre, l' alte montagne mai fempre di neve cariche, e quì e
là fparfe per tutta la terra d' Anahuac, i venti frefchi, che
allora fpirano, e la più breve dimora del Sole full' Orizonte, rapporto alle ragioni della zona temperata, trasformano la ftate di que' felici paefi in allegra e frefca Primavera.

Ma la piacevolezza del clima viene contrapefata dalle
tempefte di fulmini, che fono frequenti nella ftate, maffimamente nelle vicinanze del Matlalcueje, o fia monte di Tlaxcallan, e da' tremuoti, che alle volte fi fentono, benchè con
maggiore fpavento, che danno. Gli uni, e gli altri effetti
fon cagionati dal zolfo e dagli altri materiali combuftili, in
grande abbondanza depofitati nelle vifcere della terra. Quanto poi alle tempefte di grandine, non fono ivi nè più frequenti, nè più grandi, che nella Europa.

Il fuoco accefo nelle vifcere della terra con le dette materie zolfine, e bituminofe fi è fatti in alcune montagne degli fpiragli, o fia vulcani, onde s' è veduto talvolta ufcir delle fiamme, della cenere, e del fumo. Cinque fono nel diftretto dell' Imperio Mefficano le montagne, nelle quali in diverfo tempo è ftato offervato quefto fpaventofo fenomeno. Il
Pojauhtecatl, dagli Spagnuoli chiamato *Volcan d' Orizaba*, cominciò a gettar del fumo nel 1545., e feguitò per venti
anni; ma dipoi non s' è veduto in effo in più di due fecoli

li il più piccolo fegno d'incendio. Questo celebre monte, il quale è di figura conica, è fenz'altro il più elevato di tutta la terra d'Anahuac, e per la fua altezza, è la prima terra che vedono i naviganti, che vanno verfo quella parte, in lontananza di 150. miglia. (*k*) La fua cima è fempre di neve coperta, e la fua falda di groffi cedri, pini, ed altri alberi di legno pregiabile adorna: onde è bello dapertutto il fuo profpetto. E' lontano dalla Capitale più di novanta miglia verfo Levante.

Il *Popocatepec*, e l'*Iztaccihuatl* vicini fra loro, e difco-fti trentatre miglia da Meffico verfo Scirocco fono ancora d'una altezza forprendente. Il Popocatepec, a cui danno là per antonomafia il nome di *Volcan* ha una bocca o fia fpi-raglio di più d'un mezzo miglio, pel quale ai tempi dei Re Meffcani gettava fpeffo delle fiamme, e nel fecolo fcor-fo lanciò molte volte una gran quantità di cenere fopra i luoghi circonvicini; ma in quefto fecolo appena v'è fato of-fervato qualche fumo. L'*Iztaccihuatl* conofciuto dagli Spa-gnuoli col nome di *Sierra nevada*, gettò anch'effo qualche volta del fumo, e della cenere. L'uno e l'altro monte ha fempre la cima di neve coronata, la quale è tanta, che di quella che nelle vicine balze fi precipita, fi provvedono le Città di Meffico, d'Angelopoli, di Cholollan, ed altri cir-convicini luoghi, e da effi monti infino a quaranta miglia difcofti, nei quali confumafi tutto l'anno in gelati una in-credibile quantità. (*l*) I monti di Coliman, e di Tochtlan, affai lontani dalla Capitale, ed anche più l'uno dall'altro,

Storia del Meffico Tom. I.   F   han-

(k) Il *Pojauhtecatl* è più alto del Taide offia Pico di Teneriffa, a quel che dice il P. Tallandier Gefuita, il quale offervò e l'uno e l'altro. *V. Lettres edifiantes &c.* Del Popocatepec dice Tommafo Gages, che è così alto co-me i più alti monti dell'Alpi. Potrebbe dir pure qualche cofa di più, fe aveffe ancor calcolato la elevazione del terreno, onde quefta celebre mon-tagna s'innalza.

(l) La gabella fopra il Diaccio o neve adiacciata, che fi confuma nella Capitale, importava nel 1746. fino a 15522. fcudi Meffcani, alcuni anni dopo afcendeva a più di 20. mila, e prefentemente poffiamo credere che fia molto più.

hanno fatto qualche volta del fuoco ai noſtri tempi. (m)
Oltre a queſte montagne ve ne ſono ancora dell'altre,
le quali, benchè non fiammeggianti, ſono pure rinomatiſſi-
me per la loro altezza, come il Matlalcueye, o monte di
Tlaxcallan, il *Nappateuctli*, dagli Spagnuoli chiamato per
la ſua figura *Cofre*, o ſia baule, il *Tentzon* preſſo al Villaggio di Molcaxac, quello di Toloccan, ed altri, che come non importanti al mio propoſito, volentieri tralaſcio.
Tutti ſanno già, che la celebre catena degli *Andi*, o ſia
Alpi dell'America Meridionale ſi continova per l'Iſtmo di
Panamà, e per tutta la Nuova Spagna infino a perderſi nei
paeſi incogniti del Settentrione. La parte più conſiderabile
di queſta catena è conoſciuta in quel regno col nome di
Sierra Madre, maſſimamente nella Cinaloa, e nella Tarahumara, provincie diſcoſte mille e dugento miglia dalla Capitale.

Le montagne d'Anahuac abbondano di miniere d'ogni
ſorta di metalli, e d'una infinita varietà d'altri foſſili. A-
veano i Meſſicani dell'Oro ne'paeſi de'Cohuixchi, de'Mixtechi, de'Zapotechi, ed in parecchj altri. Raccoglievano per
lo

(m) Pochi anni fa in Italia ſi pubblicò una relazione intorno al monte di
Tochtlan, oſſia Tuſtla, piena di bugie curioſe, ma troppo groſſolane. In
eſſa ſi vedevano deſcritti dei fiumi di fuoco, degl'Elefanti ſpauriti, &c. Non
mentoviamo tra i monti fiammeggianti nè il *Juruyo*, nè il *Mamotombo* di
Nicaragua, nè quello di *Guatemala*, perciocchè niuno di queſti tre era com-
preſo nei Dominj Meſſicani. Quello di Guatemala rovinò con tremuoti quella grande e bella Città li 29. Luglio 1773. Per queſlo che riguarda al Juruyo
ſituato nella Valle d'Urecho nel regno di Michuacan, non era quivi avanti
l'anno 1760. altro che un picciolo colle, dov'era una groſſa Maſſeria di
Zucchero. Ma nel dì 29. Settembre 1760. ſcoppiò con furioſi tremuoti, che
rovinarono affatto e la Maſſeria ed il vicino Villaggio della *Guacana*, ed allora in quà non ha mancato di gettar del fuoco e dei ſaſſi infiammati, dai
quali ſi ſono formati tre monti elevati, la cui circonferenza era già di ſei
miglia incirca, atteſo il ragguaglio che nel 1766. mi fece il Cavaliere D.
Giovanni Emmanuelle di Buſtamante, Governatore di quella Provincia, e
teſtimonio oculato. La cenere fu nello ſcoppiamento lanciata infin'alla Città
di Queretaro, ben cento cinquanta miglia da Juruyo diſcoſta. Coſa veramente incredibile, ma pure notoria e pubblica in quella Città, dove un Cavaliere mi moſtrò la cenere da lui raccolta in una carta. Nella Città di Valladolid diſtante ſeſſanta miglia pioveva della cenere in tal abbondanza, che
biſognava ſpazzare i cortili delle caſe due o tre volte al dì.

lo più queſto prezioſo metallo in grano fra la rena dei fiumi, ed i ſuddetti popoli pagavano una certa quantità alla Corona di Meſſico. L' argento cavavaſi dalle miniere di Tlachco (anche in quel tempo celebri,) di Tzompanco, e da altre; ma non era tanto da loro, quanto è da altre nazioni pregiato. Dopo la conquiſta ſono ſtate ſcoperte tante miniere d'argento in quel paeſe, maſſimamente nelle provincie, che ſono a Maeſtro della Capitale, ch'è affatto impoſſibile il numerarle. Del Rame n'aveano due ſorti, l'uno duro, il quale da loro in vece del Ferro adoperavaſi per fare ſcuri, accette, zappe, ed altri ſtromenti da guerra, e d'agricoltura, e l'altro comune e pieghevole da far catini, pignatte, ed altri vaſi. Queſto metallo abbondava più che altrove, nelle Provincie di Zacatollan, e dei Cohuixchi, come oggidì nel regno di Michuacan. Cavavano lo Stagno dalle miniere di Tlachco, e il Piombo da quelle d'*Izmiquilpan*, luogo del paeſe degli Otomiti. Dello Stagno facevano moneta, come a ſuo luogo diremo, e del Piombo ſappiamo, che ſi vendeva nei mercati; ma ignoriamo affatto l'uſo, che ne facevano. Aveano ancora delle miniere di Ferro in Tlaxcallan, in Tlachco, ed in altri luoghi; ma o non iſcoperſero le miniere, o pure non ſeppero approfittarſi del metallo. Aveano altresì in Chilapan miniere di Mercurio, ed in molti luoghi miniere di Zolfo, d'Allume, di Vetriuolo, di Cinabreſe, d'Ocra, e d'una terra bianca molto ſomigliante alla biacca. Quanto al Mercurio, ed al Vetriuolo, non ſappiamo l'uſo, che ne facevano; degli altri minerali ſi ſervivano per le loro pitture, e tinture. Dell'Ambra, e dell'Aſfalto, o ſia bitume di Giudea ve n'era, e v'è ancora grand'abbondanza nelle coſte d'amendue i Mari, e dell'uno e dell'altro pagavano tributo al Re di Meſſico parecchj luoghi dell'Imperio. Dell'Ambra, la quale in oro incaſtonavano, ſe ne ſervivano ſoltanto per ornato, e piacere; dell'Aſfalto ne facevano uſo in certi incenſamenti, come altrove vedremo.

Fra le pietre prezioſe v'erano, e vi ſono Diamanti,

ben-

benchè pochi, Smeraldi, Amatifti, Occhj di gatto, Turchine, Cornalline, e certe pietre verdi agli Smeraldi fomiglianti, e non troppo inferiori, e di tutte quefte pietre pagavano tributo al Re le Provincie de' Mixtechi, de' Zapotechi, e de' Cohuixchi, nelle cui montagne fi trovano le miniere di tali gemme. Della loro abbondanza, della ftima, in cui erano appreffo i Meflicani, e della maniera, ch'effi aveano a lavorarle, parleremo più opportunamente in altro luogo. Le montagne, che vi fono nella cofta del Golfo Meflicano fra il porto della Veracroce, e il fiume di Coatzacualco, come pure quelle di Chinantla e della Provincia dei Mixtechi gli provvedevano di Criftallo, e le Città di Tochtepec, di Cuetlachtlan, di Cozamaloapan ed altre erano obbligate di contribuire annualmente una certa quantità al luffo della Corte.

Non meno abbondano quelle montagne di varie fpezie di pietre pregiabili per l'ufo dell'Architettura, della Scultura, e d'altre arti. Vi fono cave di Diafpro, e di Marmo di diverfi colori nelle montagne di Calpolalpan a Levante di Meflico, in quelle che feparano le due Valli di Meflico, e di Toloccan, oggidì chiamate *Monte delle croci*, ed in quelle dei Zapotechi : d'Alabaftro in Tecalco (prefentemente *Tecale*) luogo vicino alla provincia di Tepeyacac, e nel paefe dei Mixtechi: di *Tetzontli* nella medefima valle di Meflico, ed in molti altri luoghi del regno. La pietra *Tetzontli*, è per lo più di colore roffo ofcuro, ben dura, porofa, e leggiera, unifce a fe ftrettiffimamente la calcina, e l'arena, e però più d'ogni altra pietra ricercafi per gli edifizj della Capitale, il cui fuolo è paludofo, e poco fermo. Vi fono altresì montagne intere di Calamita, e tra l'altre una ben grande fra Teoitztlan, e Chilapan nel paefe dei Cohuixchi. Del *Quetzalitztli* volgarmente conofciuto col nome di *Pietra nefritica* ne formavano i Meflicani diverfe figure curiofe, delle quali fi confervano alcune in parecchj mufei della Europa. Il *Chimaltizatl*, ch'è una fpezie di fcagliuola, o fpecchio d'afino, è una pietra diafana biancaftra,

e fa-

e facilmente divifibile in lame fottili, la quale per mezzo
della calcinazione rende un bel geffo, e ne adoperavano gli
antichi Meffichi pel bianco delle loro pitture. V'è ancora
infinita quantità di Geffo, e di Talco; ma riguardo a quefta pietra non fappiamo l'ufo, che ne facevano. Il *Mezcui-*
tlatl, cioè Sterco della luna, è della claffe di quelle pietre,
che per la loro refiftenza all'azione del fuoco, fono chiamate dai Chimici *Lapides refraćtarii*. Quefta è trafparente, e
di color d'oro rofficcio. Ma niun'altra pietra era così ufuale appreffo i Meffichi come l'*Itztli*, della quale c'è in abbondanza in molti luoghi del Meffico. E' l'Itztli femidiafa-
na, di foftanza vitrea, e per lo più nera; ma trovafi ancora
della bianca, e della turchina. Di quefta pietra facevano fpec-
chj, coltelli, lancette, rafoj, ed anche fpade, come diremo
dove della milizia loro ragioneremo, e dopo l'introduzione
del Vangelo fi fecero delle pietre facre affai pregiate. (*n*)

Conciofficachè tanto abbondante, e ricco fia il regno mi-
nerale del Meffico, è pure più doviziofo, e vario il regno
vegetabile. Il celebre Dottore Hermandez, cioè il Plinio
della Nuova Spagna defcrive nella fua Storia Naturale infino a mille dugento piante proprie di quella terra; ma la
fua defcrizione effendo riftretta alle piante medicinali, appena comprende una parte, benchè grande di quel che la prov-
vida Natura vi ha prodotto a beneficio dei mortali. Delle
piante medicinali faremo un motto nel trattare che faremo
della Medicina de' Meffichi. Rapporto alle altre claffi di vegetabili, vi fono alcuni ftimabili per i loro fiori, altri per i
loro frutti, altri per le loro foglie, altri per la loro radice,
altri pel loro gambo, o loro legno, ed altri finalmente per
la loro gomma, refina, olio, o fugo. (*o*) Tra i molti fiori,
ch'

§. 6.
Piante
ftimabili
per i lo-
ro fiori.

(*n*) L'Itztli è conofciuta nell'America Meridionale fotto il nome di *Pietra*
del Gallinazzo. Il celebre Mr. Caylus in una fua differtazione M.S. veduta
e citata da Mr. di Bomare pruova, che la pietra *Obfidiona*, della quale facevano gli antichi i vafi *murrini* tanto da loro ftimati, era affatto fomigliante alla Pietra del Gallinazzo.

(*o*) Adopriamo quefta divifione, benchè imperfetta, delle piante, perchè
ci parve la più comoda, e più confacente al propofito della noftra Storia.

..h'abbellivano i prati, o adornavano i giardini dei Meſſicani, ve ne ſono alcuni degni d'eſſer mentovati o per la ſingolare vaghezza de'lor colori, o per la ſoaviſſima loro fragranza, o pure per la ſtraordinaria loro forma.

Il *Floripundio*, il quale merita per la ſua grandezza il
primo ¹uogo, è un fior bianco, bello, odoroſiſſimo, e *mono-
petalo*, o ſia d'una ſola foglia, ma coſì grande, che ha otto ed ancor più oncie di lunghezza, e tre ovvero quattro
di diametro nella parte ſuperiore. Pendono molti inſieme dai
rami in forma di campane, ma non affatto tondi, poichè la
loro foglia o ſia *corolla* (*) ne fa cinque o ſei angoli in proporzionata diſtanza l'uno dall'altro. Vengono queſti fiori in
un bell'arbuſcello, i cui rami formano una cima tonda a
maniera di cupola. Il ſuo tronco è tenero, le ſue foglie grandi, angoloſe, e d'un verde ſmorto. Ai fiori ſuccedono de'
frutti rotondi, e groſſi come melarancj, che hanno dentro
delle mandorle.

Il *Jolloxochitl*, o Fior del Cuore è ancora grande, e
non meno pregiabile per la ſua vaghezza, che pel ſuo odore, il quale è coſì grande, che baſta un ſol fiore per empier
di ſoaviſſima fragranza tutta una caſa. Ha molte foglie glu-
tinoſe, al di fuori bianche, e al di dentro roſſiccie, ovvero
gialliccie, e in tal maniera diſpoſte, che aperto il fiore, e
diſteſe le ſue foglie, ha la figura di ſtella, ma ſerrato raſſomiglia alquanto ad un cuore, e perciò un tal nome gli fu
dato. L'albero, che il porta, è ben grande, e le ſue foglie
lunghe ed aſpre. (*p*)

Il *Coatzontecoxochitl*, o Fior di teſta viperina, è d'una
incomparabile vaghezza. (*q*) E compoſto di cinque *petali*,
o fo-

(*) Le foglie colorite, delle quali è compoſto il fiore, chiamanſi *petali* da
Fabio Colonna, e *corolla* da Linneo per diſtinguerle dalle vere foglie.

(p) V'è un altro *Jolloxochitl* odoroſiſſimo, ma aſſai diverſo nella forma.

(q) *Flos forma ſpectabilis, & quam vix quiſpiam poſſit verbis exprimere, aut
penicillo pro dignitate imitari, a Principibus Indorum ut naturæ miraculum
valde expetitus, & in magno habitus pretio.* Hernandez Hiſtor. Nat. N. Hi-
ſpaniæ lib. 8. cap. 8. Gli Accademici Lincei di Roma, che comentarono,
e pub-

o foglie, pavonazze nella parte più interna, nel mezzo biancante, e nel resto rosse, ma vezzosamente macchiate di punti gialli e bianchetti. La pianta, che il porta, ha le foglie somiglianti a quelle della Iride e sia Ghiaggiuolo, ma più lunghe e più larghe, ed i gambi piccioli e tenui. Questo fiore era uno dei più stimati dai Messicani.

L' *Oceloxochitl*, o fior della Tigre, è grande, di tre foglie appuntate composto, e rosso, ma verso il mezzo di bianco e giallo variato, e in qualche maniera rappresentante le macchie di quella fiera, onde ebbe il nome. La pianta ha le foglie somiglianti anch'esse a quelle del Ghiaggiuolo, e la radice bulbosa.

Il *Cacaloxochitl*, o Fior del Corvo è picciolo, ma odorosissimo, e dipinto di bianco, rosso, e giallo. L'albero, che porta questi fiori si vede da essi coperto da per tutto, formandovi nell'estremità dei rami dei mazzetti naturali non men alla vista, che all'odorato gratissimi. Non v'è cosa più comune di questi fiori nelle terre calde: gli Indiani se ne servono per ornare gli altari, e gli Spagnuoli ne fanno delle conserve deliziose. (r)

L' *Izquixochitl* è un piccolo fior bianco, somigliante per la figura al *Cynorhodo*, o sia rosa salvatica, e pel gusto alla rosa coltivata, ma molto ad essa superiore per la fragranza. Viene in alberi grandi.

Il *Cempoalxochitl*, o *Cempasuchil*, come dicono gli Spagnuoli, è quel fiore trasfiantato in Europa, che i Francesi appellano *Œillet d'Inde*, o sia Garofano d'India. E' comunissimo nel Messico, dove ancor l'appellano *Fior dei Morti*, e ve ne sono parecchie spezie diverse nella grandezza, nella figura, e nel numero di foglie, di cui son composti.

Il fiore che i Messicani appellano *Xiloxochitl*, ed i Mixte-

e pubblicarono questa Storia di Hernandez nel 1651., e videro il ritratto di questo fiore coi suoi colori fatto nel Messico, formarono una tal idea della sua vaghezza, che l'adottarono, com' emblema della loro dottissima Accademia, chiamandolo *Fior del Lince*.
(r) Si può credere, che l'albero del *Cacaloxochitl* sia quello stesso, che Mr. di Bomare descrive sotto il nome di *Frangipanier*.

tecchi *Tinta*, è tutto composto di stami sottili, uguali, e diritti, ma pieghevoli, e lunghi sei dita incirca, nascenti da un calice orbicolare assai somigliante a quello della ghianda, ma diverso nella grandezza, nel colore, e nella sostanza. Di questi bei fiori altri sono tutti rossi, ed altri tutti bianchi, e l'albero, che li porta, è pur bellissimo.

Il *Macpalxochitl*, o Fior della mano è somigliante al Tulipano; ma il suo pestello rappresenta la figura d'un piede d'uccello, o piuttosto di quello d'una scimia con sei dita in altrettante unghie terminate. Il volgo Spagnuolo di quel regno dà all'albero, che porta questi fiori così curiosi, il nome d'*Arbol de manitas*.

Oltre di questi, ed altri innumerabili fiori proprj di quel paese, nella cui coltura si dilettavano i Messicani, s'arricchì la terra del Messico con tutti quelli, che dall'Asia, e dall'Europa si trapiantarono colà, come sono i Giglj, i Gelsomini, i Garofani di diverse spezie, ed altri in gran numero, che adesso nei giardini del Messico a gara stanno coi fiori Americani.

§. 7. Piante pregiabili pel loro frutto.

Quanto poi ai frutti è debitrice la terra d'Anahuac in parte alle Isole Canarie, e in parte alla Spagna, dei Melloni, delle Mele, delle Persiche, dei Melocotogni, degl'Albercocchi, delle Pere, delle Melagrane, dei Fichi, delle Visciole porporine, delle Noci, delle Mandorle, delle Olive, delle Castagne, e delle Uve, benchè queste non affatto mancassero a quella terra, (f)

Riguardo ai Cocchi, alla Musa, o sia Banana, ai Cedri, ai Melarancj, ed ai Limoni, io me n'era persuaso sulla

(f) I luoghi detti *Parras* e *Parral* nella Diocesi della Nuova Biscaglia ebbero quei nomi dall'abbondanza di viti, che vi si trovarono, delle quali si fecero molte vigne, che oggigiorno rendono del buon vino. Nella Mixteca vi sono due specie di viti salvatiche, originarie di quella terra: l'una così nei tralcj, come nella figura delle foglie alla vite comune somigliante, porta delle uve rosse, grandi, e di pelle dura coperte, ma d'un gusto dolce e grato, le quali senz'altro si migliorerebbono, se a coltura fossero ridotte. L'uva dell'altra vite è dura, grande, e d'un gusto asprissimo; ma se ne fanno delle conserve assai buone.

la teſtimonianza d'Oviedo, di Hemandez, e di Bernal Diaz,
che ſi doveſſero i Cocchi alle Iſole Filippine, e l'altre alle
Canarie; (t) ma ſapendo eſſervi molti d'un altro ſentimento, non voglio in una conteſa impegnarmi, che, oltrechè
non mi importa, dal corſo della Storia ſviar mi farebbe.
Egli è certo, che queſte piante, e tutte l'altre in quel paeſe altronde portate hanno ivi felicemente allignato, e ſi ſon
tanto moltiplicate, quanto nel loro proprio paeſe. Tutte le
terre marittime abbondano di palme di Cocco. Di Melarancj ne ſono ſette diverſiſſime ſpezie, e di Limoni almeno
quattro. Altrettante ve ne ſono, e ben diverſe di (u) Muſa,
o ſia *Platano*, come il chiamano gli Spagnuoli. Il più grande, ch'è il *Zapalote*, ha da quindici infino a venti oncie di
lunghezza, e infino a tre di diametro. E' duro, e poco ſtimato, nè ſi mangia altrimenti, che arroſtito o cotto. Il
Platano largo, cioè lungo, ha otto oncie al più di lunghez-

Storia del Meſſico Tom. I.　　　　G　　　　za,

(t) Oviedo nella ſua Storia Naturale fa teſtimonianza, che il primo che
portò la Muſa dalle Iſole Canarie alla Spagnuola nel 1516 fu Fr. Tommaſo
Beilangas Domenicano, e quindi fu al Continente dell'America traſpian-
táta. Hernandez nel lib. 3 cap. 40. della ſua Storia Naturale parla coſì del
Cocco· *Naſcitur paſſim apud Orientales, & jam quoque apud Occidentales In-
dos.* Bernal Diaz nella Storia della conquiſta cap. 17. dice, aver lui ſemina-
to nella terra di Coatzacualco ſette ovvero otto anime di melarancio *E
queſti*, aggiunge, *ſono ſtati i primi melarancj, che nella Nuova Spagna ſi pian-
tarono.* Quanto alla Muſa ſi può credere, che delle quattro ſpezie, che vi
ſono, una ſoltanto ſia foreſtiera, cioè quella, che chiamano *Guineo.*
(u) La Muſa non fu agli Antichi affatto ſconoſciuta. Plinio citando il
ragguaglio che fecero i Soldati d'Aleſſandro il Grande di tutto quel che nella
India videro, ne fa queſta deſcrizione· *Major & alia* (arbos) *pomo, & ſua-
vitate præcellentior, quo ſapientes Indorum vivunt. Folium avium alas imi-
tatur, longitudine cubitorum trium, latitudine duum. Fructum cortice emittit
admirabilem ſucci dulcedine, ut uno quaternos ſatiet. Arbori nomen palæ, pomo arienæ.* Hiſt. Nat. lib. XII. cap. VI. Oltre a queſti contraſegni proprj
della Muſa s'aggiunge d'avvantaggio, che il nome *Palan* dato alla Muſa in quei
rimoti tempi, conſervaſi finora nel Malabar, come fa teſtimonianza Garzia
dell'Orto, dotto Medico Portugheſe, che vi ſtette molti anni. Potrebbe ſoſpettarſi che dal nome *Palan* ſiaſi derivato quello di *Platano*, che coſì mal
le conviene. Il nome di *Bananas* che le danno i Franceſi è quel che ha nella
Guinea, e quello di *Muſa* che gli danno gl'Italiani, è preſo dalla Lingua
Arabica. Appo alcuni è chiamato *Frutto del Paradiſo*, e non mancò chi ſi
perſuadeſſe, eſſere ſtato appunto queſto frutto quel che prevaricare fece i
noſtri primi Padri.

━━━za, e una e mezza di diametro. La fua buccia è prima verde, poi gialla, e nella maggior maturità nera, o nericcia.
E' frutto faporito, e fano, o fi mangi cotto, o crudo. Il
Guineo è più picciolo dell'altro, ma più groffo, più morbido, più deliziofo, e men fano. Quelle fibre, di cui coperta
vedefi la polpa, fon ventofe. Quefta fpezie di Mufa fi col-
tiva nel giardino del Pubblico di Bologna, e noi l'abbiamo
affaggiata; ma l'abbiamo trovata così male ftagionata e fpiacevole a cagione del clima, che potrebbe ftimarfi un'altra
fpezie affatto diverfa da quella. Il *Dominico* è il più picciolo, ma eziandio il più delicato. La pianta ancora è più piccola delle altre. Vi fono in quella terra non men di Mufa,
che di Melarancj, e di Limoni dei bofchi interi affai grandi, ed in Michuacan fi fa un commercio confiderabile di
mufa paffa, ch'è molto migliore delle uve, e dei fichi.

Ora poi le frutte indubitatamente di quella terra originarie
fono l'*Ananàs*, la quale per effere a prima vifta alla pigna fomigliante, *Piña* fu dagli Spagnuoli appellata: il *Mamei*, la
Chirimoya, (v) l'*Anona*, la *Cabeza*, cioè tefta, *di Negro*,
il *Zapote nero*, il *Chicozapote*, il *Zapote bianco*, il *Zapote
giallo*, il *Zapote di S. Domenico*, l'*Ahuacate*, la *Guayaba*,
il *Capulino*, la *Guava*, o *Cuaxinicuil*, la *Pitahaya*, la *Pa-
paya*, la *Guanàbana*, la *Noce excarcelada*, o fia incarcerata,
le Prugne, i Pinocchi, i Datteri, il *Chajote*, il *Tilapo*,
l'*Obo*, o fia *Hobo*, il *Nance*, il *Cacahuate*, e parecchie altre
la notizia delle quali non importa ai Leggitori Italiani. Quefte frutta fi trovano per lo più defcritte nelle opere d'Oviedo, d'Acofta, di Hernandez, di Laet, di Nieremberg, di
Marc-

(v) Parecchj Europei Scrittori delle cofe d'America confondono la Chirimoya colla Anona e colla Guanabana: ma quefte fono tre fpecie diverfe
di frutti, benchè le due prime fra loro alquanto fi raffomigliano. Bifogna
anche guardarfi di confondere l'Ananàs coll'Anona, più fra loro diverfe,
che il Cocomero e il Mellone. Mr. de Bomare per lo contrario fa due frutte della Chirimoya e Cherimolia, laddove cherimolia non è altro, fe non
corruzione del primo e legittimo nome di quel frutto. L'Ate ancora, che
alcuni mettono come frutto affatto diverfo dalla Chirimoya, è folanto una
varietà della fua fpecie.

Marcgrave, di Pifon, di Barrere, di Sloane, di Ximenez,
d'Ulloa, e di molti altri Naturalifti: ficchè non parlerò, fe
non di alcune delle più fconofciute nella Europa.

Tutte le frutte dai Meſſicani comprefe fotto il nome
generico di *Tzapotl* fono rotonde o pure alla rotondità s'ac-
coſtano, e tutte hanno il nocciolo duro. (x) Il Zapote nero
ha la fcorza verde, fottile, lifcia, e tenera, e la polpa nera, morbida, e dolcemente faporita, la quale a prima viſta
fembra quella della Caffia. (y) Dentro alla polpa ha dei
noccioli piatti e nericci, non più lunghi d'un dito. E' perfettamente sferico, e il fuo diametro è da una e mezza infino a quattro o cinque oncie. L'albero è di mezzana
grandezza, e folto, e le fue foglie piccole. La polpa di quefto frutto gelata, e con zucchero e cannella condita, è d'un
gufto delicato.

Il Zapote bianco, il quale per la fua virtù narcotica
fu appellato dai Meſſicani *Cochizzapotl* è alquanto al nero
fomigliante nella grandezza, nella figura, e nel colore della
fcorza, benchè in quella del bianco fia il verde più chiaro;
ma per altro differifce aſſai; poichè la polpa di quefto è
bianca e dilettevole. Il fuo nocciolo, il quale credefi velenofo, è grande, tondo, duro, e bianco. L'albero è folto, e
più grande del nero, e maggiori ancora fono le foglie. Inoltre il nero è proprio di clima caldo, e il bianco per lo
contrario è di clima freddo, o temperato.

Il Chicozapote (in meſſicano *Chicztzapotl*) è di figura
sferica, o ad eſſa s'accofta, ed ha uno e mezzo, o due pollici di diametro. La fua fcorza è bigia, la fua polpa bianca roſſiccia, ed i fuoi noccioli neri, duri, ed appuntati. Da

G 2   que-

_____

(x) Le frutte dai Meſſicani comprefe fotto il nome di Tzapotl, fono il
Mamei *Tetzontzapotl*, la Chirimoya *Matzapotl*, l'Anona *Quaubtzapotl*, il
Zapote nero *Tlilztzapotl &c.*

(y) Il Gemelli dice, che il Zapote nero ha ancora il fapore della Caffia;
ma quefto è molto dal vero lontano, come il fanno tutti quelli, che l'hanno mangiato. Dice ancora, che quefto frutto, quando è acerbo, è veleno
per i pefci; ma è da maravigliarfi, che foltanto al foreſtiere Gemelli, che
non iftette dieci mefi nel Meſſico, foſſe noto un tal effetto.

quefto frutto, quando è ancora verde , fi cava un latte glu-
tinofo, e facile a condenfarfi, dai Meffirani detto *Chicrli*, e
dagli Spagnuoli *Chicle*, il quale mafticar fogliono i ragazzi
e le donne, ed in Colima fe ne fervono per farne delle piccole ftatue e figurine curiofe. (z) Il Chicozapote bene fta-
gionato è frutto dei più deliziofi, ed appreffo molti anche
Europei, fuperiore a tutte le frutte della Europa. L'albero
è mezzano, il fuo legno buono da lavorarfi, e le fue foglie
tonde, e fomiglianti nel colore e nella confiftenza a quelle
del melarancio. Viene fenza coltura nelle terre calde, e nella Mixteca, nella Huaxteca, e nel Michuacan vi fono dei
bofchi di tali alberi lunghi dodici, e quindici miglia. (*A*)

Il Capollino, o *Capulin*, come il chiamano gli Spagnuoli, è la Ciriegia del Meffico. L'albero poco fi diftingue
dal Ciriegio d'Europa, e il frutto è fimile nella grandezza,
nel colore, e nel nocciolo; ma non così nel fapore.

Il Nance è un picciolo frutto rotondo, giallo, aromatico, e faporito con l'anime piccoliffime, che viene in alberi proprj delle terre calde.

Il Chayote è un frutto rotondo, e fimile nel riccio, di
cui è coperto, alla caftagna, ma quattro o cinque volte più
grande, e di un colore verde più intenfo. La fua carne è
bianca verdiccia, e nel mezzo ha un nocciolo grande, e
bianco fomigliante a quella carne nella foftanza. Mangiafi
cotto infieme col nocciolo. Viene quefto frutto in una pianta volubile e vivace, la cui radice è anche buona da mangiare.

La Noce incarcerata è così dal volgo chiamata per effere

(z) Il Gemelli fi perfuafe, che il Chicle era una compofizione a pofta
fatta, ma s'ingannò, mentre non è altro, fe non il femplice latte del frutto acerbo all'aria condenfato. Il fuddetto Autore fa menzione di quefte
frutte nel tom. 6. lib. 1. cap. 10.

(A) Fra le groffolane bugie di Tommafo Gages è quella di dire, che nel
giardino di S. Giacinto (Ofpizio dei Domenicani della Miffione delle Ifole
Filippine, in un fobborgo di Meffico, dov'egli ftette parecchj mefi alloggiato) v'erano dei Chicozapoti. Quefto frutto non può provenire mai nella
Valle di Meffico, nè in verun altro paefe alla brina efpofto.

sere la sua mandorla strettamente rinchiusa dentro un nocciolo durissimo. E più piccola della noce comune, e nella
figura si rassomiglia alla noce moscata: il suo nocciolo è li-
scio, e la sua mandorla più scarsa, e d'inferior gusto alla
comune. (B) Questa pure dalla Europa portatavi s'è mol-
tiplicata assai, e s'è fatta tanto comune, quanto nella medesima Europa.

La pianta del *Tlalcacahuatl*, o sia Cacahuate, come
l'appellano gli Spagnuoli, è senz'altro una delle più rare,
che vi sieno. E dessa un'erba, ma troppo folta, e ben fornita di radici. Le sue foglie sono alquanto simili a quelle
della porcellana, ma men grosse. I suoi fioretti son bianchi,
da'quali non proviene verun frutto. Il suo frutto viene non
già ne'rami, o nel fusto come nell'altre piante, ma attacco
alla capigliatura delle radici dentro una guaina bianca, bigic-
cia, lunga, tondetta, rigata, e ruvida tale, quale si rappresenta nella terza nostra figura tra quelle de'fiori, e frutti.
Ogni guaina ha due, tre, o quattro cacahuati, i quali hanno la figura di pinocchj, ma assai più grandi, e più grossi,
e ciascuno è composto a guisa di tanti altri semi di due
lobi, ed ha il suo punto germogliante. E commestibile, e
di buon gusto non già crudo, ma un poco abbrustolito. Se
s'abbrustoliscono più, prendono un odore, e un gusto così somiglianti a quelli del Caffè, che non è difficile l'ingannar
chi che sia. Si fa de'Cacahuati un olio, che non è di cattivo gusto; ma si crede nocevole, perchè troppo caldo. Fa
una bella luce, ma facile a spegnersi. Questa pianta riusci-
rebbe sicuramente nell'Italia. Si semina in Marzo, o in A-
prile, e si fa la raccolta in Ottobre, o in Novembre.

Tra moltissimi altri frutti, che per abbreviar la mia
descrizione tralascio, non posso dispensarmi dal far un motto
del

(B) Non parliamo, se non della noce incarcerata dell'Imperio Messicano
poichè quella del Nuovo Messico è maggiore, e di miglior sapore della comune d'Europa, secondo che mi ha detto un uomo degno di fede. Può
credersi, che questa del Nuovo Messico sia la stessa di quella della Luigiana
appellata *Pacana*, ossia *Pacaria*.

del *Caccao*, della *Vainilla*, della *Chia*, del *Chilli*, o fia Peverone, del *Tomate*, del *Pepe di Tabafco*, del Cotone, e dei grani e legumi più ufuali fra i Meffìcani.

Del Caccao (nome prefo dal meffìcano *Cacahuatl*) numera quattro fpezie il Dottor Hernandez; ma il *Tlalcacahuatl*, il più minuto di tutti, era quello, che più comunemente adoperavano i Meffìcani nella loro cioccolata, ed in altre bevande cotidiane, mentre l'altre fpezie più lor fervivano di moneta per commerciare nel mercato, che d'alimento. Il caccao era una delle piante più coltivate nelle terre calde di quel regno, e d'effo pagavano tributo alla Corona di Meffìco diverfe provincie, e fra l'altre quella di Xoconochco, il cui caccao è eccellente e migliore non folamente del caraccas, ma anche di quello della Maddalena. La defcrizione di quefta celebre pianta, e della fua coltura fi trova appo molti Autori di tutte le Nazioni colte della Europa.

La Vainilla, o Vainiglia sì conofciuta, e sì ufata in Europa, viene fenza coltura nelle terre calde. Gl'Antichi Meffìcani l'adopravano nella loro cioccolata ed in altre bevande, che del caccao facevano.

La Chia è la piccola femenza d'una pianta bella, il cui fufto è dritto e quadrangolare, i rami verfo le quattro parti ftefi e con fimmetria contrappofti, ed i fioretti turchini. Ve ne fono due fpezie, l'una nera e picciola, di cui fi cava un olio ottimo per la pittura, e l'altra bianca e più grande, di cui faffi una bevanda rinfrefcativa. L'una, e l'altra dai Meffìcani adoperavanfi per quefti ed altri effetti, che pofcia vedremo.

Del Chilli, o Peverone, (C) il quale era così ufuale appo i Meffìcani, come il fale appo gli Europei, vi fono almeno undici fpezie differenti nella grandezza, nella figura, e nell'acrimonia. Il *Quauhchilli*, il quale è frutto d'un

arbu-

(C) In altri paefi dell' America appellano il Chilli *Axì*, in Ifpagna *Pimiento*, ed in Francia *Poivre de Guinée*, e con altri nomi. Io adopro in Italiano quello, con cui è conofciuto nei luoghi della Italia, dove fono ftato.

arbuſcello, e il *Chiltecpin* ſono i più piccoli, ma eziandio i più acri. Del Tomate vi ſono ſei ſpezie diſtinte nella grandezza, nel colore, e nel guſto. Il più grande, ch'è il *Xictomatl*, o Xitomate, come il chiamano gli Spagnuoli del Meſſico, è già comuniſſimo nella Europa: in Iſpagna ed in Francia col nome di *Tomate* (D) ed in Italia con quello di *Pomo d'oro*. Il *Miltomatl* è più piccolo, verde, e perfettamente rondo. Quanto foſſero tutti e due dai Meſſicani adoprati nel loro pranzo, diraſſi poi, ove s'abbia a ragionar dei loro alimenti.

Il *Xocoxochitl*, volgarmente conoſciuto col nome di *Pepe di Tabaſco*, perchè abbonda in quella Provincia, è più grande del pepe del Malabar. Viene in un albero grande, le cui foglie hanno il colore, e il luſtro di quelle del Melarancio, ed i fiori ſono d'un bel roſſo, e ſimili nella figura a quelli del Melograno, e d'un vivo e piacevoliſſimo odore, di cui ſono ancora partecipi i rami. Il frutto è rondo e viene in grappoli, i quali eſſendo da principio verdi, diventano poi quaſi neri. Queſto pepe uſato già dagli antichi Meſſicani può ſupplire a quello del Malabar.

Il Cotone era per la ſua utilità uno dei frutti più conſiderabili di quel paeſe: poichè ſuppliva al lino (benchè nè queſta pianta lor mancaſſe (E)), e d'eſſo veſtivanſi per lo più gli abitanti d'Anahuac. Ve n'è del bianco, e del lionato, *coyote* volgarmente appellato. E' pianta aſſai comune nelle terre calde, ma molto più dagli antichi, che dai moderni coltivata.

Il

(D) Il *Tomatl* dei Meſſicani è nome generico di tutti i frutti di quella claſſe. Adottaronlo gli Spagnuoli di Europa ed i Franceſi per ſignificare il *Xictomatl*, ch'è la ſpecie da loro conoſciuta, e gli Spagnuoli del Meſſico per ſignificare il *Miltomatl*, ch'è in quel paeſe il più uſuale.

(E) Trovoſſi in fatti del lino in Michuacan, nel N. Meſſico, e nella Quivira in grand'abbondanza, e d'ottima qualità, ma non ſappiamo, che la coltivaſſero, o d'eſſo ſi ſerviſſero quelle Nazioni. La Corte di Spagna conſapevole delle terre, che nel Regno del Meſſico vi ſono idonee per la coltura del lino, e del canape, mandò in quel paeſe l'anno ſcorſo (1778) dodici famiglie Contadineſche della Vega di Granata, acciocchè s'impieghino in queſta parte dell'Agricoltura.

Il frutto dell'*Achiote*, dai Francesi detto *Rocou*, serviva allora per le tinture dei Messicani, come serve adesso per quelle degli Europei. Della scorza dell'albero servivansi per far delle corde, e del legno per cavar fuoco colla confricazione all'usanza degli antichi pastori dell'Europa. Questa pianta trovasi ben descritta nel Dizionario di M. de Bomare.

Intorno poi alle biade, ed ai legumi proprj, ebbe quella terra dall'Europa il Frumento, l'Orzo, il Riso, i Ceci, i Piselli, le Fave, le Lenticchie, ed altre: le quali tutte felicemente allignarono nelle terre alla lor natura convenevoli, ed ivi sonosi tanto moltiplicate, quanto veder faremo nelle nostre dissertazioni. (F)

Tra le biade la principale, la più utile, e la più usuale era quella del Frumentone, dai Messicani appellato *Tlaolli*, di cui vi sono molte spezie differenti nella grandezza, nel colore, nel peso, e nel sapore. V'è del grande, e del piccolo, del bianco, del giallo, del turchino, del pionazzo, del rosso, e del nero. Del Frumentone faceano i Messicani il loro pane, e parecchie vivande, di cui altrove parleremo. Il Frumentone fu dalla America in Ispagna, e quindi in altri paesi della Europa con gran vantaggio dei poveri portato, benchè non manchi Autore ai nostri dì, che pretenda far l'America debitrice del Frumento alla Europa. Pensiero veramente il più stravagante, e il più improbabile, che possa saltar ad un uomo in testa. (G)

il

(F) Il Dr. Hernandez descrive nella Storia Naturale del Messico la specie di Frumento che si trovò in Michuacan, e vanta la sua prodigiosa fecondità, ma gli antichi o non seppero, o pure non vollero servirsene, apprezzando davantaggio, come il fanno anche oggigiorno, il loro Maiz o Frumentone. Il primo che in quella terra seminò il Frumento Europeo fu un Moro schiavo del conquistatore Cortès, avendo trovato tre o quattro grani dentro un sacco di riso, che portavasi per la provvisione dei Soldati Spagnuoli.

(G) Ecco le parole di M. de Bomare nel suo Dizionar di Stor. Natur. V Ble de Turquie = On donnoit à cette plante curieuse & utile le nom de blè d'Inde, parce qu'elle tire son origine des Indes, d'où elle fut apporté en Turquie, & de-là dans toutes les autres parties de l'Europe, de l'Afrique, & de l'Amerique =. Il nome di *Grano di Turchia*, con cui è stato conosciuto in Italia, sarà stato senz'altro tutta la ragione di Mr. de Bomare per adot-

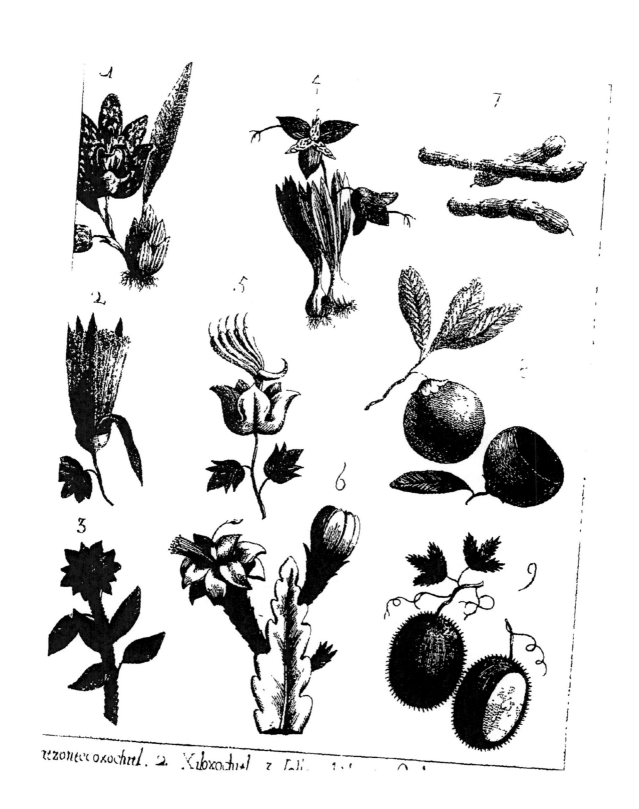

rezontecoxochitl. 2. Xiloxochitl z Tali. . . . . . .

Il principal legume dei Meſſicani era quello dei Fagiuo‑
li, di cui ſono più ſpezie, e molto più variate di quelle
del Frumentone. La ſpezie più grande è quella del *Ayacotli*,
il quale è della grandezza d'una fava, e naſce d'un bel fior
roſſo; ma la più ſtimata è quella di certi fagiuoli piccoli,
neri, e peſanti. Queſto legume, il quale in Italia è poco
ſtimato, perchè cattivo, nel Meſſico è tanto buono, che ſer‑
ve non ſolo al ſoſtentamento della gente miſerabile, ma an‑
che alle delizie della Nobiltà Spagnuola.

Or per quello che riguarda le piante pregiabili per la
loro radice, per le loro foglie, pel loro ſuſto, o pel loro
legno, n'aveano i Meſſicani moltiſſime che lor ſervivano
d'alimento, come la *Xicama*, *il Camote*, *l'Huacamote*, *il
Cacomite*, ed altre, ovvero che lor provvedevano di filo per
le loro tele, e le loro corde, come l'*Iczotl*, e parecchie
ſpezie di Metl o Maguei, o pure li fornivano di legno per
le fabbriche, ed altri lavori, come il Cedro, il Pino, il Ci‑
preſſo, l'Abete, l'Ebano &c.

La *Xicama*, dai Meſſicani detta *Catzotl*, è una radice
della figura, e della grandezza d'una cipolla tutta bianca,
ſoda, freſca, ſugoſa, e ſaporita, la quale ſi mangia ſempre
cruda.

Il *Camote* è un'altra radice comuniſſima in tutta quel‑
la terra, della quale vi ſono tre ſpezie, una bianca, altra
gialla, ed altra paonazza. I camoti cotti ſon di buon guſto,
maſſimamente quelli di Queretaro, che ſono degnamente
pregiati in tutto il regno. (*)

Il *Cacomite* è la radice commeſtibile della pianta, che
porta il bel fior della Tigre, che abbiamo già deſcritto.

Storia del Meſſico Tom. I.   H   Te‑

---

adottare un tal errore contrario alla teſtimonianza di tutti gli Scrittori
de'l'America, ed al ſentimento univerſal delle nazioni. Dagli Spagnuoli
di Europa e di America è chiamato il Frumentone col nome *Maiz*, preſo
dalla Lingua Haitina che ſi parlava nella Iſola oggidì appellata *Spagnuola*,
o ſia di *S. Domenico*.

(*) Molti chiamano i Camoti *Batate*, o *Patate*; ma io ho ſchivato que‑
ſto nome, perchè è equivoco e indifferentemente adoprato dagli Autori
per ſignificare i Camoti, e le Pape, che ſono radici affatto diverſe.

L'*Huacamote* è la radice dolce d'una fpezie di Jucca (*H*) la quale ancora fi mangia cotta. La *Papa*, ch'è una radice trafpiantata nell'Europa, e affai ftimata nell'Irlanda, e nella Svezia, fu anche portata in Meffico dall'America Meridionale, fuo proprio paefe, ficcome vi furono portate dalla Spagna, e dalle Canarie parecchie altre radici ed infalate, come i Navoni, i Ravani, le Carote, gli Agli, le Lattughe, gli Sparagi, i Cavoli, e fimili. Delle Cipolle teftifica il Cortes nelle fue lettere a Carlo V. che fi vendevano nei mercati del Meffico: ficchè non aveano bifogno, che gli foffero dalla Europa portate. Oltrecchè il nome *Xonacatl*, che danno alla Cipolla, e quello di *Xonacatepec*, con cui è conofciuto un luogo infin dai tempi dei Re Mefficani, ci fanno conofcere, che quefta pianta era molto antica in quella terra, non già dall'Europa trafpiantata.

Il *Maguei* dai Mefficani appellato *Metl*, dagli Spagnuoli *Pita*, e da molti Autori *Aloè Americano*, per effere infatti molto fimile al vero Aloè, è delle piante più comuni, e più utili del Meffico. Il Dottor Hernandez ne defcrive infin'a diciannove fpezie, ancor più diverfe nella foftanza interiore, che nella forma, e nel colore delle loro foglie, Nel libro VII. della noftra ftoria avremo occafione d'efporre i grandi vantaggi, che i Mefficani traevano da quefte piante e l'incredibile profitto, che oggidì ne tirano gli Spagnuoli.

L'*Iczotl* è una fpezie di palma montana ben alta, che per lo più ha il tronco raddoppiato. I fuoi rami hanno la figura d'un ventaglio, e le fue foglie quella d'una fpada. I fuoi fiori fon bianchi, ed odorofi, dei quali fanno buone conferve gli Spagnuoli, e il fuo frutto è fimile a prima vifta alla mufa, ma affatto inutile. Delle foglie facevano anticamente, e fanno ancor oggi delle ftuoje fine, e i Mefficani ne cavavano del filo per le loro manifatture.

Non è quefta l'unica palma di quel paefe. Oltre la
Pal-

(H) La Jucca è quella pianta, dalla cui radice fanno il pane di *Cafavi* in alcuni paefi dell'America.

Palma Reale superiore all'altre per la vaghezza dei suoi rami, della Palma di Cocco, e di quelle dei datteri, (1) vi
sono altre spezie da rammemorarsi degne.

Il *Quauhcojolli* è una palma di mediocre grandezza,
il cui tronco è inaccessibile ai Quadrupedi, per esser tutto
armato di spine lunghe, forti, ed acutissime. I suoi rami
hanno la figura d'un vago pennacchio, fra i quali pender si
vedono in grossi grappi i suoi frutti, tondi, grandi quanto
le noci comunali, e com' esse di quattro parti composti,
cioè una scorza da principio verde, e dipoi fosca, una polpa gialla tenacemente al nocciolo attaccata, un nocciolo rotondo e durissimo, e dentro il nocciolo una mandorla, o
midolla bianca.

La palma *Ixhuatl* è più piccola, e non ha più di sei,
o sette rami, poichè ove un ramo nuovo germoglia, si secca subito un altro degli antichi. Delle sue foglie facevano
sporte e stuoje, ed oggidì ne fanno anche cappelli ed altri
lavori. La sua scorza infino alla profondità di tre dita non
è altro, che un ammasso di membrane lunghe un piede in
circa, sottili, e flessibili, ma peraltro forti, dalle quali unen-
done molte insieme fanno alcuni poveri i lor materassi.

La palma *Teoiczotl* è ancor essa picciola. La midolla
del suo tronco, la quale è soffice, sta circondata di certe
foglie d'una particolar sostanza, tonde, grosse, bianche, li-
scie, e splendenti, che sembrano altrettante conchiglie, am-
massate l'une sovra l'altre, di cui si servivano anticamente,
ed anche oggidì si servono gli Indiani per ornato degli ar-
chi di frondi, che fanno per le loro feste.

Ve n'è un' altra palma, che porta i cocchi d'olio (ap-
presso gli Spagnuoli *cocos de aceite*,) così appellati; perchè
da essi si cava un buon olio. Il cocco d'olio è una noce
nella figura, e nella grandezza simile alla noce moscata,

H 2

den-

---

(1) Oltre la palma dei datteri propria di quel paese, v' è ancora quella
di Barberia. I datteri vendonsi nel mese di Giugno nei mercati di Messico,
d' Angelopoli, e d' altre Città, ma malgrado la loro dolcezza son pure poco cercati.

dentro la quale vi è una mandorla bianca, oliofa, e commeftibile, coperta d'una pellicola fottile e paonazza. L'olio ren·
de un foave odore, ma è troppo facile a condenfarfi, ed al·
lora diventa una maffa morbida, e bianca come la neve.

Quanto poi all' eccellenza, alla varietà, ed all' abbon·
danza dei legni, non cede quel paefe a niuno del Mondo;
perciocchè non mancandovi alcuna forte di clima, nemmeno
mancano gli alberi di ognuno proprj. Oltre le Quercie, i
Roveri, gli Abeti, li Pini, i Cipreffi, i Faggi, gli Olmi,
le Noci, i Pioppi, e moltiffimi altri nell' Europa comuni,
vi fono dei bofchi intieri di Cedri, e di Ebani, le due fpezie d' alberi più ftimati dagli Antichi: v' è una gran copia
di Agalloco, o fia Legno aloè nella Mixteca, di *Tapinze-*
ràn in Michuacan, di *Caoba* in Chiapan, di *Palo gateado*,
che noi potremo dire *Legno ftrifciato*, in Zoncoliuhcan (og·
gi *Zongolica*,) di *Camote* nelle montagne di Tetzcoco, di
Granadillo, o Ebano roffo nella Mixteca ed altrove, di *Miz-*
quitl o vera Acacia, di *Tepehuaxin*, di *Coptè*, di *Jabin*, di
Guayacan, o Legno fanto, d' *Ayaquahuitl*, d' *Oyametl*, di
Legno del *Zopilote*, e d' altri innumerabili legni pregiabili
per la loro incorruttibilità, per la loro durezza e gravità,
(K) per la loro docilità o agevolezza all' intaglio, per la
vaghezza dei loro colori, o per la loro fragranza. Il Camote ha un belliffimo color paonazzo, e il Granadillo un
roffo ofcuro; ma fono ancor più belli il *Palo gateado*, la
Caoba, e il *Txopiloquahuitl*, o Legno *del Zopilote*. La du·
rezza del Guayacan è già notoria nell' Europa, e non è mi·
nore quella del Jabin. Il Legno aloè della Mixteca, benchè
diverfo dal vero Agalloco di Levante, attefa la defcrizione,
che

(K) Plinio nella fua Storia Natur. lib. 16. cap. 4. non mentova altri legni di maggiore fpecifica gravità rapporto all'acqua, fe non quefti quattro
l' Ebano, il Boffo, il Larice, e il Sughero fcorticato; ma nel Meffico vi
fono molti altri alberi, il cui legno nell'acqua non galleggia, come il Guayacan, il Tapinzeran, il Jabin, il *Quiebrahacha* &c. Il *Quiebra-hacha*, cioè,
Rompe-fcure, è così appellato; perchè nel tagliarlo non di rado fi rompe
la fcure per la durezza del legno.

che di quefto fa Garzia dell' Orto (*), ed altri Autori, non
è però manco ftimabile pel foaviffimo odore che rende, maf- Lɪʙ. I.
fimamente quando è di frefco tagliato. V' è ancora in quel
paefe un albero, il cui legno è preziofo, ma peraltro di natura così maligna, che cagiona gonfiezza nello fcroto a chiunque indifcretamente il maneggia, quando è novellamente tagliato. Il nome, che gli danno i Michuacanefi, del quale
non mi ricordo, efprime nettamente quel cattivo effetto. Io
non fono ftato teftimonio di tal fenomeno nemmeno ho veduto l' albero; ma il feppi quando fui in M. huacan da perfone degne di fede.

Il Dott. Hernandez defcrive nella fua Storia Naturale cento fpezie in circa d' alberi; ma avendo principalmente il fuo
ftudio confecrato, come abbiam già detto, alle piante
medicinali, tralafcia la maggior parte degl' alberi, che
porta quel fecondiffimo terreno, e fingolarmente i più
confiderabili per la loro grandezza, e per la preziofità del
loro legno. Vi fono degli alberi d' una altezza ed ampiezza
così forprendente, che non fono mica inferiori a quelli, che
vanta Plinio come miracoli della Natura.

Il P. Acofta fa menzione d' un cedro, che v'era in A-
tlacuechahuayan, luogo difcofto nove miglia da Antequera, o
fia Oaxaca, il cui tronco avea di circonferenza fedici bra-
zas, cioè, più d' ottanta due piedi di Parigi, ed io ne ho
veduto in una cafa di campagna una trave lunga cento venti
piedi caftigliani, o centofette piedi di Parigi. Vedonfi in
parecchie cafe della Capitale, e d' altre Città del regno delle tavole grandiffime di Cedro d' un folo pezzo. Nella valle d' Atlixco fi conferva vivo finora un antichiffimo Abete
(L) tanto grande, che nella cavità nel fuo tronco fatta da

alcu-

(*) Storia dei Semplici, Aromati &c. della India Orientale.
(L) Il nome mefficano di quefto albero è *Ahuehuetl*, e il Volgo Spagnuolo di quel paefe lo chiama *Ahuehuete*; ma quei che vogliono parlar alla
Caftigliana il chiamano *Sabino*, cioè Sapino, nel che s'ingannano, mentre
l' *Ahuehuetl*, quantunque al fapino fomigliantiffimo, non è pur fapino,
ma Abete, come il dimoftra il Dott. Hernandez nel Lib. 3. cap. 66. della
fua

alcuni fulmini, ſtanno comodamente quattordici uomini a
cavallo. Una idea anche maggiore della ſua ampiezza ci fa
concepire un teſtimonio tanto autorevole, quanto è Sua Eccellenza il Sig. D. Franceſco Lorenzana, Arciveſcovo già di
Meſſico, e preſentemente di Toledo. Queſto Prelato nelle
Annotazioni da lui fatte ſulle Lettere del Conquiſtatore Cortès a Carlo V. e ſtampate in Meſſico nel 1770., ci teſtifi-
ca, che eſſendo lui medeſimo andato ad oſſervare quell' albero tanto rinomato in compagnia dell' Arciveſcovo di Guatemala, e del Veſcovo d' Angelopoli, fece entrare nella ſud-
detta cavità dell' albero infin' a cento ragazzi.

Sono pure con queſto famoſo Abete paragonabili le
Ceibe, ch' io vidi nella Provincia marittima di Xicayan.
L' ampiezza di queſti alberi è proporzionata alla loro pro-
digioſa elevazione, ed è ſommamente delizioſo il loro proſpet-
to nel tempo, in cui ſi vedono adorni di nuovo fogliame,
e carichi di frutta, dentro le quali v' è certa ſpezie di cotone bianco, ſottile e delicatiſſimo. Potrebbonſi fare, come
realmente ſi ſono fatte, delle tele tanto morbide, e delicate, e
forſe ancor più di quelle di ſeta; (M) ma è malagevole a
filarſi a cagione della piccolezza dei fili, oltre che ſarebbe
minor il vantaggio, che la fatica, dovendo eſſer di poca durata la tela. Adopraſi da alcuni quel cotone in cuſcini e
materaſſi, i quali hanno la ſingolarità di gonfiarſi enormemente col calor del ſole.

Tra moltiſſimi alberi degni di memoria per la loro ſingolarità, ch' io ſon coſtretto a tralaſciare, ommettere non poſſo una certa ſpezie di Ficaja ſalvatica, che viene nel paeſe
dei

<hr />

ſua Storia Natur. Io vidi l' Abete d' Atlixco nel paſſar, che feci, per quella Città nel 1756., ma non così vicino, che poteſſe formarne giuſta idea della
ſua grandezza.

(M) Mr. de Bomare dice, che gli Africani fanno del filo della Ceiba il
taffetà vegetabile tanto raro, e tanto ſtimato nella Europa. Non mi maraviglio della rarità di tal tela atteſo la difficoltà, che v' è a farla. Il nome
Ceiba è preſo, ſiccome molti altri, dalla lingua, che ſi parlava nella Iſola Haiti, o ſia di S. Domenico. I Meſſicani l' appellano Pochotl,
e molti Spagnuoli Pochote. Nell' Africa-ha il nome di Benten. La Ceiba,
dice il ſuddetto Autore, è più alta di tutti gli alberi finora conoſciuti.

dei Cohuixchi, ed in altri luoghi del regno. E' un albero alto, groſſo e folto, ſimile nelle foglie e nel frutto al Fico comu- ne. Dai ſuoi rami, i quali orizontalmente ſi ſtendono, naſco-no certi filamenti, che prendendo la lor direzione verſo la terra, vanno ſempre ingroſſandoſi e creſcendo finattantochè in eſſa introdotti fanno delle radici, ed altrettanti tronchi ne formano: ſicchè da una ſola Ficaja può farſi un boſco. Il frutto di queſto albero è affatto inutile, ma è buono il legno. (N)

Per quello finalmente che riguarda alle piante, che ci rendono le ragie, le gomme, gli olj, o i ſughi profittevo-li, n' è ſingolariſſimamente feconda la terra d' Anahuac, ſic-come il riconoſce l' Acoſta nella ſua Storia Naturale.

L' *Huitziloxitl*, da cui diſtilla il balſamo, è un albe-ro di mediocre altezza. Le ſue foglie ſono alquanto ſimili a quelle del Mandorlo, ma più grandi: il ſuo legno è roſ-ſiccio ed odoroſo, e la ſcorza cenerognola, ma coperta d' una pellicola roſſiccia. I ſuoi fiori pallidi vengono nell' eſtre-mità dei rami. La ſua ſemenza è picciola, biancaſtra, e cur-va, e viene anch' eſſa nell' eſtremità d' un guſcio ſottile e lungo un dito. In qualunque parte ſi faccia una inciſione, maſſimamente dopo le pioggie, ne diſtilla quella nobiliſſima reſina cotanto ſtimata nella Europa, e niente inferiore al ri-nomato balſamo della Paleſtina. (O) Il noſtro balſamo è roſſo nericcio, ovvero bianco gialliccio; mentre dell' uno e dell' altro colore ne ſcorre per la inciſione, d' un ſapore acre, e amaro, e d' un odore intenſo, ma gratiſſimo. L' albero del balſamo è comune nelle Provincie di Pànuco, e di Chiapan, e in

(N) Fanno menzione di queſta Ficaja ſingolare il P. Andrea Perez de Ribas nella Storia delle Miſſioni della Cinaloa, e M. de Bomare nel ſuo Dizionario ſotto i nomi di *Figuier des Indes*, *Grand Figuier*, e *Figuier ad-mirable*. Gli Storici dell' India Orientale deſcrivono un' altro albero a que-ſto ſimile, che trovaſi in quelle regioni.

(O) Il primo balſamo, che dal Meſſico portoſſi a Roma, fu venduto cen-to ducati l'oncia, come fa teſtimonianza il Dott. Monardes nella Storia dei ſemplici medicinali dell' America, e fu dichiarato dalla Sede Apoſtolica materia idonea per la Creſima, benchè diverſo ſia da quello della Paleſti-na, ſiccome oſſerva l' Acoſta, ed altri Storici dell' America.

... in altre terre calde. I Re Meſſicani lo fecero traſpiantar nel celebre giardino di Huaxtepec, dove felicemente allignò, e ſi moltiplicò oonſiderabilmente in tutte quelle montagne. Alcuni Indiani per trarne in maggior copia il balſamo, fatta l'inciſione nell' albero gli bruciano i rami. L'abbondanza di queſte prezioſe piante fa mettere in non cale la perdita d'un gran numero d'eſſe, per non avere ad aſpettar la lentezza della diſtillazione. Non ſolo raccoglievano gli antichi Meſſicani l'opobalſamo, o lagrima dal tronco diſtillata, ma cavavano ancora il Xilobalſamo per la decozione dei rami. (P) Dall' *Huaconex*, e dalla *Maripenda* (*) cavavano altresì un olio al balſamo equivalente. L'Huaconex è un albero di mediocre altezza, e di legno aromatico e duro, il quale conſervaſi incorrotto degli anni, ancorchè ſtia ſepolto in terra. Le ſue foglie ſono picciole e gialle, i fiori piccoli ancora e biancaſtri, e il frutto ſimile a quello dell' alloro. Tiravano per diſtillazione l'olio dalla ſcorza dell' albero, dopo averla ſpezzata, tenuta tre giorni in acqua naturale, ed indi ſeccata al ſole. Tiravano eziandio dalle foglie un olio di grato odore. La Maripenda è un frutice, le cui foglie hanno la figura d'un ferro di lancia, e il frutto è ſimile all' uva, e viene in grappi da principio verde, e poi roſſo. Tiravano l'olio per la decozione dei rami miſchiati con qualche frutto.

Il *Xochiocotzotl*, volgarmente appellato Liquidambra, è lo ſtorace liquido dei Meſſicani. L'albero è grande (non ſolo arbuſcello, come dice il Pluche) le ſue foglie ſono alquanto ſimili a quelle dell'Acero, dentate, biancaſtre da una parte, e dall'altra foſche, e a tre a tre diſpoſte. Il frutto è ſpinoſo, e tondetto, ma poligono colle ſuperficie nere, e gli angoli gialli. La ſcorza dell'albero è in parte verde, e in parte lionata. Dal tronco tiraſi per inciſione quella

(P) Tiraſi ancora dal frutto dell'*Huitziloxitl* un olio ſimile nell'odore e ne ſapore a quello di mandorle amare, ma di maggiore acrimonia, e d'un odore più intenſo, il quale è molto utile nella medicina.
(*) I nomi *Huaconex* e *Maripenda* non ſono Meſſicani, ma ſono quelli, che adoprano gli Autori, che di queſte piante ſcrivono.

quella preziofa ragia, che gli Spagnuoli appellarono *Liqui-dambar*, e l'olio dello ftello nome, ch'è ancor più odorofo, e pregiabile. Tirafi altresì il Liquidambra per la decozione dei rami, ma inferiore a quello, che dall'albero diftilla.

Il nome mellicano *Copalli* è generico, e comune a tutte le ragie, ma fpezialmente fignifica quelle, che fervono per incenfo. Vi fono infino a dieci fpezie d'alberi, che rendono quefte forti di ragia, non tanto nel nome fra loro differenti, quanto nella forma del fogliame e del frutto, e nella qualità della ragia. Il *Copal* per antonomafia è una ragia bianca, e trafparente, che diftilla da un albero grande, le cui foglie fi raffomigliano a quelle della quercia, ma fon più grandi, e il frutto è tondetto e rofficcio. Quefta ragia è ben conofciuta nell'Europa col nome di *Gomma-Copal*, e ben noto ancora l'ufo, che fe ne fa non men nella Medicina, che nelle vernici. Gli antichi Melticani l'adoperavano principalmente negl'incenfamenti, che facevano ora per culto religiofo dei loro Idoli, ora per offequio verfo gli Ambafciatori, ed altre perfone di primo rango. Oggigiorno ne confumano una gran quantità nel culto del vero Dio, e dei fuoi Santi. Il *Tecopalli*, o *Tepecopalli* è una ragia fimile nel colore, nell'odore, e nel fapore all'incenfo dell'Arabia, la quale diftilla da un albero di mediocre grandezza, che nafce nelle montagne, il cui frutto è come una ghianda continente un pinocchio bagnato d'una mucilagine, o faliva vifcofa, e dentro effo una mandorletta, che utilmente s'adopra nella Medicina. Non men quefti due alberi, che tutti gli altri di quefta claffe, nella cui defcrizione non poffiamo trattenerci, fono proprj di terre calde.

La *Caragna*, e la *Tecamaca*, ragie affai conofciute nelle fpezierie dell'Europa, diftillano da due alberi melticani ben grandi. L'albero della Caragna (*) ha il tronco lionato, li-

---

(*) I Melticani diedero all'albero della Caragna il nome di *Tlahuelilocaquahuitl*, cioè albero della malignità (non *Haheliloca*, come fcrive Mr. de Bomare); perchè fuperftiziofamente credevano. effer effo temuto dagli Spiriti

━━━━━cio, rilucente, ed odorofo, e le foglie, benchè tonde, non
Lib. I. diffimili da quelle dell'Olivo. L'albero della Tecamaca ha
le foglie larghe, e dentate, e il frutto roffo, tondo, e picciolo, pendente dalle eftremità dei rami. L'uno e l'altro
vengono in paefi caldi.

11. *Mizquitl*, o Mezquite, come il chiamano gli Spagnuoli, è una fpezie di vera Acacia, e la gomma che ne
diftilla, è la vera Gomma arabica, come ne fanno teftimonianza il Dottor Hernandez, ed altri dotti Naturalifti. E'
il Mezquite un arbufcello fpinofo, i cui rami fono molto
fregolatamente difpofti, e le foglie tenui, fottili, e con-
jugate, o fia nafcenti dalla una e dall'altra parte dei rami,
raffembrano le penne degli uccelli. i fuoi fiori fimili fono
a quelli della Betulla. I fuoi frutti fon dei gufci dolci, e
commeftibili, e contengono la femenza, della quale facevano
anticamente i barbari Cicimechi una pafta, che lor ferviva per pane. Il fuo legno è duriffimo e pefante. Quefti
alberi fono quafi tanto comuni nel Meffico, quanto le Quercie nell'
Europa, maffimamente nei colli dei paefi temperati. (Q)

La *Lacca* o fia Gomma lacca (come fuol chiamarfi
dagli Speziali,) fcorre in tanta abbondanza da un albero
al Mezquite fomigliante, che ne reftano coperti i rami. (R)

Que-

riti maligni, ed effere efficace prefervativo contro la fafcinazione. Il nome
Tecamaca è prefo dal *Tecomac ihiyac* dei Meffican.

(Q) V'è in Michuacan una fpecie di Mezquite o Acacia, che non ha
mica delle fpine, ed ha le foglie più fottili, ma nel refto conviene in tutto
coll altra.

(R) Garzia dell'Orto nella Storia dei femplici dell'India ftabilifce ful
ragguaglio d'alcuni uomini pratici di quel paefe, che la Lacca è lavorata da
certe formiche. Quefto fentimento è ftato adottato da moltiffimi Autori,
e M. di Bomare gli fa l'onore di crederlo già quafi dimoftrato: ma quanto
fia dal vero lontano, vedefi perchè tutte quefte vantate dimoftrazioni non
fono altro, fe non indizj equivochi, e congetture fallaci, come fi fa palefe
a chiunque legga i fuddetti Autori. 2. Fra tutti i Naturalifti, che fcrivono della Lacca, non v'è altro che l'abbia veduta full'albero, fe non il Dr.
Hernandez, e pure quefto dotto e fincero Autore afferma, come indubitabile, che la Lacca è vera ragia diftillata dall'albero, che i Mefficani appellano *Tzinacancuitla-quahuitl*, e ribatte, come error volgare, l'oppofto fentimento 3. Il paefe, dove abbonda la Lacca, è la Provincia fertiliffima dei
Tla-

Queſto albero, la cui grandezza è mediocre, e il tronco di colore roſſo, è comuniſſimo nelle Provincie dei Cohuixchi, Lib. I. e dei Tlahuichi.

Il *Sangue di drago* diſtilla da un albero grande, le cui foglie ſono larghe ed angoloſe. Queſto albero viene nelle montagne di Quauhchinanco, e in quelle dei Cohuixchi. (S)

La *Ragia elaſtica*, dai Meſſicani detta *Olin* ovvero *Olli*, e dagli Spagnuoli di quel regno *Ule*, diſtilla dall' *Olquahuitl*, ch'è un albero di ſufficiente grandezza, il cui tronco è liſcio, e gialliccio, le foglie aſſai grandi, i fiori bianchi, e il frutto giallo, e tondetto, ma angoloſo, dentro il quale vi ſono delle mandorle grandi quanto le avellane, bianche, ma coperte d'una pellicola gialliccia. La mandorla ha un ſapore amaro, e il frutto viene ſempre attaccato alla ſcorza dell'albero. L'Ule nel diſtillar dal tronco ferito è bianco, liquido, e viſcoſo: indi diventa gialliccio, e poi finalmente prende il color del piombo, alquanto più nericcio, che d'allora innanzi conſerva. Quei che il racolgono, lo fanno prendere in diverſi modelli qualunque forma vogliono ſecondo l'uſo, a cui il deſtinano. Queſta ragia condenſata è fra tutti i corpi ſolidi il più elaſtico che conoſciamo.

Facevano di queſta ragia i Meſſicani i ſuoi palloni, i quali benchè peſanti, ſaltano più di quelli d'aria. Oggidì, oltre queſto uſo, ſe ne ſervono, come in Europa della cera, per fare i cappelli, gli ſtivali, i gabbani, ed i tabbarri

I 2

all'ac-

Tlahuicchi, dove tutte le frutta vengono a maraviglia, e di là ſe ne portano in maſſima quantità alla Capitale. Ora non potrebbeſi far una raccolta coſì grande di frutti, ſe vi foſſero in quella terra tanti milioni di formiche, quanti vi biſognerebbero per la fabbrica d'una quantità sì ecceſſiva di Lacca, mentre g'i alberi ſon moltiſſimi, e tutti quaſi ſon d'eſſa pieni. 4 Se la Lacca è opera delle formiche, perchè la fabbricano ſoltanto in quegl'alberi, e non in quelli d'altra ſpecie? &c. La Lacca era dai Meſſicani appellata *Tzinacancuitlatl*, cioè ſterco di pipiſtrello, per non ſo che analogia, che tra eſſe due coſe trovarono.

(S) I Meſſicani appellano il Sangue di drago *Ezpatli*, che vale medicamento ſanguigno, e l'albero *Ezquahuitl*, cioè albero ſanguigno. V'è un altro albero dello ſteſſo nome nelle montagne di Quauhnahuac, che gli è alquanto ſomigliante; ma queſto ha le foglie tonde e ruvide, la ſcorza groſſa, e la radice odoroſa.

all'acqua impenetrabili. Dall'Ule al fuoco liquefatto fi trae un olio medicinale. Viene queſto albero nelle terre calde, come quelle d'*Ihualapan*, e di *Mecatlan*, ed è comune nel regno di Guatemala. (*T*)

Il *Quauhxiotl* è un albero mezzano, le cui foglie fon tonde, e la ſcorza roſſiccia. Ve ne ſono due ſpezie ſubalterne: una rende una gomma bianca, la quale meſſa in acqua la tinge d'un colore latteo, l'altra diſtilla una gomma roſſiccia, tutte e due utiliſſime per la diſſenterìa.

In queſta claſſe di piante dovrebbono aver luogo l'Abete, la *Higuerilla* (pianta alla Ficaja ſomigliante,) e l'Ocote, certa ſpezie di Pino molto aromatico per l'olio, che rendono, ed il Braſile, il Campeggio, o ſia Campecce, l'Indaco, e molte altre per i loro ſughi; ma parecchie di queſte piante ſono già conoſciute nell'Europa, e d'altre avremo occaſione di ragionare altrove.

Quella piccola parte del regno vegetabile d'Anahuac, che finora abbiamo eſpoſta, ci ravviva il dolore, che ſentiamo nel vedere ſparite, e perdute per lo più quelle eſatte cognizioni della Storia Naturale, che acquiſtate aveano gli antichi Meſſicani. Sappiamo eſſere quei boſchi, quelle montagne, e quelle valli d'infiniti vegetabili utiliſſimi e prezioſi ripiene, ſenza trovarſi alcuno, che volger voglia lo ſguardo a riconoſcergli. A chi non rincreſcerà, che degl'immenſi teſori da due ſecoli e mezzo in quà da quelle ricchiſſime miniere cavatiſi, non ſia ſtata deſtinata una parte per fondare delle Accademie di Naturaliſti, che ſeguendo l'orme del chiariſſimo Hernandez, ſcoprir poteſſero in pro della Società quei prezioſi doni, che ha diſpenſato loro così liberalmente il Creatore?

Non è meno ſconoſciuto il regno animale, malgrado la diligenza, che anche in queſta parte adoperò il Dottor Hernandez. La difficoltà, che v'è nel diſtinguere le ſpezie, e la la improprietà della nomenclatura cagionata dall' analogia, hanno renduta difficile e malagevole la Storia degli Animali. I primi nomenclatori Spagnuoli più pratici nell' arte della guerra, che nello studio della natura, in vece di ritenere, come sarebbe stato meglio, i nomi che i Messicani a loro animali imposero, appellarono Tigri, Lupi, Orsi, Cani, Scojattoli &c. parecchj animali di spezie assai diversa, o per la somiglianza del colore della pelle, o di altre fattezze, o per la conformità in certe operazioni e proprietà. Or io non pretendo di emendare i loro errori, e nè meno d' illustrare la Storia naturale di quel vasto regno; ma soltanto di dare una qualche idea ai miei leggitori dei Quadrupedi, degli Uccelli, dei Rettili, dei Pesci, e degl' Insetti, che sostentano la terra e l' acqua d' Anahuac.

Tra' Quadrupedi altri sono nuovi, ed altri antichi. I nuovi (così appelliamo quelli, che nel secolo XVI. furono dalle Canarie, e dall' Europa in quella terra trasportati) sono i Cavalli, gli Asini, i Tori, le Pecore, le Capre, i Porci, i Cani, ed i Gatti, tutti i quali si sono così felicemente e cotanto moltiplicati, quanto faremo vedere nella nostra IV. dissertazione contro certi Filosofi del Secolo, che si sono preso l' impegno di persuaderci la degradazione di tutti i Quadrupedi nel nuovo Mondo.

Dei Quadrupedi antichi, cioè di quelli, che da tempo immemorabile in quella terra s' allevavano, altri erano comuni a tutti i due i continenti, altri particolari del nuovo Mondo, ma pure comuni al Messico ed ad altri paesi dell' America Settentrionale, o della Meridionale, ed altri finalmente propri soltanto del regno di Messico.

I Quadrupedi antichi comuni al Messico, e all' antico Continente, sono i Lioni, le Tigri, i Gatti salvatici, gl' Orsi, i Lupi, le Volpi, i Cervi così i comuni, come i bianchi (U) i Daini, le Capre salvatiche, i Tassi, le Faine, le
Don-

_____

(U) I Cervi bianchi or sieno della medesima specie, or di specie distinta dagli altri Cervi, sono indubitatamente comuni a tutti e due i Conti-
nen-

Donnole, i Martori, gli Scojattoli, le *Polatuche*, i Conigli, le Lepri, le Lodre, e i Sorcj. So bene, che il Signor de Buffon nega all'America i Lioni, le Tigri, ed i Conigli; ma siccome la sua opinione principalmente appoggiata sul debole fondamento della pretesa impossibilità del passaggio al nuovo continente degli animali proprj delle terre calde dell'antico mondo, è da noi nelle nostre dissertazioni abbastanza impugnata, non è d'uopo interrompere il corso della nostra storia per ribatterla.

Il *Miztli* dei Messicani non è altro, se non il Lione senza chioma, da Plinio mentovato, (V) e affatto distinto dal Lione dell'Africa; e l'*Ocelotl* non è diverso dalla Tigre Africana, come ne fa testimonianza il Dottor Hernandez, che questi e quelli conosceva. Il *Tochtli* del Messico è il medesimo Coniglio dell'antico continente, e almeno tanto antico in quel paese, quanto era il Calendario dei Messicani, nel quale la figura del Coniglio era il primo carattere dei loro anni. I Gatti salvatichi molto più grandi dei dimestici sono assai feroci e temuti. Gli Orsi sono tutti neri, e più corpulenti di quelli, che in Italia si vedono dalle Alpi portati, Le Lepri distinguonsi dall'Europee nell'aver gli orecchj più lunghi, e i Lupi nello avere più grossa la testa. Tutte e due le spezie abbondano troppo in quella terra. *Polatuca* appelliamo col Sig. de Buffon il *Quimichpatlan*, o sia Sorcio volante dei Messicani. Chiamaronlo *Sorcio*, perchè gli è somigliante nella testa, benchè più grande, e *volante*, perciocchè avendo nel suo stato naturale allentata e grinza la pelle dei fianchi, quando poi vuol fare un salto violento da un albero ad un altro, disten-

de

---

nenti. Essi furono dai Greci, e dai Romani conosciuti. I Messicani gli appellavano Re de' Cervi. Il Sig. de Buffon ci vuol persuadere, che la bianchezza sia nei Cervi effetto della loro schiavitù; ma trovandosi nelle montagne della N. Spagna, siccome in fatti si trovano dei cervi bianchi, che non sono mai stati schiavi degli uomini, non ha più luogo un tal pensiere.

(V) Plinio nel Lib. 8 cap. 16. distingue le due specie di Lioni con chioma, e senza chioma, e pone il numero di Lioni di ciascuna specie, che presentò Pompeo negli spettacoli Romani.

de e slarga insieme coi piedi quella pelle a foggia d'ale. Il volgo Spagnuolo confonde questo quadrupedo collo Scojattolo per la loro somiglianza; ma sono certamente diversi. I Topi furono dai Vascelli Europei portati in Messico, non così i Sorci, che sempre furono dai Messicani conosciuti sotto il nome di *Quimichin*, il quale davano ancora metaforicamente alle loro spie. (*)

Le spezie di Quadrupedi, ch'erano nel regno di Messico, comuni altresì ad altri paesi del nuovo mondo, sono il *Cojametl*, l'*Epatl*, parecchie spezie di Scimie, comprese dagli Spagnuoli sotto il nome generico di *Monos*, l'*Ajotochtli*, l'*Aztacojotl*, il *Tlacuatzin*, il *Techichi*, il *Tlalmototli*, il *Techallotl*, l'*Amiztli*, il *Mapach*, e la *Danta* (X).

Il *Cojametl*, a cui danno gli Spagnuoli per la somiglianza col Cinghiale, il nome di *Javali*, o Porco salvatico, è appellato in altri paesi dell'America *Pecar*, *Saino*, e *Tajassù*. Quella glandula, che ha in una cavità della schiena, onde abbondantemente distilla un liquido sieroso e puzzolente, indusse i primi Storici dell'America, ed indi molti altri Autori nell'errore di credere, che nell'America si trovavano dei Porci, che aveano sulla schiena l'umbilico: e finora vi è chi crede così, contuttocchè siano ormai più di due secoli, li, che è stato scoperto l'errore per l'anatomia di quell' animale. Tanto difficile è lo svellere le opinioni popolari! La carne del *Cojametl* è buona da mangiare, purchè subito che sia ammazzato, gli si tagli la glandula, e si levi dalla schiena tutto quel liquido puzzolente; poichè altrimenti infetta resterebbe tutta la carne.

L'*Epatl*, dagli Spagnuoli detto *Zorrillo*, è manco conosciuto nell'Europa per la vaghezza della sua pelle, che per la insoffribile puzza che rende, quando gli sono addosso i cacciatori. (*Y*)

Il *Tlacuatzin*, che in altri paesi ha i nomi di *Churcha*, di *Sarigua*, e d'*Opossum*, è stato da molti Autori descritto, ed è assai celebre per quella pelle raddoppiata, che ha la femmina nel ventre dal principio dello stomaco insino all'orifizio dell'utero, la quale le copre le mammelle, e ha nel mezzo un'apertura, dove riceve i figliuoli dopo averli partoriti, per tenergli ben custoditi, ed allattargli. Nel camminare, e nell'arrampicarsi, che fa, per le mura delle case, tiene distesa la pelle, e fermo l'uscio, sicchè non possono uscire i figliuoli; ma dove vuol mandargli fuori, acciocchè comincino a procacciarsi il vitto, o fargli entrar di nuovo, o per allattarli, o per sottrarli da qualche pericolo, apre l'uscio rallentando la pelle, con disdicendo la gravidanza mentre gli porta, e il parto ogni volta che gli mette fuori. Questo curioso quadrupedo è l'esterminatore dei pollaj.

L'*Ajotochtli*, dagli Spagnuoli detto *Armadillo*, o *Encobertado*, e da altri *Tatù*, è ancora ben noto agli Europei

per

(*Y*) Il Sig. de Buffon numera quattro specie d'*Epatl* sotto il nome generico di *Mouffetes*. Dice poi, che le due prime, ch'egli chiama *Coaso*, e *Conepata* sono dell'America Settentrionale, ed il *Chincho*, e il *Zorrillo*, che sono l'altre due, dell'America Meridionale. Noi non troviamo ragione da crederle quattro specie diverse, ma solamente quattro razze d'una medesima specie. I nomi, che danno i Messicani a quelle due prime razze sono *Izquiepatl* e *Conepatl* le quali razze soltanto si distinguono nella grandezza e nel colore. Il nome di *Coaso* o *Squass* preso dal Viaggiatore Dampier, che afferma esser comune nella Nuova Spagna, non è stato mai udito in tutta quella terra. Gl'Indiani di Jucatan, dove stette il suddetto Viaggiatore, appellano quel quadrupedo *Pat*.

per quelle lame oſſee, di cui tiene il dorſo coperto, imitando l'antica armadura dei Cavalli. I Meſſicani gli diedero quel nome per la ſomiglianza, benchè imperfetta, che ha col coniglio, quando mette fuori la teſta, e colla zucca, quando ſotto le ſue lame, ovvero conche, ſi ricovera; (Z) ma a neſſun altro animale ſi raſſomiglia più che alla Teſtuggine, benchè in parecchie fattezze gli ſia non poco diſſimile · potrebbeſi dargli il nome di quadrupedo teſtaceo. Queſto animale, ogni volta che ſi trova in qualche pianura perſeguitato, non ha maniera di liberarſi dalle mani del cacciatore; ma ſiccome abita ordinariamente le montagne, ove trova qualche declività, ſi rannicchia, ſi fa un globo, e rotolandoſi in giù per la pendice, laſcia il cacciatore burlato.

Il *Techichi*, ch' ebbe altrove il nome d'*Alco*, era un quadrupedo del Meſſico, e d'altri paeſi dell'America, il quale per eſſere nella figura ad un cagnuolo ſimile, fu *Perro*, cioè cane dagli Spagnuoli appellato. Era d'un aſpetto malinconico, e affatto mutolo: onde ebbe origine la favola da parecchj Autori, ancor oggi viventi, ſpacciata, cioè che diventano muti nel nuovo mondo tutti i Cani dall'antico traſportati. La carne del *Techichi* ſi mangiava dai Meſſicani, e ſe diamo fede agli Spagnuoli che ancor la mangiarono, era di buon guſto è nutrimento. Gli Spagnuoli dopo la Conquiſta del Meſſico non avendo ancora nè armenti, nè greggie, fecero la provviſione dei loro macelli di queſti quadrupedi: onde fra poco conſumarono la ſpezie, contuttochè foſſe numeroſa.

Il *Tlalmototli*, o Scojattolo di terra, chiamato Svizzero dal Sig. de Buffon, è ſomigliante al vero Scojattolo negli occhj, nella coda, nella ſveltezza, e in tutti i ſuoi mo-

Storia del Meſſico Tom. I.   K   vi-

***

(Z) *Ajotochtli* è parola compoſta d' *Ajòtli*, Zucca, e di *Tochtli*, Coniglio. Il Sig. de Buffon ne numera otto ſpecie ſotto il nome di *Tatous*, prendendo la loro diverſità dal numero delle lame e delle faſcie mobili, che gli coprono Io non potrò dire quante ſpecie ne ſiano nel Meſſico, mentre ho veduto pochi individui, ed allora ſiccome io non penſava a ſcrivere di queſto argomento, non fui curioſo di contare le lame, e le faſcie, nè ſo che vi ſia ſtato alcuno, che ſiaſi preſo queſto penſiero.

vimenti; ma affai diffimile quanto al colore, alla grandezza, all'abitazione, ed a qualche proprietà. Il pelo del fuo
ventre è tutto bianco, e nel refto bianco mifchiato di bigio. La fua grandezza è doppia di quella dello Scojattolo,
e non abita come effo negli alberi, ma nelle piccole tane,
che fcava in terra, overo fra le pietre dei baftioni, che circondano i campi, nei quali fa un guafto confiderabile a cagione del troppo grano, che n'invola. Morde furiofamente
chi fi accofta, e non è capace d'addimefticarfi, ma per altro ha della eleganza nella forma, e della grazia nei movimenti. La fpezie di quefti quadrupedi è delle più numerofe,
maffimamente nel regno di Michuacan. Il *Techallotl* quafi
non fi diftingue da' predetti animali, fe non fe nell'avere
più piccola la coda, e men pelofa.

L'*Amiztli*, o fia Lione acquatico, è un quadrupedo anfibio che abita fulle rive del Mar Pacifico, ed in alcuni fiumi di quel regno. Il fuo corpo ha tre piedi di lunghezza,
e la coda due. Il fuo mufo è lungo, le fue gambe corte,
e l'unghie curve. La fua pelle è pregevole per la lunghezza e morbidezza del pelo, (*aa*)

Il *Mapach* dei Meffìcani è fecondo il fentimento del
Signor de Buffon quel medefimo quadrupedo, che nella
Giamaica è conofciuto col nome di *Rarton*. Il Meffìcano è
della grandezza d'un Taffo, di tefta nera, di mufo lungo e
fottile, come quello del Levriere, d'orecchie piccole, di corpo attondato, di pelo variato di nero e di bianco, di coda
lunga e ben pelofa, e di cinque dita in ogni piede. Ha
fovra ognuno degli occhj una fafcetta bianca, e fervefi come lo Scojattolo delle zampe per portar alla bocca quel
che vuol mangiare. Cibafi indifferentemente di grano, di
frutta, d'infetti, di lucertole, e di fangue di galline. Addi-
mefticafi facilmente, ed è affai graziofo nei fuoi giuochi: ma
è per-

(aa) Contiamo l'*Amiztli* fra i quadrupedi comuni ad altri paefi dell'A-
merica, perchè ci pare quello fteffo, che il Sig. de Buffon ci defcrive fotto il
nome di *Saricovienne*.

è perfido ficcome lo fteffo fcojattolo, e fuol mordere il fuo padrone.

La *Danta*, o fia *Anta*, o *Beori*, o *Tapir* (poichè ha diverfi nomi in diverfi paefi) è il quadrupedo più corpulento di quanti n'erano nelle terre del regno Mefficano, (*bb*) e quel che più s'accofta all'Ippopotamo, non pure nella grandezza, ma in alcune fattezze, ed in qualche proprietà. La Danta è grande quanto uua mezzana mula. Ha il corpo un poco arcato come il Porco, la tefta groffa e lunga, con un' appendice nella pelle del labbro fuperiore, il quale slarga o raccorcia a fuo fenno· gli occhj piccoli, l'orecchie picciole e tonde, le gambe corte, i piedi anteriori con quattro unghie, e i pofteriori con tre, la coda corta e piramidale, la pelle affai groffa, e di pelo denfo veftita, il quale nella età matura è bruno. La fua dentatura di venti denti mafcellari, ed altrettanti incifivi compofta, è tanto forte ed aguzzata, ed i morfi che fa fono tanto terribili, che s'è veduto, come ne fa fede lo Storico Oviedo teftimonio di vifta, ftrappare ad un colpo dei denti ad un cane di caccia uno o due palmi di pelle, ed a un altro una gamba intiera colla fua cofcia. La fua carne è commeftibile, (*cc*) e la fua pelle pregevole, mentre è tanto forte, che refifte non che alle freccie, anche alle palle di archibufo. Quefto quadrupedo abita i bofchi folitarj delle terre calde, vicini a qualche fiume o laghetto, poichè vive non meno nell'acqua, che nella terra.

Tutte le fpezie di Scimie, che fono in quel regno, fono dai Mefficani conofciute fotto il nome generale d'*Ozomatli*, e dagli Spagnuoli fotto quello di *Monos*. Ve ne fono di varia grandezza e figura, delle picciole e fingolarmen-

K 2   te

(bb) La Danta è molto minore del *Tlacaxolotl* defcritto dal Dr. Hernandez ma non fappiamo, effere ftato mai quefto gran quadrupedo nelle terre del regno Mefficano. Lo fteffo debbe dirfi dei Cervi del N. Meffico e dei Ciboli o Bifonti più grandi anche effi della Danta. Vedafi fopra ciò la noftra IV Differtazione.

(cc) Oviedo dice, che le gambe della Danta fono di affai buono e guftofo nutrimento, purchè ftiano ventiquattro ore continue al fuoco.

L.a I

te graziofe; delle mezzane della corpulenza d'un Taffo, e delle grandi, forti, feroci, e barbate, le quali chiamanfi da alcuni *Zambos*. Quefte quando ftanno ritte, come fanno, fopra due piedi, agguagliano tal volta la ftatura d'un uomo. Fra le mezzane vi fono di quelle, che per avere la tefta di cane, appartengono alla claffe dei Cinocefali, benchè tutte fieno di coda fornite. (dd)

Quanto poi ai Formicari, cioè quei quadrupedi tanto fingolari per la enorme lunghezza del lor mufo, per la ftrettezza della lor gola, e per la loro fmifurata lingua, della quale fi fervono per tirare le formiche dai formicaj, onde ebbero il nome, nè gli ho veduti mai in quel regno, e neppur fo, che vi fieno; ma io credo che non è d'altra fpezie l'*Aztacojotl*, cioè Cojote formicaro mentovato, non già defcritto, dal Dottor Hernandez, (ee)

I Quadrupedi più proprj della terra d'Anahuac, la cui fpezie non sò che fi trovi nell'America Meridionale, nè in altri paefi della Settentrionale alla Corona di Spagna non fottopofti, erano il *Cojotl*, il *Tlalcojotl*, il *Xolotzcuintli*, il *Tepeitzcuintli*, l'*Itzcuintepotzotli*, l'*Ocotochtli*, il *Cojopollin*, la Tuza, l'*Ahuitzotl*, l'*Huitztlacuatzin*, ed altri forfe a noi fconofciuti.

Il *Cojotl*, o Coyote come il chiamano gli Spagnuoli è una fiera fomigliante al Lupo nella voracità, nell'aftuzia alla volpe, nella forma al cane, ed in qualche proprietà all'*Adive*,

ed

(dd) Il *Cynocephalos* dell'antico Continente è privo di coda, ficcome tutti fanno. Or effendofi trovati nel nuovo Mondo delle Scimie che hanno la tefta di cane, e fon di coda fornite, il Sig. Briffon nella divifione, che fa delle Scimie, dà giuftamente a quelle di quefta claffe il nome di *Cinocefali Cercopitechi*, e ne diftingue due fpecie M. de Buffon fra tante fpezie di Scimie, che ne defcrive, tralafcia quefte.

(ee) *Formicari* appelliamo que' Quadrupedi, che gli Spagnuoli dicono *Hormigueros*, ed i Francefi *Fourmiliers*, ma gli Orfi formicari da Oviedo defcritti fono fenza altro diverfi da' *Fourmiliers* del Sig de Buffon; poichè contuttochè convengano nel cibarfi di formiche, e nella enormità della lingua e del mufo, nondimeno fi diftinguono notabilmente per riguardo alla coda: poichè quei del Sig de Buffon l'hanno fmifurata, mentre quelli di Oviedo ne fono affatto privi. E' fingolarmente curiofa la defcrizione, che fa l'Oviedo della maniera, che hanno di cacciar le formiche.

ed al *Chacal*: onde parecchj Storici del Meſſico or ad una, or ad un'altra ſpezie l'aggiudicarono; ma pure è indubitabilmente da tutti queſti diverſo, ſiccome il dimoſtriamo nelle noſtre diſſertazioni. E' più piccolo del Lupo, e grande come un Maſtino, ma più aſciutto. Ha gli occhi gialli, e ſcintillanti, l'orecchie piccole, appuntate, e ritte, il muſo nericcio, le gambe forti, i piedi d'unghie groſſe, e curve armati, la coda groſſa e peloſa, e la pelle variata di nero, foſco, e bianco. La ſua voce ha dell'urlamento del Lupo, e dell'abbajamento del cane. Il Coyote è dei quadrupedi più comuni nel Meſſico, (ff) e dei più pernicioſi alle greggie. Aſſaliſce una mandra, ed ove non trova un agnello da involare, piende coi denti una pecora pel collo, e con eſſa accoppiato, e battendole la groppa colla coda, la conduce dove vuole. Perſeguita i Cervi, e talvolta aſſaliſce ancora gli uomini. Nel fuggire non fa comunemente altro, che trottare; ma queſto trotto è sì vivo e sì veloce, che appena può raggiungerlo un cavallo di galoppo. Il *Cuetlachcojotl* ci pare un quadrupedo della medeſima ſpezie del Coyote; poichè da queſto non ſi diſtingue, ſe non nell'avere il collo più groſſo, e il pelo come quello del Lupo.

Il *Tlalcojotl*, o ſia *Tlalcoyote* è della grandezza d'un mediocre cane, ma più groſſo, ed è al noſtro parere il quadrupedo più corpulento di quanti ne vivono ſotto terra. Raſſomiglia alquanto nella teſta al Gatto, e al Lione nel colore, e nella lunghezza del pelo. Ha la coda lunga, e folta, e ſi ciba di galline, e d'altri piccioli animali, che caccia nelle oſcurità della notte.

L'*Itzcuintepotzotli*, il *Tepeitzcuintli*, ed il *Xoloitzcuintli* erano tre ſpezie di quadrupedi ai Cani ſomiglianti. L'*Itzcuintepotzotli*, o ſia Cane gobbo era grande quanto un cane malteſe, la cui pelle era variata di bianco, lionato, e nero.

(ff) Nè il Sig. de Buffon, ne il Sig. de Bomare fanno menzione del Coyote, con tutto che la ſua ſpecie fra quelle delle fiere ſia la più comune, e la più numeroſa del Meſſico, e ſia abbaſtanza deſcritta dal Dr. Hernandez, la cui Storia Naturale ſpeſſo citano.

nero. La fua tefta era piccola a proporzione del corpo, e
pareva a effo unita immediatamente a cagione della piccolezza, e groffezza del collo, i fuoi occhj piacevoli, le fue
orecchie rallentate, il fuo nafo con una prominenza confidebile nel mezzo, e la fua coda così piccola, che appena arrivava a mezza gamba; ma il più particolare era una gran
gobba, che aveva dal collo infin'alla groppa. Il paefe, dove
più abbondava quefto quadrupedo, era il regno di Michuacan, dov'era chiamato *Ahora*. Il *Tepeitzcuintli*, cioè Cane
Montano, è una fiera così picciola, che pare un cagnuolo,
ma pure così ardito, che affalta i Cervi, e talvolta gli am-
mazza. Ha il pelo lungo ficcome la coda, e il corpo nero,
ma la tefta, il collo, e il petto bianco. (*) Il *Xoloitzcuintli*
è più grande dei due precedenti · poichè ve ne fono alcuni,
il cui corpo ha fino a quattro piedi di lunghezza. La fua
faccia è di Cane, ma le zanne di Lupo, gli orecchj ritti,
il collo groffo, e la coda lunga. Il più fingolare di quefto
animale è l'effere affatto privo di pelo, fuorchè fovra il mufo, dove ha alcune fetole groffe e ritorte. Tutto il fuo corpo è coperto d'una pelle lifcia, morbida, e di color cenerino,
ma in parte macchiata di nero, e di lionato. Quefte tre
fpezie di quadrupedi fonofi affatto confumate, o pure ne reftano pochi individui. (gg)

L'*Ocotochtli* pare effere, attefa la defcrizione che ne
fa il Dottor Hernandez, della claffe dei Gatti falvatichi; ma
certe particolarità, che aggiunge il fuddetto Autore, hanno
l'aria

(*) Il Sig. de Buffon crede, non effer altro il Tepeitzcuintli che il Ghiot-
tone, ma nelle noftre Differtazioni ribattiamo quefta opinione

(gg) Giovanni Fabri, Accademico Linceo pubblicò in Roma una lunga
ed erudita differtazione, nella quale fi sforzò di provare, che il Xoloitzcuintli
è lo fteffo che il Lupo del Meffico · ingannato fenz'altro dal ritratto originale del Xoloitzcuintli mandato a Roma infieme coll'altre pitture dell'
Hernandez, ma s'egli aveffe letto la defcrizione che quefto dotto Naturalifta fa di quell'animale nel libro de'Quadrupedi della N. Spagna, avrebbe rifparmiato la fatica, ch'ebbe nello fcrivere quella differtazione, e le
fpefe nel pubblicarla. L'errore del Fabri fu adottato dal Sig de Buffon.
Vedanfi le noftre differtazioni, dove fi rilevano altri sbaglj di quefto grand
uomo.

l'aria di favola, non certamente perchè egli voleſſe ingannarci; ma perchè qualche volta fidoſſi troppo delle informazioni altrui. (hh)

Il *Coyopollin* è un quadrupedo grande quanto un Topo ordinario; ma ha la coda più groſſa, e d'eſſa ſerveſi in vece di mano. Il muſo, e gli orecchi ſon ſimili a quelli d'un porcellino: gli orecchi ſono traſparenti, le gambe e i piedi bianchi, e il ventre bianco gialliccio. Abita, ed alleva i figliuoli negli alberi. I figliuoli quando hanno paura, s'abbracciano ſtrettamente colla madre.

La *Tozan* o ſia Tuza è un quadrupedo equivalente alla Talpa dell'Europa, ma aſſai diverſo. Il ſuo corpo, il quale è ben fatto, ha ſette, ovvero otto oncie di lunghezza. Il ſuo muſo è ſimile a quello del Topo, le ſue orecchie piccole e tonde, e la coda corta. Ha la bocca armata di denti fortiſſimi, e i piedi d'unghie forti e curve forniti, colle quali ſcava la terra, e ſe ne fa delle tane, dove abita. E' la Tuza perniciofiſſima a'campi pel grano che invola, ed ai viandanti per le molte tane o buche, che fa nelle ſtrade; perciocchè dove per la ſua poca viſta non trova la prima tana, ſe ne fa un'altra, moltiplicando così gl'incomodi, ed i pericoli a quei che viaggiano a cavallo. Scava la terra colle zampe, e con due denti canini, che ha nella maſcella ſuperiore, più grandi degli altri: nello ſcavare mette la terra in due membrane fatte a foggia di borſe, che ha ſotto l'orecchie, fornite dei muſcoli neceſſarj per la loro contrazione e dilatazione. Quando ha le membrane riempite, le ſcarica ſcotendo colle zampe il fondo delle membrane, e torna poi a ſcavare nel medeſimo modo, adoperando in queſto lavoro i canini, e l'unghie in vece di zappa, e le membrane

(hh) Dice il Dr. *Hernandez*, che dove l'*Ocotochtli* fa qualche preda, la copre con fogliame, e poi montato ſopra un albero vicino comincia a far degli urli quaſi che inviti gli altri animali a mangiar della ſua preda e che in fatti l'ultimo che mangia è lo ſteſſo *Ocotochtli*; perche tal è il veleno della ſua lingua, che ſe mangiaſſe prima, reſterebbe infetta la preda e morti reſterebbono nel mangiarla gli altri animali. Finora ſi ſente queſta favola in bocca del Volgo.

brane in vece di facchetti o di fporte. La fpezie delle Tu: ze è numerofiffima; ma non mi ricordo d' averle mai vedute nei luoghi, dove abitano gli Scojattoli di terra.

L'*Ahuitzotl* è un quadrupedo anfibio, che per lo più vive nei fiumi dei paefi caldi. Il fuo corpo è lungo un piede, il fuo mufo lungo ed acuto, e la fua coda grande. La fua pelle è dei colori nero e bruno variata.

L'*Huitztlacuatzin* è l'iftrice o porco fpino del Meffico. E' grande quanto un cane mediocre, a cui fi raffomiglia nella faccia, benchè abbia il mufo fchiacciato: i fuoi piedi e le fue gambe fono ben groffe, e la fua coda proporzionata alla grandezza del corpo. Tutto il fuo corpo, fuorchè il ventre, la parte pofteriore della coda, e la interiore delle gambe, è armato di penne ovvero fpine vuote, acute, e lunghe quattro dita. Nel mufo, e nella fronte ha delle fetole lunghe e ritte, le quali s'innalzano fovra la tefta a maniera di pennacchio. Tutta la fua pelle anche fra le fpine, è coperta d'un pelo nero e morbido. Cibafi foltanto dei frutti della terra. (11)

Il *Cacomiztle* è un quadrupedo fomigliantiffimo alla Faina nella maniera di vivere. Ha la grandezza e la forma di un Gatto comunale; ma il fuo corpo è più groffo, il fuo pelo più lungo, le fue gambe più corte, e il fuo afpetto più falvatico e feroce. La fua voce è un grido acuto, e il fuo cibo le galline ed altri piccoli animali. Abita ed alleva i figliuoli nei luoghi men frequentati delle cafe. Di giorno vede poco, e non viene fuori del fuo nafcondiglio, fe non la notte per procacciarfi il vitto. Così il Cacomiztle, come il Tlacuatzin fi trovano anche nelle cafe della Capitale. (11)

Oltre

---

(11) Il Sig. de Buffon vuole, che l'*Huitztlacuatzin* fia il *Coendù* della Guienna, ma il *Coendù* è carnivoro, e l'Huitztlacuatzin cibafi dei frutti: il Coendù non ha quel pennacchio di fetole, che fi vede nell'Huitztlacuatzin &c.

(11) Io non fo il vero nome Mefficano del Cacomiztle, e però adopero quello, che gli danno in quel regno gli Spagnuoli. Il Dr. Hernandez non fa menzione di quefto quadrupedo. E' vero, ch' egli ne defcrive uno col nome di *Cocamiztli*, ma quefto è un manifefto errore della Stampa, o pure degli

Acca-

Oltre a quefti quadrupedi ve n' erano altri nell' Imperio
Meffcano, dei quali non fo fe abbiano a contarfi fra gli
animali proprj di quella terra, o pure fra i comuni ad altri
paefi americani, come l' *Itzcuincuani*, cioè mangiator dei cani, il *Tlalmiztli*, piccolo Lione, e il *Tlalocelotl* piccola
Tigre. Degli altri poi, che benchè non foffero del regno
del Meffico, trovanfi in altri paefi dell' America Settentrionale agli Spagnuoli fottopofti, facciamo menzione nelle noftre differtazioni.

Maggior impaccio, che non i Quadrupedi, ci darebbe-
ro gli Uccelli, fe intraprender voleffimo la enumerazione delle
loro fpezie, e la defcrizione della loro forma, e del loro carattere.
La loro abbondanza e varietà, e la loro eccellenza fecero
dire ad alcuni Autori, che il Meffico è il regno degli uccelli, ficcome l' Africa quello delle fiere. Il Dottor Hernandez nella fua Storia Naturale defcrive più di dugento fpezie
proprie di quel paefe, e pure ne tralafcia parecchie degne
di memoria, come il *Cuitlacochi*, la *Zacua*, e il *Madrugador*. Noi ci contenteremo di fcorrere alcune claffi, additan-
do, dove occorra, qualche particolarità. Fra gli uccelli di
rapina vi fono Accertelli o Gheppi, Aftori, e parecchie fpezie d' Aquile, di Falconi, e di Sparvieri. Agli uccelli di
quefta claffe accorda il fuddetto Naturalifta la fuperiorità
fovra quelli dell' Europa. Per la notoria eccellenza dei Falconi meffcani comandò Filippo II. Re di Spagna, che ogni
anno ne foffero cento portati alla fua Corte. Fra l' Aquile
la più grande, la più vaga, e la più rinomata è quella dai
Meffcani chiamata *Itzquauhtli*, la quale non folo caccia gli
uccelli più grandi, e le Lepri, ma affalifce ancor gli uomini, e le fiere. Degli Accertelli vi fono due fpezie: quello,
che fi chiama *Cenotzqui*, è affai bello.

Storia del Meffico Tom. I.   L   I Cor-

Accademici romani, che ebbero cura dell' edizione dell' Hernandez; poichè
debbe fcriverfi *Zacamiztli*. Or quefto quadrupedo è di Panuco, e il Cacomiztle del Meffico. il *Zacamiztli* abita nella campagna, e il Cacomiztle
dentro le cafe delle città. Il *Zacamiztli* ha un braccio caftigliano di lunghezza, e il Cacomiztle è più piccolo.

I Corvi del Meſſico dai Meſſicani detti *Cacalotl* non s'impiegano per lo più in nettar i campi dalle carogne, come fanno altrove; ma piuttoſto in rubare il grano dalle ſpighe. L'impiego di nettar i campi è quivi principalmente riſervato ai *Zopiloti*, conoſciuti nell'America Meridionale col nome di *Gallinazzi*, da altri con quello d'*Aure*, e da alcuni finalmente con quello impropriſſimo di Corvi. (kk) Sonovi due ſpezie di queſti uccelli aſſai differenti, quella del Zopilote proprio, e quella del *Cozcaquauhtli*. L'uno e l'altro ſono più grandi del corvo. Convengono quelle due ſpezie nell'avere il becco e l'unghie curve, e nella teſta in vece di piume una membrana grinza con alcuni peli ricci. Nel volo ſi elevano a tal altezza, ch'eſſendo tanto grandi, pur ſi tolgono della viſta, e maſſimamente quando è per venire una tempeſta di grandine, ſi vedono girare in gran numero ſotto l'alte nubi infino a ſparire per la lontananza. Cibanſi delle carogne, le quali vedono coi perſpicaciſſimi lor occhj, o pure ſentono col loro viviſſino odorato dalla maggior altezza, ed indi ſcendono formando con volo maeſtoſo una gran linea ſpirale infino al cadavero, di cui vogliono cibarſi. L'uno e l'altro ſono quaſi muti. Diſtinguonſi poi amendue le ſpezie nella grandezza, nel colore, nel numero, ed in qualche proprietà. I Zopiloti proprj hanno le penne nere, la teſta, il becco, ed i piedi bruni: vanno ſpeſſo in truppe, e paſſano inſieme la notte ſugli alberi. (ll) La loro ſpezie è aſſai numeroſa, e comune a tutti i climi. La ſpezie

(kk) Lo ſteſſo Di. Hernandez non trovò difficoltà nel fare il Zopilote una ſpezie di Corvo, ma ſono queſti uccelli troppo diverſi nella grandezza, nella forma della teſta, nel volo, e nella voce. Il Sig. de Bomare dice, che l'*Aura* è il *Coſquauth* della N. Spagna è il *Tropilot* degl'Indiani, ma coſì il *Cozcaquauhtli*, come il *Tzopilotl* ſono nomi Meſſicani dagl'Indiani adoperati non per ſignificare un ſolo uccello, ma due diverſi. Vi ſono alcuni che danno ad una ſpezie il nome d'*Aura*, e all'altra quello di *Zopilote* o di *Gallinazzo*.

(ll) Nei Zopiloti ſi vede fallare quella regola generale da Plinio ſtabilita nel lib. 9. cap. 19. *Uncos ungues habentia omnino non congregantur, & ſibi quæque prædantur*. Soltanto potrà eſſer vera, ove s'intenda degli Uccelli proprj di rapina, come ſono l'Aquile, gli Avoltoj, i Falconi, gli Sparvieri &c.

zie del *Cozcaquauhtli* pel contrario è poco numerofa, e propria dei climi caldi. E' inoltre maggiore del Zopilote, ha
il capo ed i piedi roffi, e il becco bianco nella eftremità,
e nel refto di color fanguigno. Le fue penne fon brune,
eccetto quelle del collo, e delle parti vicine al petto, le
quali fon nere rofficcie: le fue ale di fotto fono cenerine, e
di fopra variate di nero e di lionato.

Il *Cozcaquauhtli* è dai Meflicani chiamato *Re dei Zopiloti*, (mm) e dicono, che concorrendo amendue le fpezie
per mangiar d'una carogna, non la tocca mai il Zopilote
prima d'averla affaggiata il Cozcaquauhtli. Sono pure i Zopiloti uccelli a quel regno utiliffimi; mentre non folo net-
tano la terra, ma perfeguitano ancora e diftruggono l'uova
dei Coccodrilli nella fteffa rena, dove li mettono le femmine di que' formidabili anfibj, acciocchè fieno dal fole covati:
onde dovrebbe effere fotto pene vietato l'ammazzare così
fatti uccelli.

Degli uccelli notturni vi fono Gufi, Nottole, Affiuoli,
ed altri, ai quali aggiungerfi poffono i Pipiftrelli, benchè
propriamente non appartengano alla claffe degli Uccelli. I Pipiftrelli abbondano nelle terre calde ed ombrofe, dove ve ne
fono di quelli, che con terribili morficature cavano molto
fangue ai Cavalli, e ad altri animali. In parecchj paefi troppo caldi fi trovano dei Pipiftrelli groffiffimi, ma non tanto

L 2

gran-

(mm) Quell'uccello, che ha oggidì nella N. Spagna il nome di *Re dei
Zopiloti* pare diverfo da quello, che noi defcriviamo. Quel moderno Re dei
Zopiloti è grande quanto un'Aquila comunale, robufto, e d'un'aria mae-
ftofa, di forti artigli, d'occhi vivi e belli, e di vaghe penne nere, bianche, e
lionate. Il più fingolare è quella carnofità di color di fcarlatto, che gli circonda il
collo a guifa di collana, ed a guifa di coronella gli copre la tefta. Così
me l'ha defcritto una perfona abile e degna di fede, che dice aver veduto tre individui di tale fpezie, e particolarmente quello, che nel 1750. fu
mandato dal Meffico al Re Cattolico Ferdinando VI. Dice davantaggio,
effer vero il ritratto di quefto uccello pubblicatofi nella opera intitolata, *Il
Gazzettiere Americano*. Il nome mefficano *Cozcaquauhtli*, che vuol dire,
Aquila con collana, conviene realmente più a quefto, che all'altro. L'immagine di quefto uccello, che fi vede tra le noftre figure, è copia di quella
del Gazzettiere Americano.

grandi, quanto quelli delle Ifole Filipine, e d'altre regioni orientali.

Fra gli uccelli aquatici annoverar vogliamo non folamente i *Palmipedi*, che notano e vivono comunemente nell' acqua, ma ancora gl' *Imantopedi*, ed altri pefcatori, che vivono per lo più fulle rive del mare, dei laghi, e dei fiumi, e nell'acqua trovano il loro alimento. In quefto ordine d'uccelli v'è un numero prodigiofo d'Oche, venti fpezie almanco d'Anitre, parecchie forti d'Aghironi e di Garze, moltiffimi Cigni, Gavie, Gallinelle, Merghi, o Marangoni, Alcioni, *Martinetti*, o fia *Martini pefcatori*, Pellicani, ed altri. La moltitudine delle Anitre è così grande, che alle volte coprono i campi, e da qualche lontananza vedute fembrano mandre di pecore pafcenti. Fra le Garze e gli Aghironi ve ne fono dei cinericcj, dei bianchi tutti, e d'altri, che avendo le penne del corpo bianche, anno il collo, l'eftremità, e la parte dinanzi dell'ale, ed una parte della coda abbellite d'un vivo color di fcarlatto, ovvero d'un bell'azzurro. Il Pellicano o fia Onocrotalo, conofciuto dagli Spagnuoli del Meffico col nome d'*Alcatraz*, è affai noto per quell'enorme gozzo, o fia ventre, come l'appella Plinio, che ha fotto il becco. Ve ne fono due fpezie nel Meffico, l'una ha il becco lifcio, e l'altra l'ha dentato. Non fo, fe come è noto quefto uccello agli Europei, fia così faputa la fua rara proprietà nel foccorrere agl'individui invalidi della fua fpezie: della quale fi fervono alcuni Americani per provvederfi del pefce fenza fatica. Prendono vivo un Pellicano, gli rompono un'ala, e legandolo ad un albero, fi mettono in agguato in un luogo vicino, dove afpettano l'arrivo degli altri Pellicani colla loro provvifione, e quando gli hanno veduti lanciar dal gozzo i pefci, accorrono fubito, e lafciandone al prigioniere una parte, fe ne portano il refto.

Ma fe è degno d'ammirazione il Pellicano per la fua provvidenza verfo gli altri della fua fpezie, non è meno mirabile il *Yoalquachilli* per l'armi, di cui l'ha fornito per la fua difefa il Creatore. E' quefto un uccellino aquatico di

collo

collo lungo e fottile, di piccola tefta, di becco lungo, e
giallo, di gambe, piedi, ed unghie lunghe, e di coda corta.
Il colore delle fue gambe, e dei fuoi piedi è cenerino,
e quello del fuo corpo nero con alcune piume gialle preffo
al ventre. Ha nella tefta un cerchietto o coronetta di foftanza cornea, in tre punte acutiffime divifa, ed altre due ne ha
nella parte dell'ale dinanzi. (nn)

Nelle altre claffi d'uccelli ve ne fono alcuni pregiabili
per la loro carne, altri per le loro penne, altri pel loro
canto o per la loro voce, ed altri finalmente pel loro inftinto, o per qualche loro proprietà notabile, che intereffar
può la noftra curiofità.

Rapporto agli uccelli, la cui carne è di fano e grato
nutrimento, ne ho numerate più di fettanta fpezie. Oltre le
Galline comuni trafportate dalle Ifole Canarie alle Antiglie,
ed indi al Meffico, v'erano e vi fono delle Galline proprie
di quel paefe, le quali per effere in parte fomiglianti alle
Galline comuni, e in parte ai Pavoni, furono dagli Spagnuoli chiamati *Gallipavoni*, e dai Mefficani *Huexolotl*, e *To-
tolin*. Quefti uccelli trafportati all'Europa in ricompenfazio-
ne delle Galline, fi fono ecceffivamente moltiplicati, particolarmente nell'Italia, dove attefo il loro carattere, e la loro grandezza, lor diedero il nome di *Gallinaccj*; (*) ma è
ftata molto maggiore la moltiplicazione delle Galline Europee nel Meffico. Vi fono ancora in grande abbondanza dei
Gallinaccj falvatici, da per tutto fimili ai dimeftici, ma più
grandi, e in molti paefi di carne più guftofa. Vi fono Per-
dici, Quaglie, Fagiani, Giu, Tortorelle, Colombe, e moltiffimi altri nell'Europa ftimati. Il numero prodigiofo delle
Quaglie potraffi conofcere da quello, che diremo, quando
dovremo ragionar dei Sacrifizi antichi. Gli uccelli ivi conofciuti col nome di Fagiani, fono di tre fpezie differenti dai
Fa-

(nn) V e nel Brafile un uccello anch'effo aquatico, che ha dell'armi
fomiglianti a quelle del *Toalquachilli*, ma nel refto è affai diverfo
(*) Quì in Bologna fono appellati *Tocchi* e *Tocchini*, e altrove *Galli d'India*. I Francefi li chiamano *Dindes*, *Dindons*, e *Coqs-d'Inde*.

Fagiani Europei. (oo) Il *Coxolitli*, e il *Tepetototl* amendue della grandezza d'un'Oca, e con un pennacchio nella teſta, che diſtendono e ripiegano a lor ſenno, ſi diſtinguono fra loro nei colori, ed in qualche proprietà. Il *Coxolitli*, dagli Spagnuoli appellato *Fagiano reale*, ha le penne lionate, e la ſua carne è più delicata. Il *Tepetototl* s'addimeſtica tanto, che prende il cibo dalla mano del padrone, gli viene all'incontro, quando lo vede entrar in caſa, facendo delle dimoſtrazioni d'allegrezza, impara a picciar la porta col becco, e in tutto moſtraſi più docile di quel, che dovea aſpettarſi da un uccello proprio dei boſchi. Io vidi uno di queſti Fagiani, che eſſendo ſtato qualche tempo in un pollajo, imparò la maniera di combattere dei Galli, e combatteva con eſſi ergendo le piume del ſuo pennacchio, ſiccome ergono i Galli quelle del collo. Ha le penne nere e rilucenti, e le gambe e i piedi cinerizj. I Fagiani della terza ſpezie dagli Spagnuoli appellati *Gritones*, cioè Gridatori, ſon minori degli altri, ed hanno la coda e l'ali nere, e il reſto del corpo bruno. La *Chachalaca*, la cui carne è ancora aſſai buona da mangiare, è grande quanto una Gallina. La parte ſuperiore del ſuo corpo è bruna, la inferiore biancaſtra, e il becco e i piedi turchinicci. E' incredibile il rumore, che fanno queſti uccelli nei boſchi coi loro clamori, i quali benchè ſimili ſieno a quelli delle Galline, ſono pure più ſonori, più continui, e più moleſti. Delle Tortorelle e delle Colombe vi ſono parecchie ſpezie, altre comuni alla Europa, ed altre proprie di quei paeſi.

Gli Uccelli ſtimabili per le loro penne ſono tanti, e coſì belli, che daremmo un gran piacere ai noſtri Leggitori, ſe poteſſimo a' lor occhi rappreſentargli con tutti quei colori, che abbelliſcono le loro penne. Io ho numerato fino a trentacinque ſpezie d'uccelli Meſſicani ſommamente belli, delle quali alcune dovranno da noi rammemorarſi.

L'

(oo) Il Sig. de Bomare annovera fra i Fagiani l'*Huatzin*; ma non ſò perchè, mentre queſto uccello meſſicano appartiene alla ſeconda claſſe d'uccelli di rapina coi Corvi, i Zopiloti, ed altri.

L' *Huitzitzilin* è quel maraviglioso uccellino tanto celebrato dagli Storici dell' America per la sua piccolezza,
per la sua mobilità, per la singolar vaghezza delle sue
pennette, per la tenuità del suo alimento, e per la lunghezza del suo sonno nell' inverno. Questo sonno, o per
dir meglio questa immobilità cagionata dalla goffezza, o
annighittimento delle sue membra, s'è fatta constare giuri-
dicamente più volte per convincere l'incredulità d'alcuni Europei: incredulità veramente cagionata dalla ignoranza; poichè la stessa immobilità si vede in parecchj paesi dell' Europa nei Ghiri, nei Ricci, nelle Rondine, nei Pipistrelli, ed
in altri animali, che hanno ugualmente freddo il sangue,
benchè in niun altro sia forse tanto lunga, quanto nell'
Huitzitzilin, poichè questo uccelletto si conserva in alcuni
paesi privo d'ogni movimento da Ottobre infino ad Aprile.
Numeranfi fino a nove spezie di *Huitzitzilin* differenti nella grandezza e nei colori. *(pp)*

Il *Tlauhquechol* è un uccello aquatico ben grande, che
ha le penne tinte d'un bellissimo color di scarlatto, o d'un
bianco rossiccio, eccetto quelle del collo, che son nere. Abita sulle rive del mare e dei fiumi, e non mangia altro, che
i pescetti vivi senza toccar mai carne morta.

Il *Nepapantototl* è un' Anitra salvatica, che frequenta
il lago messicano, nelle cui penne radunati vedonsi tutti i
colori.

Il *Tlacuiloltotol*, cioè uccello dipinto, merita veramente il nome; poichè le sue bellissime piume variate sono di
rosso, di turchino, di paonazzo, di verde, e di nero. Ha
gli occhj neri colla iride gialla, ed i piedi cenerini.

Il *Tzinizcan* è della grandezza d'una colomba. Ha
il

(pp) Gli Spagnuoli del Messico lo chiamano *Chupamirto*, perchè succia particolarmente i fiori d'una pianta, che ivi è conosciuta col nome impro-
prissimo di Mirto. In altri paesi dell' America gli danno i nomi di *Chupa-
flor*, di *Picaflor*, di *Tominejo*, di *Colibre* &c. Fra tanti Autori, che descrivono questo prezioso uccellino, nessuno dà miglior idea della vaghezza delle
sue penne, che il P. Acosta.

il becco piccolo, curvo, e giallo: la tefta e il collo fomiglianti a quelli della Colomba, ma abbelliti di penne verdi e rilucenti; il petto e il ventre roffi, fe non nella parte
più vicina alla coda, ch' è di bianco e di turchino variata:
la coda al di fopra verde, ed al di fotto nera, l' ale in parte nere ed in parte bianche, e gli occhi neri coll' iride gialla rofficcia. Abita quefto bell' uccello nelle terre marittime.

Il *Mezcanauhtli* è un' Anitra falvatica, grande quanto
la Gallinella, ma d' una vaghezza fingolare. Ha il becco
mediocremente lungo, e largo, azzurro al di fopra, e nero al di fotto: le penne del corpo bianche, ma da molti
punti neri macchiate. Le fue ale fono bianche e brune al
di fotto, e al di fopra variate di nero, bianco, turchino,
verde, e lionato. I fuoi piedi fono gialli rofficci, la fua tefta in parte bruna, in parte lionata, e in parte paonazza
con una bella macchia bianca tra il becco e gli occhj, i quali fon neri. La fua coda è al di fopra turchina, al di fotto bruna, e nella eftremità bianca.

Il *Tlauhtototl* è fomiglianitiffimo nei colori al *Tlacuiloltotol*, ma più piccolo. Le Huacamaie, ed i Cardinali tanto pregiati dagli Europei pei belliffimi loro colori, fono affai
volgari in quel paefe.

Tutti quefti vaghi uccelli, ed altri proprj del Meffico,
o pure da altri vicini paefi al Meffico trafportati erano fom-
mamente dai Mefficani ftimati per le fingolari loro opere di
mufaico, di cui altrove faremo menzione. Dall' antico Continente vi fi portarono i Pavoni, ma per la non curanza di
quei popoli fi fono pochiffimo moltiplicati.

Parecchj Autori, che accordano agli uccelli Mefficani
la fuperiorità nella vaghezza delle penne, loro negano quella
del canto; ma tutti quanti e gli uni, e gli altri abbiamo
fentiti, fiamo affatto ficuri, che un tal fentimento non è
ftato già dalla equità, ma dalla ignoranza dettato; mentre
è più difficile agli Europei l' udire, che il vedere gli uccelli Mefficani.

Vi fono pure nel Meffico i Calderini, ed i rinomati
Rof-

Roffignoli, ed inoltre altre ventidue fpezie, almeno, d'uccelli canori, e poco, o niente a quelli inferiori; ma fupera d'affai tutti quelli, che conofciamo, il celebratiffimo *Centzontli*, nome datogli dai Meffcani per efprimere la forprendente varietà delle fue voci. *(qq)* Non c'è poffibile il dar una compita idea della foavità e della dolcezza del fuo canto, dell'armonia e dalla varietà de' fuoi toni, e della facilità, con cui impara ad efprimere quanto fente. Contraffà al naturale non folamente il canto degli altri uccelli, ma eziandio le differenti voci dei Quadrupedi. E' grande quanto un Tordo comunale. Il color del fuo corpo è al di fotto bianco, e al di fopra bigio con alcune penne bianche, maffimamente preffo la coda e la tefta. Mangia qualunque cofa; ma fi compiace particolarmente delle mofche, le quali toglie con dimoftrazioni di piacere dalle dita di chi gliele prefenta. La fpezie del Centzontli è dappertutto delle più numerofe; ma contuttochè fieno tanto comuni quefti uccelli, fono tanto ftimati, che ho veduto per uno pagare venticinque fcudi. Si è procurato fpeffe volte trafportarlo in Europa; ma non fo, fe fia mai riufcito; ed io mi fon perfuafo, che quantunque vivo arrivaffe in Europa, non potrebbe mai effere fenza gran detrimento della fua voce, e del fuo inftinto, attefo gli incomodi della navigazione, e la mutazione di clima.

Gli uccelli chiamati *Cardinali* non fono men piacevoli, all'udito per la melodia del loro canto, che alla vifta per la vaghezza delle loro penne fcarlattine, e del loro pennacchio. La Calandra Meffcana canta ancora foaviffimamente, ed il fuo canto raffomiglia a quello del Roffignolo. Le fue penne fon variate di bianco, giallo, e bigio. Teffe mara-

　　vi-

(qq) *Centzontlatole* (quefto è il vero nome, e quello di *Centzontli* foltanto s'adopera per abbreviamento) vuol dire, quel che ha infinite voci. I Meffcani ufano la parola *Centzontli* (quattrocento,) ficome i Latini quelle di *mille*, e di *fexcenta*, per efprimere una moltitudine indefinita e innumerabile Conviene col nome meffcano il greco *Polyglotta*, che gli danno alcuni Ornitologifti moderni. Vedafi ciò che intorno al *Centzontli* diciamo nelle Differtazioni.

vigliofamente il fuo nido con fetole, ingroffate ed attaccate
con non fo che materia vifcofa, fofpendendolo a guifa di
borfa o di facchetto da qualche ramo d' un albero. Il *Ti-
grillo*, cioè Tigretto, il quale è ancora per la fua mufica
pregevole, ha un cotal nome, per aver le fue penne macchiate come la pelle della Tigre. Il *Cuitlaccochi* è fimile al
Centzontli non men nella grandezza del corpo, e nel color
delle penne, che nell' eccellenza del canto, ficcome il *Cozto-
totl* è fomigliantiffimo in tutto ai Canarini, trafportatifi a
quel paefe dalle Canarie. I Paffreri meffricani, dagli Spagnuoli detti *Gorriones*, non fi raffomigliano ai veri Paffreri, fe
non fe nella grandezza, nel camminar faltando, e nel far i
loro nidi nei buchi delle mura. I meffricani hanno la parte
inferiore del corpo bianca, e la fuperiore bigia; ma dove
arrivano ad una certa età, hanno gli uni il capo roffo, e
gli altri giallo. (*) Il loro volo è faticofo, a cagione forfe
della piccolezza delle lor ali, o della debolezza delle loro
penne. Il loro canto è dolciffimo, ed affai vario. V' è una
grande abbondanza di quefti cantori nella Capitale, e in
altre Città, e Villaggj del Meffico.

Non meno abbondano nel paefe d' Anahuac gli uccelli
loquaci, o imitatori della loquela umana. Fra gli fteffi uccelli cantori vi fono alcuni, che imparano alcune parole,
come il rinomato Centzontli, e l' *Acolchichi*, cioè uccello
di fpalla roffa, a cui per una tal infegna diedero gli Spagnuoli il nome di *Commendatore*. Il *Cehuan*, ch' è più grande d' un tordo comunale, contraffà la voce umana, ma in
un tono, che pare burlefco, e feguita per lungo tratto i
viandanti. Il *Tzanahuei* è fomigliante alla Pica nella grandezza; ma è diverfo nel colore: impara a parlare, ruba
cautamente quel che può, ed in tutto fa vedere un inftinto fuperiore a quello, che comunemente s' offerva in altri
uccelli.

Ma

(*) Ho fentito dire, che i *Gorrioni* della tefta roffa fono i mafchi, e quelli
della tefta gialla le femmine.

Ma fra tutti gli uccelli parlatori hanno il primo luogo i Pappagalli, dei quali si numerano nel Messico quattro
spezie principali, e sono la *Huacamaya*, il *Toznenetl*, il *Cochotl*, e il *Quiltototl*. (rr)

La Huacamaya è più pregevole per le sue vaghissime
piume, che per la sua voce. Pronuncia confusamente le parole, e la sua voce è grossa e dispiacevole. Questo è il più
grande di tutti i Pappagalli. Il Toznenetl, il quale è il miglior di tutti, è grande quanto una Colomba: il color delle sue penne è verde; ma nella testa e nella parte dell'ali
dinanzi è negli uni rosso, e negli altri giallo. Impara quante parole, e cantate gl'insegnano, e le esprime con chiarez-
za: contraffà al naturale il riso, e il tono burlesco degli
uomini, il pianto dei fanciulli, e le voci di diversi animali.
Del Cochotl vi sono tre spezie subalterne differenti nella
grandezza, e nei colori, i quali in tutti son vaghi, e fra
essi dominante il verde. Il più grande dei Cochotl è quasi
della grandezza del Toznenetl: l'altre due spezie dagli Spagnuoli appellate *Caterine*, son minori. Tutti imparano a parlare, benchè non così perfettamente, come il Toznenetl.
Il *Quiltototl*, ch'è il più picciolo, e anche il men idoneo
per parlare. Questi piccoli pappagalli, le cui penne son tinte
d'un verde vaghissimo, vanno sempre in truppe numerose,
or facendo un gran rumore nell'aria, or dando il guasto alle biade. Quando sono sugli alberi si confondono a cagione
del loro colore col fogliame. Tutti gli altri pappagalli vanno per lo più a due a due, maschio e femmina.

Gli uccelli *Madrugadores*, (*) che noi potremmo appel-
lare *Destatori*, e quelli che hanno dai Messicani il nome

M 2 di

(rr) Il Toznenetl e il Cochotl son chiamati dagli Spagnuoli del Messico
Pericos, e *Loros*. Il nome *Huacamaya* è della lingua Haitina, che parlavasi nella
Isola Spagnuola. *Loro* è parola presa dalla lingua Quichoa, ossia Inca, e
Toznenetl, *Cochotl*, e *Quiltototl* dalla lingua Messicana.

(*) *Madrugador* in Ispagnuolo vuol dire, quel che si leva a buon'ora. Or
non essendo nella lingua toscana una parola ad essa equivalente, adopriamo
quella di *destatore*, che ancor gli conviene: ma forse sarebbe più proprio quello di *Uccello crepuscolare*.

di *Tzacua*, benchè non fiano cotanto pregevoli per la vaghezza delle loro penne, nè per l'eccellenza del loro canto, fono ciò non oftante degni di particolar menzione per le loro proprietà. I Deftatori fono fra gli uccelli diurni gli ultimi nel prendere il ripofo la fera, e i primi nell'abbandonarlo la mattina, e nell'annunziare il ritorno del Sole. Non lafciano il loro canto, e i loro giuochi infino ad un'ora dopo tramontato il fole, e molto avanti dell'aurora li riprendono, nè mai fi moftrano tanto allegri, quanto mentre dura l'uno e l altro crepufcolo. Un'ora incirca innanzi l'aurora comincia qualcuno di quefti uccelli dai rami d'un albero, dove ripofò la notte in compagnia di molti altri della fua fpezie, a chiamarli con alta e fonora voce, e replica in tono allegro fpeffe fiate la chiamata, finchè fente or l'uno, or l'altro rifpondere. Quando poi fon tutti defti, fanno un feftiviffimo rumore, che d'affai lontano fi fente. Nei viaggj, ch'io feci pel regno di Michuacan, dove più abbondano, mi furono utili; poichè mi deftavano a buon'ora per poter fare la mia partenza fullo fpuntar del dì. Son grandi quefti uccelli quanto i paferi.

La Tzacua, uccello fomigliante nella grandezza, nei colori, e nella fabbrica del nido alla già mentovata Calandra, è ancora più mirabile. Vivono quefti uccelli in focietà, e ogni albero è per loro un villaggio compofto d'una gran moltitudine di nidi, che pendenti vedonfi dai rami. Una Tzacua, che fa da Capo, o fia da Guardia del Villaggio, rifiede nel mezzo dell'albero, onde vola fpeffo or ad uno, or ad un'altro nido, e dopo aver cantato un poco, ritorna alla fua refidenza, e così vifita tutti i nidi, ftandofi frattanto tutte l'altre ammutolite. Se mai vede venire verfo l'albero qualche uccello d'un'altra fpezie, gli va all'incontro, e col becco, e coll'ali fi sforza di rifpingerlo; ma fe vede avvicinarfi un uomo, (e forfe qualunque altro animale di grandezza formidabile,) ne paffa gridando ad un altro albero vicino, e fe frattanto fopravvengono dalla campagna alcune Tzacue dello fteffo villaggio, va ad incontrarle

trarle, e mutando il tono della voce, le coſtringe a ritirarſi; ma ſubito che vede ceſſare il pericolo, ritorna allegra alla ſolita viſita dei nidi. Queſte coſe ſulle Tzacue oſſervate-
ſi da un uomo perſpicace, erudito, e ſincero, (*) ci fanno credere, che trovar ſe ne potrebbero delle più ſorpren-
denti, ſe reiterate ſi foſſero le oſſervazioni; ma laſciando
adeſſo queſti obbietti tanto piacevoli, volgiamo lo ſguardo
ad altri terribili.

I Rettili del Meſſico poſſono a due ordini o claſſi ri-
durſi, cioè a Rettili quadrupedi, e Rettili *apodi*, o ſenza
piedi. (ſſ) Nella prima claſſe ſono i Coccodrilli, i Lucertoni, le Lucertole, le Rane, ed i Roſpi, e nella ſeconda tutte le ſpezie di Serpi.

I Coccodrilli meſſicani ſono tali, quali ſono gli affrica-
ni nella grandezza, nella figura, nella voracità, nella maniera di vivere, ed in tutte l'altre proprietà appartenenti
al lor carattere. Abbondano in parecchj fiumi e laghi delle
terre calde, e ſono pernicioſi ad altri animali, ed anche agli
uomini. Sarebbe ſuperflua la deſcrizione di queſti feroci anfibj, mentre ſi trova tanto d'eſſi ſcritto.

Fra i Lucertoni contiamo gli *Acaltetepon*, e l'*Iguana*.
Gli *Acaltetepon*, conoſciuti dal volgo Spagnuolo col nome
impropriſſimo di *Scorpioni*, ſono due Lucertoni ſomiglianti
fra loro nel colore, e nella figura, ma differenti nella grandezza, e nella coda. Il più piccolo è grande quindici oncie
in circa, ed ha la coda lunga, le gambe corte, la lingua
roſſa, larga, e feſſa, la pelle bigia ed aſpra con dei bittor-
zoletti bianchi dapertutto ſparſi, che ſembrano perle, il paſ-
ſo lento, e lo ſguardo feroce. Dai muſcoli delle gambe po-
ſteriori inſino alla eſtremità della coda ha la pelle traver-
ſata

(*) L'Abb. D. Giuſeppe Raffaelle Campoi, di cui facciamo altrove il dovuto encomio.

(ſſ) So beniſſimo la diverſità di ſentimenti, che v'è fra gli Autori ſopra
il decidere, che animali deggianſi comprendere nella claſſe dei Rettili, ma
ſiccome io non intraprendo di fare una diviſione eſattiſſima degli animali,
ma ſoltanto di rappreſentargli con qualche ordine ai Leggitori, prendo il nome di *Rettili* nella ſignificazione volgare, che ebbe preſſo i noſtri Antenati.

fata di lifte gialle in forma d'anelli. La fua morficatura è dolorofa, ma non mortale, come lo penfano alcuni. E' proprio dei paefi caldi. Di quello ftefso clima è l'altro Lucertone, ma è al doppio maggiore; poichè ha, per quel che dicono coloro che l' hanno veduto, due piedi e mezzo incirca di lunghezza, e più d'un piede di circonferenza nel ventre e nel dorfo. La fua coda è corta, e la tefta, e le gambe grofse. Quefto Lucertone è il flagello dei Coniglj.

L'Iguana è un Lucertone innocente afsai conofciuto nell' Europa per le relazioni degli Storici dell'America. Abbondano nelle terre calde, e ve ne fono due fpezie, l'una terreftre, e l'altra anfibia. Alcune fono così grandi, che hanno fino a tre piedi di lunghezza. Sono velociffime nel loro corfo, ed agiliffime nel montar fugli alberi. La loro carne, e le loro uova fono commeftibili, e lodate da parecchj Autori; ma la carne è pernicciofa per quelli, che fono dal mal francefe infettati.

Di Lucertole vi fono innumerabili fpezie differenti nella grandezza, nei colori, e nelle qualità; poichè altre fono velenofe, ed altre innocenti. Fra le innocenti fi debbe il primo luogo al Camaleonte dai Mefficani appellato *Quatapalcatl*. Quefto è quafi in tutto fomigliante al Camaleonte volgare; ma differifce nell'efser privo di crefta, e nell'aver dell'orecchie, le quali fono grandi, tonde, e troppo aperte. Fra l'altre Lucertole innocenti non ve n'è niuna degna di rammemorarfi, fe non la *Tapayaxin*, (*) così per la fua figura, come per altri riguardi. E' perfettamente orbicolare, cartilaginofa, e fi fente molto fredda nel toccarla. Il diametro del fuo corpo è di fei dita. La fua tefta è duriffima, e di colori diverfi macchiata. E' tanto lenta e pigra, che neppure fcofsa fi muove. Se le percuotono la tefta, o le comprimono gli occhj, lancia da effi fino a due o tre paffi in lontananza alcune gocciole di fangue; ma per altro è animale innocente, e moftra compiacerfi d'efsere maneggiata.

Può

(*) Vedafi l'immagine di quefta lucertola tra le noftre figure.

può crederſi , ch'eſſendo d'un temperamento tanto freddo, abbia qualche conforto dal calore della mano.

Tra le Lucertole velenoſe la più cattiva pare eſſere quella, che per la ſua rarità ebbe dai Meſſicani il nome di *Tetzauhqui*. Queſta è piccoliſſima, e di un color bigio, che nel ſuo corpo è gialliccio, e nella ſua coda turchiniccio. Ve ne ſono ancor altre ſtimate velenoſe, e dagli Spagnuoli conoſciute col nome di *Salamanqueſas*, o con quello di *Scorpioni*, (poichè il volgo ignorante ha dato queſto nome a parecchj rettili;) ma io mi ſon aſſicurato dopo molte oſſervazioni, che tali Lucertole o ſono affatto prive di veleno, o ſe forſe ne hanno alcuno, quello non è tanto attivo, quanto ſi crede.

Ciò che diciamo delle Lucertole, può ancora dirſi dei Roſpi ; mentre non abbiamo mai veduta, nè ſentita alcuna diſgrazia dal loro veleno cagionata , contuttochè in parecchj paeſi troppo caldi ed umidi ſia la terra di eſſi coperta. In sì fatte terre trovanſi dei Roſpi così groſſi , che hanno fino ad otto oncie di diametro.

Delle Rane vi ſono nel lago di Chalco tre numeroſiſſime ſpezie differenti nella grandezza e nei colori , ed aſſai comuni nelle tavole della Capitale. Quelle della Huaxteca ſono eccellenti, e così groſſe , che peſano una libbra Spagnuola. Ma non vidi , nè ſentii mai in quel regno le Ranette d'alberi, che ſono tanto volgari così in Italia, come in altri paeſi della Europa.

La varietà delle Serpi è molto maggiore di quella dei ſuddetti rettili , mentre ve ne ſono delle grandi e delle piccole, delle verſicolori, e di quelle d'un ſol colore , delle velenoſe, e delle innocenti.

Quella, che i Meſſicani appellavano *Canauhcoatl*, pare eſſere ſtata la più conſiderabile per la groſſezza. Era lunga infino a tre pertiche di Parigi , e groſſa quanto un uomo regolare. Poco minore era una delle *Tlilcoa*, o Serpi nere, veduta dal Dott. Hernandez nelle montagne di Tepoztlan; poichè avendo una tal groſſezza , era pure lunga dieci

go-

gomiti fpagnuoli, o più di fedici piedi di Parigi ; ma oggi.
giorno difficilmente fi troveranno ferpi di tanta corporatura,
fe non fe in qualche bofco folitario, ed affai difcoito
dalla capitale.

Le Serpi velenofe più notabili fono l' *Abueyactli*, la
Cuicuilcoatl, il Corallo, o Corallino, la *Teixminani*, la *Cen-*
coatl, e la *Teotlacozauhqui*.

La *Teotlacozauhqui*, del cui genere vi fono parecchie
fpezie, è la Serpe rinomata dei fonagli. La fua grandezza
è varia, ficcome i fuoi colori; ma ordinariamentre è tre o
quattro piedi lunga. I fonagli poffono confiderarfi come un'
appendice delle vertebre, e fon degli anelli fonori di foftanza cornea, mobili, e dipendenti gli uni dagli altri per mezzo delle articolazioni o giunture, ognuna di tre offetti compofta. (tt) Sonano quefti fonagli ogni volta che la ferpe fi
muove, maffimamente ove s' agita per mordere. E' affai veloce nel muoverfi, e però ebbe ancora dai Mefficani il nome de *Ehecacoatl*, o Serpe aerea. Il fuo morfo cagiona infallibilmente la morte, fe non s' accorre prontamente con dei
rimedj, fra i quali ftimafi efficace il tenere qualche tempo
dentro la terra la parte offefa. Morde con due canini, che
ha nella mafcella fuperiore, i quali fono ficcome nella Vi-
pera, e in altre fpezie di Serpi, mobili, cavi, e forati verfo la punta. Il veleno, cioè quel liquido gialliccio, criftal-
lizzabile, e tanto pernciofo, è contenuto dentro le glandole, che vi fono fopra l' origine di quei due denti. Quefte
glandole compreffe nel mordere, lanciano per i canali dei
denti il fatal liquore, e l' introducono per li fori nella ferita, e nella maffa del fangue. Volentieri comunicheremmo
al Pubblico parecchie altre offervazioni fattefi fopra quefto
foggetto, fe la condizione di quefta ftoria cel permetteffe. (uu)

L'

(tt) Il Dr Hernandez dice, che ha quefta ferpe tanti anni, quanti ne fono
i fonagli, perchè ogni anno le ne viene uno, ma non fappiamo, fe quefto
il dica fondato fulle proprie offervazioni, o piuttofto fulla fede altrui.
(uu) Il P. Inamma, Gefuita Miffionario della California, fece molti fpe-
rimen-

gre Mess.^na 2 Tlacocelotl. 3 Itzcuintepotzotli   4 Istrice Mess^no 5 Re de' Zopi=
i 6 Axolotl. 7 Occhione. 8 Tepajaxin. 9 Anfisbena Mess^na 10. 11 Temolin.

L' *Abueyactli* è poco diversa dalla già descritta, ma non ha dei sonagli. Questa Serpe comunica, per quel che dice l'Hernandez, quella spezie di veleno, che dagli Antichi fu chiamato *Hemorrhoos*, col quale il ferito getta del sangue per la bocca, pel naso, e per gli occhi, benchè possa impedirsi con alcuni antidoti una tal attività.

La *Cuicuilcoatl*, così appellata per la varietà dei suoi colori, è lunga appena otto oncie, e grossa come il dito mignolo; ma il suo veleno è tanto attivo, quanto quello della Teotlacozauhqui.

La *Teixminani* è quella sorte di Serpe, che Plinio chiama *Jaculum*, E' lunga, e sottile, ed ha il dorso bigio, e il ventre paonazziccio. Muovesi sempre per linea diritta, e mai non s'aggira. Lanciasi dagli alberi ai viandanti, e da ciò ebbe il nome. (vv)

Vi sono di queste serpi nelle montagne di Quauhnahuac, ed in altre terre calde; ma essendo io stato tanti anni in quel regno, non seppi mai, che una tal disgrazia ad alcun viandante accadesse, e lo stesso posso dire dei terribili effetti che ne cagiona l'Ahueyactli.

La *Cencoatl*, (*) ancor essa velenosa, ha cinque piedi incirca di lunghezza, e otto oncie di circonferenza, dov'è più grossa. Il più singolare di questa serpe è il risplendere nel bujo. Così il provvido Autore della natura risveglia in diversi modi la nostra attenzione per diffenderci dal male, or per l'udito col rumore dei sonagli, or per gli occhi colla impressione della luce.

Tra le Serpi innocenti, delle quali vi sono più spezie, tralasciar non possiamo la *Tzicatlinan*, e la *Maquizcoatl*. La *Tzicatlinan* è assai bella, lunga più 'd' un piede, e grossa

Storia del Messico Tom. I.　　　N　　　quan-

rimenti sopra le serpi, i quali confermano quelli, che fece il Sig. Mead nelle vipere.

(vv) I Messicani danno ancora a questa serpe il nome di *Miccatl*, e gli Spagnuoli quello di *Saetilla*: l'uno e l'altro vale lo stesso, che il *Jaculum* dei Latini.

(*) Vi sono altre spezie di Serpi, che per essere dello stesso colore, hanno lo stesso nome di *Cencoatl*, ma tutte innocenti.

quanto il dito mignolo. Vive fempre mai nei formicaj, e trovafi così bene colle formiche, che fpeffo le accompagna nei loro viaggj, e torna alla fua refidenza. Il nome meffi. cano *Tzicatlinan* vale, *Madre delle formiche*, e così l'appellano gli Spagnuoli; ma io fofpetto, che tutta la inclinazione di quefta ferpicella ai formicaj non fia per altro, fe non per cibarfi delle ftefle formiche.

La *Maquizcoatl* è della ftefla grandezza, ma tutta inargentata, e trafparente. Ha la coda più groffa della tefta, e muovefi indifferentemente per l'una e per l'altra parte, fervendofi della tefta per coda, e della coda per tefta. Quefta ferpetta, dai Greci chiamata *Amphisbæna* (xx), è affai rara, nè fo, che altrove fi fia veduta, fe non nella Valle di Toluca.

Fra tante fpezie di Serpi, che trovanfi nei bofchi poco frequentati di quel regno, non fo, che finora fi fia fcoperta una fpezie vivipara, fe non fe l'Acoatl, o ferpe aquatica, di cui ciò credefi, ma non fi fa. Quefta è lunga venti oncie incirca, e groffa una. I fuoi denti fon piccoliffimi: la parte fuperiore della fua tefta è nera, le laterali turchine, e l'inferiore gialla, il dorfo ftrifciato di nero e turchino, e il ventre affatto turchino.

Gli antichi Mefficani, i quali nell'allevare ogni forta d'animali fi dilettavano, e colla familiarità aveano dal loro animo fcacciato l'orrore naturale, prendevano nella campagna una ferpetta verde ed innocente per allevarla in cafa, dove ben nodrita divenir foleva così groffa, come un uomo. Tenevanla dentro una tina, donde non ufciva, fe non per togliere il fuo alimento dalla mano del padrone, o montata fulla fpalla di lui, o pure attorno ai piedi aggirata.

Se dalla terra poi volgiamo lo fguardo all'acqua dei fiu-

(xx) Plinio nel lib. 8. cap. 23. dà due tefte all'*Amphisbæna*; ma il nome greco altro non fignifica, fe non il moto indifferente per l'una, e per l'altra parte. In Europa s'è veduta quefta ferpe bicipite di Plinio, e qualcuno dice, che fi trova ancora nel Meffico; ma non sò, fe fia ftato alcuno, che l'abbia veduta, ma fe mai s'è veduta, non debbe già confiderarfi come una fpezie regolare, ma come un moftro, ficcome l'Aquila bicipite trovata pochi anni fa in Oaxaca, ed indi mandata al Re Cattolico.

fiumi, dei laghi, e dei mari d'Anahuac, troveremo in essa un numero molto più grande d'animali. Le spezie conosciute dei loro pesci sono affatto innumerabili; poichè di quei soli, che servono pel sostentamento dell'uomo, ho numerate più di cento spezie, senza contare le Testuggini, i Cancri, i Gamberi, nè altro animale testaceo, o crostaceo. Dei Pesci altri sono comuni ad amendue i mari, altri proprj soltanto del Golfo Messicano, altri del mar Pacifico, ed altri finalmente dei fiumi, e dei laghi.

I Pesci comuni ad amendue i mari sono le Balene, i Delfini, i Glavi, o Spade, le Seghe o Pistrici, i Tiburoni, i Manati, le Mante, i Lupi, i Porci, i Boniti, i Baccalà, i Roballi, i Parghi di tre spezie, i Meri, i Pampani, i Muggini, le Colombelle, le Razze o Raggiate, i Ciuccj, i Barbi, i Gobbi, l'Orate, i Volatori, le Chitarre, le Caprette, gli Spari neri e bianchi, l'Aguglie, le Sirene, le Cheppie o Laccie, le Locuste, le Soglie, e moltissimi altri come pure parecchie spezie di Testuggini, di Polpi, di Cancri, di Gamberi, di Spugne &c.

Il Golfo Messicano oltre ai sopraddetti, ha gli Storioni, i Pesci rossi, gli Scari, i Luccj, i Congri, le Donzelle, le Pastinache, i Pesci-Re, i Rombi, i Rospi, i Besughi, le Biondelle, le Passere, le Lanterne, i Dentoni, le Lamprede, le Murene, le Seppie, l'Acciughe, i Carpioni, l'Anguille, i Pompili, o Nautili, ed altri.

Il Mare Pacifico oltre ai comuni ad ambedue i mari, ha i Salmoni, i Tonni, le Cornute, i Barbieri, le Linguattole, i Calderini, i Cavalli, le Curvine, le Vecchie, le Sardine, gli Occhioni, le Lucertole, i Pappagalli, gli Scorpioni, i Galli, le Gatte, l'Aringhe, i Boretti, ed altri.

I fiumi, ed i laghi hanno i Pesci bianchi di tre o quattro spezie, le Carpe, i Muggini, le Trotte, le Triglie, i Bobi, i Roballi, i Barbi, l'Orate, le Curvine, gli Spari, l'Anguille, e parecchj altri. (yy)

N 2 La

(yy) Essendovi fra i Pesci da me mentovati alcuni noti agl'Italiani, ed altri a loro affatto sconosciuti, e però privi di nome toscano, ho osservato nel

La defcrizione di quefti Pefci, oltre lo fviarci troppo dal corfo della noftra Storia, inutile per lo più farebbe ai Leggitori italiani: onde dovremo contentarci di dire qualche particolarità, che fervir poffa per la ftoria dei Pefci.

Il Tiburone appartiene a quella claffe di beftie marine, che dagli Antichi furono appellate *Caniculæ*. E' affai nota la fua voracità, come pure la fua grandezza, la fua forza, e la fua velocità. Ha due, tre, e alle volte più ordini di denti non meno acuti, che forti, e trangugia quanto gli fi prefenta, o fia, o non fia commeftibile. S'è trovata talvolta nel ventre di lui una pelle intera di montone, ed anche un gran coltello di macellajo. Accompagna fpeffo i vafcelli, e vi fono ftati dei Tiburoni, che per quel che teftifica l'Oviedo, hanno accompagnato per ben cinquecento miglia una nave, che col vento in poppa, ed a vele gonfie andava, girandole fpeffo attorno per amor dell'immondizie che fi gettavano al mare.

Il Manatì o fia *Lamentino* come è appellato da qualcuno è d'una indole troppo diverfa da quella del Tiburone, e il fupera in grandezza. Lo fteffo Oviedo fa teftimonianza, che talvolta fi pefcavano dei Manati così groffi, che per trafportarne uno vi bifognava un carro con due paja di bovi. E' viviparo, ficcome il Tiburone; ma la femmina non fa ad ogni parto più d'un manatino, benchè troppo groffo. (zz) La fua carne è delicata e fomigliante a quella del Vi-

---

nel nominargli quefte regole. 1. Ai Pefci nuti do il loro proprio nome tofcano, come *Balena, Delfino, Linguattola, Razza, Cheppia, Sfirena, Luccio, Paftinaca, Muggine, Paffera, Acciuga,* &c. 2 A quei Pefci, che benchè non abbiano proprio nome nella lingua tofcana, poffono pure efprimerfi con nome tofcano allo Spagnuolo o Mefficano equivalente, do un tale nome. così dico *Biondella* per *Vermejuela, Colombella* per *Palometa, Rofpo* per *Sapo, Calderino* per *Sirguero, Vecchia* per *Vieja, Pappagallo* per *Cochomichin* (nome mefficano) &c. 3. Per quelli poi, che nè hanno nome proprio, nè efprimerfi poffono con nome tofcano equivalente, adopero gli fteffi nomi Spagnuoli, ma conformandone alcuni alla maniera tofcana, come *Pampano, Roballo, Pargo, Bobo, Botetto* per *Botete, Ciuccio* per *Chucho* &c.

(zz) Il Sig. de Buffon conviene col Dr. Hernandez nel dire, che il Manati fa un folo manatino per volta: ma altri dicono, che ne fa due. Può cre-

Vitello. Alcuni Autori mettono il Manatì nella claſſe degli Anfibj; ma a torto, poichè non viene mai a terra; ma ſoltanto mette fuor dell'acqua la teſta, ed una parte del corpo per addentar gli erbaggj, che ſono ſulla riva de' fiumi . (Aa)

La Manta è quel peſce piano, tanto pernicioſo ai peſcatori delle perle, di cui fanno menzione l'Ulloa, ed altri Autori, ed io non dubito, che non ſia quello ſteſſo da Plinio rammemorato, ma non bene inteſo, ſotto il nome di *Nube*, o *Nebbia*. (Bb) Può crederſi, che ſia paſſato dai mari dell'antico Continente a quei del nuovo, ſiccome pare, che ſieno ancor paſſati altri peſci. E' così grande la forza, che

crederſi, che alla femmina del Manatì accada lo ſteſſo, che alla donna, cioè, che eſſendo uno ordinariamente il ſuo feto, ſtraordinariamente ne fa due o tre. Il Dr. Hernandez deſcrive così il coito di tali animali *Humano more coit, fæmina ſupina fere tota in littore procumbente, & celeritate quadam ſuperveniente mare.* Noi non contiamo il Manati, benchè viviparo, fra i quadrupedi, ſiccome fanno parecchi Naturaliſti moderni, perciocchè tutto il Mondo intende ſotto il nome di quadrupedo un animale, che va a quattro piedi, ed il Manati non ne ha ſe non due, e queſti informi.

(Aa) Il Sig. de la Condamine ne conferma quel che diciamo riguardo al vivere ſempre nell'acqua il Manati, e lo ſteſſo aveano detto due ſecoli avanti l'Oviedo e l'Hernandez, teſtimonj di viſta amendue. E' vero che l' Hernandez ſembra dire tutto l'oppoſto, ma è un evidente errore di ſtampa, di cui accorgerſi potrà chiunque legga il teſto. E' altreſì da notarſi, che il Manati, benchè ſia propriamente marino, trovaſi frequentemente nei fiumi.

(Bb) *Ipſi ferunt* (Urinatores) *& nubem quandam craſſeſcere ſuper capita, planorum piſcium ſimilem, prementem eos arcentemque a reciprocando, & ob id ſtilos præacutos lineis annexos habere ſeſe, quia niſi perfoſſæ ita non recedant, caliginis & pavoris, ut arbitror, opere. Nubem enim ſive nebulam, (cujus nomine id malum appellant) inter animalia haud ullam reperit quiſquam* Plin. Hiſtor. Natur. lib. 9 cap. 46. Il ragguaglio che fecero queſti Palombari, o Marangoni della loro Nube, non è diverſo da quel che fanno i Palombari dei mari dell'America della lor Manta, e il nome di Nube le viene acconcio, mentre ſembra veramente una nube a coloro che ſotto eſſa ſtanno dentro l'acqua, ed anche oggidì portano i notatori dei coltelli lunghi, o dei baſtoni acuti, per liberarſi da cotal beſtia. Queſta oſſervazione sfuggita a tutti gl' interpreti di Plinio, fu fatta dal mio Compatriotto, ed Amico l' Abb. D Giuſeppe Rafaelle Campoi, perſona aſſai lodevole non meno per i ſuoi coſtumi e la ſua onoratezza, che per la ſua eloquenza e per la ſua erudizione, maſſimamente in Latinità, in Iſtoria, in Critica, ed in Geografia. La morte di lui, troppo a noi ſenſibile, accaduta nel dì 29. Dicembre 1777. non gli permiſe di fornire parecchie opere già cominciate, che ſarebbono ſtate aſſai utili.

che ha nei fuoi mufcoli quefta beftia, che non folo foffoca l'uomo, cui abbraccia, ovvero involge piegandofi, ma s'è veduta afferrare la gomona d'una balandra, e muoverla dal luogo, dov'era fermata. Ebbe il nome *Manta* ; percioc. chè ove diftende il fuo corpo fulla fuperfizie del mare, fic. come fpeffo il fa, fembra una coltre di lana galleggiante.

Il Glave o fia Spada di quei mari è troppo diverfo da quello del mar di Groenlandia. La fua fpada è più grande, e più fomigliante nella figura alla vera fpada di ferro, e non è fituata, ficcome quella del Groenlandefe, nella parte deretana, ma nell'anteriore del corpo, ficcome quella della Sega, la quale agita a fuo fenno con fomma forza, e fe ne ferve come d'arma offenfiva.

Delle due fpezie di Piftrici, che fono in quei mari, l'una è la volgare da Plinio conofciuta, e da molti Naturalifti defcritta: l'altra non più lunga d'un piede ha ful dorfo una fila di denti, o lifche, che fembra una fega, onde ebbe dai Mefficani il nome di *Tlateconi*, e dagli Spagnuoli quello di *Sierra*.

Il *Roballo* è una delle fpezie più numerofe, e la fua carne è uno dei cibi più delicati, maffimamente di quello di fiume. Il Dottor Hernandez credette effer deffo il *Lupus* degli Antichi, e il Campoi l'*Afellus minor*; ma quefte fono mere congetture; mentre fono tanto fcarfi i contraffegni, che di quei pefci ci lafciarono gli Antichi, ch'è impoffibile accertare la medefimezza.

Il Gobbo (appo gli Spagnuoli *Corcobado*) fu così appellato a cagione d'una gobba, o prominenza, che ha dal principio del capo fino alla bocca, la quale è picciolifima. La Sfirena altresì ebbe il nome di *Picuda*, (che noi potremo dire Beccolungo;) perchè ha la mafcella inferiore più lunga della fuperiore.

Il Rofpo è un pefce orribile a vederfi, nero, perfettamente rotondo, e fenza fquame, il cui diametro è di tre o quattro oncie. La fua carne è guftofa e fana.

Fra l'Aguglie ve n'è una dai mefficani appellata *Hui-*
tzit-

tzitzilmichin, lunga tre piedi, ma molto fottile. Ha il corpo coperto di certe lamette in vece di fquame. Il fuo mufo ha otto oncie di lunghezza, ed è più lungo nella parte fuperiore, all'oppofto dell'altre Aguglie, le quali fupera non meno nel gufto della fua carne, che nella grandezza del fuo corpo.

Il *Bobo* è un pefce nobiliffimo, e affai ftimato per l'eccellenza della fua carne, lungo due piedi in circa, e largo quattro o fei oncie dove più. Il Barbo di fiume, conofciuto col nome di *Bagre*, è della grandezza del Bobo, e d'un gufto anche efquifito, ma nocevole, fe prima non fi purga la fua carne con fugo di limone, o qualche altro acido di una certa bava o liquido vifcofo, che ha. I Bobi per quel che fappiamo, fi pefcano foltanto nei fiumi, che sboccano nel Golfo Mefficano, e i Barbi in quelli, che fi fcaricano nel mar Pacifico, o in qualche lago. Il gufto di quefte due fpezie di pefci quantunque delicato, non arriva pure a quello dei Pampani, e delle Colombelle, che fono, non fenza ragione, i più ftimati di tutti.

La *Curvina* è lunga un piede e mezzo, ma fottile, ed attondata, e d'un colore paonazzo nericcio. Nella tefta di quefto pefce trovanfi due pietruzze bianche, che fembrano d'alabaftro, lunghe un'oncia e mezza, larghe quattro linee incirca, le quali credonfi efficaci contro la ritenzione dell'orina, prendendone tre grani in acqua.

Il *Botetto* è un piccolo pefce lungo otto oncie incirca, ma fproporzionatamente groffo. Il fuo fegato è tanto velenofo, che in mezz'ora cagiona la morte a chi il mangia, con forti dolori e convulfioni. Quando è ancor vivo fulla fpiaggia, dove fi fente toccare, fi gonfia enormemente, ed i ragazzi prendono piacere nel farlo fcoppiare d'un colpo di piede.

L'*Occhione* (*) è un pefce piano e tondo, che ha otto, o die-

---

(*) Quefto pefce, che foltanto fuol pefcarfi nella California, o non ha finora nome, o pure nol fappiamo, onde gli abbiamo dato quel d'Occhione, che ci pare convenirgli.

o dieci oncie di diametro. La parte inferiore del ſuo corpo è affatto piana, ma la ſuperiore è conveſſa, e nel centro dove più s'innalza, ha un occhio ſolo, ma tanto grande, quanto quello d'un Bue, e fornito delle palpebre neceſſarie. Dopo morto reſta ſempre coll'occhio aperto, facendo qualche orrore a quelli, che il guardano. (Cc)

L'*Iztacmichin* o peſce bianco è ſtato ſempre celebre in
Meſſico, e non meno ordinario oggidì nelle tavole degli Spagnuoli, che anticamente in quelle dei Meſſicani. Ne diſtinguono tre o quattro ſpezie. L'*Amilotl*, ch'è il più grande,
e il più pregiato, ha di lunghezza più d'un piede, e cinque alette, due ſul dorſo, due ai due lati del ventre, ed
un'altra ſotto il medeſimo ventre. Il *Xalmichin*, un poco più
piccolo di quello, mi pare eſſer della medeſima ſpezie. Il
Jacapitzahuac, il quale è il più piccolo, non ha più d'otto
oncie di lunghezza, e una e mezza di larghezza. Tutti queſti peſci ſono ſquamoſi, ſaporiti, e molto ſani, e d'eſſi ſon
pieni i laghi di Chalco, di Pazcuaro, e di Chapalla. L'altra ſpezie è quella del *Xalmichin* di Quauhnahuac, il quale
è ſenza ſquame, ed è coperto d'una pelle morbida, e bianca.

L'*Axolotl*, o Axolote (*) è un lucertone aquatico del
lago meſſicano. La ſua figura è brutta, e il ſuo aſpetto ri-
dicoloſo. La ſua lunghezza è ordinariamente d'otto oncie;
ma ve ne ſono alcuni al doppio maggiori. La ſua pelle è morbida, e nera, la ſua teſta lunga, la ſua bocca grande, la lingua
larga, piccola, e cartilaginoſa, e la ſua coda lunga. Dal mezzo
del corpo ſino all'eſtremità della coda va in diminuzione. Nota
coi ſuoi quattro piedi, i quali ſomiglianti ſono a quelli della
Ra-

(Cc) Il Campoi ſi perſuaſe eſſer l'Occhione l'*Uranoscopos*, o *Callionymos*
di Plinio ma Plinio non ci laſciò i contraſſegni di queſto peſce. Il nome
Uranoscopos, che è ſtato tutto il fondamento di quella opinione, conviene
parimente a tutti que'peſci, che per avere gli occhi ſulla teſta, guardano
il cielo, ſiccome le Razze, ed altri peſci piani.

(*) Il Sig. de Bomare non potè colpire nel nome di queſto peſce. Egli
il chiama *Azalotl*, *Aſcolotl*, *Azoloti*, e *Axoloti*: e dice, che gli Spagnuoli
l'appellano *Juguete dell'acqua*; ma i Meſſicani il chiamano *Axolotl*, e gli
Spagnuoli non gli danno altro nome, ſe non quello d'*Axolote*.

Rana. Il più fingolare di quefto pefce è l'avere l'utero fimile a quello della donna, ed il foggiacere com'effa alla periodica evacuazione di fangue, ficcome confta da parecchie offervazioni, di cui fa teftimonianza l'Hernandez. (Dd). La fua carne è commeftibile e fana, ed ha quafi lo fteffo gufto dell'Anguilla. Credefi fingolarmente profittevole agli Etici. Nello fteffo lago meffìcano vi fono altre fpezie di pefciolini, ma non tali, che dobbiamo trattenerci nella loro defcrizione.

Per quel che riguarda alle Conchiglie vi fono infinite fpezie, e tra effe alcune di non mai veduta vaghezza, maffimamente nel mar Pacifico. In tutte le cofte di quefto mare vi fu già in diverfo tempo la pefca delle perle. I Meffìcani le pefcavano nella cofta di Tototepec, e in quella dei Cuitlatechi, dove adeffo fi pefca la Tartaruga. Fra le Stelle marine ve n'è una fornita di cinque raggj, e d'un occhio in ciafcheduno. Fra le Spugne ed i Litofiti vi fono delle rare e pellegrine fpezie. Il Dr. Hernandez ci prefenta il ritratto d'una Spugna mandatagli dal mar Pacifico, la quale avea la figura d'una mano umana, ma con dieci o più dita di color d'argilla con punti neri, e ftrifcie roffe, ed era più calloſa delle ordinarie.

§ 14
Infetti del Meffico.

Finalmente difcendendo agli animali più piccioli, nei quali rifplende più il potere e la fapienza del Creatore, poffiamo ridurre le innumerabili fpezie d'Infetti, che vi fono nel Meffico, a tre ordini, cioè volatili, terreftri, ed aquatici, benchè vi fieno dei terreftri e degli aquatici, che poi diventino volatili, ed or nell'uno, or nell'altro ftato deggiano confiderarfi.

Tra i Volatili fono gli Scarafaggi, l'Api, le Vefpe, le

Storia del Meffico Tom. I.   O   Mo-

(Dd) Il Sig. de Bomare trova difficoltà nel credere quel che fi dice dell' *Axolote*, ma mentre fiamo ficuri per la teftimonianza di quelli, che hanno avuti degli anni quefti animali fotto gli occhi, non dobbiamo curarci della diffidenza d'un Francefe, che benchè dotto nella Storia Naturale, ne ha veduto mai gli Axoloti, nè pure fà il loro nome; maffimamente non effendo l'evacuazione periodica di fangue così propria delle donne, che non l'abbiano anche le Scimie. *Les femelles des Singes*, dice lo fteffo Sig. de Bomare, *ont pour la plupart des menſtrues comme les femmes.* V. *Singes.*

Mofche, le Zanzare, le Farfalle, e le Cavallette. Gli Scarafaggi fono di parecchie fpezie, ma per lo più innocenti.
Ve ne fono dei verdi, ai quali diedero i Meflicani il nome
di *Majatl*, coi quali fi divertono i ragazzi pel gran rumore, che fanno nel volare. Ve ne fono altri neri, puzzolenti, e di forma irregolare, appellati *Pinacatl*.

Il *Cucujo* o Scarafaggio luminofo, ch'è il più degno
di confiderarfi, è ftato da parecchj Autori mentovato, ma
da niuno, ch'io fappia, defcritto. E' lungo più d'una oncia, e fornito d'ali doppie, come gli altri fcarafaggi volatili. Ha nella tefta un cornicello mobile, che gli è affai utile; perciocchè quando per efferfi rivoltato all'insù, e appoggiato ful fuo dorfo, impedito trovafi pel moto, fi rimette nella pofitura naturale per l'azione di tal cornicello, infoderan-
dolo e comprimendolo dentro una membrana fatta a foggia
di borfa, che ha in ful ventre. Appreffo agli occhi ha due
membranuzze, ed un'altra più grande nel ventre, fottili,
trafparenti, e ripiene d'una materia tanto luminofa, che la
fua luce bafta per leggere comodamente una lettera, e per
rifchiarar la ftrada a quelli, che camminano la notte; ma
non rende mai più gran luce, che nel volare. Quando dor-
me, non la tramanda; perchè la copre con altre membrane
opache. Quefta materia luminofa è una foftanza bianca, fa-
rinofa, e vifcofa, la quale conferva un pezzo la fua virtù
illuminativa, dappoichè è ftata tirata dal corpo del Cucujo,
e con effa fcrivono alcuni dei lucidi caratteri nei cappelli.
V'è una grande abbondanza di quefti foffori volanti fulle
cofte del mare, e la notte fogliono formar nelle montagne
vicine dei vezzofi e brillanti fpettacoli. Per cacciargli i ragazzi non fanno altro, che aggirare la fera un tizzoncino:
attratti da quefta luce i Cucuj fe ne vengono in mano ai
cacciatori. Non v'è mancato qualche Autore, che confon-
deffe quefti maravigliofi infetti colle Lucciole; ma quefte
fono molto più piccole, e molto meno luminofe, comuni nell'
Europa, e frequentiffime in quel paefe.

Quanto è grata la vifta del Cucujo, tanto è fpiacevole
quella

quella del *Temolin*. E' quefto un grande fcarafaggio, di colo‐
re caftagno rofficcio, fornito di fei piedi pelofi, e con quat‐
tro dita in ognuno. Vi fono due fpezie di *Temolin*: l'uno
ha la fronte armata d'un corno, o fia antenna, e l'altro di
due.

Delle Api vi fono almeno fei diverfe fpezie. La prima
è delle comuni dell' Europa, colle quali convengono non me‐
no nella grandezza, nella forma, e nel colore, che nella na‐
tura, nei coftumi, e nella qualità del mele, e della cera,
che lavorano. La feconda fpezie è d'altre ad effe fomiglianti,
ma privi affatto d'ago. Di quefta fpezie fono quelle di Jucat‐
tan, e di Chiapa, che fanno il famofo mele d'*Eftabentùn*,
il quale è chiaro, aromatico, e d'un gufto fuperiore a quel‐
lo di tutte l'altre fpezie di mele, che conofciamo. Le raccol‐
te di quefto mele fono fei, una ogni due mefi; ma il migliore
è quello, che fi raccoglie per Novembre, a cagione di farlo
l'Api d'un fior bianco fimile al gelfomino, ed affai odorofo,
che viene nel Settembre, e chiamafi in quel paefe *Eftabentùn*,
onde prefe nome il mele. (Ee) La terza fpezie è di certe
Api fimili nella forma alle formiche alate, ma più piccole
delle Api comuni, e fenza ago. Quefti infetti proprj dei pae‐
fi caldi e temperati fabbricano dei favi fimili nella grandezza,
e nella figura ai grandi pani di zucchero, e alle volte mol‐
to più grandi d'effi, pendenti dalle rupi, o dagli alberi,
maffimamente dalle quercie. La popolazione di quefti favi è
affai più numerofa di quei delle Api comuni. Le ninfe di tali
Api fono bianche e rotonde a guifa di perle, e commeftibili
ancora. Il loro mele è bigiccio, ma d'un gufto delicato. L'A‐
pi della quarta fpezie fon gialle, più piccole delle comuni, e
come effe armate d'ago. Il loro mele è inferiore ai foprad‐
detti. Quelle della quinta fpezie fono picciole, e inermi;
fabbricano dei favi orbiculari in cavità fotterranee, ed il lo‐

O 2
ro

(Ee) Il mele d'Eftabentùn è pregiatiffimo dagl'Inglefi e da' Francefi, che
capitano a' porti di Jucatan. Io fo, che i Francefi del Guarico l'hanno
comprato qualche volta per mandarlo in prefente al loro Sovrano.

ro mele è acido, ed amaretto. La *Tlalpipiolli*, che ne fa la festa spezie, è nera e gialla, grande quanto le comuni, ma inerme.

Le spezie di Vespe sono almeno quattro. La *Quetzalmiahuatl* è la comune dell' Europa. La *Tetlatoca* o vagabonda è così appellata, perciocchè muta spesso l' abitazione, e vedesi sempre occupata nell' ammassar dei materiali da fabbricarla. Ha l' ago; ma non fa mele, nè cera. La *Xicotli*, o Xicote è una vespa grossa e nera, eccetto il ventre, il quale è giallo. Fa un mele assai dolce nei forami, che apre nelle muraglie. E' armata d' un forte pungolo, e la sua ferita è molto dolorosa. La *Cuicalmiahuatl* ha parimente il suo ago, ma non sappiamo, se fa del mele.

La *Quauhxicotli* è un calabrone tutto nero, salvo la coda ch' è rossa. Il suo pungolo è tanto grande, e tanto forte, che non solo trapassa con esso da una parte all' altra una canna di zucchero, ma fora eziandio i pedali degli alberi.

Fra le Mosche, oltre alle comuni, le quali nè sono in così gran numero, nè tanto importune, come quelle d' Italia nella state, (Ff) ve ne sono delle luminose, come le Lucciole. L' *Axayacatl* è una mosca palustre del lago messicano. Dall' uova innumerabili, che queste Mosche depongono sul gionco e sul ghiaggiuolo, o sia Iride del lago, se ne fanno delle grosse croste, le quali levano i pescatori per venderle nel mercato. Questo caviale chiamato *Ahuauhtli* si mangiava dai Messicani, ed oggidì è vivanda assai famigliare agli Spagnuoli, ed ha quasi il medesimo gusto del caviale dei pesci. Ma i Messicani antichi, non che l' uova, mangiavano ancora le stesse mosche ridotte in massa, e cotte con nitro.

Le Zenzare tanto comuni nell' Europa, massimamente

mente

(Ff) La stessa osservazione intorno alle mosche fu già fatta dall' Oviedo: „ En las Islas, dice, y en Tierra Firme hai mui poquitas moscas, y a „ comparacion de las que hai en la Europa, se puede decir, que aculià „ no hai algunas„ Sommar. della Stor. Nat. delle Indie cap. 81. E' vero, che nel Messico non sono così poche, come dice l' Oviedo, ma generalmente parlando nè sono tante, nè così moleste come nell' Europa.

mente nell' Italia, abbondano ancora nelle terre marittime del Meffico, e in quei luoghi, dove il caldo, l' acque morte, e gli albereti fomentano la loro moltiplicazione. Nel lago di Chalco ve ne fono infinite; ma la Capitale, contuttochè fia vicina a quel lago, è affatto libera da cotal moleftia.

Vi fono altresì nelle terre calde certi moscherini, che nel volare non fanno rumore, ma la loro puntura cagiona un veemente pizzicore, e fe per liberarfene fi gratta il ferito la parte offefa, facilmente fi fa una piaga.

Nelle ftesse terre calde, fpezialmente in certe marittime abbondano le *Cucaraccie*, che fono infetti groffi, alati, fchifi, e pregiudiziali; perchè infeftano la roba da mangiare, e fingolarmente la dolce, ma utili per altro alle abitazioni, perchè le purgano dalle cimici. S' è offervato, che i Vafcelli, che nel viaggio dall' Europa alla Nuova Spagna vanno carichi di cimici, nel ritorno fono affatto liberi da quefti puzzolenti infetti a cagione delle Cucaraccie. (*)

Le fpezie di Farfalle fono affai più diverfe, e più numerofe nel Meffico, che nell' Europa. La loro varietà e la loro vaghezza non poffono degnamente rapprefentarfi; nè fon capaci i migliori pennelli d' efprimere l' eccellenza del difegno, e dei colori, che l' Autore della natura adoperò nell' abbellimento delle lor ale. Parecchj Autori riguardevoli l' hanno celebrate nei loro fcritti, e il Dr. Hernandez ne fece ritrarre alcune per dar agli Europei qualche idea della loro vaghezza.

Ma non fono comparabili in numero le Farfalle colle Locufte, che alle volte piombano fopra le terre marittime, ofcurando l' aria colle denfe nubi, che formano, e diftruggendo affatto tutti quanti i vegetabili, che fono nella campagna, ficcome il vidi nel 1738., o 39. nella cofta di Xica-

(*) Quefti infetti fono ancora nemici dei Letterati, mentre confumano l' inchioftro la notte, fe non s' ha cura di tener ben coperto il calamaio. Gli Spagnuoli gli appellano *Cucarachas*, altri *Kakerlaques*, altri *Dermeſti &c.*

Xicayan. Nella penisola di Jucatan fu poco fa una gran ca-
restia per questa cagione; ma in niun altro paese di quel
Continente è stato più frequente questo terribile flagello,
che nella miserabile California. (Gg) Tra gl'Insetti terre-
stri, oltre ai comuni, dei quali non occorre cosa particolare da dirsi, vi sono parecchie spezie di Vermi, le Scolopendre, gli Scorpioni, i Ragni, le Formiche, le Piattole, le
Nigue, e la Cocciniglia.

Dei Vermi altri sono utili, ed altri perniciosi: alcuni
servivano per cibo agli antichi Messicani, ed altri per medicina, come l'*Axin*, e il *Pollin*, dei quali altrove parleremo. Il *Tleocuilin*, o Verme ardente ha le qualità delle
Cantaride. La sua testa è rossa, il petto verde, e il resto
del corpo lionato. Il *Temahuani* è un Verme tutto armato
di spinuzze gialle, e velenose. Il *Temicrli* è somigliante al
baco da seta nelle sue operazioni, non meno che ne' suoi tra-
sformamenti. I bachi da seta furono dall'Europa trasportati, e
moltiplicaronsi felicemente. Facevansi abbondanti raccolte di buona seta, massimamente nella Misteca, (*) dov'era una derrata considerabile di Commercio; ma essendo poi stati costretti i Mi-
stecchi ad abbaddonarlo per ragioni politiche, fu altresì tra-
scurato l'allevamento dei bachi, ed oggidì pochi vi sono,
che in esso s'impieghino. Oltre a questa seta comune, ve n'
è un'altra assai pregiabile bianca, morbida, e forte, che
in parecchi boschi dei paesi marittimi si trova negli alberi,
spezialmente in quegli anni, nei quali sono scarse le pioggie;
ma d'essa soltanto si servono alcuni poveri per la poca economia di quei popoli, o piuttosto per gli aggravj, che avrebbe a soffrire chiunque intraprender volesse un tal Commercio. Sappiamo per altro dalle lettere di Cortès a Carlo V.,
che

(Gg) Nella Storia della California, che infra pochi mesi sarà pubblicata,
s'esporranno le prolisse osservazioni fatte sulle Locuste dal Sig. Abb. D. Mi-
chele del Barco, il quale si trattenne più di trenta anni in quel paese tanto
famoso, quanto indegno della fama, che ha.

(*) Vi sono dei Villaggi nella Misteca che finora conservano la denominazione allora data loro a cagione del loro commercio, siccome *S. Francesco*
della Seta, e *Tepexe della Seta*.

che nei mercati del Meſſico ſi vendeva della ſeta, e finora ſi conſervano alcune pitture in carta di ſeta fatte dagli antichi Meſſicani.

Le Scolopendre trovanſi talvolta nei paeſi temperati, e
più ſpeſſo nei caldi ed umidi. Il Dr. Hernandez dice, averne
vedute alcune così grandi, che avevano due piedi di lunghezza, e due dita di groſſezza; ma così fatti inſetti ſaran-
no ſtati veduti da quell'Autore in qualche paeſe troppo u-
mido ed incolto, mentre noi, contuttochè ci ſiamo trattenuti in molti luoghi d'ogni ſorta di clima, non ne abbiamo mai trovato alcuna di sì ſmiſurata grandezza.

Gli Scorpioni ſon comuni in tutto quel regno; ma nei
paeſi freddi, e temperati ſono per lo più pochi, e poco nocevoli. Nelle terre calde, ed in quelle, dove l'aria è troppo aſciutta, quantunque moderato ſia il caldo, abbondano
più, ed è tale il loro veleno, che baſta a recar la morte ai
fanciulli, ed a cagionar delle angoſcie terribili agli adulti.
S'è oſſervato, che il veleno degli Scorpioni piccoli e gial-
licci è più attivo di quello dei grandi e bruni, e ch'è più
funeſta la loro puntura in quelle ore del dì, nelle quali ri-
ſcalda più il Sole.

Tra le molte ſpezie, che vi ſono di Ragni, non poſſiamo tralaſciarne due ſingolari, la Tarantola, e la Caſampulga. (*) Daſſi in quel paeſe impropriamente il nome di
Tarantola ad un Ragno aſſai groſſo, il cui dorſo, e le
gambe ſono coperte d'un peluzzo nericcio, ſoave e ſottile, ſimile a quello de' pulcini. E' proprio delle terre calde, e
trovaſi non ſolo nella campagna, ma eziandio nelle caſe. E'
ſtimato velenoſo, e credeſi volgarmente, che il cavallo, che
nel camminare ne calpeſta qualcuno, perde ſubito l'ungia;
ma non m'è ſtato mai noto alcun particolar avvenimento,
che confermar poſſa queſta comun opinione, contuttochè io
ſia ſtato cinque anni in un paeſe caldiſſimo, dove tali Ragni abbondavano. La *Caſampulga* è picciola, ed ha i piedi
cor-

(*) Io ſoſpetto, che il primitivo nome di queſto Ragno ſia *Cazapulga*,
cioè Caccia-pulce, dal Volgo poi corrotto, come accade ſpeſſo.

corti, e il ventre roſſo, e grande quanto un cece. E' vele-
noſa e comune nella Dioceſi di Chiapa, ed altrove. Non
ſo, ſe ſia il medeſimo ragno, che in altri paeſi è chiamato
Ragno capullino; perchè ha gli ſteſſi contraſſegni.

Le Formiche più comuni in quel paeſe ſono di tre ſpezie. La prima è delle nere e piccole comuni nell' uno e
nell' altro Continente. Altre ſono grandi e roſſe, ed armate d' un ago, col quale fanno delle punture doloroſe, dagli
Spagnuoli appellate *bravas*, cioè feroci. Altre ſono ancora
grandi e brune, le quali hanno dagli Spagnuoli il nome de
Harrieras, o ſia Vetturali; perciocchè s' occupano continua-
mente nel trasportare del grano per la loro provviſione aſſai
più di quello, che fanno le Formiche comuni: onde ſono più
perniciole alla campagna. In alcuni paeſi ſi ſono ecceſſiva-
mente moltiplicate per la traſcuraggine degli abitatori. Nella
provincia di Xicayan ſi vedono nella terra per alcune miglia delle faſcie nere formate dalle Formiche, che vanno,
e vengono.

Oltre a queſte ſpezie ve n' è un altra ſingolare in Michuacan, e fo ſe ancora in altre provincie. Queſta è più grande dell' altre formiche, ed ha il corpo bigio, e la teſta nera. Nella parte deretana porta un ſacchetto pieno d' un liquore aſſai dolce, del quale ſono molto ghiotti i ragazzi, e
credono che ſia mele fabbricato dalle formiche, come l' altro comune dalle api; ma a noi pare che ſieno piuttoſto
uova. Il Sig. della Barrere nella Storia Naturale della Francia Equinoziale fa menzione di ſi fatte formiche trovate nella Cajenna; ma queſte ſono alate, e le noſtre ſenz' ale.

La *Nigua*, in altri paeſi appellata *Pique* è un piccoliſ-
ſi o inſetto non affatto diſſimile dalla pulce, il quale in alcune terre calde s' alleva fra la polvere. S' attacca ai piedi,
e rompendo inſenſibilmente la cuticola s' annida fra eſſa e la
cute, e ſe non ſi leva ſubito, rompe anche la cute, e paſſa
fino alla carne, moltiplicandoſi con una prontezza incredibile. Non ſi ſente per lo più, finchè nel forare la cute non
ne cagiona un intollerabile pizzicore. Queſti inſetti per la

loro

loro forprendente moltiplicazione bafterebbono a fpopolare quei paefi, fe non foffe tanto agevole lo fchivargli, nè foffero tanto prefti gli abitatori nel cavarfeli, prima che fi moltiplichino. Iddio dalla fua parte acciocchè foffe minore il male da effi fattoci, non che l'ale, negò loro ancora quella conformazione nelle gambe, e quei mufcoli vigorofi, che concedette alle pulci per faltare; ma nei poveri, che per la loro miferia fon condannati a vivere nella polvere, ed ad una abituale noncuranza delle loro perfone, foglionfi tanto moltiplicare così fatti infetti, che ad effi fanno delle ampie cavità nella carne, e lor cagionano delle piaghe pericolofe.

Quel che fanno nelle abitazioni le Nigue, fanno nella campagna le *Garrapate, o Ricini*, delle quali fono due fpezie, o piuttofto due claffi. La prima è di quelle piattole non men comuni nel nuovo, che nell'antico Continente, che fi attaccano alla pelle dei montoni, dei cavalli, e d'altri quadrupedi, e s'introducono nelle lor orecchie, ed anche talvolta in quelle degli uomini.

L'altra fi trova in abbondanza fugli erbaggj delle terre calde, e da effi paffa facilmente alle vefti dei viandanti, e dalle vefti al corpo, al quale fi attacca con tanta forza, per la particolare configurazione dei fuoi piedi, ch'è malagevole il diftaccarla, e fe prontamente non fi diftacca, fa una piaga come quella della Nigua. Sul principio non pare altro, che un puntino nero; ma col fangue, che fuccia, s'ingroffa in tal maniera, e così prontamente, che infra pochiffimo tempo diventa grande quanto una fava, ed allora prende il color del piombo. (Hh)

La celebre Cocciniglia del Meffico tanto conofciuta e pregiata in tutto il mondo per l'eccellenza del colore, che rende, è un infetto proprio di quel paefe, il più utile di quanti nutrifce la terra d'Anahuac, dove dal tempo dei Re Mefficani prendevafi una cura particolare nell'alle-

Storia del Meffico Tom. I.   P   var-

(Hh) L'Oviedo dice, che per diftaccar prontamente e fenza pericolo le garrapate, bafta l'ungerfi con un poco d'olio, e poi raderfi con un coltello.

varlo. (I_i) Il paese, dove meglio riesce, è quello della Mizteca, nel quale è il ramo più considerabile del suo commercio. (J_i) Nel secolo XVI. s'allevava ancora in Tlascalla, in Huexotzinco, ed in altri luoghi, e si faceva un grosso commercio; ma gli aggravj, che ne soffrivano gl'Indiani (che sono stati sempre mai gli allevatori di questi insetti,) dalla tirannica ingordigia d'alcuni Governatori, gli costrinse ad abbandonar tale fatica, peraltro assai prolissa e molesta. La Cocciniglia nel suo maggior accrescimento ha la grossezza e la figura d'una cimice. La femmina è sproporzionata e lenta. I suoi occhi, la sua bocca, i suoi cornicelli, o antenne, ed i suoi piedi s'occultano in tal maniera tra le grinze della sua pelle, che non possono distinguersi senza l'ajuto del microscopio: e però s'ostinarono parecchj Europei nel credere, ch'essa fosse una qualche semenza, non già un vero animale contro la testimonianza degl'Indiani, che l'allevavano; e dell'Hernandez, che l'osservò da Naturalista. Il maschio è più raro, e serve uno per trecento e più femmine. E altresì più piccolo, e più magro della femmina; ma più snello, e più attivo. Ha nella testa due cornicelli articolati, e in ciascuna articolazione quattro setoline disposte con simmegran-

---

(Ii) Il Cronichista Herrera, dice nella Dec. 4. lib. 8. cap. 8., che benchè gl'Indiani avessero la Cocciniglia, non ne facevano conto, finchè furono dagli Spagnuoli instruiti. Ma che loro insegnarono gli Spagnuoli? L'allevare la cocciniglia? come potevano insegnare quello, che affatto ignoravano, e che in vece d'insetto stimavano semenza? L'insegnarono forse di servirsene per tintura? Ma se gl'Indiani non se ne servivano per tintura, perchè prendevano tanta fatica nell'allevarla? Perchè erano obbligati Huaxyacac, Coyolapan, ed altri luoghi a pagare ogni anno venti sacchi di cocciniglia al Re di Messico, siccome consta dalla matricola de'tributi? Come può credersi, che ignorassero l'uso della cocciniglia quelle Nazioni tanto portate per la pittura, e che non sapessero di tali insetti servirsi, mentre sapevano far uso dell'Achiote, dell'Indaco, e di moltissime pietre, e terre minerali?
(Ji) La cocciniglia, che viene ogni anno dalla Mitteca in Ispagna sorpassa i due mila e cinquecento sacchi, siccome testificano alcuni Autori. Il commercio che in essa fa la Città di Oaxaca, importa annualmente dugento mila scudi. Il Sig. de Bomare dice, che ad una certa cocciniglia si dà il nome di cocciniglia mesteca, perche s'alleva in Meteque nella provincia d'Honduras; ma questo è un errore. Chiamasi Misteca, perchè viene dalla Misteca, provincia più discosta da Honduras, che non è Roma da Parigi.

tria. I fuoi piedi fono fei, ognuno di tre parti compofto.

Nella parte pofteriore del fuo corpo s'innalzano due peli, due ovvero tre volte più grandi del corpo. E fornito di due grandi ali, delle quali è affatto priva la femmina. Quefte ale vengono fortificate da due mufcoli: l' uno efteriore, che fi ftende per tutta la circonferenza dell' ala, e l' altro interiore e paralello al primo. Il colore interno è roffo, ma più ofcuro nella femmina, e l'efterno roffo biancaftro. Nella Cocciniglia falvatica il color interno è ancora più ofcuro, e l'efterno bianchiccio, o cenerino. Allevafi la Cocciniglia in una fpezie di Nopal, o fia Opunzia, o Fico d'India, che s' eleva all'altezza di otto piedi incirca, il cui frutto è fimile alle tune o fichi d' altre Opunzie, ma non già, come effe commeftibile. Cibafi delle foglie di tal Opunzia, fucciando il fugo con una tromba, che ha nel petto fra le due prime paja di piedi. Ivi acquifta tutto il fuo accrefcimento, e produce una numerofa difcendenza. La maniera di moltiplicarfi, che hanno quefti preziofi infetti, la economia degl' Indiani nell' allevargli, e le diligenze, che adoperano per difendergli dalla pioggia troppo ad effi nocevole, e dai molti nemici, che li perfeguitano, s' efporranno quando parleremo dell' Agricoltura dei Meffìcani. (Kk)

Tra gl' Infetti aquatici l' *Atetepitz* è un Ifcarafaggio paluftre, fomigliante nella grandezza, e nella figura agli Scarafaggj volatili. E' fornito di quattro piedi, e coperto d' una crofta dura. L' *Atopinan* è una cavalletta paluftre di color fofco, lunga fei dita, e larga due. L' *Ahuhuitla* è un verme del lago meffìcano, lungo quattro dita, e groffo quanto la penna d' una oca, lionato nella

P 2

par-

(Kk D. Antonio Ulloa dice, che il *Nopal*, dove s'alleva la cocciniglia non ha delle fpine, ma non è cofi, mentre io che fono ftato cinque anni nella Mifteca, fempre la vidi in Nopali fpinofi. Il Sig. de Rainal fi perfuafe, doverfi il color della cocciniglia alla tuna, o fico roffo, di cui fi ciba; ma quefto Autore non è ftato ben informato; poiché nè la cocciniglià fi ciba del frutto, ma della foglia, ch'è affatto verde, nè quel Nopal porta dei fichi roffi, ma bianhi. E' vero, che anche in quello di fico roffo può allevarfi, ma non è quella la pianta propria della cocciniglia.

parte fuperiore del corpo, e bianco nella inferiore. Punge colla
fua coda, la quale è dura e velenofa. L'*Oculiztac* è un verme paluftre nero, ma abbruftolito prende il color bianco. Tutti
quefti infetti erano commeftibili preffo gli antichi Mefficani.

Finalmente tralafciando altri infetti, i cui nomi foli fornirebbono una lifta copiofiffima, voglio por termine a
quefto ragguaglio con una fpezie di Zoofiti, o piantanimali,
che vidi nel 1751 in una cafa di campagna, dieci miglia
difcofta da Angelopoli verfo fcirocco. Quefti erano lunghi tre
o quattro dita, forniti di quattro piedi fottiliffimi, e armati di due cornicelli; ma il loro corpo non era altro, fe non
i nervi delle foglie della ftetta figura, grandezza, e colore, che vedevanfi nelle altre foglie degli alberi, dove quefti infetti fi trovavano. Il Dr. Hernandez fa d'effi menzione fotto il nome di *Quauhmecatl*, ed il Gemelli ne defcrive un altro non affatto diffimile, trovatofi nella vicinanza di Manila. (*Ll*)

Da quel poco, che finora abbiamo efpofto della Storia
Naturale di quel regno, potrà conofcerfi la differenza, che v'è
fra le terre calde, le fredde, e le temperate, di cui fi com-
pone il vafto paefe di Anahuac. Nelle terre calde è più pro-
diga la Natura, nelle fredde, e nelle temperate più benigna.
Nelle calde fono più abbondanti di minerali e di fonti le
montagne, più amene le pianure, e più frondofi i bofchi.
In quefte terre fi trovano le piante più utili alla vita, (*Mm*)
gli alberi più groffi, i legni più preziofi, i fiori più belli,
le

(Ll) Io fo bene, che i Naturalifti moderni non danno per lo più il nome
di *Zoophytos*, fe non a certi corpi marini, che avendo l'apparenza di vegetabili, hanno pure la natura d'animali. Nondimeno io do tal nome a
quegl'infetti terreftri; perchè lor conviene con tanta, e forfe maggior proprietà, che a quei corpi marini. Nella mia Fifica mi pare avere efpofto
colla maggior verifimilitudine il meccanifmo della natura nella generazione
di tal' infetti.

(Mm) E' vero, che nelle terre calde, nè viene per lo più il frumento,
nè fi danno parecchie frutte della Europa, ficcome le Mele, le Perfiche,
le Pere, ed altre; ma ch'è la mancanza di quefti pochi vegetabili para-
gonata con quella indicibile abbondanza e varietà di piante così fruttife-
re, come medicinali, che trovanfi in cotali paefi?

le frutte più deliziose, e le ragie più aromatiche. Ivi sono
più varie, e più numerose le spezie degli animali, ed i loro individui più belli, e più grandi, gli uccelli di più vaghe penne, e di più dolce canto; ma tutti questi allettamen-
ti vengono d' altrettanti incomodi contrappesati; poichè in
cotali paesi vi sono le fiere più terribili, i rettili più velenosi,
e gl' infetti più nocevoli. La terra non patisce i funesti sin-
tomi del verno, nè l' aria soggiace alla nojosa vicenda delle stagioni. Nella terra regna una perpetua primavera, e
nell' aria una continua state, alla quale s' avvezzano facilmente gli abitanti; ma l' incessante sudore dei loro corpi,
e gli abbondanti e gustosi frutti, con cui in ogni tempo lor
regala la doviziosa terra, gli espone a parecchie malattìe non
conosciute in altri paesi. Le terre fredde non sono tanto fe-
conde, nè tanto belle; ma sono pure più sane, ed i loro
animali men perniciosi all' uomo. Nei paesi temperati (almeno in molti, com'è quello della Valle messicana,) si godono i vantaggj dei paesi freddi senza i loro incomodi, e
parecchie delizie dei paesi caldi senza i loro disagi. Le malattìe più comuni nei paesi caldi sono le febbri intermitten-
ti, lo spasimo, e la tisichezza, e nel porto della Veracroce da
pochi anni in quà il vomito nero. (Nn) Negli altri paesi i
catarri, le flussioni, la pleurisìa, e le febbri acute, e nella
capitale la diarrea. Oltre a queste malattìe ordinarie, fogliono straordinariamente sentirsi certe infermità epidemiche, che
sembrano periodiche, benchè non sia fisso e regolato il loro
periodo, come quelle che vi furono nel 1545., nel 1576.,
e ai nostri dì nel 1736., e nel 1762. Il Vajuolo portatovi dagli Spagnoli conquistatori non si vede in quel paese così
frequentemente, come nell' Europa, ma trascorso un certo
numero d' anni, ed allora attacca tutti quei, che non
l' aveano patito innanzi, facendo in una volta tutta quella
strage, che fa successivamente nell' Europa.

Le

(Nn) L'Ulloa, ed altri Storici dell'America ne descrivono lo spasimo e
il vomito nero. Questa malattia non era ivi conosciuta avanti l'anno 1725.

Lib. I.

§ 15

Carat-
tere dei
Messica-
ni, e del-
le altre
Nazioni
d Ana-
huac.

Le Nazioni, che queste terre occuparono prima degli Spagnuoli, benchè assai fra loro diverse nel linguaggio, ed in parte ancora nei costumi, erano pure quasi d'un medesi- mo carattere. Le qualità fisiche e morali dei Messicani, la loro indole, e le loro inclinazioni, erano le stesse degli Acol- hui, dei Tepanechi, dei Tlascallesi, e delle altre Nazioni senz'altro divario, se non quello, che viene dalla diversa educazione: onde quello, che diremo degli uni, vogliamo, che sia parimente inteso degli altri. Parecchj Autori così antichi, come moderni hanno intrapreso il ritratto di tali Nazioni; ma fra tanti non ho trovato neppure uno, che sia dapertutto esatto e fedele. Le passioni, e le prevenzioni per riguardo ad alcuni Autori, e la mancanza di lumi, o pure di riflessione, per riguardo agli altri, hanno lor fatto adope- rare dei colori assai diversi da quelli, che dovrebbono. Quel- lo poi, che noi diremo, è fondato sopra un serio e prolisso studio della storia di quelle Nazioni, sovra l'intima comu- nicazione di non pochi anni colle medesime, e sovra le più minute osservazioni fatte sulla loro presente condizione così da noi stessi, come d'altre persone imparziali. Io per altro non trovo in me cosa alcuna, che possa in pro, o in contro di loro piegarmi: poichè nè la ragione di compatriota inchina in loro favore il mio giudizio, nè l'amor della mia Nazio- ne, o il zelo per l'onore dei miei Nazionali è capace d'im- pegnarmi in condannarli: sicchè dirò sinceramente e schietta- mente il buono e il cattivo, che ho riconosciuto in loro.

Sono dunque i Messicani di statura regolare, dalla quale si scostano più per eccesso, che per difetto, e di giusta pro- porzione nelle loro membra: di buona carnagione, di fron- te stretta, d'occhi neri, di denti uguali, fermi, bianchi, e netti, di capelli folti, neri, grossi, e lisci, di barba scarsa, e per lo più di niun pelo nelle gambe, nelle coscie, e nel- le braccia. La loro pelle è di colore olivastro.

Non si troverà forse veruna Nazione sulla terra, nella quale sieno più rari i deformi. E più difficile di trovare un gobbo, uno storpio, un guercio fra mille Messicani, che fra

cen-

cento individui d'altre Nazioni. La spiacevolezza del loro colore, la strettezza della loro fronte, la scarsezza della loro barba, e la grossezza della loro capigliatura s'equilibrano in tal maniera colla regolarità, e colla proporzione delle loro membra, che tengono il mezzo fra la bellezza, e la deformità. Il loro aspetto nè alletta, nè offende; ma fra le giovani Messicane se ne trovano molte bianche, ed assai belle, la cui beltà rendesi più amabile per la dolcezza del loro parlare, per la piacevolezza delle loro maniere, e per la natural modestia dei loro sembianti.

I loro sensi sono assai vivi, massimamente quello della vista, la quale conservano intera fino all'estrema vecchiaja. La loro complessione è sana, e robusta la loro salute. Si trovano affatto liberi da molte infermità che sono frequenti negli Spagnuoli; ma nelle malattie epidemiche, alle quali di quando in quando il paese è soggetto, eglino sono le principali vittime: in loro cominciano, e in loro terminano. Non si sente mai dalla bocca d'un Messicano quel puzzolente fiato, che suol cagionarsi in altri dalla corruzione degli umori, o dalla indigestione degli alimenti. Sono di complessione flemmatica; ma sono troppo scarse l'evacuzioni pituitose delle loro teste, e di rado sputano. Incanutiscono e diventan calvi più tardi che gli Spagnuoli, e non sono troppo rari fra loro quegli, che arrivano alla età centenaria: gli altri quasi tutti muojono di morbo acuto.

Sono presentemente, e son sempre stati molto sobrj nel mangiare; ma è pur veementissima la loro passione per i liquori gagliardi. Anticamente erano dalla severità delle leggi nel lor dovere trattenuti; oggidì l'abbondanza di cotali liquori, e l'impunità della ubbriachezza fanno perder il cervello alla metà della Nazione: e questa senz'altro è la principal cagione della strage, che in loro fanno le malattie epidemiche, oltre alla miseria, nella quale vivono più esposti alle maligne impressioni, e più privi dei mezzi per correggerle.

Le loro anime sono radicalmente in tutto simili a quelle

le degli altri figliuoli d'Adamo, e fornite delle medefime facoltà: nè mai fecero manco onore alla propria lor ragione gli Europei, che allorchè dubitarono della razionalità degli Americani. Lo ftato di coltura, in cui furono dagli Spagnuoli trovati i Meſſicani, di gran lunga ſuperiore a quello, in cui furono dai Fenicj trovati gli Spagnuoli, dai Greci i Galli, e dai Romani i Germani, ed i Britanni, (*Oo*) farebbe ftato baftevoliſſimo ad allontanare un tal dubbio dalla mente umana, fe non fi foſſe impegnata nel promuoverlo l'inumana ingordigia d'alcuni ribaldi. (*Pp*) I loro ingegni fono affatto capaci di tutte le ſcienze, ficcome l'ha fatto conoſcere la ſperienza. (*Qq*) Fra i pochi Meſſicani, che fi fon dedicati allo ftudio delle lettere, per eſſere il reſto della Nazione impiegato nei lavori pubblici, e particolari, abbiamo conoſciuto buoni Geometri, eccellenti Architetti, e dotti Teologi.

Vi fono molti, che accordano ai Meſſicani una grande abilità per l'imitazione; ma lor contraſtano quella dell'invenzione. Error volgare, che trovafi ſmentito nella Storia antica di queſta Nazione.

Le

(*Oo*) D. Bernardo Aldrete nel fuo libro *dell'origine della lingua Spagnuola* vuol farci credere, che gli Spagnuoli full'arrivo dei Fenicj erano più dirozzati, che i Meſſicani full'arrivo degli Spagnuoli, ma queſto paradoſſo è ftato abbaſtanza ribattuto dai dottiſſimi Autori della *Storia Letteraria di Spagna*. Egli è vero, che gli Spagnuoli in que'rimoti ſecoli non erano tanto barbari, quanto i Cicimechi, i Californj, ed altre Nazioni ſelvaggie dell'America, ma neppur aveano il loro governo tanto ben regolato, nè le loro arti tanto inoltrate, nè fatti aveano per quel che ſappiamo, tanti progreſſi nella cognizione della Natura, quanti i Meſſicani ful principio del ſecolo XVI.

(*Pp*) Legganfi l'amare querele fovra queſto ſoggetto fatte dal Veſcovo Garcès nella fua lettera a Papa Paolo III., e dal Veſcovo de las Cafas nei fuoi Memoriali ai Re Cattolici Carlo V., e Filippo II., e fopratutto le umaniſſime leggi fatte in favor degl'Indiani da que'Criftianiſſimi Monarchi.

(*Qq*) Nelle noſtre differtazioni produrremo i fentimenti di D. Giuliano Garcès, primo Veſcovo di Tlaſcalla, di D. Gio. di Zumarraga, primo Veſcovo di Meſſico, e di D. Bartolomeo de las Cafas, primo Veſcovo di Chiapa fulla capacità, full'ingegno, e full'altre buone qualità dei Meſſicani. La teſtimonianza di queſti Prelati tanto riſpettabili per la loro virtù, per la loro dottrina, e per la loro pratica degl'Indiani, vale aſſai più di quella di qualunque Storico.

Le loro anime fono, come tutte l'altre, fenfibili alle passioni; ma quelte non agifcono fopra loro con quell'impe- to, ne con quel furore, che in altri. Non fi vedono ordinariamente nei Meflicani quei trafporti della collera, nè quelle frenefie dell'amore, che fono così frequenti in altre Nazioni.

Son lenti nelle loro operazioni, ed hanno una flemma incredibile in quei lavori, che abbifognano di tempo e di prolilfità. Sono altresì pazientilfimi delle ingiurie e dei difagi, ed affai grati a qualunque benefizio lor facciafi, purchè non abbiano a temere qualche male dalla mano benefica; ma alcuni Spagnuoli non fapendo difcernere la tolleranza dalla indolenza, nè la diffidenza dalla ingratitudine, dicono in maniera di proverbio, che gl'Indiani nè fentono l'ingiurie, nè gradifcono i benefizj. (Rr) Questa abituale diffidenza, in cui fono per rapporto a coloro, che non fono della loro Nazione, gl'induce fpeffo alla menzogna, ed alla perfidia: onde la buona fede non ha avuta appo loro tutta quella ftima, che fi merita.

Sono eziandio naturalmente ferj, taciturni, e feveri, e moftranfi più gelofi del caftigo dei delitti, che della ricompenfa della virtù.

La liberalità e lo ftaccamento da qualfifia intereffe fono dei principali attributi del loro carattere. L'oro non ha preffo i Meflicani tutta quella ftima, che gode preffo altri. (Ss) Danno fenza difpiacere quello, che fi procacciano con fomma fatica. Questo loro ftaccamento dall'intereffe, ed il poco amore, che portano a quei che gli governano, ii fa rifiutare quelle fatiche, a cui fono da effi coftretti, e que-

Storia del Meffico Tom. I.   Q   fta

(Rr) L'efperienza ci ha fatto conofcere quanto grati fieno i Meflicani ai benefizj, che ricevono, qualora ficuri fono della benevolenza e della fincerità del benefattore. La loro gratitudine s'è renduta manifefta fpeffe volte con pubbliche e ftrepitofe dimoftrazioni, che fanno palefe la falfità di quel proverbio.

(Ss) Non parliamo di quei Meflicani, che pel loro continuo commercio cogli avari fono ftati infettati dall'avarizia; ma anch'effi fon meno portati per l'intereffe, che gli altri avari.

━━━━ſta è appunto la tanto eſagerata pigrizia degli Americani. (*Tt*) Contuttociò non v'è gente in quel regno, che lavori più, nè le cui fatiche fieno più utili, nè più neceſſarie. (*Vv*)

Il riſpetto dei figliuoli verſo i lor parenti, e quello dei giovani verſo gli anziani ſono innati a quella nazione. I Padri amano aſſai i loro figliuoli; ma l'amore, che i mariti portano alle loro mogli, è minore di quello, che le mogli portano ai loro mariti. E' comune, non già generale, negli uomini, l'eſſer meno portati per le loro mogli, che per quelle altrui.

Il coraggio e la codardìa in diverſi ſenſi occupano a vicenda i loro ſpiriti in tal maniera, ch'è malagevole il decidere, qual di queſte due coſe in loro prevalga. Si avanzano intrepidamente ai pericoli, che lor ſopraſtanno dalle cauſe naturali; ma baſta per impaurirgli lo ſguardo ſevero d'uno Spagnuolo. Or quella ſtupida noncuranza della morte e della eternità, che parecchj Autori ſtimano traſcendentale a tutti gli Americani, conviene ſoltanto a quelli, che per la loro rozzezza e mancanza d'iſtruzione non hanno ancor idea del divino giudizio.

Il loro particolar affetto per le pratiche eſteriori di religione, degenera facilmente in ſuperſtizione, ſiccome accade a tutti gl'Idioti di qualunque altro popolo del mondo; ma il loro preteſo aderimento all'idolatria è affatto una chimera formata nella ſregolata fantaſìa d'alcuni ignoranti. Qualche eſempio d'alcuni montanari non è ſufficiente per infamare tutto il corpo della Nazione. (*Uu*)

Fi-

_____

(Tt) In quel che diciamo intorno alla pigrizia non comprendiamo le Nazioni ſelvaggie, che abitano in altri paeſi del nuovo Mondo.

(Vv) Nelle noſtre diſſertazione, eſporremo le fatiche, in cui s'impiegano i Meſſicani. Onde diceva Monſig. Palafox, che qualora manchino gli Indiani, mancar anche dovranno l'Indie per gli Spagnuoli.

(Uu) I pochi eſempj d'Idolatrìa, che poſſono produrſi, ſono in parte ſcuſabili, mentre non è da maravigliarſi, che degli uomini rozzi e privi d'inſtruzione, non ſappiano diſcernere il culto idolatrico di qualche rozza figurina di pietra o di legno, da quel che ſi debbe alle ſacre immagiai. Ma quante volte la prevenzione contro di loro avrà ſtimato idoli quelle

ie

Finalmente nel carattere dei Meſſicani, ſiccome in quel- **Lib. I.**
lo di qualſiſia altra Nazione, v'è del buono, e del cattivo;
ma il cattivo potrebbe per lo più correggerſi colla educazione, come ce l'ha fatto vedere l'eſperienza. (X*) Non è così facile il trovar un'altra gioventù più docile per l'iſtruzione, come neppure s'è veduta mai un altra docilità maggiore di quella dei loro antenati alla luce del Vangelo.

Del reſto non può dubitarſi, che i Meſſicani moderni
non ſono dapertutto ſimili agli antichi, ſiccome neppur
ſomiglianti ſono i Greci moderni a quelli, che fiorivano al
tempo di Platone, e di Pericle. Negli animi degli antichi
Meſſicani v'era più fuoco, e facevano maggior impreſſione
l'idee dell'onore. Erano più intrepidi, più agili, più induſtrioſi, e più attivi; ma pure più ſuperſtizioſi, e troppo inumani.

Q 2   LI-

le ch'erano immagini, benchè informi, dei Santi. Nel 1754. oſſervai certe immaginette credute idoli, e trovate nella ſpelonca d'un monte, e non
dubitai eſſer figure rappreſentanti il miſterio del ſanto Natale.
(X*) Per conoſcere quanto può l'educazione nei Meſſicani baſterebbe
ſapere la vita mirabile, che menano le Meſſicane nel Collegio Reale di
Guadalupe in Meſſico, e nei Moniſteri di Capuccine della medeſima Capitale, e di Vagliadolid di Michuacan.

LIBRO II.

Dei Toltechi, dei Cicimechi, degli Acolhui, degli Olmechi, e delle altre Nazioni, che abitarono prima dei Messicani nella terra d' Anahuac. Uscita degli Aztechi, ovvero Messicani dal paese d' Aztlan loro patria: successi della loro pellegrinazione infino al paese d' Anahuac, e loro stabilimenti in Chapoltepec, ed in Colhuacan. Fondazione di Messico e di Tlatelulco. Sacrifizio inumano d' una donzella Colhua.

LA Storia della primitiva popolazione d' Anahuac è per tal maniera oscurata, e da tante favole inviluppata, (siccome quella degli altri popoli del Mondo,) che non che malagevole, è anche affatto impossibile il trovare il vero. Certo è nondimeno così per la venerabile testimonianza dei libri santi, come per la costante ed universal tradizione di quelle genti, che i primi abitatori d'Anahuac da quei pochi uomini discendevano, che la Divina Providenza sottrasse dalle acque del diluvio per conservare la spezie umana sulla terra. Nè meno può dubitarsi, che le Nazioni, le quali anticamente quella terra popolarono, vennero ad essa da paesi più settentrionali dell'America, dove molti anni e secoli prima s'erano stabiliti i loro antenati. In questi due punti tutti trovo d'accordo gli Storici Toltechi, Cicimechi, Acolhui, Messicani, e Tlascallesi; ma non si sa chi furono i primi abitatori, nè il tempo del loro passaggio, nè gli avvenimenti del loro viaggio, e dei loro primi stabilimenti. Parecchj Storici in volendo penetrare questo caos muniti di deboli congetture, di vane combinazioni, e di certe pitture sospette, si son perduti

duti tra le folte tenebre dell'antichità, adottando a ripiego
delle narrazioni puerili ed infuffiftenti.

Vi furono degli Autori, che appoggiati fulla tradizione dei popoli Americani, e ful ritrovamento d'offa, di cra-
ni, e di carcami interi di fmifurata grandezza, che in diverfi tempj, ed in parecchj luoghi della Nuova Spagna fi fon
difotterrati, (a) credettero, che i primi abitatori di quella
terra fieno ftati dei Giganti. Io invero non dubito. della loro efiftenza non meno in quefto, che in altri paefi del nuovo Mondo; (b) ma nè poffiamo indovinare il tempo, in cui
viffero, benchè abbiamo ragione di credergli troppo antichi,
nè poffiamo perfuaderci, effere mai ftata una intera Nazione
di Giganti, come s'immaginarono quegli Autori, ma foltanto degl' individui ftraordinarj delle Nazioni cognite, o
pure d'altre più antiche, ed affatto fconofciute. (c)

§ 1.
I Tolte-
chi

La

(a) I luoghi dove fi fon ritrovati carcami gigantefchi, fono *Atlancatepec*
Villaggio della Provincia di Tlafcalla, Tezcuco, Toluca, *Quauhxtmalpan*,
ed ai noftri dì nella California un colle poco difcofto da Kada-Kaaman.

(b) So bene, che molti Filofofi dell'Europa, che fi ridono degli Affer-
tori dei Giganti, fi burleranno anche di me, o almeno compatiranno la
mia troppa credulità; ma io non debbo tradir la verità per ifchivar la
cenfura. Io fo, che infra i popoli dirozzati dell'America la tradizione cor-
reva della efiftenza in quei paefi di certi uomini d'altezza e corpulenza
fmifurata, e non miffovviene, che appo qualche Nazione Americana vi
fia memoria o degli Elefanti, o degl'Ippopotami, o d'altri quadrupedi di
sì fatta grandezza. Io fo, che fono ftati ritrovati e cranj umani, e carcami interi di grandezza forprendente per la depofizione d'innumerabili
Autori, e maffimamente di due teftimonj oculati maggiori d'ogni eccezione, il Dr. Hernandez, e il P. Acofta, a cui nè mancava dottrina, nè
critica, nè fincerità; e non fo, che finora fra tanti fcavamenti fatti nella
Nuova Spagna, fiafi mai fcoperto un carcame d'Ippopotamo, e quel ch'
è più, nè anche un dente d'Elefante. Io fo, che alcuni di detti offami
vengono ritrovati nei fepolcri a bella pofta fabbricati, e non fo, che fi
fabbrichino dei fepolcri per feppellire Ippopotami, o Elefanti. Tutto quefto, ed ancor davvantaggio, dovrebbe confiderarfi, prima di decidere, da
quegli Autori, che affermarono fenza efitare, che tutti gli offami nell'A-
merica fcoperti fono ftati di quelli, o di non fo che altri animali fmifurati.

(c) Parecchj Storici del Meffico dicono, che i Giganti furono a tradimento ammazzati dai Tlafcallefi; ma quefta notizia, oltrecchè altro fo-
ftegno non ha, che certe poefie de' medefimi Tlafcallefi, non s'accorda
colla cronologìa dei fuddetti Storici, mentre fanno i Giganti troppo antichi, ed i Tlafcallefi troppo moderni nel paefe d'Anahuac.

La Nazione dei Toltechi è la prima, di cui ci reſtano alcune, benchè ſcarſiſſime, notizie. Queſti eſiliati al dir loro, dalla lor patria *Huehuetlapallan*, luogo, per quanto congetturiamo, del regno di *Tollan*, (d) onde preſero il nome, ſituato a Maeſtro del nuovo Meſſico, la loro pellegrinazione incominciarono l'anno I *Tecpatl*, cioè il 596. della era volgare. Trattenevanſi in ogni luogo, dove capitavano, quel tempo che lor ſuggeriva il capriccio, o il biſogno di provvedere alla conſervazion della vita. Dove opportuno ſtimavano il far più lunga dimora, fabbricavano delle caſe, e coltivavano la terra ſeminando il frumentone, il cotone, ed altre piante, i cui ſemi ſeco loro portavano, per procacciarſi il biſognevole. In queſta guiſa andarono vagabondi incamminandoſi ſempre varſo Mezzogiorno per lo ſpazio di 104. anni finchè al luogo arrivarono, a cui il nome impoſero di *Tollantzinco*, lontano più di 50. miglia verſo Greco dal ſito, dove alcuni ſecoli dopo ſi fondò la famoſa Città di Meſſico. Marciavano in tutto il loro viaggio ſotto gli ordini di certi Capitani, o Signori, i quali ſette erano, quando arrivarono a Tollantzinco. (e) In queſto paeſe avvegnachè di clima mite, e d'ubertoſo terreno, non vollero ſtabilirſi, ma traſcorſi appena venti anni ſi ritirarono quaranta miglia verſo Ponente, lungheſſo la ripa d'un fiume, dove fondarono la Città di Tollan, o Tula dal nome della loro patria. Queſta Città la più antica, per quanto ſi ſa, della terra d'Anahuac, e una delle più celebrate nella Storia del Meſſico, fu la Metropoli della Nazione Tolteca, e la Corte dei loro Re. Principiò la loro Monarchìa nell'anno VIII. *Acatl*, cioè nel 667 della era volgare del Criſtianeſimo, e durò 384. anni. Ecco la ſerie dei loro Re colla eſpreſſione dell'anno Criſtiano, in cui cominciarono a regnare. (*)   *Chal-*

(d) *Toltecatl* in meſſicano vuol dire, Nativo di Tollan, ſiccome *Tlazcaltecatl* nativo di Tlaſcalla, *Chololtecatl* nativo di Cholula &c.

(e) I ſette Signori Toltechi ſi chiamavano *Zacatl, Chalcatzin, Ehècatzin, Cohuatzon, Tzihuacoatl, Metzotzin*, e *Tlapalmetzotzin*.

(*) Abbiamo indicato l'anno, in cui cominciarono a regnare i Monarchi Toltechi, ſuppoſta l'Epoca della loro partenza da Huehuetlapallan, la quale non è certa, ma ſoltanto veriſimile.

Chalchiutlanetzin	nel	667
Ixtlilcuechahuac	nel	719
Huetzin	nel	771
Totepeuh	nel	823
Nacaxoc	nel	875
Mitl	nel	927
Xiutzaltzin Regina	nel	979
Topiltzin	nel	1031

Non è da maravigliarsi, che otto soli Monarchi in poco meno di quattro secoli regnassero, mentre una stravagante legge di quella Nazione ordinava, che niuno dei loro Re regnar dovesse nè più, nè meno di un secolo Tolteca, il quale (siccome altrove esporremo) di cinquanta due anni costava. Se il Re compieva il secolo nel trono, lasciava subito il governo, e nel luogo di lui un' altro sustituivasi; ma venendo a mancar il Re prima del secolo, sottentrava nel governo la Nobiltà, e governava il resto del secolo a nome del Re trapassato. Videsi ciò avvenire nella Regina Xiutzaltzin, la quale venendo a morte nell'anno quinto del regno suo, la Nobiltà governò li quarantotto anni restanti.

Celebratissimi fra tutte le Nazioni d'Anahuac furono i Toltechi e per la loro coltura, e per la eccellenza nelle arti: onde nei secoli posteriori si dava il nome di Toltechi per contrassegno di onore agli Artefici più insigni. Vissero sempre in società, congregati in Città ben regolate sotto la dominazione dei Sovrani, e la direzione delle leggi. Erano poco guerrieri, e più dediti al coltivamento delle arti, che all'esercizio delle armi. Alla loro agricoltura debitrici si riconobbero le posteriori Nazioni del frumentone, del cotone, del peverone, e d'altri utilissimi frutti. Nè solamente l'arti esercitavano di primaria necessità, ma quelle eziandìo, che servono al lusso. Sapevano fonder l'oro, e l'argento, e fargli prendere nel getto ogni sorta di figure. Lavoravano destramente qualunque spezie di gemma, e questa fu appunto l'arte, che più celebre rendette il loro nome; ma nulla presso noi renderli poteva più stimabili, quanto l'esser eglino stati gl'inven-

§ 2.
Civiltà
de' Toltechi.

ventori, o almeno riformatori del fiftema della ordinazione
del tempo, che adottarono tutte le Nazioni dirozzate d' Anahuac: il che fuppone, come in appreffo vedremo, molte offervazioni, e cognizioni efatte d' Aftronomia.

Il Cavalier Boturini (*) fulla fede delle ftorie antiche
dei Toltechi dice, che offervando coftoro nella antica loro
patria Huehuetlapallan, l' ecceffo di quafi fei ore dell' anno
folare fopra il civile, ch' era loro in ufo, lo regolarono col
giorno intercalare, che ogni quattro anni frapponevano: la
qual cofa eglino fecero cento e più anni innanzi l' era Criftiana. Dice inoltre che nell' anno 660. regnando Ixtlalcue-
chahuac in Tula, *Huematzin* celebre Aftronomo convocò col
beneplacito del R̊ i Savj della Nazione; e con loro dipinfe
quel famofo libro, che appellarono *Teoamoxtli*, cioè Libro
divino, nel quale con ben diftinte figure s' efponeva l' origine degl' Indiani, la loro difperfione dopo la confufione delle
lingue in Babel, la loro pellegrinazione nell' Afia, i loro primi ftabilimenti nel Continente dell' America, la fondazione
dell' Imperio di Tula, e i loro progreffi fino a quel tempo.
Si defcrivevano i Cieli, i Pianeti, le Coftellazioni, il Calendario tolteco coi fuoi cicli, le trasformazioni mitologiche, nelle quali inchiudevano la loro Filofofia morale, e gli arcani
della fapienza volgare involti tra i geroglifici dei loro Dei
con tutto quanto alla religione, ed a' coftumi apparteneva. Aggiunge davvantaggio il fuddetto Cavaliere, che notato fi vedeva nelle loro pitture l' eclifse folare accaduta nella morte
del noftro Redentore nell' anno VII. *Tochtli*, (f) e che avendo

---

(*) Nella opera da lui compofta e ftampata in Madrid nel 1746. fotto quefto
titolo. *Idea d' una Storia generale della Nuova Spagna, fondata fopra una
gran copia di figure, fimboli, caratteri, geroglifici, cantici, e manufcriti d' Autori Indiani nuovamente ritrovati.*

(f) Tutte le perfone, che hanno ftudiato in fonte la ftoria delle Nazioni di Anahuac, fanno beniffimo, che quelle Genti coftumavano notare
nelle loro dipinture l' Eclifsi, le Comete, ed altri fenomeni celefti. Or io
leggendo quanto dice il Boturini, l' impegno mi prefi di paragonare gli
anni Toltechi coi noftri, e ritrovai l' anno 34. di Crifto, o fia 30. della
era volgare effere VII *Tochtli*. Quefto ho fatto per mera curiofità, e non
perchè io pretenda confermare, nè perchè creda gli aneddoti di quell' Autore.

do alcuni Spagnuoli dotti, e verſati nella ſtoria, e nelle dipinture dei Toltechi, confrontata la loro Cronologìa colla
noſtra, ritrovarono, che quella Nazione numerava dalla creazione del mondo fino al tempo della naſcita di Criſto 5199
anni, ch' è appunto la Cronologìa del Calendario Romano.

Checcheſia di queſti curioſi aneddoti del Cav. Boturini,
i quali laſcio al libero giudizio dei Leggitori prudenti, egli
è certo ed indubitabile appo tutti quelli, che hanno ſtudia-
to la ſtoria di quelle Nazioni, che i Toltechi aveano notizia chiara e diſtinta del diluvio univerſale, della confuſione
delle lingue, e della diſperſione delle genti: anzi nominava-
no i primi loro progenitori, che dal reſto delle famiglie ſi
ſepararono in quella univerſal diſperſione. E' parimente certo, ſiccome faremo altrove vedere, (benchè incredibile coſa
paja ai Critici dell' Europa avvezzi a creder tutti gli Americani tagliati ad una miſura,) che i Meſſicani, e tutte
l' altre dirozzate Nazioni d'Anahuac aveano il loro anno civile tanto accordato al ſolare per mezzo dei giorni inter-
calari, quanto l' ebbero i Romani dopo l'ordinazione di Giu-
lio Ceſare, e che cotale eſattezza ai lumi dei Toltechi ſi
dovette. Per quello che appartiene alla religione erano Idolatri, e per quanto appare dalla ſtoria, gl' inventori furono
della maggior parte della mitologìa meſſicana; ma non ſappiamo, che aveſſero in uſo quei barbari, e ſanguinoſi ſacrifizj, che poi divennero tanto frequenti fra l'altre Nazioni.
Gli Storici Tezcucani credettero i Toltechi autori di quell'
Idolo famoſiſſimo rappreſentante il Dio dell'acqua, colloca-
to nel monte *Tlaloc*, di cui poi parleremo. E' certo bensì,
ch'eglino fabbricarono ad onore del loro diletto Dio *Que-*
tzalcoatl l'altiſſima piramide di Cholula, e veriſimilmente
eziandio le famoſe di Teotihuacan ad onore del Sole, e della Luna, che ſinora quantunque sfigurate ſuſſiſtono. (g) Il Cav.

Storia del Meſſico Tom. I.   R   Bo-

(g) Il Betancurt ai Meſſicani attribuiſce la coſtruzione delle piramidi di
Teotihuacan, ma queſto è evidentemente falſo, e contrario al ſentimento
di tutti gli altri Autori sì Americani, che Spagnuoli. Il Dr. Siguenza pare,

Boturini credette, che i Toltechi fabbricaffero la piramide di Cholula per contraffare la torre di Babel; ma la dipintura, fulla quale appoggia il fuo errore, (affai comune nel volgo della Nuova Spagna) è opera d' un Cholulefe moderno ed ignorante, effendo tutta un ammaffo di fpropofiti. (h)

§. 3.
Rovina dei Toltechi.

Nei quattro fecoli, che durò la Monarchia dei Toltechi, fi moltiplicarono confiderabilmente, diftendendo da ogni par-

***

re, che le credeffe opera degli Olmechi, ma ficcome non abbiamo altro avanzo dell' architettura di quefta Nazione per poterne giudicare, ed effendo peraltro quelle piramidi fatte ful gufto di quella di Cholula, fiamo perciò indotti a penfare, che i Toltechi foffero gli architetti di tutte, ficcome il dice Torquemada, e con effo lui altri Autori.

(h) La pittura, dal Cav. Boturini allegata, rapprefentava la piramide di Cholula con quefta ifcrizione mefficana, *Toltecatl Chalchihuatl cnazia Ebecatepetl*, ch' egli interpreta così. *Monumento, ovvero pietra preziofa della Nazione Tolteca, che colla fua cervice rintracciando va la region dell' aria;* ma diffimulando la maniera fcorretta di fcrivere, e il barbarifmo *Chalchihuatl*, chiunque fia alquanto inftruito nella lingua Mefficana, tofto s' accorgerà, non poterfene fare una più fantaftica interpretazione. Appiè della pittura, dice il citato Cavaliere, pofe l' autore una nota, nella quale parlando ai fuoi Compatriotti, in quefta guifa gli ammoniva: *Nobili e Signori, ecco le voftre fcritture, lo fpecchio della voftra antichità, e la ftoria dei voftri antenati, i quali follecitati dal timore del diluvio fabbricarono quefto afilo a riparo opportuno, in cafo d' effere un' altra volta da cotal calamità foprraggiunti.* Ma a dir il vero, i Toltechi farebbero ftati privi affatto di fenno, fe per timor del diluvio aveffero intraprefa con tante fpefe e fatiche la fabbrica di quella portentofa piramide, mentre avevano nelle altiffime montagne poco difcofte da Cholula un afilo più ficuro contra l' innondazioni, e molto minor pericolo di morir di fame. Nella fteffa tela fi rapprefentava, dice il Boturini, il battefimo d' *Ilamateuctli*, Regina di Cholula, conferitole dal Diacono Aguilar il dì 6. Agofto 1521., infieme coll' apparizione della Madonna a certo Religiofo Francefcano, che fi trovava in Roma, ordinandogli di partirfi pel Meffico: dove in un monte fatto a mano (cioè la piramide di Cholula) collocar dovrebbe la immagine fua. Ma quefto non è altro, che un teffuto di fogni e di bugle: poichè nè in Cholula vi furono giammai Re, nè quel battefimo, di cui niuno fcrittor fa parola, potè celebrarfi il dì 6. Agofto 1521., perchè allora fi trovava l' Aguilar cogli altri Spagnuoli nel più gran calore dell' affedio della Capitale, che fette giorni dopo renderfi doveva ai vincitori. Della pretefa apparizione della Madre di Dio non trovo memoria alcuna appo gli Storici Francefcani, iquali nelle loro Croniche nulla tralafciarono di quanto occorreva in quefto genere. Abbiamo dimoftrato la falfità di quella relazione per render più cauti nell' accogliere moderne pitture quelli, che per l' avvenire intraprender voleffero la Storia del Meffico.

parte la loro popolazione in molte e grandi Città; ma le
ſtupende calamità ſopravvenute loro nei primi anni del regno di Topiltzin, miſero in conquaſſo la loro potenza, e la lor felicità. Il cielo negò ad eſſi per alcuni anni la pioggia neceſſaria ai loro campi, e la terra i frutti, di cui ſi ſoſten-
tavano. L'aria infetta di mortal corruzione empieva ogni
giorno di cadaveri la terra, e di coſternazione gli animi di
coloro, che ſopravvivevano alla rovina dei loro Nazionali.
Coſì morì della fame, e del contagio una gran parte della
Nazione. Morì pure Topiltzin nell'anno I I *Tecpatl*, venteſi-
mo del ſuo regno, che veriſimilmente fu il 1052 della era
volgare, e con lui finì la Monarchìa dei Toltechi. I miſe-
ri avanzi della Nazione, penſando a ſottrarſi dalla comun
calamità, cercarono a' loro mali opportuno rimedio in altri
paeſi. Alcuni s'indirizzarono verſo Onohualco, o ſia Jucatan, altri verſo Guatemala. reſtando frattanto nel regno di
Tula diverſe famiglie ſparſe quà e là nella gran valle, dove
poi ſi fondò Meſſico, in Cholula, in Tlaximaloyan, ed in
altri luoghi, e tra loro i due Principi figliuoli del Re Topiltzin, i cui diſcendenti coll'andar del tempo s'imparenta-
rono colle famiglie reali di Meſſico, di Tezcuco, e di Colhuacan.

Queſte ſcarſe notizie intorno ai Toltechi l'uniche ſono,
che degne ſtimiamo d'eſſer quì riferite, tralaſciando diverſe
narrazioni favoloſe, di cui hanno fatto uſo parecchj Storici. (i) Vorremmo avere il loro *Libro divino* citato dal Boturini, e dal Sig. D. Ferdinando d'Alba *Ixtlilxochitl* nei
ſuoi pregiatiſſimi manoſcritti, per maggior lume recare alla
Storia di queſta celebre Nazione.

R 2

Col-

---

(1) Dice il Torquemada, che in una feſta di ballo fatta dai Toltechi, il
triſto Diavolo lor comparve in giganteſca figura, e con braccia ſmiſurate, ed in
mezzo al ballo con eſſo loro abbracciandoſi gli ſoffogava: che indi ſi laſciò vedere nella figura d'un fanciullo colla teſta marcita, e loro recò la
peſtilenza, e finalmente che a perſuaſione del medeſimo Diavolo abbandonarono il paeſe di Tula. Ma quel buon Autore inteſe letteralmente
certe pitture ſimboliche, dove coloro con tali figure rappreſentavano la fame e la peſtilenza lor ſopraggiunte, allorchè ſi trovavano nel colmo della felicità.

Colla rovina dei Toltechi folitaria rimafe, e quafi del tutto fpopolata la terra d'Anahuac fino all' arrivo dei Cicimechi per lo fpazio di più d'un fecolo. (j) Erano i Cicimechi, ficcome i Toltechi, che li precedettero, e l'altre Nazioni che dietro loro vennero, originarj di paefi fettentrionali, potendofi a ragione chiamare il fettentrione dell'America al pari di quello della Europa, il Seminario del genere umano. D'ambidue, a guifa di fciami, ufcir fi videro Nazioni numerofiffime a popolare i paefi meridionali. Il loro nativo paefe, la cui fituazione ignoriamo, chiamavafi *Amaquemecan*, dove al dir loro parecchj Monarchi della loro Nazione per molti anni fignoreggiarono. (k)

§. 4. I Cicimechi.

Era invero fingolare, ficcome per la loro ftoria fi vede, il carattere dei Cicimechi; poichè ad una certa fpezie di civiltà molti tratti aggiungevano di barbarie. Vivevano fotto il comando d'un Sovrano, e dei Capi e Governatori depofitarj della fuprema autorità con tanta fommeffione, quanta vederfi fuole fra le più culte Nazioni. V'era della diftinzione fra la Plebe e la Nobiltà, ed erano avvezzi i plebei a riverir coloro, cui la nafcita, il merito, o la grazia del Principe innalzava fopra la loro condizione. Viveano congregati in luoghi compofti, come fi debbe credere, di mifere capanne; (l) ma nè l'agricoltura efercitavano, nè quelle arti,

(j) Nella noftra II. differtazione ci opponiamo al Torquemeda, il quale non conta più di undici anni d'intervallo fra la rovina dei Toltechi, e l'arrivo dei Cicimechi.

(k) Nomina il Torquemada tre Re Cicimechi d'Amaquemecan, ed al primo dà 180. anni di regno, al fecondo 156., ed al terzo 133. Vedafi quel che nella noftra II. differtazione diciamo intorno alla fpropofitata cronologìa di quefto Autore. Il medefimo indubitatamente afferma, che Amaquemecan diftava feicento miglia dal fito, dove oggidì è la Città di Guadalaxara, ma in più di mille e dugento miglia di paefe popolato, che v'è di là da quella Città, non fi ritrova veftigio, nè memoria del regno d'Amaquemecan onde crediamo, effer effo un paefe non ancora fcoperto, e molto più fettentrionale di quello, che s'immaginava il Torquemada.

(l) Il Torquemada dice che i Cicimechi non aveano delle cafe, ma abitavano nelle caverne dei monti; ma nello fteffo capitolo, dove ciò fcrive, afferma, che la *Città capitale del loro regno fi chiamava Amaquemecan.*

Ma-

ti, che accompagnano la vita civile. Viveano foltanto della cacciagione, dei frutti, e delle radici, che la terra incolta portava. Il loro veſtito erano le rozze pelli delle predate fiere, nè altra arma conoſcevano fuorchè l'arco, e la freccia. La loro religione ſi riduceva al culto ſemplice del Sole, alla cui pretefa divinità l'erba offerivano, ed i fiori, che nati trovavano nei campi. Quanto poi a' lor coſtumi erano certamente meno ingrati, e men rozzi di quello, che porta il genio d'un popolo cacciatore.

Il motivo, che ebbero per abbandonar la loro patria è incerto, come pure incerta è l'etimologìa del nome *Chichimecatl*. (m) L'ultimo Re, che avuto aveano in Amaquemecan, laſciò diviſo il governo tra i due figliuoli *Achcauhtli*, e *Xolotl*. Queſti poi o mal ſofferendo, come ſovente accade, la diviſione della propria autorità, volle provare, ſe la fortuna altri paeſi gli deſtinava, dove comandar poteſſe ſenza rivale; ovvero vedendo, che le montagne del ſuo regno ſufficienti non erano per provveder di foſtentamento il numero forſe accreſciuto d'abitanti, determinò colla opportuna partenza rimediare alla neceſſità. Preſa dunque una tal riſoluzione o per l'uno, o per l'altro motivo, e fatta prima riconoſcere per i ſuoi eſploratori una buona parte delle terre meridionali, ſi partì dalla ſua patria con un groſſo eſercito di ſuoi ſudditi, che vollero, foſſe per amore, o per intereſſe accompagnarlo. Nel loro viaggio andavano incontrando

do

Manifeſta, è groſſa contraddizione, ovvero diremo, che Amaquemecan era Città ſenza caſe, e daremo il titolo di città alle ſpelonche dei monti. Queſto diffetto è frequente in queſto Autore, benemerito peraltro della Storia del Meſſico.

(m) Parecchj Autori hanno faticato nell' indovinare l'etimologìa del nome *Chichimecatl*. Torquemada dice, che queſto nome è derivato da *Teſchichinani*, che vuol dire, Succiatore; perchè i Cicimechi ſucciavano il ſangue degli animali, che cacciavano. Ma queſta etimologìa è violenta, maggiormente tra quelle genti, che non alteravano in cotal guiſa i nomi, nella lor derivazione. Betancurt credette, che ſi derivaſſe da *Chichime* cioè Cani, perchè con tal nome erano dalle altre Nazioni per diſpregio chiamati, ma ſe foſſe ſtato così, eglino non ſi glorierebbero, ſiccome infatti ſi gloriavano, del nome di *Chichimecatl*.

do le rovine dei luoghi Toltechi, e fingolarmente quelle
LIB. II. della gran Città di Tula, dove arrivarono dopo diciotto mefi. Da quefto luogo s'indirizzarono verfo quelli di Cempoalla,
e Tepepolco, difcofti quaranta miglia incirca verfo Greco
dal fito di Meffico. Indi mandò Xolotl il Principe *Nopaltzin*
fuo figliuolo ad offervare il paefe. Trafcorfe il Principe le
rive dei laghi, le montagne, che circondano la dilettevole
valle di Meffico, ed avendo offervato il refto del paefe dalla cima d'una alta montagna, tirò quattro freccie verfo quattro venti in fegno della poffeffione, che a nome del Re fuo
padre prendeva di tutta quella terra. Informato Xolotl della condizione del paefe, prefe la rifoluzione di ftabilirfi in
Tenayuca, luogo dal fito di Meffico fei miglia verfo Tramontana difcofto, e diftribuì nelle vicine terre tutta la fua
gente; ma per effere ftata la maggior popolazione verfo Tramontana, e verfo Greco, ebbe poi quel tratto di terra il
nome di *Chichimecatlalli*, cioè Terra dei Cicimechi. Gli
Storici dicono, che in Tenayuca fi fece la rivifta della gente, e però gli fu ancora dato il nome di *Nepohualco*, che
vale, luogo della numerazione; ma è affatto incredibile quel
che aggiunge Torquemada, cioè effere ftato trovato nella
rivifta più d'un milione di Cicimechi, ed effer durati fino
ai fuoi tempi dodici mucchj fatti dei faffi, che andavano
gettando nel paffar la rivifta. Imperciocchè nè è verifimile,
che un efercito tanto groffo fi metteffe in iftrada per un viaggio così lungo, nè pare poffibile, che un diftretto tanto piccolo foftentar poteffe un milione di cacciatori. (n)

Stabilito il Re nel luogo di Tenayuca, che fin d'allora deftinò per la fua Corte, e dati gli ordini opportuni per
la formazione delle altre Città o Villaggj, comandò ad un
fuo Capitano chiamato *Achitomatl*, che andaffe a riconofcere
l'origine di certi fiumi, che il Principe avea offervato nella
fua fpedizione. Achitomatl trovò in Chapoltepec, in Cojohuacan,

ed

(n) Torquemada dice, che il paefe allora occupato da' Cicimechi aveva
venti leghe, o feffanta miglia in quadro.

ed in altri luoghi parecchie famiglie Tolteche, dalle quali
seppe la cagione, ed il tempo della loro desolazione. Non
solo s' astennero i Cicimechi d' inquietare questi miseri avanzi di quella celebre Nazione; ma eziandio contrassero con
loro delle alleanze, ammogliandosi molti Nobili con donne
Tolteche, e tra gli altri lo stesso Principe Nopaltzin sposò
Azcaxochitl, donzella discendente da *Pochotl*, uno di quei due
Principi della casa Reale dei Toltechi, che sopravvissero alla
rovina della loro Nazione. Questa umanità giovò assai ai
Cicimechi; poichè colla pratica di quella industriosa Nazione cominciarono a gustar il frumentone, ed altri frutti della
industria, impararono l' agricoltura, la maniera di cavar i
metalli, e l' arte di fondergli, siccome quelle di lavorar le
pietre, e di filare e tessere il cotone, ed altre, colle quali
migliorarono il loro sostentamento, le loro vestimenta, le loro abitazioni, ed i loro costumi.

Nè meno contribuì al miglioramento dei Cicimechi
l' arrivo d' altre nazioni civili. Otto anni appena erano scor-
si dacchè Xolotl s' era stabilito in Tenayuca, quando a quel §. 6.
Arrivo
degli A-
colhui, ed
altre gen-
ti.
paese arrivarono (*) sei personaggi assai riguardevoli con un
seguito considerabile di gente. Erano questi d' un paese settentrionale vicino al regno d' Amaquemecan, o poco da esso
discosto, il cui nome non dicono gli Storici; ma noi abbiamo ragione di credere, ch' esso fosse il paese d' *Aztlan*, patria dei
Messicani, e che queste nuove colonie siano state quelle sei
tribù celebri di Nahuatlachi, di cui parlano tutti gli Storici del Messico, e noi anche parleremo fra poco. E' da credersi, che Xolotl mandasse alla sua patria l' avviso dei vantaggj del paese, dove si era stabilito, e che cotal avviso
sparso fra le Nazioni circonvicine molte famiglie spingesse a
seguir le sue orme, per essere partecipi della sua felicità.
Può anche pensarsi, che qualche carestìa ai paesi settentrio-
nali sopraggiunta, tanti popoli costringesse a cercar nelle terre

(*) I nomi di questi sei personaggi erano, *Tecuatzin, Tzontehuayotl, Za-
catitechcochi, Huihuatzin, Tepotzotecua,* ed *Itzcuincua.*

re meridionali il loro follievo. Checchefia di quefto, i fei perfonaggi dal fettentrione venuti a Tenayuca, furono benignamente accolti dal Re Cicimeca, e da lui intefa la cagione del loro viaggio, e il defiderio di fermarfi in quel paefe, affegnati dei fiti, dove colla loro gente popolaffero.

Pochi anni dopo arrivarono altresì tre Principi con un groffo efercito della Nazione Acolhua, nativa di *Teoacolhua-can*, paefe vicino, o non molto lontano dal regno d'Amaquemecan. Chiamavanfi quefti Principi *Acolhuatzin*, *Chiconquauhtli*, e *Tzontecomatl*, ed erano della nobiliffima cafa *Citin*. La Nazione era la più culta e civile di quante ne furono in quel paefe dopo i Toltechi. Si può ben capire, quanto farà ftato il rumore, che fece in quel regno una tal novità, e l'inquietudine, in cui mife i Cicimechi tanta multitudine di gente fconofciuta; nè par verifimile, che il Re lor permetteffe di entrare nel paefe, fenza efferfi prima informato della lor condizione, e del motivo della lor venuta. Trovavafi allora il Re in Tezcuco, dove avea fatta paffar la fua corte, o infaftidito del fito di Tenayuca, o pure allettato dalla vantaggiofa fituazione di quel nuovo luogo. Qui capitarono i tre Principi, e prefentati al Re, dopo un profondo inchino, e quella cerimonia di venerazione tanto famigliare a quelle genti, di baciarfi la mano dopo aver con effa toccato la terra, gli differo in foftanza quefte parole: „ Noi fiam venuti, o gran Re, dal regno di Teoacolhua-„ can poco difcofto dalla voftra patria. Siamo tutti e tre fra„ telli, e figliuoli d'un gran Signore; ma confapevoli della „ felicità, che godono i Cicimechi fotto la dominazione d' „ un Re tanto umano, abbiamo pofpofto i comodi, che ave„ vamo nella noftra patria, alla gloria d'effer voftri fudditi. „ Vi preghiamo dunque di darci luogo nella voftra felice „ terra, dove viviamo dipendenti della voftra autorità, e „ fottomeffi ai voftri comandi. " Compiacquefi il Cicimeca più che dell'aria fignorile, e delle maniere cortigiane di quei nobiliffimi giovani, della vanità lufinghevole di veder umiliati alla fua prefenza tre Principi attratti da così lontani

paefi

paefi dalla fama del fuo potere, e della fua clemenza. Ri ſpofe con piacevolezza alle loro eſpreſſioni, e ſi eſibì a cor- riſpondere ai loro deſiderj; ma fra tanto che deliberava ſulla maniera di farlo, ordinò al ſuo figliuolo Nopaltzin d'allog- giarli, e di prender cura di loro.

Avea il Re due figlie nubili, le quali da principio pen- sò maritarle coi due Principi maggiori; ma non volle ſco- prire il ſuo penſiere, finattantochè ſi ioſſe informato della loro indole, e certo foſſe della volontà dei ſuoi ſudditi. Do- ve poi ſicuro fu e dell'uno, e dell'altro, chiamò a ſe i Principi, che alquanto ſolleciti erano della loro ſorte, e lor fece paleſe la ſua riſoluzione non ſolo d'accordar ad eſſi de- gli ſtabilimenti nel ſuo regno, ma eziandìo di ammogliarli colle ſue figlie, lagnandoſi di non averne un'altra, accioc- chè niuno reſtaſſe eſcluſo dalla nuova alleanza. I Principi lo ringraziarono con ſingolari eſpreſſioni di gratitudine, e s'eſi- birono a ſervirlo colla maggior fedeltà.

Arrivato che fu il giorno alle nozze prefiſſo, concorſe tanta folla di popolo a Tenajuca, luogo a quella gran fun- zione deſtinato, che non eſſendo la Città baſtevole a capir- la, reſtò molta gente nella campagna. Spoſò Acolhuatzin la più grande delle due Principeſſe, chiamata *Cuetlaxochitl*, e Chiconquauhtli tolſe l'altra. Il terzo Principe ebbe *Coatetl*, vergine nata in Chalco da genitori nobiliſſimi, ne' quali ſi era miſchiato il ſangue Tolteco col Cicimeco. Le pubbli- che allegrezze durarono infino a ſeſſanta giorni, nei quali vi fu della lotta, delle corſe, e dei combattimenti delle fie- re, eſercizj confacevoli al genio dei Cicimechi, ed in tutti ſi diſtinſe il Principe Nopaltzin. Ad eſempio delle perſone reali quelle due Nazioni s'andarono annodando con maritag- gj, finchè d'amendue ſe ne fece una, che prendendo dalla parte più nobile la denominazione, appelloſſi *Acolhui*, e il regno *Acolhuacan*, reſtando poi il nome di Cicimechi per quegli uomini, che pregiando più l'eſercizio della caccia, che le fa- tiche della agricoltura, ovvero impazienti della ſubordinazio- ne, ſe n'andarono alle montagne, che ſono verſo Tramon-

══tana, e verſo Maeſtro della Valle Meſſicana, dove dandoſi in preda all'impeto della loro barbara libertà ſenza capo, ſenza legge, ſenza domicilio, e ſenza gli altri emolumenti della Società, correvano il dì in traccia degli animali per cacciargli, e ſtanchi s'abbandonavano al ſonno, dovunque li raggiungeva la notte. Queſti barbari frammiſchiati colla Nazione degli Otomiti, i quali ſeguivano lo ſteſſo ſiſtema di vita, occuparono un tratto di terra di più di trecento miglia, e dai loro diſcendenti furono per molti anni aſſai travagliati gli Spagnuoli dopo la conquiſta del Meſſico.

Terminate che furono l'allegrezze delle nozze, diviſe Xolotl il ſuo regno in parecchj ſtati, e ne diede la inveſtitura ai ſuoi generi, ed ad altri Nobili dell'una, e dell'altra Nazione. Concedette al Principe Acolhuatzin lo ſtato d'Azcapozalco diciotto miglia a Ponente di Tezcuco, e da lui diſceſero i Re, ſotto il giogo de' quali ſtettero più di cinquanta anni i Meſſicani. A Chiconquauhtli conferì lo ſtato di Xaltocan, ed a Tzontecomatl quello di Coatlichan.

Aumentavaſi ogni dì la popolazione, e con eſſa la cultura dei popoli; ma andavaſi inſieme riſvegliando nei loro animi l'ambizione, ed altre paſſioni, che addormentate ſtanno per mancanza d'idee nel tempo della vita ſelvaggia. Xolotl, il quale nella maggior parte del ſuo governo retto avea con dolcezza i ſuoi ſudditi, ed in loro la maggior docilità trovata aveva, videſi poi negli ultimi anni della ſua vita coſtretto ad adoperare la ſeverità per reprimere l'inquietudine d'alcuni ribelli, ora ſpogliandogli delle loro cariche, or caſtigando i più colpevoli colla morte. Queſti giuſti gaſtighi in vece di ſpaventargli, in tal maniera gl'innaſprirono, che il deteſtabil diſegno formarono di togliere la vita al Re, nè pronta occaſione per eſeguirlo loro mancò. Avea il Re poco innanzi paleſato la ſua voglia d'accreſcere l'acqua dei ſuoi giardini, dove divertirſi ſoleva, e ſpeſſo anche ſi metteva a dormire aggravato dagli anni, o allettato dalla freſchezza e dall'amenità del luogo. Conſapevoli di ciò i ribelli, fatto un argine al ruſcello, che traverſava la Città, aprirono una

foſſa per condur l'acqua ai giardini; ma per farlo aſpettaro-
no quel tempo, in cui il Re dormir quivi ſoleva, ed allora, levato l'argine dalla parte della foſſa, fecero andar tutta l'acqua ad un tratto nei giardini, acciocchè reſtaſſe an-
negato. Luſingavanſi, che non foſſe mai per iſcoprirſi il loro delitto; mentre la diſgrazia del Re potrebbe aſcriverſi a
un qualche accidente, o a miſure mal preſe dai ſudditi, che
ſinceramente bramavano di ſervir al loro Signore, ma s'in-
gannarono, e il loro colpo non riuſcì; poichè il Re ebbe
avviſo ſegreto della congiura; ma diſſimulando di ſaperla,
ſe n'andò all'ora ſolita al giardino, e ſi miſe a dormire in
un ſito elevato, dove non foſſe per pericolare. Quando poi
vide entrar l'acqua, benchè paleſe foſſe già il tradimento,
continuò la ſua diſſimulazione per burlarſi dei ſuoi nemici:
,, Io, diſſe allora, era ben perſuaſo, che i miei ſudditi m'a-
,, mavano; ma adeſſo veggo, che m'amano aſſai più di
,, quello, ch'io penſava. Io voleva aumentar l'acqua dei
,, miei giardini, ed ecco i miei ſudditi me l'hanno fatta venire
,, ſenza veruna ſpeſa. Conviene dunque far feſta della mia felici-
,, tà. "Indi mandò a far delle allegrezze nella Corte, e terminate che furono, ſi partì per Tenajuca pieno di cordoglio, e di ſdegno, e determinato di dare un rigoroſo gaſtigo ai congiurati;
ma quivi fu attaccato da mortal infermità, che calmò la ſua collera.

    Ora ſentendo la vicinanza della morte, chiamò a ſe il
Principe Nopaltzin, le ſue figlie, ed Acolhuatzin ſuo genero,
(poichè gli altri due Principi eran già morti) e ad eſſi
raccomandò la pace fra loro, la cura dei popoli a lor com-
meſſi, la protezione della Nobiltà, e la benignità verſo tutti i lor ſudditi: ed indi a poche ore fra le lagrime ed i ſin-
ghiozzi dei ſuoi figliuoli finì di vivere in età molto avanzata, e dopo aver regnato in quel paeſe, per quel che pare,
più di quaranta anni. Era uomo robuſto e coraggioſo, ma
d'un cuor teneriſſimo verſo i ſuoi figliuoli, ed aſſai benigno
verſo i ſuoi ſudditi. Sarebbe ſtato più felice il ſuo regno,
ſe foſſe ſtato più breve. (o)   S 2   Si

Lib. II.

§. 8.
Morte, e
funerale
di Xolotl

(o) Torquemada dà a Xolotl 113. anni di regno, e più di 200. d' vita
Vedanſi intorno a ciò le noſtre diſſertazioni.

Si fparfe incontanente la nuova della morte del Re per tutto il regno, e fi diede pronto avvifo ai principali Signori, acciocchè trovarfi poteffero al funerale. Adornarono il real cadavero di parecchie figurine d'oro, e d'argento, che aveano già cominciato a lavorare i Cicimechi dai Toltechi ammaeftrati, e collocaronlo in una feggia, fatta di gomma copal, e di altre materie aromatiche; e così ftette cinque giorni, frattanto che arrivavano i Signori all'efequie convocati. Poi che tutti radunatifi furono tra una folla infinita di popolo, fu, fecondo l'ufanza dei Cicimechi, bruciato il cadavero, e le ceneri raccolte in un'urna di pietra duriffima. Queft'urna fi mantenne efpofta per quaranta giorni in una fala della real cafa, dove ogni dì concorreva la Nobiltà per rendere al loro morto Signore l'omaggio delle lagrime, e pofcia fe ne portò l'urna ad una fpelonca vicina alla Città colle medefime dimoftrazioni di dolore.

Tofto che fu terminato il funerale di Xolotl, celebrarono l'efaltazione al trono del Principe Nopaltzin con acclamazioni ed allegrezze per altri quaranta giorni. Nel congedarfi poi dal nuovo Re i Signori per ritornare ai loro rifpettivi ftati, uno di effi fece quefta breve aringa: ,, Gran Re ,, e Signore, noi come fudditi e fervi voftri andiamo per ub- ,, bidir ai voftri comandi a reggere i popoli, che alla noftra ,, cura avete commeffo, portando nei cuori il piacere d'aver- ,, vi veduto ful trono non meno alla voftra virtù, che alla ,, voftra nafcita dovuto. Proteftiamo, incomparabil effere il ,, bene, che abbiamo nel fervire a sì alto e sì poffente Si- ,, gnore, e vi preghiamo di guardarci con occhj di vero Pa- ,, dre, e di proteggerci colla voftra poffanza, acciocchè ftiamo ,, fotto l'ombra voftra ficuri. Voi fiete infieme ed acqua rifto- ,, ratrice, e fuoco divoratore, e nelle voftre mani avete pari- ,, mente e la morte noftra, e la vita. ,,

Congedati i Signori rimafefi il Re in Tenajuca colla fua forella *Cihuaxochitl*, vedova del Principe Chiconquauhtli. Era allora, per quanto congetturare poffiamo, di feffanta anni in circa, ed aveva già e figliuoli, e nipoti. I fuoi

figliuo-

figliuoli legittimi avuti dalla Regina Tolteca erano *Tlotzin*, *Quauhtequihua*, ed *Apopozoc*. A Tlotzin, ch' era il primogenito, conferì il governo di Tezcuco, acciocchè andasse imparando l' arte malagevole di regger gli uomini, ed agli altri due diede l' investitura degli stati di Zacatlan e di Tenamitic. (p)

Un anno si trattenne il Re nella corte di Tenajuca ordinando gli affari dello stato, che non era già così tranquillo, come sul principio. Quindi se n' andò a Tezcuco per trattar col suo figliuolo dei mezzi più opportuni da prendersi per rimettere il regno nella primitiva tranquillità. Essendo qui entrò una volta nei giardini reali col suo figliuolo, e con altri Signori della sua Corte, e stando con loro a discorrere, proruppe inaspettatamente in un pianto dirotto, e dimandato della cagione: „ Due sono, rispose, le cagioni delle mie „ lagrime: l' una la memoria del mio defunto Padre, che „ mi si ravviva colla vista di questo luogo, dove sole- „ va divertirsi; e l' altra il paragone, che fo di quei felici „ tempi con questi giorni amari. Quando il mio Padre pian- „ tò questi giardini, aveva dei sudditi più pacifici, che lo „ servivano con sincerità in quelle cariche, che lor conferi- „ va, ed eglino con umiltà e con gratitudine accettavano; „ ma oggidì regna da per tutto l' ambizione, e la discordia. „ Mi rincresce d' essere costretto a trattar come nemici quei „ sudditi, che una volta io trattava in questo medesimo „ luogo come amici, e fratelli. Tu mio figliuolo, soggiunse „ parlando a Tlotzin, abbi ognora avanti agli occhi l' im- „ magine del tuo grande avo, e sforzati d' imitar gli esem- „ pj di prudenza e di giustizia, che ci lasciò. Munisci il tuo „ cuore di tutto ciò, di che avrai poscia d' uopo per ben reg-
„ gere

(p) Qualora si volesse adottare la Cronologìa di Torquemada, bisogne-rebbe dar a Nopaltzin, quando salì sul trono, 130. anni d' età, perchè quando arrivò col suo Padre al paese d' Anahuac, aveva almanco 18. ovvero 20. anni, mentre ebbe dal suo Padre la commissione di riconoscere la terra, i quali aggiunti ai 113. che secondo il Torquemada regnò Xolotl in quel paese, fanno 131. o 133.. Vedasi intorno a ciò la nostra II. Disser-tazione.

„ gere i tuoi fudditi. „ Poichè s' ebbe alquanto col fuo fi-

gliuolo confolato, fe n' andò il Re alla fua Corte di Tenayuca.

Il Principe Acolhuatzin, che ancor vivea, ftimando ftretti i limiti del fuo ftato d' Azcapozalco, rifolvè impadronirfi di quello di Tepotzotlan, e in fatti il prefe per forza, malgrado la refiftenza, che fece Chalchiuhcua, Signor di quello ftato. E' da crederfi, che Acolhuatzin non intraprendeffe cotal violenza fenza l' efpreffo confenfo del Re, il quale forfe volle in quella maniera vendicar qualche offefa da Chalchiuhcua ricevuta.

Alquanto più fanguinofa fu la contefa, che indi a poco rifvegliofsi per intereffe d' affai diverfa natura. *Huetzin*, Signor di Coatlichan, figliuolo del defunto Principe Tzontecomatl, (q) voleva fpofar *Atotoztli*, Vergine bella e nobile, e nipote della Regina. La medefima pretenfione aveva *Jacazozolotl*, Signor di *Tepetlaoztoc*; ma quefti o perchè era più innamorato della vergine, o perch' era d' un carattere più violento, non contento d' addimandarla al Padre di colei, volle renderfi padrone coll' armi della fua bellezza, ed a quefto fine radunò un piccolo efercito dei fuoi fudditi, ai quali s' aggiunfe *Tochinteuctli*, ch' era ftato Signore di Quahuacan, e per i fuoi misfatti era ftato d' effo fpogliato, e confinato a Tepetlaoztoc. Confapevole Huetzin di cotal attentato gli venne all' incontro con un maggior numero di truppe, e gli prefentò la battaglia nella vicinanza di Tezcuco, nella quale però qualche gente di Jacazozolotl con effo lui, e il refto dell' efercito fu disfatto. Tochinteuctli fi falvò colla fuga, ricoverandofi nella città di Huexotzinco di là dai monti.

Hue-

(q) Torquemada fa Huetzin figliuolo d' Itzmitl, e quefto figliuolo di Tzontecomatl nel cap. 30. del lib. 1; ma nel cap. 40. dice, che Itzmitl fu uno di quelli, che vennero con Xolotl da Amaquemecan: ficchè lo fa nato prima del fuo padre Tzontecomatl, mentre quefti era ancor giovane, quando venne in Anahuac, e non venne prima del 47. anno del regno di Xolotl, ficcome afferma lo fteffo autore. Oltre a ciò in un luogo fa Itzmitl mero Cicimeca, ed in un altro figliuolo d' un Acolhua· ma chi farà capace di accennare tutte le contraddizioni e gli anacronifmi di Torquemada?

Huetzin dal rivale liberato s' impadronì col beneplacito del
Re della donzella, e dello ſtato di Tepetlaoztoc.

Dopo queſte piccole guerre tra i Feudatarj ſi moſſe un'
altra più conſiderabile della Corona colla Provincia di Tollantzinco, che s' era ribellata. Andovvi lo ſteſſo Re in perſona con un groſſo eſercito; ma ſiccome i ribelli erano in gran
numero, e ben agguerriti, ebbe talvolta la peggio l' eſercito
reale nei diciannove giorni, che durò la guerra, finattantochè
rinforzato con nuove truppe mandate dal Principe Tlotzin,
furono i ribelli disfatti, e gaſtigati coll' eſtremo ſupplizio i
capi della ribellione. Il loro cattivo eſempio da altri Signori imitato, ebbe altresì la ſteſſa ſorte.

Avea già Nopaltzin meſſo il regno in tranquillità, quando morì il celebre Principe Acolhuatzin, primo Signore di
Azcapozalco laſciando lo ſtato al ſuo figliuolo *Tezozomoc*.
Celebroſſi con grande magnificenza il ſuo funerale, intervenendovi il Re colla Nobiltà d'amendue le Nazioni Acolhua,
e Cicimeca.

Non ſtette guari a morire anche lo ſteſſo Re dopo trentadue anni di regno avendo innanzi dichiarato ſucceſſore nella Corona il ſuo primogenito Tlotzin. L'eſequie ſi fecero
nella ſteſſa corte, e collo ſteſſo apparato e ceremonie di quelle del Re Xolotl, a cui ſomigliante fu non meno nell' indole, che nella robuſtezza, e nel coraggio.

Fra gli altri Signori, che intervennero alla eſaltazione
del nuovo Re, vi furono i due ſuoi fratelli Quauhtequihua,
ed Apopozoc, i quali trattenne un anno nella ſua real caſa.
Era Tlotzin d'una indole tanto benigna, ed amorevole, che
era tutta la delizia dei ſuoi vaſſalli. Tutti i Nobili cercavano dei preteſti per viſitarlo, e godere della piacevolezza e
dolcezza del ſuo tratto. Non oſtante queſt'indole tanto portata per la pace, prendeva gran cura delle coſe della Guerra, facendo che i ſuoi ſudditi s' eſercitaſſero ſpeſſo nell' armi,
ed egli dilettavaſi nella caccia; ma nulla ſappiamo in particolare delle ſue azioni, nè degli avvenimenti del ſuo regno
nei trentaſei anni, che occupò il trono d'Acolhuacan. Morì

trava-

travagliato da graviffimi dolori in Tenajuca. Le fue ceneri fi depofero in un' urna di pietra pregevole, la quale ftette quaranta giorni efpofta alla vifta del popolo fotto un padiglione.

Succedette nel regno a Tlotzin il figliuolo di lui *Quinatzin*, (*) avuto in *Quauhcihuatzin*, figlia del Signor di Huexotla. La fua efaltazione fi celebrò con maggior folennità di quella dei fuoi anteceffori, non già in Tenajuca, ma in Tezcuco, dove ftabilì la fua Corte, e d'allora fin' alla conquifta degli Spagnuoli fu fempre quella Città la capitale del regno d'Acolhuacan. Per paffare dall' antica alla nuova Corte fi fece trafportare in una fedia geftatoria, o lettiga fcoperta fulle fpalle di quattro principali Signori, e fotto un' ombrella, che portavano altri quattro. Infino a quel tempo tutti i Signori aveano fempre camminato a piedi. Quefto Re fu il primo, a cui la vanità fuggerì una tale fpezie di magnificenza, e quefto efempio imitato fu dai fuoi Succeffori, e da tutti i Re e Magnati di quel paefe, sforzandofi ognuno di fuperar gli altri nel fafto. Emulazione troppo perniciofa non meno agli ftati, che agli fteffi Principi.

I cominciamenti del fuo governo furono affai tranquilli; ma poco dopo fi ribellarono gli ftati di *Meztitlan*, e di *Totorepec* fituati nelle montagne, che fono a Tramontana di quella Capitale. Il Re tofto che ebbe l'avvifo, marciò con un groffo efercito, e mandò a dire ai capi della ribellione, che fe il loro coraggio era uguale alla loro perfidia, fcendeffero fra due dì alla pianura di Tlaximalco, dove in una battaglia farebbe la loro forte decifa; fe no, egli era determinato a metter a fuoco e fiamma le loro Città, non perdonando alle donne, nè ai fanciulli. I Ribelli, ficcome erano già ben alleftiti, fcefero avanti il termine prefiffo a quella pianura per oftentare il loro coraggio. Dato quivi il fegno della battaglia fi combattè furiofamente ed oftinatamente dall' una, e dall'altra parte, finchè la notte feparò gli efer-

_____

(*) Ebbe ancora quefto Re il nome di *Tlaltecatzin*.

eferciti lafciando indecifa la vittoria. Così continuarono per quaranta giorni in frequenti pugne, non ifcoraggiandofi mai i Ribelli màlgrado i vantaggj, che ogni dì riportavano le truppe regie; ma accorgendofi finalmente per l'uccifione, e lo fcemamento dei lor foldati, della imminente loro rovina s'arrendettero al loro Sovrano, il quale gaftigando rigorofamente i Capi della ribellione, perdonò ai popoli il loro delitto. Lo fteffo fece collo ftato di Tepepolco, che s'era ancor ribellato.

Quefto fpirito di ribellione a guifa di contagio andavafi per tutto il regno diffondendo: poichè appena fuggettato Tepepolco, fi dichiararono ribelli Huehuetoca, Mizquic, Totolapa, ed altre quattro Città. Volle il Re andar in perfona con un buon corpo di truppe contro Totolapa, e mandò contro l'altre fei Città altrettanti corpi fotto il comando di bravi e fedeli Generali: e fu tanta la fua felicità, che infra pochiffimo tempo, e fenza perdita confiderabile rimife fotto la fua ubbidienza tutte le fette Città. Quefte vittorie fi celebrarono con grandi allegrezze per otto dì nella Corte, e furono premiati i Generali, ed i Soldati, che più s'erano fegnalati. Siccome il cattivo efempio d'alcuni ftati altri avea fpinti alla ribellione, così l'infelice riufcita fervì loro nell' avvenire d'efempio per non macchinar più novità contro la dovuta fubordinazione al lor Sovrano: onde nel refto del fuo governo, che per quel che dicono gli Storici, fu di feffanta anni, godette Quinatzin d'una gran tranquillità.

Quando venne a morte quefto Re, fi fecero verfo di lui alcune dimoftrazioni, che non s'erano mai fatte verfo i fuoi anteceffori; poichè aperto il cadavero, e cavategli le vifcere, il prepararono con non fo che compofizione d'aromi, acciocchè fi prefervaffe per qualche tempo dalla corruzione. Collocaronlo poi in una gran feggia veftito degli abiti reali, ed armato d'arco e di freccie, e gli pofero ai piedi un'aquila di legno, ed addietro una tigre, per fignificare l'intrepidezza e bravura di lui. In cotal pofitura il tennero efpofto al pubblico per quaranta dì, e dopo il folito pianto lo bru-

ciaro-

═══════ciarono, e feppellirono le ceneri in una fpelonca dei monti

vicini a Tezcuco.

Succedette nel trono a Quinatzin il fuo figliuolo *Te-chotlalla*; ma gli avvenimenti di quefto, e dei fuffeguenti Re Cicimechi effendo conneffi con quelli dei Meffcani, i quali aveano già a quefto tempo (nel fecolo XIV. dell' era volgare) fondata la loro famofa capitale, rifèrviamo ad un altro luogo il racconto di tali avvenimenti, contentandoci adeffo di prefentare ai Leggitori la ferie di tutti i loro Re, indicando, per quanto fi fa, l'anno dell'era volgare, in cui cominciarono il loro regno, per ragionar poi brevemente delle altre Nazioni, che prima dei Meffcani arrivarono a quel paefe.

RE CICIMECHI.

Xolotl	nel fecolo XII
Nopaltzin	nel fecolo XIII
Tlotzin	nel fecolo XIV
Quinatzin	nel fecolo XIV
Techotlalla	nel fecolo XIV
Ixtlilxochitl	nell' anno 1406

Fra quefto, ed il feguente Re occuparono il trono di Acolhuacan i Tiranni Tezozomoc, e Maxtla

Nezahualcoyotl	nell'anno 1426
Nezahualpilli	nell'anno 1470
Cacamatzin	nell'anno 1516
Cuicuitzcatzin	nell'anno 1520
Coanacotzin	nell'anno 1520

Non poffiamo accennare l'anno, in cui cominciarono a regnare i primi cinque Re, perchè non fappiamo quanto tempo regnarono Xolotl e Techotlalla; ftimiamo bensì verifimile, che la Monarchìa Cicimeca abbia avuto principio in Anahuac verfo il fine del fecolo XII., e fia durata 330. anni in circa fino al 1521. in cui finì infieme col regno di

Meffi-

Meſſico. Occuparono il trono undici Re legittimi almeno, e due Tiranni. (*)

Gli Acolhui arrivarono al paeſe d'Anahuac dopo cominciato il ſecolo XIII. Per quel poi, che riguarda alle altre Nazioni, è incredibile la diverſità di ſentimenti, e la confuſione degli Storici ſulla loro origine, ſul loro numero, e ſul tempo, in cui capitarono in Anahuac. Lo ſtudio pur grande, che ho fatto per rintracciare il vero, non mi ha ſervito ad altro, ſe non ad accreſcermi l'incertezza, ed a farmi perdere del tutto la ſperanza di ſapere nell'avvenire ciò che hnora s'è ignorato. Tralaſciando dunque le favole, quello ſoltanto diremo, che è certo, o pure aſſai probabile.

§. 12
Gli Olmechi, e gli Otomiti.

Gli Olmechi, ed i Xicallanchi, o foſſero una ſola Nazione, o due diverſe, ma perpetuamente alleate e congiunte, furono così antichi nel paeſe d'Anahuac, che parecchj Autori li credettero anteriori dei Toltechi. Della loro origine niente ſi ſa (r) nè altro ci dicono le antiche pitture di quei popoli, ſe non che coloro abitarono il paeſe circonvicino alla gran montagna Matlalcueje, e che quindi ſcacciati dai Teocicimechi, ovvero Tlaſcalleſi, ſi trasferirono alle coſte del Golfo Meſſicano. (ſ)

Gli Otomiti, i quali componevano una delle più numeroſe Nazioni, furono veriſimilmente dei più antichi in

T 2   quel

(*) Non contiamo fra i Re Cicimechi, *Ixtlilxochitl* II.; perchè queſti piuttoſto che Re, fu ſoltanto Governatore di Tezcuco, creato dagli Spagnuoli. Anzi potrebbe dubitarſi, ſe Cuicuitzcatzin abbia ad annoverarſi fra tali Re; mentre a diſpetto, e contro il dritto di Coanacotzin, fu anch'egli intruſo nel regno d'Acolhuacan da Motezuma per gl'intrighi del Conquiſtatore Cortès; ma almeno Cuicuitzcatzin fu accettato dalla Nazione allora, quando non era ancor ſottopoſta alla dominazione degli Spagnuoli.

(r) Alcuni Autori, fra i quali fu il celebre Dottor Siguenza, ſcriſſero, che gli Olmechi paſſarono dalla Iſola Atlantida, e che eſſi ſoli arrivarono ad Anahuac dalla parte di Levante, eſſendo tutte l'altre Nazioni venute dalla parte di Tramontana: ma ignoriamo affatto i fondamenti di tal opinione.

(ſ) Il Cav. Boturini congettura, che gli Olmechi ſcacciati dal loro paeſe n'andarono alle Iſole Antiglie, ed all'*America* Meridionale. Tutto può eſſere; ma non ſi ſa.

quel paefe; ma fi confervarono per molti fecoli nella barba, rie, vivendo fparfi nelle caverne dei monti, e foftentandofi della caccia, nella quale erano deftriffimi. Occuparono un tratto di terra di più di trecento miglia dalle montagne d' Izmiquilpan verfo Maeftro, confinando verfo Levante, e verfo Ponente con altre Nazioni parimente felvaggie. Nel Secolo XV. cominciarono, ficcome altrove diremo, a vivere in focietà fottomeffi alla corona d' Acolhuacan, o coftretti dalla forza, o pure ftimolati dall' efempio delle altre Nazioni. Fondarono nel paefe d' Anahuac, ed anche nella fteffa Valle di Meffico infiniti luoghi: la maggior parte d' effi, e fpezialmente i più grandi, come quelli di Xilotepec e di Huitzapan nelle vicinanze del paefe, che innanzi occupavano: altri fparfi fra i Matlatzinchi, ed i Tlafcallefi, ed in altre Provincie del Regno, confervando infino ai noftri tempi fenza alterazione il loro primitivo linguaggio anche nelle Colonie ifolate, e da per tutto d' altre Nazioni circondate. Non però è da penfarfi, che tutta la Nazione fi riduceffe allora alla vita civile, mentre una gran parte, e forfe la più grande, reftò ancora infieme coi Cicimechi nella vita felvaggia. I Barbari d' amendue le Nazioni confufi dagli Spagnuoli fotto il nome di Cicimechi, fi rendettero famofi per le loro fcorrerìe, e non furono dagli Spagnuoli del tutto fuggettati infino al Secolo XVII. Gli Otomiti fono ftati fempre riputati la più rozza Nazione d' Anahuac, così per la difficoltà, che tutti provano nell' intendere il loro linguaggio, come a cagione della loro vita fervile; poichè anche al tempo dei Re Mefficani erano trattati come fchiavi. Il loro linguaggio è affai difficile, e pieno d' afpirazioni, che fanno parte nella gola, e parte nel nafo; ma peraltro è abbaftanza copiofo ed efpreffivo. Anticamente furono rinomati per la loro deftrezza nella caccia; oggidì commerciano per lo più in tele groffe, di cui veftono gli altri Indiani.

La Nazione dei Tarafchi occupò il vafto, ricco, ed ameno paefe di Michuacan, dove fi moltiplicarono affai, e fondarono molte Città, ed infiniti Villaggj. I loro Re furono rivali dei

dei

dei Meſſicani, ed ebbero con eſſi frequenti guerre. I loro artefici , o ſuperarono, o emularono quelli dell' altre Nazioni: almeno dopo la conquiſta del Meſſico in Michuacan ſi fecero le migliori opere di muſaico, ed ivi ſolamente ſi conſervò infino ai noſtri tempi queſt' arte tanto prezioſa . I Taraſchi erano idolatri , ma non tanto crudeli , quanto i Meſſicani, nel loro culto. La loro lingua è abbondante, dolce, e ſonora. Adoperano ſpeſſo la R ſoave : le loro ſillabe conſtano per lo più d' una ſola conſonante e d' una vocale . Oltre ai vantaggj naturali del loro paeſe, ebbero i Taraſchi la fortuna d' aver per primo Veſcovo D. Vaſco di Quiroga, uno dei più inſigni Prelati, che abbia prodotto la Spagna, degno veramente di paragonarſi cogli antichi Padri del Criſtianeſimo , la cui memoria s'è conſervata viva fino ai noſtri tempi , e conſerveraſſi eternamente preſſo quei popoli. Il paeſe di Michuacan, ch' è dei più pregevoli del nuovo Mondo, fu aggregato alla corona di Spagna per la libera e ſpontanea ceſſione del ſuo legittimo Sovrano, ſenza che agli Spagnuoli coſtaſſe ne anche una goccia di ſangue, benchè ſia da credere che il timore ingeritogli dalla freſca rovina dell' Imperio Meſſicano ſpingeſſe quel Monarca a cotal ceſſione. (t)

I Mazahui furono tempo fa parte della Nazione Otomita; poichè i linguaggi di tutte e due le Nazioni altro non ſono, che diverſi dialetti d'una ſteſſa lingua; ma queſta diverſità fra Nazioni tanto geloſe di conſervare incorrotto il loro

(t) Il Cav. Boturini dice, che trovandoſi i Meſſicani aſſediati dagli Spagnuoli, mandarono un'ambaſciata al Re di Michuacan, per procacciarſi l'alleanza di lui: che queſti radunò cento mila Taraichi, e altrettanti Teocicimechi nella Provincia d'Avalos, ma impaurito da certa viſione, che ebbe una ſua ſorella già morta, ed alla vita ritornata, licenziò l' eſercito, ed abbandonò l' impreſa di ſoccorrere, ſiccome voleva, i Meſſicani. Ma tutto queſto racconto è un teſſuto di favole. 1. Niun autore di quel ſecolo fa menzione, per quel che ſappiamo, di tal ſucceſſo. 2. Dov' erano quei cento mila Teocicimechi, che coſì preſto ſi radunarono? 3. Perchè radunò l'eſercito nella Provincia più diſcoſta da Meſſico? chi ha veduto mai, che il Re di Francia mandi le ſue truppe a radunarſi in Fiandra, per andar a ſoccorrere qualche Città di Spagna? La riſurrezione di quella Principeſſa è una favola compoſta ſul memorabile avvenimento della ſorella di Motezuma, di cui altrove parleremo.

loro idioma, è un argomento chiaro della troppa antichità della lor feparazione. I principali luoghi da loro abitati erano fulle montagne occidentali della Valle Meſſicana, e componevano la Provincia di Mazahuacan, appartenente alla Corona di Tacuba.

I Matlatzinchi formarono uno ſtato conſiderabile nella fertile Valle di Toluca, e quantunque grande foſſe anticamente la riputazione della loro bravura, furono ciò non oſtante ſottomeſſi dal Re Axajacatl alla Corona di Meſſico, come altrove diremo.

I Miztechi, ed i Zapotechi popolarono i vaſti paeſi del loro nome a Scirocco di Tezcuco. I molti ſtati, nei quali diviſi erano queſti due paeſi, ſtettero gran tempo ſotto parecchj Signori o Regoli delle medeſime Nazioni, finchè furono dai Meſſicani conquiſtati. Erano pur quelle Nazioni civili, ed induſtrioſe: aveano le loro leggi, eſercitavano le arti dei Meſſicani, ed adoperavano lo ſteſſo metodo nel computare il tempo, e le medeſime pitture per perpetuare la memoria degli avvenimenti, nelle quali rappreſentavano la creazione del Mondo, il Diluvio Univerſale, e la confuſione delle lingue, benchè tutto con parecchie favole frammiſchiato. (v) Dopo la conquiſta i Miztechi, ed i Zapotechi ſono ſtati dei più induſtrioſi popoli della Nuova Spagna. Mentre durò il commercio della ſeta, eglino furono i nutritori dei bachi, ed alle loro fatiche ſi debbe tutta la Cocciniglia, che da molti anni in quà ſi è portata dal Meſſico in Europa.

I Chiapaneſi ſono ſtati, ſe dar vogliamo fede alle loro tradizioni, i primi popolatori del nuovo Mondo. Dicevano, che *Votan*, nipote di quel riſpettabile vecchio, che fabbricò la barca grande per ſalvar ſe, e la ſua famiglia dal diluvio; ed uno di quelli, che intrapreſero la fabbrica dell'alto edifizio, che ſi fece per ſalire ſul Cielo, andò per eſpreſſo comando

(v) Vedaſi ſulla mitologia dei Miztechi l'Opera di Fra Gregorio Garzia Domenicano, intitolata, *Origine degl'Indiani* nel libro 5. cap. 4.

mando del Signore a popolar quella terra. Dicevano ancora, che i primi popolatori erano venuti dalla parte di Tramontana, e che allorchè arrivarono a Soconusco, si separarono, andando gli uni ad abitare il paese di Nicaragua, e gli altri rimanendo in quello di Chiapan. Questa Nazione, per quel che dicono gli Storici, non era da Re governata, ma da due capi militari eletti dai Sacerdoti. Così si mantennero, finattantochè dagli ultimi Re Messicani furono a quella Corona sottoposti. Facevano lo stesso uso delle pitture, che i Messicani, ed aveano lo stesso modo di computar il tempo; ma erano affatto diverse le figure, con cui rappresentavano gli anni, i mesi, ed i giorni.

Per quello che riguarda ai Cohuixchi, ai Cuitlatechi, ai Jopi, ai Mazatechi, ai Popolochi, ai Chinantechi, ed ai Totonachi, nulla sappiamo della loro origine, nè del tempo, in cui arrivarono ad Anahuac. Dei loro costumi particolari qualche cosa diremo, qualora servir possa alla Storia dei Messicani.

Ma fra tutte le Nazioni, che popolarono il paese d'Anahuac, le più rinomate, e quelle che più figura fanno nella Storia del Messico, sono quelle, che volgarmente chiamate furono *Nahuatlachi*. Fu dato principalmente questo nome, la cui etimologìa abbiamo esposto sul principio di questa Storia, a quelle sette Nazioni, o per dir meglio, a quelle sette tribù d'una medesima Nazione, che arrivarono a quel paese dopo i Cicimechi, e popolarono le isolette, le rive, e le vicinanze dei laghi Messicani. Queste tribù furono quelle dei Sochimilchi, dei Chalchesi, dei Tepanechi, dei Colhui, dei Tlahuichi, dei Tlascallesi, e dei Messicani. L'origine di tutte queste tribù fu la Provincia d'Aztlan, onde uscirono i Messicani, o pure un'altra ad essa contigua, e dalla medesima Nazione popolata. Tutti gli Storici le rappresentano come originarie d'un medesimo paese: tutte parlavano la medesima lingua. I diversi nomi, con cui sono conosciute, presi furono dai luoghi che fondarono, ovvero da quelli, in cui si stabilirono.

§. 15
I Nahuatlachi.

I So·

I Sochimilchi prefero il nome dalla gran Città di Xo-chimilco, che fondarono fulla fponda meridionale del lago d'acqua dolce, o fia di Chalco. I Chalchefi dalla Città di Chalco, fulla fponda orientale dello ftefso lago, i Colhui da Coll. can, i Meffìcani da Meffìco, i Tlafcallefi da Tlafcal-la, ed i Tlahuichi dalla terra, dove fi ftabilirono, la quale per efser abbondante di Cinabrefe, fu appellata *Tlahuican*. (u) I Tepanechi avranno forfe avuto il nome da qualche luogo chiamato *Tepan* (x) dove faranno ftati prima di fondare la celebre lor Città d'Azcapozalco.

E' fuor di dubbio, che quefte tribù non arrivarono tut-te infieme in quel paefe, ma in diverfi tempi, e coll'ordine da noi accennato; ma v'è una gran varietà d'opinioni tra gli Storici ful tempo precifo, in cui capitarono in Anahuac. Noi fiam perfuafi per le ragioni efpofte nelle noftre difserta-zioni, che le prime fei tribù arrivarono condotte da que' fei Signori, che comparvero in Anahuac immediatamente dopo i Cicimechi, e che non vi fu un così grande intervall-lo di tempo, quanto crede il P. Acofta, fra il loro arrivo e quello dei Meffìcani.

I Colhui, confufi per lo più dagli Storici Spagnuoli co-gli Acolhui per l'affinità dei nomi, fondarono la piccola Monarchìa di Colhuacan, la quale s'aggregò poi alla Coro-na di Meffìco pel maritaggio d'una Principefsa erede di quel-lo ftato con un Re Meffìcano.

I Tepanechi ebbero parimente i loro Regoli, fra i qua-li fu il primo il Principe Acolhuatzin, dopo efserfi ammo-gliato colla figlia di Xolotl. I fuoi difcendenti ufurparono, come diremo, il regno d'Acolhuacan, e dominarono tutta quel-

(u) *Tlahuitl* è il nome Meffìcano del Cinabrefe, e *Tlahuican*, vuol dire, Luogo, o paefe di Cinabrefe. Gli Autori l'appellano comunemente *Tlal-huichi*, e dicono aver prefo quel nome da un luogo di quel paefe chiama-to *Tlalhuic*; ma oltrecchè non fappiamo, che vi fia mai ftato un tal luo-go, il nome pare poco conforme alla Grammatica Meffìcana.
(x) Parecchj Autori li chiamano *Tecpanechi*. L'uno, e l'altro è nome meffìcano: *Tecpanecatl* vale Abitante di Palazzo, *Tepanecatl*, Abitante di luo-go pietrofo. Altri danno a quefto nome un'altra etimologìa afsai violenta.

quella terra, finchè l'armi dei Meſſicani alleate con quelle dell'erede legittimo d'Acolhuacan rovinarono inſieme col Tiranno la Monarchìa Tepaneca. **Lib. II.**

I Tlaſcalleſi da Torquemada, e da altri Autori chiamati *Teocicimechi*, e conſiderati come una tribù della Nazione Cicimeca, (y) ſi ſtabilirono ſul priocipio in *Pojauhtlan*, luogo ſituato nella riva Orientale del lago di Tezcuco tra queſta Corte, ed il Villaggio di Chimalhuacan. Quivi viſſero qualche tempo in grande miſeria, ſoſtentandoſi ſoltanto della cacciagione per mancanza di terreno lavorativo; ma eſſendoſi moltiplicati, e volendo ampliare i termini del loro territorio, ſi tirarono addoſſo lo ſdegno delle circonvicine Nazioni. **§. 16. I Tlaſcalleſi.**

Storia del Meſſico Tom. I. V

(y) Torquemada non ſolo dice che i Tllaſcalleſi erano Teocicimerhi, ma eziandìo afferma nel lib. 3. cap. 10 che queſti *Teocicimechi erano Otomiti*. Se i Tlaſcalleſi erano Otomiti, perchè non parlavano la lingua otomita? E ſe mai la parlarono, perchè la laſciarono per la meſſicana? Dove s'è mai veduta una Nazione libera abbandonar il ſuo nativo linguaggio per adottare quello de'ſuoi nemici? Non è meno incredibile, che i Cicimechi foſſero Otomiti, ſiccome quivi ſuppone il ſuddetto Autore, benchè nel lib. 1. cap. 11. affermi l'oppoſto. Chi coſtrinſe i Cicimechi a laſciar il loro primitivo linguaggio? Colui ſoltanto, a cui non ſia noto il carattere di quelle Nazioni, nè ſappia quanto coſtanti ſieno nel ritenere la loro lingua nazionale, ſarà capace di perſuaderſi, che i Cicimechi per la comunicazione, e l'alleanza cogli Acolhui laſciaſſero l'otomito pel meſſicano. Se i veri Otomiti non hanno alterato in tanti ſecoli il loro idioma, nè ſotto la dominazione dei Meſſicani, nè ſotto quella degli Spagnuoli, come può crederſi, che i Cicimechi mutaſſero affatto la loro lingua, eſſendo padroni di quel paeſe, ed occupando mai ſempre il trono d'Acolhuacan da Xolotl fondatore di quel regno ſino alla conquiſta degli Spagnuoli. Io però non dubito, che la lingua propria dei Cicimechi antichi foſſe la medeſima degli Acolhui, e Nahuatlachi, cioè la meſſicana. Lo ſteſſo mi pare dei Toltechi, checchè dicano altri Autori, nè poſſo il contrario perſuadermi dopo il più diligente ſtudio della Storia. Sappiamo pure, che i nomi dei luoghi, donde uſcirono i Toltechi, ed i Cicimechi, e di quei che fondarono in Anahuac, delle perſone dell'una e dell'altra Nazione, e degli anni, di cui ſi ſervivano, erano Meſſicani. Sappiamo che i Toltechi ed i Cicimechi, i Cicimechi egli Acolhui inſin dal principio inſieme comunicarono, e s'inteſero reciprocamente ſenza interprete. Il trovarſi la lingua meſſicana diffuſa inſino a Nicaragua, non può ad altro aſcriverſi, ſe non alla diſperſione dei Toltechi, che la parlavano; poichè non ſi ſa, che i Nahuatlachi s'innoltraſſero di là da Chiapan. Finalmente non troviamo nè anche un argomento da confermare l'oppoſto ſentimento, benchè comune appo i noſtri Storici.

zioni. I Sochimilchi, i Colhui, i Tepanechi, e verifimilmente anche i Chalchefi, i quali effendo con loro confinan-
ti, erano altresì i più danneggiati, fi confederarono, ed ar-
marono un confiderabil efercito per ifcacciar dalla Valle Mefficana dei popolatori tanto perniciofi. I Tlafcallefi, cui teneva fempre in veglia la cofcienza delle loro ufurpazioni,
vennero ben ordinati ad incontrargli. La battaglia fu delle
più fanguinofe e memorabili, che fi leggono nella Storia Mefficana. I Tlafcallefi, benchè inferiori in numero, fecero tanta ftrage dei loro nemici, che lafciarono il campo pieno di
cadaveri, e tinta di fangue una parte del lago, nella cui
riva fi combattè. Contuttochè tanto gloriofi ufciffero da quefta battaglia, pure determinarono abbandonar quel fito, ben
perfuafi, che mentre quivi foffero, farebbono ognora dai vicini travagliati: e perciò dopo aver riconofciuto tutto il paefe per mezzo de' loro efploratori, e non aver trovato luogo,
dove ftabilirfi tutti infieme, s'accordarono di fepararfi, andando una parte di loro verfo Mezzogiorno, e l'altra verfo
Tramontana. Quefti, dopo un piccolo viaggio, fi ftabilirono
col permeffo del Re Cicimeca in Tollantzinco, ed in Quauhchinanco. Gli altri camminando attorno del gran vulcano
Popocatepec per Tetella, e Tochimilco, fondarono nelle vicinanze d'Atrifco la Città di Quauhquechollan, e paffando
alcuni avanti fondarono *Amaltubcan*, ed altri villaggj, e così fi ftefero infino al *Pojauhtecatl*, o fia monte d'Orizaba,
a cui verifimilmente diedero un tal nome in memoria del
luogo della valle mefficana, che lafciato aveano.

Ma la maggiore, e più riguardevole parte della tribù
s'indrizzò per Cholula alla falda del gran monte Matlalcueje,
onde fcacciò gli Olmechi, ed i Xicallanchi antichi abitatori
di quel paefe, e diede la morte al loro Re *Colopechtli*. Quì
fi ftabilirono fotto un Capo chiamato *Colhuacateuctli*, procurando fortificarfi, per poter vieppiù refiftere ai vicini popoli, fe mai voleffero attaccargli. In fatti non iftette guari,
che gli Huexozinchi, ed altri popoli confapevoli della bravura, e delle forze dei nuovi vicini, temendo che nell'av-

ve-

venire lor foffero pregiudiziali, levarono un groffo efercito per ifcacciargli affatto da tutto il paefe. Il colpo fu così violento, che i Tlafcallefi furono coftretti ad abbandonare il luogo, e ritirarfi in fulla cima di quella gran montagna. Trovandofi quivi nella maggior cofternazione, implorarono per loro ambafciatori la protezione del Re Cicimeca, ed ottennero da lui un groffo corpo di truppe. Gli Huexozinchi, non avendo forze baftevoli a contraftare coll' efercito reale, chiamarono in ajuto i Tepanechi, credendo che non foffero per rifiutare sì bella occafione di vendicarfi; ma quefti ricordandofi del tragico avvenimento di Pojauhtlan, benchè mandarono delle truppe, quefte pure ebbero l'ordine di non far male ai Tlafcallefi, e gli fteffi Tlafcallefi furono da loro avvifati, acciocchè non gli ftimaffero nemici, e foffero ficuri che quella gente mandavafi foltanto per ingannare gli Huexozinchi, e per non turbar l'armonìa, che v'era fra loro ed i Tepanechi. Col foccorfo dei Tezcucani, e colla perfida infingardaggine dei Tepanechi furono fconfitti gli Huexozinchi, e coftretti a ritornare con ignominia al loro ftato. I Tlafcallefi da sì grave pericolo liberati, e fatta la pace coi vicini, fe ne ritornarono al primo loro ftabilimento per continuare la già cominciata popolazione.

Quefta fu l'origine della famofa Città, e Repubblica di Tlafcalla, eterno rivale dei Mefficani, e cagione della loro rovina. Sul principio ubbidivano tutti ad un capo; ma effendofi poi confiderabilmente aumentata la loro popolazione, reftò la Città divifa in quattro quartieri appellati *Tepeticpac*, *Ocotelolco*, *Quiahuiztlan*, e *Tizatlan*. Ogni quartiere era fotto il fuo Signore, a cui erano altresì fottopofti tutti i luoghi da tal quartiere dipendenti: ficchè tutto lo ftato componevafi di quattro piccole Monarchìe; ma quefti quattro Signori infieme con altri Nobili di primo rango formavano una fpezie d'ariftocrazìa rapporto al comun dello ftato. Quefta Dieta o Senato era l'arbitro della guerra, e della pace; a lui toccava il prefcrivere il numero di truppe, che fi dovevano armare, ed il Generale, che doveva comandarle.

V 2

darle. Nello ftato quantunque riftretto, v'erano molte Cit-

tà e groffi villaggj, nei quali nel 1520. fi numerarono più di cencinquanta mila cafe, e più di cinquecento mila abitanti. Il diftretto della Repubblica era dalla parte di Ponente fortificata con foffi, e trinciere, e dalla parte di Levante con una muraglia, di fei miglia: dalla parte di Mezzogiorno era naturalmente difefo col Matlalcueje, e da Tramontana con altre montagne.

I Tlafcallefi erano guerrieri, coraggiofi, ed affai gelofi del loro onore, e della loro libertà. Confervarono gran tempo lo fplendore della loro Repubblica, malgrado i contrafti, che ebbero a foffrire da' loro nemici, finattantochè per efferfi confederati cogli Spagnuoli contro i Meflicani loro antichi rivali, involti reftarono nella comun rovina. Erano Idolatri, e tanto fuperftiziofi e crudeli nel loro culto, quanto i Meflicani. Il loro Nume favorito era *Camaxtle*, quello fteffo, ch' era dai Meflicani riverito fotto il nome di *Huitzilopochtli*. Le loro arti erano quelle fteffe delle altre vicine Nazioni. Il loro commercio era principalmente in frumentone, ed in cocciniglia. Per l'abbondanza di frumentone fu dato alla capitale il nome di *Tlaxcallan*, cioè luogo di pane. La loro cocciniglia era fopra ogni altra pregiata, e dopo la conquifta recava ogni anno alla capitale una entrata di dugento mila fcudi; ma abbandonarono del tutto quefto commercio per le cagioni altrove accennate.

§ 17. Viaggio dei Meflicani al paefe d' Anauac.

Gli Aztechi, o Meflicani, che furono gli ultimi popolatori del paefe d' Anahuac, e fono il foggetto principale della noftra Storia, viffero fin' all' anno 1160. in circa dell' era volgare in *Aztlan*, paefe fituato a Tramontana del feno Californico, per quel che appare, attefo la ftrada, che fecero nel loro pellegrinaggio, ed i rifcontri avutine poi dagli Spagnuoli nei viaggj da loro fatti verfo quei paefi. (z)

La

(z) Nelle noftre differtazioni parliamo di quefti viaggj fatti dal Nuovo Meffico verfo Maeftro. Betancurt ne fa menzione nella Part. 2. Tratt. 1 cap. 10. del fuo *Teatro Mefficano*. Quefto Autore fa Aztlan lontano 2700. mi-

La cagione d' abbandonare la loro patria farà stata quella medesima, che ebbero l' altre Nazioni. Ma qualunque foſſe, non farà affatto inutile l' eſporre al libero giudizio dei Leggitori ciò, che gli ſteſſi Storici Meſſicani raccontano della origine di tal riſoluzione.

V' era, dicono, fra gli Aztechi un perſonaggio di grande autorità appellato *Huitziton*, al cui parere tutti in gran maniera deferivano. Queſti s' era impegnato, non ſo per che motivo, nel perſuadere ai ſuoi Nazionali la mutazione di paeſe, e mentre tal penſiero rivolgeva, ſentì a caſo cantare ſu' rami d' un albero un uccellino, la cui voce imitava la parola Meſſicana *Tihui*, che vuol dire, Andiamo. Parvegli queſta una bella occaſione per ottenere quel che voleva da' ſuoi nazionali. Chiamando dunque un' altra perſona riguardevole, appellata *Tecpaltzin*, la conduſſe a quell' albero, dove cantar ſoleva l' uccelletto, e le diſſe coſì: „ Non vi ac„corgete, amico Tecpaltzin di ciò, che queſto uccellino ci „ſta dicendo? Quel *Tihui*, *Tihui*, che ognora ci replica, „che vuol dire, ſe non che è d' uopo laſciar queſto paeſe, „e trovarne un altro? Queſto ſenza dubbio è un avviſo di „qualche occulto nume, che bada al noſtro bene. Ubbidia„mo dunque alla ſua voce, e non vogliamo addoſſarci il „ſuo ſdegno col noſtro rifiuto. „ Aſſentì pienamente Tecpaltzin alla interpretazione di Huitziton, o pel concetto che aveva della ſaviezza di lui, o perchè era anche egli prevenuto dallo ſteſſo penſiero. Eſſendo ormai d' accordo queſti due perſonaggj tanto autorevoli, non iſtettero guari a tirar il corpo della Nazione al loro partito.

Avvegnachè io non mi fidi di tal narrazione, non mi pare peraltro affatto inveriſimile; poichè non è malagevole per
una

miglia da Meſſico. Boturini dice, eſſer Aztlan Provincia dell' Aſia, ma non ſo, che ragioni abbia avute per una opinione ſì ſingolare. In parecchie carte geografiche pubblicate nel ſecolo XVI. ſi vede queſta Provincia, ſituata a Tromontana del ſeno Californico, ed io non dubito, che ſi trovi verſo quella parte, ma diſcoſto aſſai da quel ſeno: ſicchè mi pare veriſimile la diſtanza accennata da Betancurt.

una perfona ftimata favia il perfuadere per motivo di religione, qualunque cofa più voglia ad un popolo ignorante e
fuperftiziofo. Affai più difficile farebbe il perfuadermi quel
che dicono comunemente gli Autori Spagnuoli, cioè aver
intraprefo quel viaggio i Mefficani per efpreffo comando del
Demonio. I buoni Storici del fecolo XVI., e quelli, che gli
hanno copiati, fuppongono come affatto indubitabile il commercio continuo e famigliare del Demonio con tutte le Nazioni idolatre del nuovo Mondo, ed appena raccontano qualche avvenimento della Storia, del quale non lo facciano autore.
Ma quantunque certo fia, che la malignità di quegli Spiriti fi sforza per far agli uomini tutto il male che può, e
tal volta ad effi in forma vifibile fi fono moftrati per fedur-
gli, maffimamente a quelli, che non fono entrati per la rigenerazione nel grembo della Chiefa; tuttavia nè può crederfi, che tali apparizioni foffero sì frequenti, nè il loro commercio colle fuddette Nazioni sì franco, come il credono
quefti Storici; perchè Iddio, che veglia con amorofa providenza fopra le fue creature, non accorda a sì fatti nemici del genere umano tanta libertà per nuocere. Non
debbono però maravigliarfi i Leggitori, che parecchj avvenimenti di quefta Storia abbiano letto in altri Autori, fe mi
trovino in quefto poco conforme colla loro credulità: Io in
vero non fon difpofto ad afcrivere verun effetto al Demonio
per la fola teftimonianza di alcuni Storici mefficani, mentre
potevano facilmente cader in errore o per le idee fuperftiziofe, da cui n' erano offufcati i loro fpiriti, o per la truf-
feria dei Sacerdoti troppo comune nelle Nazioni idolatre.

Finalmente il viaggio degli Aztechi, che è certo, qualunque foffe il motivo d' intraprenderlo, fu da loro intraprefo
verfo l' anno 1160 dell' Era volgare, per quanto congetturare poffiamo. Torquemada dice, aver egli offervato in tutte
le pitture antiche di quefto viaggio rapprefentato un braccio
di mare, (A) o fiume groffo. Se mai foffe rapprefentato

qual-

(A) Io credo, che quefto pretefo braccio di mare non è altro, che l' immagine
del

qualche fiume in tali pitture; quefto farebbe ftato il *Colorado*, o
fia fiume roffo, che fi fcarica nel feno Californico a $32\frac{1}{2}$ di latitudine, mentre quefto è il più confiderabile di quanti fi trovano fulla ftrada, che eglino fecero. Valicato dunque il fiume
roffo di là dal grado 35., camminarono verfo Scirocco fino al
fiume Gila, dove fi fermarono per qualche tempo: poichè
finora fi vedono degli avanzi di grandi edifizj da loro fatti fulle rive di tal fiume. Indi riprefa la ftrada verfo Oftro-Scirocco
fi fermarono alla latitudine di 29. gr. in circa in un luogo,
ch'è difcofto più di 250. miglia dalla Città di Chihua-
hua a Maeftro-Tramontana. Quefto luogo è conofciuto col
nome di *Cafe grandi*, a cagione d'un vaftiffimo edifizio finora fuffiftente, che per quel, che porta l'univerfal tradizione
di quei popoli, fu dai Mefficani nel loro pellegrinaggio fabbricato. Quefto edifizio è fatto full'idea di quelli del Nuovo Meffico, cioè compofto di tre piani, e fopra effi terrazzo, e
fenza porta nel piano inferiore. La porta da entrare nell'edi-
zio è nel fecondo piano: ficchè vi bifogna una fcala. Così
fanno gli abitanti del Nuovo Meffico, per effere meno efpofti agli affalti di loro nemici, mettendo foltanto la fcala per
quelli, a cui permettono l'ingreffo in cafa loro. Lo fteffo
motivo ebbero fenz'altro gli Aztechi per far l'edifizio
in quella forma: poichè in effo s'offervano i contraffegni d'una fortezza, difefa da un fianco da un alto monte, e nel refto circonvallata di muraglia groffa fette piedi incirca, le cui fondamenta finora fuffiftono. Vedonfi in
quefta fortezza delle pietre tanto groffe come quelle dei mu-
lini: le travi dei tetti fon di pino, e ben lavorate. Nel
cen-

del diluvio univerfale, rappiefentato nelle pitture mefficane avanti il cominciamento del loro viaggio, ficcome vedefi nella copia pubblicata dal Gemelli
d'una pittura moftratagli dal celebre Dott. Siguenza. Il Cav. Boturini pre-
tende, che quefto braccio di mare fia il feno Californio, mentre fi perfuafe, effer paffati i Mefficani da Aztlan alla California, ed indi valicando
quel feno efferfi portati a Culiacan; ma effendofi trovati degli avanzi degli edifizj fabbricati nel loro viaggio dai Mefficani ful fiume Gila, e nella Pimeria, non già nella California, non v'è ragione per credere che
paffarono per mare, bensì per terra a Culiacan.

centro di sì vafta fabbrica v'è un monticello fatto a bella
pofta, per quanto appare, per fare in effo la guardia, ed
ofservare i nemici. Si fon fatte in quefto luogo alcuni fcavamenti , e fi fon trovati parecchj ftoviglj , ficcome pi-
gnate , piatti , e coppi , ed alcuni fpecchietti di pietra
Itztli . (B)

Da quefto luogo traverfando le montagne fcofcefe della Tarahumara , e indirizzandofi verfo Mezzogiorno , arrivarono ad *Hueicolhuacan* , oggidì appellato *Culiacan* , luogo fituato ful feno della California a gradi $24\frac{1}{2}$, dove ftettero
tre anni . (*) E' da crederfi , che fabbricaffero delle cafe , e
delle capanne per loro alloggiamento , e feminaffero per loro foftentamento quelle femenze , che feco portavano , come
il fecero in tutti quei luoghi , dove per qualche confiderabil tempo fi fermarono . Quivi formarono di legno una fta-
tua rapprefentante *Huitzilopochtli* , Nume protettore della
Nazione , acciocchè gli accompagnaffe nel loro viaggio , e
fecero una feggia di canne e giunchi per trafportarlo , la quale appellarono *Teoicpalli* (feggia di Dio) ed
eleffero i Sacerdoti , che dovevano portarlo fulle loro fpalle ,
ch'erano quattro per volta , ai quali impofero il nome di
Teotlamacazque (Servi di Dio) e lo fteffo atto di portarlo
chiamarono *Teomama* cioè portare addoffo Dio .

Da Hueicolhuacan camminando molti giorni verfo Levante andarono a *Chicomoztoc* , dove fi fermarono . Fin quà
aveano pellegrinato infieme tutte e fette le tribù di Nahuatlachi ; ma quì fi divifero , e paffando avanti i Xochimilchi,

i Te-

(B) Quefti fono i rifcontri, che ho avuti da due perfone, che hanno veduto le *Cafe grandi*. Si vorrebbe un dettaglio della loro forma e mifure;
ma oggidì è affai malagevole l'offervazione, effendofi fpopolato tutto quel
paefe a cagione delle furiofe fcorrerie degli Apacci , ed altre Nazioni
Barbare.
(*) La dimora degli Aztechi in Hueicolhuacan confta per la teftimonianza di tutti i loro Storici, come pure la loro feparazione in Chicomoztoc
Del loro paffaggio per la Tarahumara v'è tradizione fra quei popoli fettentrionali. Preffo al Nayarit fi trovarono delle trinciere fatte dai Cori per
difenderfi dai Mefficani nel viaggio, che quefti fecero da Hueicolhuacan a
Chicomoztoc.

Tepane chi, i Coihui, i Chalchefi, i Tlahuichi, ed i Tlafcallefi, reſtarono quivi i Meſſicani col loro idolo. Coſtoro dicono, che la diviſione ſi fece per eſpreſſo comandamento del
loro Dɪo; ma noi ci perſuadiamo, che qualche diſcordia li
ſeparaſſe. Non ſi ſa la ſituazione di Chicomoztoc, dove nove anni ſi trattennero i Meſſicani; ma mi pare eſſer quel
luogo venti miglia dalla Città di Zacatecas verſo mezzogiorno, dove finora ſi vedono gli avanzi d'un edifizio aſſai vaſto, ch'è opera indubitabilmente degli Aztechi nel loro viaggio, perciocchè oltre alla tradizione dei Zacatechi, antichi
abitatori di quel paeſe, queſti eſſendo affatto barbari, nè
avevano caſe, nè ſapevano farle, nè ad altri può aſcriverſi
quella fabbrica dagli Spagnuoli ivi trovata, ſe non agli Aztechi. L'eſſere quindi ſtati a minor numero ridotti per lo
ſmembramento delle altre tribù, ſarà ſtata probabilmente la
cagione di non aver intrapreſi i Meſſicani nel reſto della lor
pellegrinazione sì fatti edifizj.

Dal paeſe dei Zacatechi camminando verſo Mezzogiorno per Ameca, Cocula, e Zayula ſceſero alla provincia marittima di Colima, indi in quella di Zacatula: onde rivolgendo-
ſi verſo Levante montarono a Malinalco, luogo ſituato nelle montagne, che circondano la valle di Toluca, (C) e poi
prendendo la ſtrada verſo Tramontana, capitarono nel 1196.
nella celebre città di Tula. (D)

Nel viaggio da Chicomoztoc a Tula ſi fermarono un
pezzo in Coatlicamac, dove ſi diviſe la tribù in due fazioni, che nell'avvenire furono eternamente rivali, e ſi cagionarono a vicenda graviſſimi diſagi. La cagione di tal diſcor-

Storia del Meſſico Tom. I.   X   dia

(C) Conſta dai manuſcritti del P. Giovanni Tobar Geſuita verſatiſſimo
nelle antichità di quelle Nazioni, che i Meſſicani paſſarono pel Michuacan, e non potè eſſere per altra parte, che per quella di Colima e di Zacatula, che allora veriſimilmente appartenevano al regno, ſiccome oggidì
alla dioceſi Eccleſiaſtica di Michuacan, poichè ſe per altra ſtrada aveſſero fatto il viaggio a Tula, non lo avrebbono fatto per Malinalco.

(D) L'epoca dell'arrivo dei Meſſicani a Tula nel 1196. viene confer-
mata da una Storia manuſcritta in lingua Meſſicana allegata dal Cav.
Boturini, ed in queſto punto di Cronologia ſono d'accordo altri Autori.

dia furono, al dir loro, due involti, che maravigliofamente apparvero in mezzo al loro campo. Accoftandofi alcuni di loro al primo involto per riconofcerlo, vi trovarono una pietra preziofa, fulla quale vi fu una gran contefa, pretendendo ognuno ottenerla, come un dono del loro Dio. Paffando poi a fvolgere l'altro involto, non altro trovarono, che due legni. A prima vifta gli fprezzarono, come una cofa vile, ma avvertiti dal favio Huitziton della utilità, che ne potevano tirare per cavar fuoco, gli pregiarono affai più della gemma. Quelli, che fi appropiarono la gemma coloro furono, che dopo la fondazione di Meffico appellaronfi *Tlatelolchi* dal luogo, che fondarono vicino a quella Città; gli altri poi, che tolfero i legni, furono quelli, che ebbero nell'avvenire i nomi di *Mefficani*, o di *Tenochchi*. Ma quefto ragguaglio non è una vera ftoria, ma foltanto un apologo trovato per infegnare, che nelle cofe pregiar più fi debbe l'utile, che il bello. Malgrado quefta difcordia tutti e due i partiti viaggiarono tuttora infieme per lo immaginario intereffe della protezione del loro Dio. (*E*)

Non dee recar maraviglia, che gli Aztechi faceffero tanti giri, e camminaffero fopra mille miglia di più di quello, che abbifognava per arrivar ad Anahuac; mentre non s'erano prefiffo niun termine, cercando quà e là un paefe, dove poter godere con vantaggio tutte le comodità della vita. Nè meno è da maravigliarfi, che in alcuni luoghi faceffero delle fabbriche grandi, ftimando, come è da crederfi, ogni luogo dove fi fermavano il termine della loro pellegrinazione. Parecchj fiti lor parvero da principio opportuni per loro ftabilimento, che pofcia abbandonarono per la fperienza degli incomodi non preveduti. Dovunque fi fermavano ergevano un altare al loro Dio, e nel partirfi lafciavano gli invalidi; e verifimilmente alcuni altri, che ad effi badaffero, e for-

(E) E' fuor di dubbio, che il ragguaglio degl'involti fu un mero apologo, poichè gli Aztechi fapevano molti fecoli avanti cavare il fuoco colla confricazione di due legni.

e forſe anche taluno, che ſtanco di ſi lungo pellegrinaggio
non voleſſe eſporſi a nuove fatiche.

In Tula ſtettero nove anni, e poi undici in altri luoghi poco lontani, finchè nel 1216. arrivarono a Zumpanco,
Città conſiderabile della Valle Meſſicana. *Tochpanecatl*, Signor
di queſta Città, gli accolſe con ſingolare umanità, e non contento di accordar ad eſſi un comodo alloggiamento, e di re-
galargli abbondantemente, affezionato a loro colla lunga e
famigliare pratica, domandò ai Capi della Nazione qualche
donzella nobile per moglie del ſuo figliuolo *Ilhuicatl*. I Meſſicani obbligati da così grande benevolenza, gli diedero *Tlacapantzin*, la quale spoſò toſto quel giovane illuſtre, e da
loro diſceſero, come vedremo, i Re Meſſicani.

Poi che s'ebbero trattenuti ſette anni in Zumpanco,
ſe ne andarono inſieme col giovane Ilhuicatl a Tizajocan,
Città poco diſcoſta da quella, dove Tlacapantzin partorì un
figliuolo, che ebbe nome *Huitzilihuitl*, e nello ſteſſo tempo
diedero un' altra donzella a Xochiatzin, Signor di *Quauhtitlan*. Da Tizajocan paſſarono a Tolpetlac, e Tepejacac,
dove preſentemente v'è il borgo, ed il rinomatiſſi mo Santuario della Madonna di Guadalupe, luoghi tutti ſulle rive del
lago Tezcucano, ed aſſai vicini al ſito di Meſſico, nei quali ſi trattennero ventidue anni.

Dacchè comparvero in quel paeſe i Meſſicani, furono
riconoſciuti per ordine di Xolotl allora regnante, il quale
non avendo che temer da eſſi, permiſe loro di ſtabilirſi dove poteſſero; ma trovandoſi coloro in Tepejacac aſſai travagliati da *Tenancacaltzin*, Signor Cicimeca, furono coſtretti a
ricoverarſi in Chapoltepec, monte ſituato ſulla riva occidentale del lago, appena due miglia diſcoſto dal ſito di Meſſico, nel 1245, regnando Nopaltzin, non Quinatzin, come
dicono Torquemada e Boturini. (F)

X 2

Le

_____

(F) Se ſi credeſſe regnante allora Quinatzin, biſognerebbe, che il regno
di lui, e quello del ſuo ſucceſſore comprendeſſero uno ſpazio di 161. anni,

Le perfecuzioni, che in quefto luogo fofferirono da alcuni Signori, e particolarmente da quello di Xaltocan, li
fece dopo diciaffette anni abbandonarlo per trovarfi un afilo
più ficuro in *Acocolco*, luogo di parecchie ifolette nella eftremità meridionale del lago. Quivi menarono per lo fpazio
di cinquanta due anni la vita più miferabile del mondo. So-
ftentavanfi di pefce, e d' ogni forta d' infetti, e di radici
paluftri, e coprivanfi colle foglie della pianta *amoxtli*, che
nafce abbondantemente in quel lago, per efferfi affatto confunte le loro vefti, e non trovar ivi maniera di procacciar-
fene delle nuove. Le loro abitazioni erano poveriffime capanne, fatte delle canne, e dei giunchi, che produce il lago. Sarebbe affatto incredibile, che per tanti anni aveffero
potuto campare in un luogo sì incomodo, ed in una vita
sì ftentata, fe avverato non foffe e per la teftimonianza de'
loro Storici, e per gli avvenimenti pofteriori.

§ 18
Schiavi-
tu dei
Mefica-
ni Col-
cacan.
Ma quivi almeno in mezzo alla miferia erano liberi,
e la libertà raddolciva alquanto i loro difagj; ma nel 1314
fopravenne alle altre loro difgrazie quella della fchiavitù. V'è
della varietà negli Storici intorno a quefto avvenimento. Alcuni dicono, che il Regolo di Colhuacan, Città poco difcofta da quel fito, non potendo fofferire, che i Mefficani fi
manteneffero nel fuo diftretto fenza pagargli tributo, lor fece apertamente la guerra, ed avendogli vinti, gli fece fchiavi. Altri affermano, che quel Regolo mandò ad effi un'ambafciata dicendo, che compaffionando la vita miferabile, che
menavano in quelle ifolette, accordava loro un luogo migliore, dove più agiatamente viveffero: che i Mefficani, i
quali nulla più bramavano, accettarono fubito la grazia, ed
ufcirono volentieri da quel fito; ma appena ufcitine furono
affaliti dai Colhui, e fatti prigioni. O foffe dell'una, o dell'
altra maniera, egli è certo, che i Mefficani furono menati
fchiavi a Tizapan, luogo appartenente allo ftato di Colhuacan.
Da-

ni, ed affai più, fe s'adotaffe la cronologia di Torquemada, il quale fuppone regnante Quinatzin infin dal tempo, in cui entrarono i Mefficani
nella Valle di Meffico Vedanfi le noftre differtazioni.

Dopo alcuni anni della loro fchiavitù s' accefe la guer-Lib. II.
ra fra i Colhui, ed i Xochimilchi loro vicini con tanto fvan-
taggio dei primi, che in tutte le pugne ebbero fempre la
peggio. Afflitti i Colhui per tante perdite, fi videro coftretti a fervirfi di loro prigionieri, ai quali ordinarono di pre-
pararfi per la guerra; ma non gli fornirono delle armi neceffarie, o perchè s' erano confunte nelle battaglie anteriori
quelle, che aveano, o perchè li lafciarono in libertà di far-
fele, come voleffero. I Mefficani perfuadendofi, che quefta
era una bella occafione di procacciarfi la grazia del loro Signore, fi determinarono di adoperar l' ultimo sforzo del loro coraggio. Armaronfi tutti di baftoni lunghi e forti, la
cui punta indurarono al fuoco non men per fervirfene contra i loro nemici, che per ajutarfi nei falti da farfi da un
cefpuglio ad un' altro, fe mai abbifognaffe, come in fatti
abbifognò, di combattere nell'acqua. Si fecero dei coltelli
d' itztli, e delle targhe o fcudi di canna peftata. S' accordarono di non trattenerfi, come folevano, nel far dei prigioni, ma di contentarfi foltanto di tagliar loro un orecchio,
lafciandogli andare fenz' altro male. Con quefte difpofizioni ufcirono in campo, e mentre i Colhui, ed i Xochimilchi combattevano, or per terra nelle rive del lago, or per
acqua fopra barche, fi lanciarono impetuofamente fopra i nemici, fervendofi nell' acqua dei baftoni: a quanti n' incontravano tagliavano l' orecchio, e lo mettevano nelle paniere, che per quefto fine portavano; ma qualora non potevano ciò fare per la refiftenza del nemico, l' uccidevano.
Ottennero i Colhui coll' ajuto dei Mefficani una vittoria sì
compita, che i Xochimilchi non folamente abbandonarono il
campo; ma altresì non baftando loro l' animo per reftare
nella loro Città, rifuggirono alle montagne.
Finita quefta azione con tanta gloria, fi prefentarono
fecondo l' ufo di quelle Nazioni, i Soldati Colhui coi loro
prigionieri al Generale: perciocchè non fi ftimava fra loro la
bravura dei foldati dal numero di nemici, che lafciavano morti nel campo, ma bensì da quello dei prigioni, che prefen-
tava-

avano vivi al Generale. Non può dubitarfi, effer ciò ftato un fentimento ragionevole, ed una pratica affai conforme alla umanità. Se il Principe può vendicare i fuoi diritti; e refpingere la forza fenza uccidere i fuoi nemici, l'u-
manità richiede, che fia confervata ad effi la vita. Se confiderar vogliamo l'utilità, un nemico morto non può nuocere, ma nè men può fervire, e da un prigioniere fi può tirar
molto vantaggio fenza ricevere alcun danno. Se guardiamo
la gloria, maggiore sforzo richiedefi per privar un nemico
foltanto della fua libertà, che per torgli la vita nel calor
della zuffa. Furono ezian dio chiamati i Mefficani per far la
moftra dei loro prigioni; ma non prefentando veruno, (poichè quattro, che foli aveano prefi, li tenevano nafcofti pel
fine che diremo,) furono come uomini codardi dal Generale, e dai Soldati Colhui vilipefi. Allora i Mefficani mettendo fuori le paniere piene d'orecchie. ,, Eccovi, differo
,, dal numero dell'orecchie, che vi prefentiamo, cavar po-
,, trete quello dei prigionieri, che potevamo apportarvi, fe
,, aveffimo voluto; ma non volemmo perder tempo nel le-
,, garli per anticiparvi la vittoria. ,, Reftarono i Colhui ad
una tal rifpofta alquanto impauriti non meno dell'aftuzia,
che del coraggio de' loro fchiavi.

I Mefficani ritornati al luogo della loro refidenza (che
per quello, che appare, era allora Huitzilopochco) ereffero
un altare al loro Dio protettore; ma volendo nella dedicazione offerirgli qualche cofa preziofa, la domandarono al loro
Signore. Quefti lor mandò per difpregio dentro uno ftraccio
fporco di tela groffa un vile uccello morto con certe immondizie, il quale portarono i Sacerdoti Colhui, e meffolo full'
altare fenza far motto fi ritirarono. Quantunque grande foffe lo fdegno dei Mefficani per una burla cotanto indegna, rifervando pure ad un altro tempo la vendetta, pofero full'
altare, in luogo di quelle immondizie, un coltello d'Itztli ed
un'erba odorofa. Arrivato poi il giorno della dedicazione, volle
intervenirvi il Regolo Colhua colla Nobiltà, non già per onorar
la fefta, ma per burlarfi de' fuoi fchiavi. Cominciarono i
Meffi-

Meſſicani queſta funzione con un ſolenne ballo, nel quale comparvero colle migliori veſti, che avevano, e quanto più attenti ſtavano i circoſtanti, tirarono fuori i quattro prigionieri Xochimilchi, che infino a quel tempo gli aveano tenuti naſcoſti, e dopo averli fatti ballare un poco, li ſacrificarono ſopra una pietra, rompendo loro il petto col coltello d' Itzli, e ſtrappando loro il cuore, che ancor caldo e palpitante offerrono al loro Dio. Lib. II.

Queſto inumano ſagrifizio, il primo di queſta ſpezie, che ſappiamo eſserſi fatto in quel paeſe, fece tanto orrore ai Colhui, che incontanente tornati a Colhuacan, determinarono di mandar via quegli ſchiavi sì crudeli, che nell'avvenire eſser potrebbono aſsai pernicioſi allo ſtato. onde *Coxcox* (queſto era il nome del Regolo) ad eſsi mandò l' ordine d' uſcir ſubito da quel diſtretto, e andarſene, dove più lor piaceſse. Uſcirono volentieri i Meſſicani dalla loro ſchiavitù, e incamminandoſi verſo Tramontana, andarono ad *Acatzitzintlan*, luogo ſituato fra amendue i laghi, chiamato poi da loro *Mexicaltzinco*, il cui nome è quaſi lo ſteſso di quello di *Mexìco*, e fu impoſto ſenz' altro per lo ſteſso motivo, per cui lo impoſero, ſiccome fra poco vedremo, alla loro capitale; ma non trovando in quel ſito la comodità, che cercavano, o volendo allontanarſi più dai Colhui, paſsarono a *Iztacalco*, avvicinandoſi ſempre più al ſito di Meſſico. In Iztacalco fecero un monticello di carta, nel quale veriſimilmente rappreſentarono Colhuacan, (*) e paſsarono una notte intera ballandogli attorno, cantando la loro vittoria ſopra i Xochimilchi, e ringraziando il loro Dio d' avergli liberati dalla dominazione dei Colhui.

Dopo eſserſi fermati due anni in Iztacalco, paſsarono finalmente a quel ſito del lago, dove erano per fondare la loro Città. Trovarono ivi un nopal, o ſia opunzia nata in una pietra, e ſovra tal pianta un' aquila. Per ciò diedero a

quel

(*) I Meſſicani rappreſentavano Colhuacan nelle loro pitture colla figura d' un monte gobbo, e queſto appunto ſignifica quel nome

quel luogo, e poſcia alla loro Città, il nome di *Tenochtitlan*. (G) Dicono tutti, o quaſi tutti gli Storici del Meſſico, queſto appunto eſſere ſtato il contraſſegno dato loro dall' oracolo per la fondazione della Città, ſul quale raccontano parecchj avvenimenti fuor del corſo della Natura, che noi tralaſciamo, perchè ſono favoloſi, o almeno incerti.

§ 19
Fondazione di
Meſſico.

Toſto che i Meſſicani preſero il poſſeſſo di quel luogo, edificarono una capanna al loro Dio Huitzilopochtli. La dedicazione di quel Santuario, quantunque miſerabile, non ſi fece ſenza ſpargimento di ſangue umano; imperciocchè eſſendo uſcito un ardito Meſſicano a cercar qualche animale da ſacrificare, s' imbattè in un Colhua appellato *Xomimitl*, e venendo dopo poche parole alle mani a cagione della loro nimiſtà, il vinſe il Meſſicano, e legatolo il portò ai ſuoi Nazionali, i quali lo ſacrificarono incontanente, e con gran giubilo preſentarono ſull' altare il cuore ſtrappatogli dal petto, ſervendo tal crudeltà non meno allo sfogo del loro ſdegno contro i Colhui, che al culto ſanguinario di quella falſa divinità. Attorno al ſantuario andarono fabbricando le loro poveriſſime capanne di canne e giunchi, per non aver allora altri materiali. Queſto fu il principio della gran Città di Tenochtitlan, che nel tempo avvenire doveva eſſere la Corte d' un grande Imperio, e la più grande e più bella Città del nuovo mondo. Appelloſſi anche *Mexico* (ch' è il nome, che poi prevalſe) la cui denominazione preſa dal nome del ſuo Dio titolare, vale, Luogo di *Mexitli*, o ſia *Huitzilopochtli* · poichè aveva tutti e due i nomi. (H)

La

(G) Parecchj Autori così Spagnuoli, come d' altre Nazioni hanno alterato per l' ignoranza del Meſſicano tal nome ſicchè nei loro libri ſi legge *Tenoctitlan*, *Temiſtitan*, *Temibtitlan* &c.

(H) V' è una gran varietà di ſentimenti negli Autori ſulla etimologia nel nome *Mexico*. Alcuni vogliono, che ſia da' *Metztli*, Luna, perciocchè videro la Luna rappreſentata in quel lago, ſiccome avea predetto l' Oracolo. Altri dicono, che *Mexico* vuol dire, Nella fontana o ſorgiva, per averne trovata una di buona acqua in quel ſito. Ma queſte due etimologie ſono troppo violente, e la prima oltre che violenta, è anche ridicola. Io credeva un tempo, che il nome foſſe *Mextico* che vuol dire, Nel centro del

Ma-

La fondazione di Meſſico accadde nell'anno II. *Calli*,
corriſpondente al 1325. dell'era volgare, regnando in quel
paeſe il Cicimeca Quinatzin, ma non per aver mutato ſito i
Meſſicani migliorarono ſubito la lor fortuna· poichè iſolati
in mezzo al lago, ſenza terre dove ſeminare, nè veſti da
coprirſi, ed in perpetua diffidenza di tutti i lor vicini, menavano quivi una vita tanto miſera, quanto negli altri luoghi,
dov'erano ſtati, ſoſtentandoſi ſoltanto degli animali, e de'
vegetabili aquatici. Ma di che non è capace l'induſtria umana ſpinta dalla neceſſità? La più grande, che ivi ſentivano
i Meſſicani, era quella della mancanza di ſuolo per le loro
abitazioni, mentre la iſoletta di Tenochtitlan non era baſtevole a tutti gli abitatori. Rimediaronvi facendo degli ſtec-
cati in quelle parti, dov'era più baſſa l'acqua, i quali ter-
rapienarono con pietra e ceſpugli, unendo alla iſoletta principale parecchie altre più picciole, e poco diſcoſte. Per provvederſi poi di pietra, di legni, di pane, e di tutto il biſo-
gnavole alla loro abitazione, ed al lor veſtire e mangiare,
s'applicarono con ſomma diligenza alla peſca non ſolo del
peſce bianco, di cui abbiamo altrove parlato, ma eziandìo
d'altri peſcetti, e di parecchj inſetti paluſtri, che fecero
commeſtibili, ed alla caccia delle innumerabili ſpezie d'uccelli, che cercando il loro cibo nelle acque, vi concorrevano. Pel commercio di queſta cacciagione coi luoghi ſituati
ſulle rive del lago, acquiſtavano tutto quello, che lor mancava.

Ma dove fece l'ultimo sforzo la loro induſtria fu nel
fare dei ceſpugli, e del fango medeſimo del lago degli orti

Storia del Meſſico Tom. I.   Y   galleg-

Maguei, o piante d'aloè Meſſicano, ma collo ſtudio della Storia mi di-
ſingannai, e adeſſo ſono ormai ſicuro, che *Mexico* ſignifica il Luogo di
Mexitli o Huitzilopochtli, cioè il Marte dei Meſſicani, a cagione del ſantuario ivi fabbricatogli. onde *Mexico* vale appo i Meſſicani lo ſteſſo, che *Fanum
Martis* appo i Romani. I Meſſicani tolgono nella compoſizione ai nomi di
queſta ſpezie la ſillaba finale *tli*. Il *co* aggiuntoli è la noſtra prepoſizione
in. Il nome *Mexicaltzinco*, vale il luogo della Caſa o ſia tempio del Dio
Mexitli· ſicchè ſignificano in ſoſtanza lo ſteſſo *Huitzilopochco Mexicaltzinco*,
e *Mexico*, nomi dei tre luoghi. che ſucceſſivamente abitarono i Meſſicani.

galleggianti full' acqua (la cui ftruttura e forma al fuo luogo efporremo,) dove feminavano del Maiz, o frumentone, del peverone, della Chia, dei fagiuoli, e delle zucche.

Così paffarono i Meffìcani i tredici primi anni, ordinando nel modo poffibile la loro Città, e rimediando alla loro miferia colla induftria, e colla fatica. Sin'a quefto tempo s'era confervata fempre unita tutta la tribù, malgrado la difcordia delle due fazioni, che fi erano formate nel tempo del loro pellegrinaggio. Quefta difcordia, ch'era ftata dai padri ai figliuoli tralmeffa, venne finalmente a fcoppiare nel 1338. Una delle fazioni non potendo più fopportar l'altra, prefe la rifoluzione di fepararfi; ma non potendo allontanarfi tanto, quanto le fuggeriva la fua rabbia, fe ne andò verfo Tramontana a ftare in un'altra ifoletta poco diftante, la quale, per aver ivi trovato un gran mucchio d'arena, appellarono *Xaltilolco*, e poi pel terrapieno, che vi fecero, chiamarono *Tlatelolco*, nome che finora ha confervato. (I) Quelli, che fi ftabilirono in quefta ifoletta, la quale pofcia fu unita a quella di Tenochtitlan, ebbero allora il nome di *Tlatelolchi*, e quei che reftarono nel primo fito, s'appellarono *Tenochchi*; ma noi gli chiameremo Meffìcani, ficcome gli chiamano tutti gli Storici.

Poco innanzi o poco dopo quefto avvenimento divifero i Meffìcani la loro miferabile Città in quattro quartieri, affegnando a ciafcheduno il fuo Dio protettore oltre di quello di tutta la Nazione. Quefta divifione fuffifte prefentemente fotto i nomi di S. Paolo, S. Sebaftiano, S. Giovanni, e S. Maria. (K) Nel centro di quefti quartieri v'era il Santuario

(I) Gli Antichi rapprefentavano Tlatelolco nelle loro pitture colla figura d'un mucchio di rena. Se aveffero ciò faputo quelli, che intraprefero l'interpretazione delle pitture Meffìcane, che infieme colle lettere di Conquiftatore Cortès, furono pubblicate in Meffìco nel 1770., non avrebbono appellato quefto luogo *Tlatilolco*, il qual nome interpretano, Forno

(K) Il quartiere di S Paolo fu appellato dai Meffìcani *Teupan* e *Xochimilca*, quello di S Sebaftiano *Atzacualco*, quello di S. Giovanni *Moyotla*, e quello di S Maria *Cuepopan*, e *Tlaquechiuhcan*.

§. 21
Sacrifizio inumano

...no di Huitzilopochtli, a cui ogni giorno rendevano maggior culto.

In ossequio di questa rea divinità fecero per questo tempo un orrendo sacrifizio, che non si può sentire senza inorridirsi. Mandarono al Regolo di Colhuacan un'ambasciata, pregandolo di dar loro qualcuna delle sue figlie per consacrarla Madre del loro Dio protettore, significandogli esser questo un ordine espresso del loro Dio per esaltarla a sì grande onore. Il Regolo invaghito della gloria, che ne sperava nell'avere una figlia deificata, o pure impaurito dalle disgrazie, che ne prevedeva, se mai rifiutasse la domanda d'un Dio, concedette tosto quanto gli domandavano, massimamente non potendo sospettare quello, che era per accadere. I Messicani condussero con gran giubilo quella nobile Donzella alla loro Città; ma appena arrivata, comandò il Demonio, per quel che dicono gli Storici, che gli fosse sacrificata, e dopo morta scorticata, e della pelle di lei si vestisse qualcuno dei giovani più prodi della Nazione. O ciò fosse un ordine del Demonio, o quel ch'è più verisimile, una crudele invenzione dei barbari Sacerdoti, tutto fu puntualmente eseguito. Il Regolo invitato dai Messicani a trovarsi alla apoteosi della sua figlia, andò ad esser uno degli spettatori di quella gran funzione, ed uno degl'adoratori di quella nuova Deità. Fu introdotto nel Santuario, dove a lato dell'idolo stava ritto in piedi il giovane vestito della insanguinata pelle della vittima; ma la oscurità del luogo non gli lasciò vedere quel che v'era. Gli diedero in mano un'incensiere, ed un poco di copal, acciocchè cominciasse il suo culto; ma avendo veduto colla luce della fiamma, che fece il copal, quell'orribile spettacolo, che aveva innanzi, gli si commossero dal dolore le viscere, e rapito da violenti affetti, uscì gridando come un pazzo, ed ordinando alla sua gente la vendetta di sì barbaro attentato; ma non ebbero ardire d'intraprenderla, mentre sarebbono stati infallibilmente oppressi dalla moltitudine: onde se ne tornò a casa sua lo sconsolato Padre a piangere la sua disgrazia il resto della sua vita. La

Y 2   sua

sua sventurata figlia fu creata Dea, e Madre onoraria non solo di Huitzilopochtli, ma di tutti i loro Dei, e questo appunto significa il nome *Teteoinan*, col quale da allora innanzi fu conosciuta, e riverita. Tali furono in quella nuova Città i saggi del barbaro sistema di religione, che altrove esporremo.

LI-

LIBRO III.

Fondazione della Monarchìa Meſſicana: avvenimenti dei Meſ-
ſicani ſotto i quattro primi lor Re ſino alla disfatta dei
Tepanechi, ed alla conquiſta d'Azcapozalco. Prodezze,
ed azioni illuſtri di Motezuma Ilhuicamina. Go-
verno e morte di Techotlalla, quinto Re
Cicimeca. Rivoluzioni del regno d'A-
colhuacan. Morte del Re Ixtlil-
xochitl, e dei Tiranni Te-
zozomoc e Maxtlaton.

Nfino al 1352 era ſtato ariſtocratico il governo dei Meſſicani, ubbidendo tutta la Nazione
ad un corpo compoſto delle perſone più riguardevoli per la loro nobiltà, e ſaviezza.
Quelli, che la reggevano quando ſi fondò
Meſſico, erano venti, (*) fra i quali il più autorevole era *Tenoch*, ſiccome appare dalle loro
pitture. La ſomma umiliazione, in cui trovavanſi, gli incomodi, che ſofferivano da loro vicini, e l'eſempio dei Cicimechi, dei Tepanechi, e dei Colhui gli ſpinſero ad ergere il
loro piccolo ſtato in Monarchìa, non dubitando, che l'autorità regia darebbe qualche ſplendore a tutto il corpo della
Nazione, e luſingandoſi che nel nuovo Capo aver dovrebbe-
ro un Padre, che vegliaſſe ſullo Stato, ed un buon Generale, che gli difendeſſe dagl'inſulti de' lor nemici. Fu di comun conſenſo eletto *Acamapitzin* o per acclamazione del Popolo, o per ſuffragj d'alcuni Elettori, nel cui giudizio tutti
ſi comprometteſſero, ſiccome poi ſi fece.

§. 1.
Acama-
pichtzin
Re pri-
mo di
Meſſico.

Er' Acamapitzin uno dei più chiari e dei più prudenti

(*) I venti Signori che allora reggevano la Nazione ſi chiamavano *Te-*
noch, *Atzin*, *Acacitli*, *Ahuexotl*, o *Ahuexotl*, *Ocelopan*, *Xomimitl*, *Xiuhcac*
Axo.

—denti perfonaggj, che allora avevano. Era figliuolo d' *Opoch-*
tli nobiliſſimo Azteca, (a) e d' *Atozoztli* Principeſſa della
caſa Reale di Colhuacan. (b) Per la parte del Padre prendeva la ſua origine da Tochpanecatl, quel Signore di Zumpanco, che ſì benignamente accolſe i Meſſicani, quando arrivarono a quella Città. Non eraſi ancor ammogliato: onde
toſto deliberarono cercargli una giovane delle prime caſe d' A-
nahuac, e però mandarono ſucceſſivamente delle ambaſciate
al Signor di Tacuba, ed al Re d' Azcapozalco; ma da tutti
e due fu la loro pretenſione con diſpregio rigettata. Indi
ſenza perder la ſperanza per ſì ignominioſo rifiuto, fecero
la medeſima dimanda ad *Acolmiztli*, Signor di Coatlichan,
e diſcendente da uno dei tre Principi Acolhui, pregandolo
di dar loro per Regina qualcuna delle ſue figlie. Piegoſſi
Acolmiztli alle loro preghiere, e lor diede *Ilancueitl* ſua figlia, la quale conduſſero in trionfo i Meſſicani, e con ſomma allegrezza celebrarono le nozze.

§ 2
Quinnu-
mo gia-
l ec Re
p n di
Tlatelol-
co.

  I Tlatelolchi, i quali, perchè erano vicini e rivali, ſtavano ſempre oſſervando ciò che ſi faceva in Tenochtitlan,
per emular la gloria dei Meſſicani, e per non eſſere in qualche tempo dal loro potere oppreſſi, crearono anch' eſſi il
loro Re; ma non ſtimando vantaggioſo, che deſſo foſſe
della loro nazione, ma bensì di quella dei Tepanechi
(; al cui Signore non meno il ſito di Tlatelolco, che
quello di Meſſico ſoggiaceva) domandarono al Re d' Azca-
pozal-

---

*Axolohua, Nanacatzin, Quentzin, Tlalala, Tzontliydyauh, Cozcatl, Tezcatl
Tochpan, Mimich, Tetepan, Tezacatl, Acohuatl, ed Achitomecatl.*
(a) Alcuni Storici dicono, che Acamapitzin, il quale ſuppongono nato
nella ſchiavitù di Colhuacan, fu figliuolo di Huitzilihuitl il vecchio, ma
non è veriſimile; mentre Huitzilihuitl nato nel tempo, in cui i Meſſicani
furono in Tizaiuca, non avea meno di 90 anni, quando i Meſſicani furono condotti ſchiavi onde Huitzilihuitl non fu Padre, ma bensì avo d
Acamapitzin. Torquemada fa queſto Re figliuolo di Cohuatzontli, ma roi
aderiamo al ſentimento del Dott. Siguenza, che con maggior critica, e diligenza di quella del Torquemada indagò la genealogìa dei Re Meſſicani
(b) E' da maravigliarſi, che Opochtli ſpoſaſſe una dama ſì illuſtre nel
tempo, in cui la ſua nazione era tanto avvilita colla ſchiavitù, ma pure
un tal maritaggio è accertato per le pitture dei Meſſicani e dei Colhui
vedute dal dottiſſimo Siguenza.

pozalco qualcuno de' fuoi figliuoli, acciocchè come Monarca li reggeſſe, ed a lui ſerviſſero come Vaſſalli. Il Re lor diede ſuo figliuolo *Quaquaubpitzahuac*, il quale fu incontanente coronato primo Re di Tlatelolco nel 1353.

E' da ſoſpettarſi, che i Tlatelolchi nel far tal dimanda a quel Re, così per adularlo, come per irritarlo contro i Meſſicani lor rivali, gli eſageraſſero l' inſolenza di coloro nel crear un Re ſenza il ſuo permeſſo: poichè pochi giorni dopo convocò lo ſteſſo Re d'Azcapozalco i ſuoi Conſiglieri, e loro parlò così: „ Che vi pare, nobili Tepanechi, dell' at-
„ tentato dei Meſſicani? Eglino ſi ſon introdotti nei noſtri
„ dominj, e vanno aumentando conſiderabilmente la loro
„ città, ed il loro commercio, e quel che è peggio, hanno
„ avuto l' ardire di crear Re un dei loro nazionali ſenza
„ aſpettare il noſtro permeſſo. Ora ſe ciò fanno nei prin-
„ cipj del loro ſtabilimento, che può crederſi, che fa-
„ ranno poi, dove ſienſi moltiplicati, e ſienſi accreſciute le
„ loro forze? Non è da temerſi, che nell' avvenire in ve-
„ ce di pagarci il tributo, che loro abbiamo impoſto, pre-
„ tendano, che noi il paghiamo a loro, e che il Regolo
„ dei Meſſicani voglia eſſere ancora Monarca dei Tepane-
„ chi? Io però ſtimo neceſsario di accreſcere in tal manie-
„ ra le gravezze loro, che affaticandoſi per pagarle, ſi con-
„ ſumino, o pure non pagandole, ſieno da noi con altri ma-
„ li travagliati, e finalmente coſtretti ad uſcir dal noſtro
„ ſtato. „ Applaudirono tutti cotal riſoluzione, nè altro dovea ſperarſi; mentre il Principe, che paleſe fa nel conſulta-
re la ſua inclinazione, più cerca dei panegiriſti, che ſecondi-
no le ſue voglie, che dei conſiglieri, che illuminino la ſua
mente. Mandò dunque il Re a dire ai Meſſicani, ch' eſſendo
ſtato tanto piccolo il tributo, che infino a quel tempo gli
aveano pagato, voleva che d' allora innanzi il raddoppiaſſero:
che oltre a ciò dovevano portargli non ſo quante migliaja di marze di ſalci e d' abeti da piantarſi nelle ſtrade, e nei giardini d' Azcapozalco, ed inſieme condurre infino a quella Corte un grand' orto, dove foſſero ſeminate, e già nate tutte le ſemenze uſuali in Anahuac.

I

I Messicani, che infino a quel tempo non altro tributo avevano pagato, che una certa quantità di pesce, ed un certo numero d' uccelli aquatici, s' afflissero troppo per questi nuovi aggravj, temendo che ognora s' andassero accrescendo; ma pur fecero tutto quanto lor fu prescritto, portando al tempo prefisso insieme colla solita pescagione, e cacciagione, le marze e l' orto galleggiante. Chi non abbia veduto i bellissimi giardini, che infino ai nostri dì si coltivano in mezzo all' acqua, e la facilità, con cui trasportansi, dovunque si vuole, non potrà senza difficoltà persuadersi, esser vero cotal avvenimento; ma chiunque gli abbia veduti, siccom' io e tutti quelli, che hanno navigato quel lago, dove trovano i sensi la più dolce ricreazione del Mondo, non avrà ragione di dubitare della verità di questa Storia. Avutone il suddetto tributo lor ordinò lo stesso Re di portargli l' anno prossimo un altro orto, ed in esso un' anitra, ed una garza covando tutte e due le loro uova; ma in tal maniera, che nell' arrivare a Azcapozalco cominciassero a nascere i pulcini. Ubbidirono i Messicani, e presero sì bene le loro misure, che ebbe lo sciocco Principe il piacere di veder sortire i pulcini dall' uova. Ordinò poi per l' altro anno di portarli oltr' all' Orto un Cervo vivo. Questo nuovo ordine era in vero più malagevole ad eseguirsi, mentre per cacciar il Cervo era d' uopo andar alle montagne del continente con evidente pericolo d' imbattersi nei loro nemici; nondimeno l' eseguirono per ischivar dei torti più gravi. Questa dura oppressione dei Messicani non durò meno di cinquant' anni. Gli Storici del Messico affermano, che i Messicani in tutte le loro afflizioni imploravano la protezione del loro Dio, e questi ad essi agevolava la esecuzione degli ordini; ma noi siamo d' un altro sentimento.

Il povero Re Acamapitzin ebbe oltre a questi disgusti quello della sterilità della Regina Ilancueitl: e però sposò *Tezcatlamiahuatl*, figlia del Signor di Tetepanco, dalla quale ebbe parecchj figliuoli, e fra gli altri Huitzilihuitl, e Chimalpopoca, successori di lui nella Corona. Tolse la seconda moglie senza lasciar la prima: anzi vivevano tutte e due

due in tal concordia, che Ilancueitl s' incaricò dell' educazione di Huitzilihuitl. Ebbe ancora, benchè non decorate colla qualità di Regine, altre mogli, e fra effe una fchiava, della quale gli nacque *Itzcoatl*, uno dei migliori, e de' più rinomati Re, che furono in Anahuac. Governò Acamapitzin pacificamente la fua Città, la quale er' allora tutto il fuo regno, per lo fpazio di trentafette anni. Nel fuo tempo s' accrebbe la popolazione, fi fabbricarono alcuni edifizj di pietra, e fi cominciarono i canali, che non meno fervirono all' abbellimento della Città, che alla utilità dei Cittadini. L' Interprete della raccolta di Mendoza afcrive a quefto Re la conquifta di Mizquic, di Cuitlahuac, di Quauhnahuac, e di Xochimilco. Ma chi potrà perfuaderfi, che i Mefficani foffero per intraprendere la conquifta di quattro Città tanto grandi, mentre appena potevano foftenerfi nel loro proprio ftabilimento? Onde la pittura di quefta raccolta rapprefentante quelle quattro Città vinte dai Mefficani, debbe intenderfi di loro, in quanto furono truppe aufiliarie d' altri ftati, ficcome poco dopo fervirono al Re di Tezcuco contra i Xaltocanefi.

Poco prima di morire convocò Acamapitzin i Magnati della Città, e lor fece un breve difcorfo, ad effi raccomandando le fue mogli, ed i figliuoli, e il zelo del ben pubblico. Diffe, che avendo dalle loro mani ricevuto la Corona, la reftituiva a loro, acciocchè la deffero a chi ftimaffero dover effere più utile allo ftato, e proteftò il cordoglio che fentiva nel morire, lafciando la fua Nazione tributaria dei Tepanechi. La fua morte accaduta nel 1389. fu affai fenfibile ai Mefficani, e le fue efequie fi celebrarono con quanta folennità comportava la miferia della Nazione.

Dalla morte d' Acamapitzin infino alla elezione del nuovo Re vi fu, per quel che dice il Dottor Siguenza, un interregno di quattro mefi: il che non accadde più per l' avvenire; mentre d' allora innanzi appena pochi giorni paffati dopo la morte d' un Re, s' eleggeva un altro. Quefta volta potè ritardarfi l' elezione, per effere la Nobiltà occupata nel regolare il numero degli Elettori, e stabilire il ceremoniale

della incoronazione, che allora cominciò ad osservarsi.

Radunatisi dunque gli Elettori scelti dalla Nobiltà, il più vecchio di loro parlò in questa maniera: „ La mia età „ mi dà animo per parlar il primo. E' pur grande, o No- „ bili Messicani, la disgrazia, che abbiamo avuta nella mor- „ te del nostro Re: nè v'è alcuno, che debba piangerla più „ di noi, ch'eravamo le penne delle sue ali, e le palpebre „ dei suoi occhj. Una tal disgrazia diviene più grande per „ lo stato calamitoso, in cui ci troviamo sotto la dominazio- „ ne dei Tepanechi con obbrobrio del nome Messicano. Voi „ dunque, a cui tanto preme il rimedio delle presenti cala- „ mità, pensate ad eleggere un Re, che zeli per l'onore del „ nostro possente Dio Huitzilopochtli, che vendichi col suo „ braccio gli affronti fatti alla nostra Nazione, e che prenda „ sotto l'ombra della sua clemenza gli orfanelli, le vedove, „ e gli anziani. „ Finita questa breve aringa diedero li loro voti, e venne eletto Huitzilihuitl figliuolo del defunto Re Acamapitzin. Indi uscirono ordinati, e portatisi alla casa dell'eletto, il presero in mezzo, il condussero al *Tlatocaic-palli*, cioè alla seggia reale, ovvero trono, e fattolo sedere l' unsero nella forma che altrove esporremo; gli misero in testa la *Copilli*, o sia corona, e ad uno ad uno gli prestaro- no ubbidienza. Allora uno dei più riguardevoli personaggj alzò fra tutti la voce, e parlò così al Re: „ Non vi sco- „ raggite o generoso giovane, pel nuovo carico, che vi han- „ no addossato, d'esser capo d'una Nazione rinchiusa fra i „ canneti, e le giuncaje di questo lago. E' in vero sventu- „ ra l'aver un sì piccolo regno stabilito nel distretto altrui, „ e reggere una Nazione, che essendo da principio libera, „ divenne tributaria dei Tepanechi. Ma consolatevi, poichè „ siamo sotto la protezione del nostro gran Dio Huitzilopoch- „ tli, la cui immagine siete, ed il cui luogo tenete. La „ dignità, alla quale siete stato innalzato da lui, non dee „ servirvi di pretesto per l'ozio, e la mollezza, ma piutto- „ sto di stimolo per la fatica. Abbiate sempre mai innan-

„ zi

§ 4. Huitzili-huitl Re secondo di Messi-co

„ zi agli occhi i chiari efempj del voftro gran Padre, il
„ quale non rifparmiò fatica veruna pel bene del fuo popo-
„ lo. Vorremmo, o Signore, farvi dei prefenti degni della
„ voftra perfona; ma poichè non cel permette la fortuna,
„ in cui ci troviamo, degnatevi ricevere i noftri defiderj, e
„ la fedeltà coftante, che vi promettiamo. „

Non s'era ancor ammogliato Huitzilihuitl, allorchè mon-
tò ful trono: onde fi penſò tofto a dargli moglie, e vollero
i Nobili, che deſſa foſſe qualche figlia dello ſteſſo Re d'Azcapozalco; ma per non efporſi ad un rifiuto sì ignominioſo,
come quello ch'ebbero a fofferire in tempo d'Acamapitzin,
s'accordarono di far quefta volta la dimanda colle maggiori
dimoftrazioni di fommeſſione e di rifpetto. Andarono dunque
alcuni Nobili ad Azcapozalco, e prefentatiſi al Re, e meſſi-
fi inginocchione, efpofero così la loro pretenfione: „ Ecco,
„ gran Signore, ai voftri piedi i poveri Meſſicani, afpettan-
„ do dalla voftra benignità una grazia molto fuperiore al
„ loro merito; ma a chi dovremo ricorrere, fe non a voi,
„ che fiete e noftro Padre, e noftro Signore? Eccoci pen-
„ denti dalla voftra bocca, e pronti a tutti i voftri cenni. Vi
„ preghiamo col più profondo rifpetto di compatire il noftro
„ Padrone, e fervo voftro Huitzilihuitl, rinchiufo tra i folti
„ canneti del lago. Egli è fenza moglie, e noi fenza Regi-
„ na. Degnatevi, Signore, di lafciar fcappare dalle voftre
„ mani qualcuna delle voftre gemme, o delle voftre preziofe
„ piume. Dateci una delle voftre figliuole, acciocchè venga
„ a regnare nella voftra terra. „

Quefte efpreſſioni, che fono fingolarmente eleganti nella lingua Meſſicana, piegarono in tal maniera l'animo di
Tezozomoc, (quefto era il nome del Re,) che fubito concedette la fua figlia Ajauhcihuatl, con indicibile piacere dei
Meſſicani, i quali la conduſſero in pompa a Meſſico, e celebroſſi il bramato marriaggio colla folita cerimonia d'anno-
dare la eftremità della vefte della fpofa con quella dello fpo-
fo. Ebbe da coftei il Re nel primo anno un figliuolo, a
cui impofero il nome d'Acolnahuacatl; ma bramofo di nobi-

litar

litar la fua Nazione con nuove alleanze, dimandò ed ottenne dal Signor di Quauhnahuac una delle fue figlie appellata
Miahuaxochitl, dalla quale ebbe Motezuma *Ilhuicamina*, il
più famofo Re, che ebbero i Mefficani.

Regnava allora in Acolhuacan *Techotlala*, figliuolo del
Re Quinatzin. I trenta primi anni del fuo regno furono
affai pacifici; ma poi fi ribellò contro la corona *Tzompan*,
Signor di Xaltocan, il quale vedendo non effer baftevoli le
fue forze per opporfi al fuo Sovrano, chiamò in fuo ajuto
gli ftati d'Otompan, Meztitlan, Quahuacan. Tecomic, Quauhtitlan, e Tepozotlan. Il Re Techotlala gli promife il
perdono, purchè lafciaffe l'armi, e fi fottometteffe. E' da
crederfi, che adoperaffe cotal clemenza per riguardo al nobiliffimo fangue del reo; mentre era l'ultimo difcendente dà
Chiconquauhtli, uno dei tre Principi Acolhui. Ma quefti
orgogliofo col numero di truppe, che aveva, rigettò con
difpregio la grazia. Il Re fdegnato mandò contro i ribelli
un efercito, al quale s'aggiunfero i Mefficani, ed i Tepanechi da lui chiamati. La guerra fu oftinata, nè potè in meno di due mefi terminarfi; ma dichiaratafi finalmente pel
Re la vittoria, Tzompan, e tutti i capi delle città ribelli
furono coll'eftremo fupplizio gaftigati, finendo nello fteffo
Tzompan la chiariffima fchiatta di Chiconquauhtli. Quefta
guerra fatta dai Mefficani, come aufiliarj del Re d'Acolhuacan contra Xaltocan, e gli altri ftati confederati, vedefi rapprefentata nella terza pittura della raccolta di Mendoza; ma l'interprete di quefte pitture s'ingannò, credendo
quelle città conquiftate per la Corona di Meffico.

Finita la guerra i Mefficani ritornarono gloriofi alla loro Città, ed il Re Techotlala per ifchivar nell'avvenire nuove ribellioni, divife il fuo regno in feffanta cinque ftati,
dando a ciafcuno un Signore, che il reggeffe con fubordinazione alla corona. Da ogni ftato cavò qualche gente per
iftabilirla in un altro, reftando bensì fottomeffa al Signore
dello ftato, dal quale ne ufciva, volendo così tener in freno
i popoli mercè la gente ftraniera, e da altri dipendente, che

in

in ognuno metteva . Politica da vero utile per impedir
la ribellione; ma ingiuriosa ai sudditi innocenti , e malagevole per i Signori, che li governavano. Oltr' a ciò onorò
parecchj Nobili con cariche riguardevoli. Fece *Tetlato* Generale dell' armi, *i olqui* Alloggiatore ed Introduttore degli
Ambasciatori. *Tlami* Maggiordomo del real palagio , *Ame-
chichi* Sopraftante alla pulitezza delle cafe reali , e *Cohuml*
Direttore degli Orefici d' Ocolco. Niuno lavorava dell' oro,
e dell' argento pel fervizio del Re, fe non gli fteffi figliuoli
del Direttore, che però aveano imparata l' arte. L' Alloggiatore degli Ambasciatori aveva fotto di fe parecchj altri
uffiziali Colhui, il Maggiordomo aveva certo numero di Cicimechi, e il fopraftante alla pulitezza un fimil numero di
Tepanechi. Con tali provvedimenti aumentò lo fplendore
della corte, e raffodò il trono d' Acolhuacan , benchè non poteffe impedir le rivoluzioni, che fra poco efporremo. Quefti , ed altri fimili tratti di politica, che nel corfo di quefta
Storia s' andranno fcoprendo, faranno conofcere il torto, che
fecero agli Americani quelli Europei, che gli ftimarono animali d' un' altra fpezie, e quelli ancora, che gli credono incapaci di miglioramento.

La nuova alleanza contratta dal Re di Meffico con quello d' Azcapozalco, e la gloria acquiftata dai Mefficani nella
guerra di Xaltocan contribuirono affai non meno al vigore
del loro piccolo ftato, che al miglior trattamento delle loro perfone; imperciocchè avendo già maggior libertà ed
eftenfione nel loro commercio, cominciarono in quefto tempo a veftirfi di cotone, del quale erano innanzi affatto privi per la loro miferia, nè d'altro veftivanfi, fe non delle
tele groffe di filo di maguei, o di palma falvatica. Ma appena cominciavano a refpirare, che dalla fteffa famiglia reale d' Azcapozalco ufcì contra loro un nuovo nemico, ed un
fanguinolento perfecutore.

Maxtlaton Signor di Coyoacan, e figlio del Re d' Azcapozalco, uomo ambiziofo, indomito, e crudele, e però
temuto anche dallo fteffo fuo Padre, avea avuto a male il
ma-

maritaggio della fua forella Ayauhcihuatl col Re di Mefli.
co. Diffimulò qualche tempo il fuo difpiacere pel rifpetto a
fuo Padre; ma nel decimo anno del regno di Huitzilihuitl
fe ne andò ad Azcapozalco, e convocò la Nobiltà per efporle
le fue querele contro i Meflicani, ed il loro Re. Rapprefen.
tolle l' accrefcimento della popolazione di Meflico, efagerò
l' orgoglio, e l' arroganza di quella Nazione, ed i fatali effetti, che dovevanfi temere dalle difpofizioni prefenti, e fopratutto lagnoffi del graviffimo torto fattogli dal Re Meflicano
nell' avergli tolto la fua moglie. E d' uopo fapere, che Maxtlaton, e Ayauchcihuatl, benchè figliuoli di Tezozomoc, erano nati da diverfe madri, e forfe allora erano sì fatti ma-
ritaggj permeffi fra i Tepanechi. O dunque davvero voleffe
Maxtlaton fpofar fua forella, o foffe ciò, come è più verifimile, un mero pretefto per efeguire i fuoi crudeli difegni,
prefe in quella radunanza la rifoluzione di chiamar Huitzilihuitl per rinfacciargli la fua pretefa temerità. Andò infatti
il Re Meflicano ad Azcapozalco; nè ciò dee recar maraviglia,
mentre non era cofa infolita in quel tempo il vifitarfi reciprocamente i Signori: oltrechè in Huitzilihuitl v' era la
ragione particolare di Feudatario di quella corona; perciocchè
quantunque infin dalla nafcita d' Acolnahuacatl aveffe ottenuto la Regina di Meflico da fuo Padre Tezozomoc di rilevare i
Meflicani dagli aggravi, ai quali erano ftati per tanti anni
fottopofti, reftò pure Meflico nella condizione di Feudo d'
Azcapozalco, ed i Meflicani doveano ogni anno al Re Tepaneca prefentare due anitre per riconofcimento del fuo alto
dominio.

Maxtlaton ricevè Huitzilihuitl in una fala del fuo palagio, e dopo aver pranzato con effo lui in prefenza dei
cortigiani, che l' adulavano dei fuoi proggetti, gli fece una
feveriffima riprenfione fulla ingiuria, che pretendeva efferglifi
fatta nel matrimonio con Ayauhcihuatl. Il Re Meflicano gli
proteftò la fua innocenza colla più grande umiltà dicendo, che
nè egli avrebbe mai addimandata la Principeffa, nè il Re
padre d' effa l' avrebbe accordata a fe, fe foffe ad un altro
impe-

impegnata. Ma a difpetto della fincerità delle fue fcufe, e
della efficacia delle fue ragioni, Maxtlaton gli replicò fdegnato: „ Io potrei bene, fenz' afcoltarvi più, darvi quì in-
„ contanente la morte: così refterebbe punita la voftra te-
„ merità, e vendicato il mio onore; ma non voglio, che
„ fi dica, che un Principe Tepaneca uccife a tradimento il fuo
„ nemico. Andate adeffo in pace: che il tempo mi farà ca-
„ pitar qualche occafione di prendere una vendetta più de-
„ corofa. „

Andoffene il Mefficano pieno di cordoglio, e di rabbia, e non andò guari, che fentì gli effetti della nimiftà del
fuo crudel cognato. La vera cagione di cotal nimiftà fu il
timore, che concepì Maxtlaton, che doveffe forfe in qualche
tempo ricadere la Signorìa dei Tepanechi nel fuo nipote A-
colnahuacatl, effendo egli nato da una figlia del Re Tezozomoc: onde fottopofta foffe la fua Nazione alla Mefficana.
Per liberarfi dunque da un tal timore prefe la barbara rifoluzione di far morire il nipote, ficcome in fatti avvenne,
per le mani di certi uomini, che vollero con sì fatta crudeltà conciliarfi la grazia del loro padrone; poichè non mancano mai ai potentati degli uomini venali, che fieno miniftri delle loro paffioni. (*) Tezozomoc non acconfentì a quefto misfatto; ma nè pur dimoftrò, per quel che fappiamo,
alcun difpiacere. Nel decorfo di quefta Storia fi vedrà, che
l' orgoglio, l' ambizione, e la crudeltà di Maxtlaton tol-
lerate, anzi favorite dal fuo indulgente Padre, furono la
cagione della fua rovina, e del conquaffo della fua Nazione. Huitzilihuitl fofferì affai mal volentieri un colpo
sì dolorofo: ma non trovavafi con forze baftevoli per vendicarfi.

Nel-

(*) Non v'è Autore, che efponga le circoftanze della tragica mo te del
Principino Acolnahuacatl, nè fi può capire, come poteffero i Tepanechi
efeguire in Meffico cotal attentato, ma non però poffiamo dubitare del
fatto, mentre ci viene teftificato dagli Storici Nazionali, benchè fra gli
Spagnuoli vi fia qualcuno, come il P. Acofta, che prenda sbaglio, con-
fondendo quefta morte con quella di Chimalpopoca Re terzo di Meffico.

Lib. III.
§ 7
Tlaca-
teotl Re
fecondo
di Tlate-
lolco.

Nello fteffo anno (1399) in cui avvenne in Meffico quefta tragedia, morì in Tlatelolco il primo Re Quaquauh-pitzahuac, lafciando quella Città confiderabilmente accrefciu-ta con buoni edifizj, belli giardini, e maggior civiltà. In luogo di lui fu eletto *Tlacateotl*, della cui origine parlano variamente gli Storici, mentre alcuni il credono Tepaneca, ficcome l'anteceffore di lui, ed altri Acolhua, ottenuto dal Re d'Acolhuacan. La rivalità, che v'era fra i Mefficani ed i Tlatelolchi, contribuì affaiffimo all'ingrandimento d'a-mendue le Città, cercando gli uni fuperare in tutto gli altri. I Mefficani dalla loro parte s'erano imparentati colle vici-ne Nazioni, aveano aumentato la loro agricoltura, moltipli-cando gli orti galleggianti nel lago, ed aveano altresì un più grande numero di barche, colle quali s'era accrefciuta la loro pefca, ed il loro commercio: ficchè poterono celebrare il loro anno fecolare I *Tochtli*, rifpondente al 1402. dell' era volgare, con maggior apparato di tutti gli altri quattro fcorfi dopo la lor ufcita dal paefe d'Aztlan.

Regnava ancora in quefto tempo in Acolhuacan Te-chotlala, già decrepito: onde antivedendo la vicinanza della morte, chiamò il fuo figliuolo e fuceffore Ixtlilxochitl, e fra l'altre inftruzioni, che gli diede, gli configliò di gua-dagnarfi gli animi dei Signori fuoi Feudatarj; perciocchè po-trebbe avvenire, che Tezozomoc, vecchio aftuto ed ambi-ziofo, che fin' a quel tempo s'era trattenuto pel timore, voleffe congiurare contra l'imperio. Non erano vani i timori di Techotlala, come fra poco vedremo. Morì finalmente quefto Re nel 1406. dopo un lungo regno, benchè non tan-to, quanto differo alcuni Autori. (c)

Dopo celebrate le regie efequie colle folite ceremonie, e l'affiftenza dei Regoli e Signori feudatarj di quella Corona, fi celebrò la efaltazione d'Ixtlilxochitl. Fra i Re-goli

(c) Torquemada, e Betancurt danno 104. anni di regno a Techotlala; ma benchè impoffibile non fia il regnare tanti anni, è affatto inverifimi-le, ne ciò creder poffiamo fenza gravi documenti, maffimamente effendo la loro Cronologia da per tutto fpropofitata. Vedanfi le noftre differtazioni.

goli v' era quello d' Azcapozalco, il quale tofto fece palef
quanto foffe ftato ben conofciuto dal defunto Re Techotlala; poichè fenza preftare ubbidienza al nuovo Re, fe ne
andò al fuo ftato per follecitare gli animi d' altri Feudatarj
alla ribellione. Convocò i Re di Meffico, e di Tlatelolco,
e lor diffe, che effendo morto Techotlala, che tanti anni
avea tiranneggiato quel paefe, egli voleva mettere in libertà tutti i Signori particolari in tal maniera, che ognuno
reggeffe il fuo ftato con affoluta indipendenza dal Re d'Acolhuacan: che ad ottenere un fine sì gloriofo avea bifogno
del loro ajuto. e confidava nel loro coraggio, già noto a
tutte le Nazioni, che farebbero partecipi della gloria, a cui
afpirava: ed affinchè il colpo foffe più ficuro, egli farebbe
entrar nella confederazione altri Signori, che fapeva effere
animati dagli fteffi penfieri. Tutti e due i Re o per paura
della prepotenza di Tezozomoc, o per accrefcer la gloria
delle lor armi, s'efibirono a fervirlo colle loro truppe, e lo
fteffo rifpofero altri Signori da lui follecitati.

Frattanto procurava Ixtlixochitl di ordinare gli affari
della fua Corte, e conciliarfi gli animi dei fuoi fudditi; ma
riconobbe non fenza grave cordoglio, che molti s'erano già fottrat-
ti dalla fua ubbidienza, per fottometterfi al perfido Tezozomoc:
onde per impedire i progreffi dei fuoi nemici, ordinò ai Signori di Coatlichan, di Huexotla, e d'altri ftati vicini alla
Corte, d'armare fenza indugio quante truppe poteffero. Lo
fteffo Re voleva comandare in perfona l'efercito; ma fu dif-
fuafo dai fuoi Cortigiani, i quali ftimavano più neceffaria la
fua prefenza nella Corte; poichè in quella turbolenza potrebbono alcuni nemici nafcofti, o d'una fedeltà equivoca
prevalerfi dell'affenza di lui per impadronirfi della capitale,
e precipitarlo dal trono. Fu dunque deftinato Generale dello efercito *Tochinteuctli*, figliuolo del Signor di Coatlichan,
e fuftituito a lui in cafo di morte, o di qualche altro accidente, *Quauhxilotl*, Signor d' Iztapallocan. Scelfero per teatro della guerra la pianura di Quauhtitlan quindici miglia
a Tramontana d'Azcapozalco. Le truppe ribelli erano più

numerofe, ma quelle dell'efercito reale più ben difciplinate. Quefto efercito, prima d'andare a Quauhtitlan, defolò fei Stati di Signori ribelli, così per indebolire i nemici, come per non lafciar addietro chi lor poteffe pregiudicare. La guerra fu delle più oftinate, equilibrandofi la difciplina dei Tezcocani col numero dei Tepanechi, i quali farebbono ftati in breve tempo affatto vinti, fe non fi foffero ognora reclutati con nuove truppe. I confederati dei ribelli diftaccavano frequentemente dei groffi corpi, e gli mandavano a fare fcorrerìe negli ftati fedeli, ficuri di trovar in effi poca refiftenza, perchè raccolte erano in Quauhtitlan quafi tutte le forze dei Tezcocani. Tra molti mali, che cagionarono, uccifero Quauhxilotl, Signor d'Iztapallocan, il quale tornato dal campo di Quauhtitlan morì con gloria, difendendo coraggiofamente la fua Città. Videfi per ciò coftretto il Re d'Acolhuacan a dividere le fue forze, deftinando per prefidio delle città una buona parte della gente, che da parecchj luoghi lontani gli veniva in foccorfo. Tezozomoc vedendo, che in vece dei vantaggj, che afpettava, ogni giorno s'andavano diminuendo le fue forze, e che la fua Gente era impaziente delle fatiche, e dei pericoli della guerra dopo tre anni di continue pugne, addimandò la pace coll'intenzione di finir per occulto tradimento quello, che avea cominciato con aperta forza. Il Re d'Acolhuacan, avvegnachè fidarfi non poteffe della fede del Tepaneca, acconfentì nondimeno fenza richiedergli alcuna condizione, che il rendeffe ficuro per l'avvenire; perchè le fue truppe erano tanto ftanche, quanto quelle del fuo nemico.

Appena finita quefta guerra, o poco prima di terminarfi morì nel 1409. Huitzilihuitl dopo venti anni di regno, avendo pubblicate alcune leggi utili allo ftato, e lafciando la Nobiltà in poffeffo della libertà, che aveva, d'eleggere il fucceffore. Fu dunque eletto il fratello di lui Chimalpopoca, e d'allora innanzi reftò, per quel che pare, ftabilita la legge di far l'elezione di qualcuno dei fratelli del Re defunto, e mancandovi i fratelli, di qualcuno dei nipoti. Quefta legge

ge fu coftantemente offervata, come faremo vedere, fino alla
rovina dell' Imperio Meffìcano.

Mentre Chimalpopoca procurava d' affodarfi nel trono
di Meffico, Ixtlixochitl vacillava in quello d' Acolhuacan.
La pace, che Tezozomoc gli avea dimandato, era un mero
pretefto per lafciarlo addormentare, e frattanto promuovere
più efficacemente le fue negoziazioni. Ogni giorno vedeva
ingroffarfi più il fuo partito, mentre fi fminuiva quello del
Tezcocano. Trovoffi quefto fventurato Re a tal eftremo ri-
dotto, che non iftimandofi più ficuro nella fua Corte, andava errante per le vicine montagne, fcortato da un piccolo
efercito, ed accompagnato dai Signori di Huexotla e di
Coatlichan, che gli furono coftantemente fedeli. I Tepanechi a fine di ftringerlo più, forprendevano i viveri, che al
campo di lui fi portavano: onde a tal bifogno venne, che
coftretto fu a dimandar i viveri ai fuoi proprj nemici. Tanto facile è precipitare dalla cima della umana felicità nell'
abiffo della miferia!

Mandò dunque un fuo nipote appellato *Cihuacuecuenotzin*
ad Otompan, una delle Città ribellate, acciocchè pregaffe
quei Cittadini di foccorrere il loro Re coi viveri, de'quali
abbifognava, e gli ammoniffe di lafciar il partito dei ribelli
ricordandofi della fedeltà da loro giuratagli. Ben conobbe
Cihuacuecuenotzin il pericolo della imprefa; ma prevalendo
al fuo timore la nobiltà dei fuoi fentimenti, la fortezza del
fuo animo, e la fedeltà al fuo Sovrano, fu pronto ad ubbidire: ,, Vado, Signore, gli diffe, ad efeguir i voftri coman-
,, di, ed a facrificar la mia vita alla ubbidienza, che vi
,, debbo. Non ignorate, quanto fienfi da voi alienati gli
,, Otompanefi per aderire al voftro nemico. Tutta la terra
,, è occupata dai Tepanechi, e piena di pericoli: il mio ri-
,, torno è troppo incerto. Ma s'io perifco pel fervizio voftro
,, e fe il facrifizio, che vi fo della mia vita, è degno di
,, qualche ricompenfa, vi prego di proteggere i due teneri
,, figliuoli, che lafcio. ,, Quefte parole dalle lagrime accom-
pagnate intenerirono il cuor del Re, il quale nel congedarlo

gli diſſe: „ Il noſtro Dio vi accompagni, e vi riconduca
„ ſalvo. Ah! forſe nel voſtro ritorno troverete fatto di me
„ ciò, che di voi temete; mentre ſon tanti i nemici,
„ che cercano la mia morte. „ Portoſſi Cihuacuecuenotzin
ſenza indugio ad Otompan, e prima d'entrarvi ſeppe, che
v'erano allora in quella città dei Tepanechi mandati da Tezozomoc a pubblicar un bando; non però ſi ſcoraggiò, anzi
con animo intrepido ſe ne andò infino alla piazza, dove i
Tepanechi aveano radunato il popolo per pubblicare il bando, e dopo avergli corteſemente ſalutati tutti, eſpoſe libe-
ramente la ſua ambaſciata.

Gli Otompaneſi ſi burlarono di lui, e ſchernirono la
ſua dimanda; ma niuno di loro ardì paſſar avanti, finchè un
vil uomo gli tirò una ſaſſata, eccitando gli altri a dargli la
morte. I Tepanechi, ch'erano ſtati cheti ed ammutoliti per
oſſervar ciò, che farebbero gli Otompaneſi, ora vedendoli
apertamente dichiarati contro il Re d'Acolhuacan, e contro
il ſuo Ambaſciatore, gridarono dicendo, *muoja muoja il traditore*, accompagnando i gridi con ſaſſate. Cihuacuecuenotzin
affrontò da principio i ſuoi nemici, ma vedendoſi ſopraffatto
dalla folla, e tentando ſalvar la vita colla fuga, fu ucciſo
con una tempeſta di ſaſſi. Uomo veramente degno di miglior fortuna! Eſempio memorabile di fedeltà, che ſarebbe
dagli Storici e dai Poeti celebrato, ſe l'eroe in vece d'eſſere Americano, foſſe ſtato Greco, o Romano.

I Tepanechi divennero vanaglorioſi per un fatto ſì inumano, e contrario al diritto delle Genti, e proteſtarono alla
moltitudine il gran piacere, che aveano, di poter informare
il loro padrone, come teſtimonj oculati, della inviolabile fedeltà degli Otompaneſi. Diſſero ancora eſſer eglino mandati
appunto per intimare ad eſſi l'ordine di non dar ajuto al
Re di Tezcuco ſotto pena di proſcrizione, e per eſortarli a
prender l'armi contra quel Re, ed in difeſa della propria loro libertà. Il Signor d'Otompan, ed i primi uomini della
Nobiltà riſpoſero, che ubbidivano volentieri all'ordine del
Re d'Azcapozalco, e s'eſibirono a far quanto poteſſero per
ſecondare le ſue intenzioni.   Die-

Diedero prontamente avvifo di quefto avvenimento al Signor d' Acolman, e quefti, ch' era figliuolo di Tezozomoc, il fece fapere a fuo Padre: il quale credendo effer ormai tempo di metter in efecuzione il fuo penfiero, chiamò i Signori d' Otompan e di Chalco, della cui fedeltà confidava più, e gli Stati dei quali erano in una fituazione affai confacevole al fuo intento, e gl' incaricò di levare colla fegretezza maggiore, che fi poteffe, un buon efercito, e d' imbofcarlo in un monte vicino al campo del Re di Tezcuco: che indi mandaffero al campo Reale due Capitani dei più accorti, e dei più bravi, i quali col pretefto di comunicare al Re qualche rilevantiffimo fegreto, cercaffero d' allontanarlo quanto lor foffe poffibile, dalla fua gente, ed allora fenza indugio l' uccideffero. Tutto avvenne come il maligno Principe l' avea penfato. Trovavafi allora il Re nelle vicinanze di Tlafcalla, non ebbe fofpetto alcuno dei due Capitani, che vennero a lui, e cadde incautamente nel laccio. L' attentato fi efeguì a vifta dell' efercito Reale, benchè in qualche piccola lontananza. Accorfero incontanente a gaftigar la temerità di quei due fcellerati capitani; ma fopravvenendo l' efercito dei congiurati, che era più numerofo, furono tofto disfatti. Appena fi potè falvare il real cadavero per fargli l' effequie, ed il Principe erede, che fu teftimonio del tragico fine di fuo Padre, ebbe d' uopo di nafconderfi tra certe macchie, per fottrarfi al furore dei nemici. Così finì il difgraziato Re Ixtlixochitl dopo fette anni di regno nel 1410.

Lafciò parecchj figliuoli, e tra effi *Nezahualtojotl*, erede della Corona, avuto da *Matlalcihuatzin*, figlia d' Acamapitzin Re di Meffico. (d) Era quefto Principe dotato d' un gran-

---

(d) Torquemada fa Matlalcihuatzin figlia di Huitzilihuitl, ma come Egli dice, che quefto Re quando falì ful trono, non avea più di 17. anni, ne s' era ancor ammogliato, e che regnò 22., o al più 26. anni. Da un altro canto rapprefenta Nezahualcojotl nella morte del fuo pretefo avo in età da poter andar alla guerra, e da far delle negoziazioni per affficurarfi la corona: onde dovrà dirfi, che Huitzilihuitl prima di numerar 26. anni di matrimonio, avea già dei nipoti almeno di 10. anni.

Lib. III. grande ingegno, e d' una impareggiabile magnanimità, e degno più di qualunque altro d'occupar il trono d' Acolhuacan; ma non potè per la prepotenza di Tezozomoc metterfi in poffeffo del trono per tanti titoli dovutogli, fe non dopo alcuni anni, ed infiniti pericoli, e contrafti.

Il perfido Tezozomoc avea preparato dei groffi corpi di truppe, acciocchè dove foffe dagli Otompanefi, e dai Chalchefi efeguito il colpo premeditato fulla perfona del Re, effi piombaffero fulle Città di Tezcuco, di Huexotla, di Coatlichan, di Coatepec, e d'Iztapallocan, che erano ftate le più fedeli ai loro Signore, e le metteffero a fuoco e fiamma. Gli abitanti di quelle Città, che poterono falvarfi colla fuga, andarono di là dai monti a ricoverarfi fra gli Huexotzinchi, ed i Tlafcallefi: tutti gli altri morirono, difendendo la loro patria; ma vendettero troppo care le loro vite, mentre infinito fu il fangue e dall' una e dall' altra parte fparfo. Se ricercar fi vuole la cagione di tanti mali, non altra trovraffi, che l' ambizione d'un Principe. Iddio voleffe, che foffero e più rare nel Mondo, e men violente le ftragi delle paffioni. La paffione mal domata d' un Principe, o d' un Miniftro bafta per inondar di fangue umano i campi, per rovinar delle Città, per roverfciar dei regni, e per metter fottofopra tutta la terra.

Appagata finalmente la crudeltà del Tiranno colla oppreffione dei fuoi nemici, fi fece giurar Re d' Acolhuacan nella Città di Tezcuco, concedendo a tutti quelli, che aveano prefo l' armi contro lui, induito generale, e libertà per ritornare alle loro cafe. Diede in feudo la Città di Tezcuco a Chimalpopoca Re di Meffico, e quella di Huexotla a Tlacateotl Re di Tlatelolco per premio dei grandi fervizj, che gli aveano preftati nella guerra. Mife dei Governatori a lui fedeli in altri luoghi, e dichiarò Azcapozalco Corte e Capitale di tutto il regno d' Acolhuacan.

Trovaronfi prefenti a quefta funzione, benchè traveftiti, parecchj perfonaggj dei contrarj al Tiranno, e tra loro il Principe Nezahualcojotl. Il dolore, e la rabbia, che quefti

fti ne fentì, in lui eccitarono l'ardor giovanile, e furono per precipitarlo in un'azion temeraria contra i fuoi nemici, fe un fuo confidente, che lo accompagnava, non lo aveffe diftornato, rapprefentandogli le fatali confeguenze della fua temerità, e facendogli vedere, quanto farebbe meglio l'afpettare dal tempo qualche più opportuna occafione di ricuperar la corona, e di vendicarfi dei fuoi nemici: che il Tiranno era già decrepito, e che la morte di lui, che non poteva tardar molto a venire, muterebbe affatto lo ftato delle cofe: che gli fteffi popoli verrebbero a fottometterfi al loro legittimo Signore, coftretti dalla ingiuftizia, e dalla crudeltà dell'ufurpatore. In quefta medefima occafione un Uffiziale Mefficano affai riguardevole (verifimilmente *Itzcoatl*, fratello del Re, e Generale dell'armi Mefficane) o di propria autorità, o per ordine del Re Chimalpopoca, falì ful tempio, che in quella corte aveva la Nazione Tolteca, e parlò così all'immenfo popolo, che v'era: ,, Sentite, Cicime-,, chi, fentite, Acolhui, e tutti quanti quì vi trovate: ,, Niuno ardifca far verun male al noftro figliuolo Nezahual-,, cojotl, nè permetta farglifi da un altro, fe non vuol ,, fottoporfi ad un rigorofo gaftigo. ,, Quefto bando fervì molto alla ficurtà del Principe erede, niuno volendo addoffarfi lo fdegno d'una Nazione, che cominciava a farfi rifpettare.

Poco tempo dopo molti Nobili di quelli, che per fottrarfi dal furore delle truppe Tepaneche erano rifuggiti in Huexotzinco, ed in Tlafcalla, fi radunarono in *Papalotla*, luogo vicino a Tezcuco, per deliberar ful partito, che dovevano prendere nelle prefenti circoftanze, e tutti s'accordarono di fottometterfi ai nuovi Signori coftituiti dall'Ufurpatore nelle loro Città, così per liberarfi da tante oftilità, come per poter badar tranquillamente alle loro cafe e famiglie.

Il Tiranno dopo aver contentato l'ambizione fua colla ufurpazione del regno d'Acolhuacan, e la fua crudeltà colle ftragi fattevi, volle ancor compiacere la fua ingordigia cogli aggravj dei fuoi fudditi. Prefcriffe loro, che oltre al tributo,

§ 12. Aggravj impofti dal Tiranno.

buto, il quale innanzi pagavano al loro Re di viveri , e
di roba da veftirfi, a lui ne pagaffero un altro d' oro e di
pietre pieziofe, fenza avvederfi, quanto farebbe per inafprire
con tali aggravj gli animi dei fuoi fudditi, i quali avrebbe dovuto piuttofto conciliarfi colla moderazione e colla dolcezza, per render più ficura la poffeffione d' un trono ftabilito
fulla ingiuftizia, e la crudeltà. I Nobili Toltechi e Cicimechi rifpofero ai banditori, ch' eglino volevano prefentarfi
in perfona al Re per parlargli fu quefto affare. Parve a loro ec-
ceffiva l' alterigia del Tiranno, e la fua condotta troppo dif-
ferente dalla moderazione degli antichi Re, da cui difcen-
deva. Onde s' accordarono di mandargli due oratori i più
bravi, che vi foffero, un Tolteca, ed un Cicimeca, (*) affinchè ciafcun di loro a nome della fua Nazione gli faceffe delle rimoftranze forti ed efficaci. Andarono tutti e due ad Azcapozalco, e introdotti all' udienza del Tiranno, dopo fatto
un profondiffimo inchino, parlò prima il Tolteca per riguardo alla maggior antichità della fua Nazione in quel paefe,
e rapprefentogli gli umili principj dei Toltechi, e le neceffità, che tollerarono prima d' arrivare allo fplendore, ed alla
gloria, di cui per qualche tempo godettero, e la miferia,
a cui furono dopo il loro conquaffo ridotti: defcriffe la lagrimevole difperfione, in cui furono trovati da Xolotl, quando a quella terra capitò, e percorrendo i due fecoli pofteriori, fece una patetica enumerazione dei difagj da loro fofferti
per muovere a compaffione il Tiranno, e fottrarre la fua
Nazione dal nuovo aggravio.

Appena ebbe terminata la fua aringa il Tolteca, che
cominciò la fua il Cicimeca. ,, Io, Signore, diffe, poffo parlar
,, con maggior confidenza e libertà; poichè fon Cicimeca, e
,, parlo ad un Principe della fteffa mia Nazione come quegli
,, che e da quel gran Re Xolotl, Nopaltzin, e Tlotzin di-
,, fcendente. Non ignorate, o gran Signore, che quei divini
,, Ci-

(*) Il nome dell' Oratore Tolteca era *Quatlihuac*, e quello del Cicimeca *Tequiquiznahua.atl.*

„ Cicimechi voſtri Avi non faceano conto dell'oro, e delle ▬▬
„ gemme. Non altra corona ſi mettevano in capo, che una
„ ghirlanda d'erbe e di fiori campeſtri, nè ſi adornavano con
„ altri bracciali, che coll'orrido cuojo, nel qual batteva la cor-
„ da dell'arco nel ſaettare. I loro cibi ſul principio riducevanſi
„ alla carne cruda, ed alle erbe inſipide, e le loro veſti alle
„ pelli dei Cervi, e delle fiere, ch'eglino ſteſſi cacciavano.
„ Dove dai Toltechi impararono l'agricoltura, gli ſteſſi Re
„ lavoravano la terra per incoraggir coll'eſempio i loro ſud-
„ diti alla fatica. L'opulenza e la gloria, a cui furono poi
„ dalla fortuna inalzati, non gli fecero più orgoglioſi. Ser-
„ vivanſi bensì, come Re, dei loro ſudditi; ma come Pa-
„ dri, gli amavano, e contentavanſi di eſſer da loro rico-
„ noſciuti cogli umili doni della terra. Io, Signore, non
„ per altro vi preſento queſti chiari eſempj dei voſtri ante-
„ nati, ſe non per pregarvi umiliſſimamente di non voler
„ eſigere più dai noi, di quello che eſigevano coloro dai no-
„ ſtri maggiori. „ Aſcoltò il Tiranno e l'una, e l'altra
aringa, e quantunque gli rincreſceſſe il paragone fattogli cogli antichi Re, diſſimulò però il ſuo diſguſto, e contentoſſi,
licenziando gli Oratori, di confermar l'ordine pubblicato ſul
nuovo aggravio.

Frattanto Nezahualcojotl girava ognora ſollecito per parecchie Città, procurando conciliarſi gli animi per rimetterſi
ſul trono. Ma quantunque lo amaſſero i ſuoi ſudditi, e voleſſero vederlo in poſſeſſo del regno, non ardivano favorire
apertamente il ſuo partito per paura del Tiranno. Tra i
ſudditi più congiunti, che l'abbandonarono, furono il Signor
di *Chimalpan* ſuo Zio, e *Tecpanecatl*, fratello della ſua ſeconda moglie *Nezahualxochitl*, della ſtirpe reale di Meſſico.
Perſeverando in tali negoziazioni, capitò una ſera in una
villa della provincia di Chalco, appartenente ad una Signora Vedova, appellata *Tzitromtauh*. Oſſervò che v'era una
piantata di maguei, onde cavava la vedova del vino non
ſolamente per uſo della ſua famiglia, ma ancor da vendere,
il ch'era ſeveramente vietato per le leggi Cicimeche. Infiam-

mossi in tal maniera di zelo per le leggi dei suoi Padri, che senza che ad arrestarlo valesse nè l' avversità della sua fortuna, nè altro qualunque rispetto, ivi incontanente uccise di sua propria mano la donna delinquente. Azione affatto inconsiderata e riprendevole, nella quale ebbe più parte l'ardor dell' età, che la prudenza! Fece un gran rumore questo fatto in quella provincia, ed il Signor di Chalco, ch' era suo nemico, ed era stato complice nella morte di suo Padre, procurò diligentemente d'averlo nelle mani; ma il Principe antivedendo le conseguenze del suo attentato, s'era già messo in sicurtà.

Otto anni erano già, che Tezozomoc possedeva tranquillamente il regno d' Acolhuacan, indarno preteso da Nezahualcojotl, quando funesti sogni lo misero in una grande consternazione. Sognò, che Nezahualcojotl trasformato in aquila gli apriva il petto, e gli mangiava il cuore, ed un'altra volta, che desso trasformato in lione gli leccava il corpo, e gli succiava il sangue. S' impaurì in tal guisa con sì fatte tragiche immaginazioni, formategli dalla stessa coscienza della sua ingiustizia e tirannìa, che chiamando i tre suoi figliuoli *Tajatzin*, *Teuctzintli*, e *Maxtlaton*, dopo aver loro esposti i sogni, gli incaricò di dar quanto prima la morte a Nezahualcojotl, purchè il facessero sì segretamente, che niuno sospettar potesse dell' autore di tal morte. Appena sopravvisse un anno a questi sogni. Era già tanto vecchio, che non potendo riscaldarsi, nè reggersi più in una seggia, era d' uopo tenerlo tutto coperto di cotone dentro una gran paniera di vinchi, fatta a foggia di culla; ma da quella culla, o piuttosto sepoltura tiranneggiava il regno d' Acolhuacan, e rendeva oracoli d' ingiustizia. Poco prima di morire dichiarò suo successore nel regno il suo figliuolo Tajatzin, e tornò a comandare la morte di Nezahualcojotl, conservando infino all' ultimo respiro i suoi perversi disegni. Così finì la sua lunga vita questo mostro d' ambizione, di perfidia, e d' ingiustizia nel 1422., dopo aver tiranneggiato nove

anni

anni il regno d' Acolhuacan, e poſſeduto moltiſſimi lo ſtato d' Azcapozalco. (e)

Avvegnachè a Tajatzin, come a ſucceſſore della corona, appartenette il dar gli ordini opportuni pel funerale di ſuo Padre, nondimeno il fratello di lui Maxtlaton, ſiccome più ardito e più attivo, ſe ne arrogò il diritto, e cominciò allora a comandar con tanta autorità, come ſe foſſe già in poſſeſſo del regno, a che aſpirava, ſtimando aſſai facile l' opprimere il fratello, ch' era uomo dappoco, e niente pratico del governo. Fece Maxtlaton avviſare il Re di Meſſico, e di Tlatelolco, e gli altri Signori, acciocchè onoraſſero colla loro preſenza, e le loro lagrime l' eſequie del lor comun Signore. Nezahualcojotl, benchè non chiamato, volle pure trovarſi preſente, per oſſervare, come ſi può credere, co' ſuoi occhj la diſpoſizione della corte. Andò accompagnato da un ſuo intimo confidente, e da qualche gente di ſeguito, ed entrato nella ſala del real palagio, dov' era eſpoſto il cadavero, vi trovò i Re di Meſſico e di Tlatelolco, i tre Prencipi figliuoli del Tiranno, ed altri ſignori. Salutò tutti ad uno ad uno ſecondo l' ordine, con cui ſtavano a ſedere cominciando dal Re di Meſſico, e preſentò loro dei mazzetti di fiori ſecondo l' uſanza di quel paeſe. Terminati i complimenti s' aſſidette allato del Re Chimalpopoca ſuo cognato per accompagnarlo nel duolo. Teuctzintli, uno dei figliuoli di Tezozomoc, ed erede della ſua crudeltà, ſtimando queſta una buona occaſione per eſeguire l' iniqua commiſſione di

B b 2   ſuo

(e) Torquemada fa Tezozomoc figliuolo immediato del primo Principe Acolhua onde il fa regnare 160, o 180. anni, ma dalla ſteſſa aringa fatta dall' Oratore Cicimeca ci conſta, che Tezozomoc era diſcendente da Xolotl, da Nopaltzin, e da Tlotzin. Or la ſorella di Nopaltzin ſpoſò il Principe Acolhuatzin, onde i loro figliuoli erano cugini di Tlotzin, figliuoli di Nopaltzin. In tutto ciò conviene Torquemada con noi. Chi dunque fu mai detto diſcendente dal ſuo cugino? Chiunque voglia legger la genealogia dei Re Cicimechi nell' opera di Torquemada, s' accorgerà ſubito degli abbagli preſi da queſto Autore. Può eſſere, che vi ſieno ſtati due o tre Signori d' Azcapozalco nominati Tezozomoc ma quel che tiranneggiò Acolhuacan, fu al più pronipote del Principe Acolhuatzin.

fuo Padre contra Nezahualcojotl, la propofe al fuo fratello Maxtlaton. Ma quefti, ancorchè avefe un cuore non meno inumano, aveva pure un miglior cervello. ,, Scacciate, ,, gli rifpofe Maxtlaton, fcacciate dalla mente sì fatto pen. ,, fiero. Che direbbono gli uomini di noi, vedendoci mac. ,, chinar la morte altrui, allorchè dobbiamo piangere quella ,, di noftro Padre? Direbbono, che non è grave il dolore, ,, che lafcia luogo all' ambizione, ed alla vendetta. Il tem. ,, po ci farà capitar qualche occafione più opportuna per com. ,, piere la determinazione di noftro Padre fenza incorrere ,, l' odio dei noftri fudditi. Nezahualcojotl non è invifibile. ,, S' egli non fi nafconde nel fuoco, nell' acqua, o nelle vi. ,, fcere della terra, infallibilmente verrà nelle noftre mani. ,, Quefto accadde nel quarto giorno dopo la morte del Tiranno, nel quale fu bruciato il cadavero, e feppellite furono con iftraordinaria pompa e folennità le fue ceneri.

Il giorno feguente ritornarono alle loro Città i Re di Meffico, e di Tlatelolco, e Maxtlaton cominciò tofto con minor diffimulazione a fcoprire il fuo ambiziofo difegno d' impadronirfi del regno, moftrando colla fua arroganza, ed arditezza, che dove non baftaffero le fue arti, adopererebbe la forza. Non ebbe coraggio Tajatzin per opporfene conofcendo l' indole ardita e violenta del fuo fratello, ed il vantaggio d' effo lui d'aver dei fudditi avvezzi ad ubbidirlo. Prefe dunque il partito di portarfi a Meffico per conferire col Re Chimalpopoca, a cui era ftato principalmente raccomandato da fuo Padre, fopra sì arduo affare. Fu dal Re accolto con fingolari dimoftrazioni di ftima, e dopo i foliti complimenti gli diffe Chimalpopoca: *Che fate, o Principe? Non è voftro il regno? Non vel lafciò il voftro Padre? Perchè dunque vedendovi ingiuftamente fpogliato, non vi sforzate di ricuperarlo? Perchè poco importano*, rifpofe Tajatzin, *i miei diritti, fe non mi ajutano i miei fudditi. Il mio fratello s' è renduto padrone del regno, e non v' è chi gli contraddica. Sarebbe temerità l' opporglifi fenza altra poffanza, nè altre forze, che i miei defiderj, e la giuftizia della mia caufa.*

Quel

Quel che non ſi può colla forza, replicò Chimalpopoca, ſi ſupplịſce colla induſtria. Io vi ſuggerirò un mezzo per liberarvi dal voſtro fratello, e mettervi ſenza pericolo in poſſeſſo del trono. Scuſatevi d'abitar nel palagio del voſtro defunto Padre col preteſto, che vi ſi ravviva il dolore alla rimembranza delle ſue azioni, e dell'amore che vi portava, e che però volete fabbricarvi un altro palagio per la voſtra reſidenza. Quando ſarà finito, fate un lauto pranzo, ed invitate voſtro fratello, ed ivi in mezzo alla allegrezza vi ſarà facile con gente ſegretamente preparata il liberare il voſtro regno da un Tiranno, e voi ſteſſo da un rivale ſì pernicioſo, e ſì ingiuſto: ed acciocchè meglio riuſcir poſſiate, io ſarò in voſtro ajuto colla mia perſona, e con tutte le forze della mia Nazione. Ad ud tal conſiglio non riſpoſe Tajatzin, ſe non colla malinconìa del ſuo ſguardo, cagionata dall'amore del ſangue, o dalla viltà dell'azione propoſtagli.

Di tutto queſto diſcorſo fu teſtimonio un famigliare di Tajatzin, il quale era reſtato in luogo, donde potè a ſuo agio aſcoltarli, e ſperando far fortuna con un tradimento, ſi partì la ſera ſegretamente ad Azcapozalco, ſe ne andò in dirittura a palagio, ed ottenuta udienza da Maxtlaton, gli rivelò quanto avea ſentito. Trovoſſi il ſuo animo in un tratto combattuto dalla collera, dal timore, e dal cordoglio, che in lui eccitò queſta relazione; ma come politico ch'era, e pratico nel celare i ſuoi ſentimenti, fece ſembiante di ſprezzarla, e rinfacciò ſeveramente al delatore la ſua arditezza, e temerità nel calunniare ſì riguardevoli perſonaggj, chiamollo ubbriaco, e mandollo a caſa ſua a digerire il vino. Paſsò il reſto della notte deliberando ſul partito da prenderſi, e determinò finalmente prevenire il fratello, e farlo cadere nelle ſue reti.

La mattina del giorno ſeguente convocò il popolo d'Azcopozalco, e gli diſſe, che non potendo egli reſtar nel palagio di ſuo Padre, perchè eſſo apparteneva al Principe Tajatzin, ed avendo peraltro biſogno di caſa in quella Corte, dove poterſi alloggiare ogni volta, che doveſſe per qualche

§. 14.
Maxtlaton Tiranno d'Acolhuacan.

Lib. III.

che

che interesse venire dal suo stato di Cojohuacan, voleva, che gli facessero palese l'amore, che gli portavano, nella prontissima costruzione di cotal edifizio. Fu sì grande la diligenza degli Azcapozalchesi, e tanta la moltitudine che vi concorse d'operaj, che non essendosi trattenuto Tajatzin più di tre giorni in Messico, trovò nel suo ritorno ad Azcapozalco cominciata già la fabbrica. Maravigliossi di tal novità, e addimandando la cagione a Maxtlaton, gli fu risposto, che dovendo lasciargli la casa Reale per non pregiudicare ai suoi diritti, se ne fabbricava un'altra, da potervi alloggiarsi allorchè alla corte venisse. Restò soddisfatto il buon Tajatzin con sì fatta risposta, e facilmente si persuase, che Maxtlaton non pensava più alla usurpazione della corona. Terminata fra poco tempo la fabbrica, invitò Maxtlaton a pranzo i suoi fratelli, i Re di Messico, e di Tlatelolco, ed altri Signori. Tajatzin ignorando affatto il tradimento del suo famigliare, non s'accorse del lacciuolo, che gli si tendeva, ma Chimalpopoca, ch'era più accorto, e più cauto, dovette sospettar il tradimento, e si scusò cortesemente d'intervenirvi. Arrivato il giorno prefisso per sì gran funzione, concorsero alla nuova casa gl'invitati, ed allorchè erano più distratti nell'allegrezza del pranzo, e forse ancora più riscaldati dal vino, ch'è l'occasione più opportuna per sì fatti delitti, entrò all'improviso gente armata, e piombò con tal violenza sopra lo sventurato Tajatzin, che appena aprì gli occhj per guardar gli omicidj, che gli furono chiusi dalla morte. Turbossi tutto il concorso con sì inaspettata tragedia; ma il racchetò Maxtlaton esponendo il tradimento contra lui macchinato, e protestandogli, in ciò non essersi altro fatto da lui, che prevenire il colpo, che gli soprastava. Con questi, e simili discorsi cangiò in tal maniera gli animi, che in vece di vendicar la morte del loro legittimo Signore, acclamarono Re il perfido Tiranno; ma se la ingiustizia l'innalzò al trono, ciò fu per precipitarlo da maggior altezza.

Assai più grande era lo sdegno di Maxtlaton contra il Re di Messico; ma non gli parve convenevole l'attentare

con-

contra la vita di lui, finattantochè non si vedesse ben assi-

curato nel trono. Sfogò frattanto la sua rabbia con ingiurie
contro la sua persona, e con oltraggj fatti alla sua dignità.
Poco tempo dopo la sua intrusione nel regno, gli fu mandato dal Re di Messico il presente solito farsi ogni anno in segno di riconoscimento dell' alto dominio del Re d'Azcapozalco. Questo presente consistente in tre paniere di pesci, di gamberi, e di ranocchj, ed in alcuni legumi, fu portato da persone riguardevoli della Corte di Chimalpopoca con un buon
discorso, e con singolari espressioni di sommessione, e di rispetto. Maxtlaton mostrò gradirlo; ma dovendo secondo il costume di quelle Nazioni corrispondere con qualche regalo, e volendo peraltro vendicarsi, dopo aver consultato coi suoi confidenti, fece consegnar agli Ambasciatori messicani pel loro
Re un *Cueitl*, cioè una spezie di gonna, ed un *Huepilli*,
ch'era una camicia donnesca, significando con ciò, che lo
stimava effeminato e codardo: ingiuria la più rincrescevole a
quelle genti, mentre niun'altra cosa tanto apprezzavano,
quanto il vanto di coraggiosi. Fu pure assai grande lo spia-
cere di Chimalpopoca, ed avrebbe voluto vendicar l'oltrag-
gio; ma non poteva.

§ 15.
Ingiurie
fatte dal
Tiranno
al Re di
Messico.

Un sì fatto dispregio fu tosto seguito da una offesa gra-
vissima nell'onore. Seppe il Tiranno, che tra le mogli del
Re Messicano ve n'era una singolarmente bella, ed infiam-
mato per questo sol riscontro da malvaggj desiderj, determinò di sacrificar alla sua passione l'onestà, e la giustizia. Per
ottenere il suo intento si prevalse di certe dame Tepaneche,
incaricandole che quando visitassero, come solevano, quella
Signora Messicana, la invitassero a venir a loro ad Azcapozalco per divertirsi alquanti giorni. Essendo allora tali visite
assai frequenti anche fra persone di primo rango, e di diverse Nazioni, non fu malagevole allo scellerato Principe il
cogliere l'occasione, che tanto bramava per soddisfare la sua
rea passione, non bastando a contenerlo nè le lagrime,
nè gli sforzi da quella onesta Signora adoperati in difesa del
suo onore: onde tornossi colei a Messico piena d'ignominia,
e traf-

e traffitta dal più vivo dolore a querelarfi col fuo marito.
Quefto Re sfortunato o per non fopravvivere al fuo difono-
re, o per non avere a morire nelle mani ~del Tiranno, fi
rifolvette di por fine all'amata fua vita, morendo facrificato ad onore del fuo Dio Huitzilopochtli, ficcome lo aveano fatto certi pretefi eroi della fua Nazione ; credendo, che
tal morte doveffe cancellare l'infamia ricevuta, e liberarlo
dall'efito ignominiofo, che temeva dal fuo nemico. Comu-
nicò quefta rifoluzione ai fuoi Cortigiani, e quefti la loda-
rono per le idee ftravaganti, che aveano in materia di religione, e vollero anche alcuni di loro farfi partecipi della
gloria di sì barbaro facrifizio.

§. 16
'Impri-
giona-
mento, e
morte
del Re
Chimal-
popoca

Venuto il giorno alla religiofa tragedia affegnato, comparve il Re veftito, come rapprefentavano il loro Dio Huitzilopochtli, e tutti gli altri, che dovevano accompagnarlo,
veftirono anch'effi le miglior vefti, che aveano. Si diede
principio alla funzione con un folenne ballo; e mentre effo
durava, andavano i Sacerdoti facrificando ad una ad una
quelle fventurate vittime, riferbando per ultimo il Re. Non
era poffibile, che sì fatta novità foffe dal Tiranno ignorata:
la feppe pur anticipatamente, ed acciocchè il fuo nemico
colla fpontanea morte non poteffe fottrarfi alla fua vendetta,
mandò un corpo di truppe a forprenderlo innanzi al facrifizio. Arrivarono in fatti, quando appena reftavano due vittime, dopo le quali dovea effer facrificato lo fteffo Re. Fu
quefto infelice Principe prefo dai Tepanechi, e condotto fubito ad Azcapozalco, dove fu meffo in una forte gabbia di
legno, ch'era, come altrove diremo, la carcere da quelle
Nazioni ufata, fotto la cuftodia di buone guardie. In quefto
avvenimento vi fono certe circoftanze, che rendono un pò
difficile l'affenfo; ma io tale il racconto, quale il trovo appo gli Storici del Meffico. E' in vero da maravigliarfi, che
i Tepanechi aveffero ardire d'entrare in quella città, e di
far un attentato sì pericolofo; e che i Mefficani non s'ar-
maffero in difefa del loro Re; ma la poffanza del Tiranno
potè fenz'altro incoraggiare i Tepanechi, ed impaurire i
Mefficani.   Col-

Colla prigionìa di Chimalpopoca fi ravvivò nell'animo di Maxtlaton la brama d'impadronirfi ancora del Principe Nezahualcojotl, e per ottenerlo più agevolmente, il fece chiamare col pretefto di voler fare con lui un accordo fulla corona d'Acolhuacan. Lo fcaltro Principe s'accorfe tofto della maligna intenzion del Tiranno; ma l'ardore dell'età, ed il coraggio o fia la temerità del fuo animo lo facevano prefentarfi intrepidamente ai più gravi periglj. Nel paffare per Tlatelolco vifitò un fuo confidente appellato *Chichincatl* il quale gli fece fapere, che il Tiranno non folamente macchinava contro la vita di lui, e del Re di Tlatelolco; ma eziandìo annichilar vorrebbe, fe poteffe, tutta la Nazione Acolhua. Contuttociò fenza impaurirfi fi portò ad Azcapozalco la fera, ed andò a dirittura a cafa d'un fuo amico. La mattina ben prefto andò a trovar *Chachaton*, gran favorito del Tiranno, e da cui er' amato lo fteffo Principe, e raccomandoffi a lui, acciocchè diffuadeffe Maxtlaton di fare qualche cofa contro la fua perfona. Portaronfi tutti e due infieme a palagio, e precedette Chachaton ad avvifar il fuo Signore della venuta del Principe, ed a parlargli in favor di lui. Entrò poi il Principe, e fatti i fuoi complimenti gli diffe così: ,, Io fo, Signore, che avete imprigionato il Re di ,, Meffico, e non fo, fe lo avete già fatto morire, o fe vi-,, ve ancora nella prigione. Ho fentito ancora dire, che an-,, che a me volete dar la morte. Se veramente è così, ec-,, comi innanzi a voi: uccidetemi colle voftre proprie ma-,, ni, acciocchè fi sfoghi il voftro fdegno contro un Principe ,, non meno innocente, che sfortunato. ,, Nel dir quefte parole gli cavò dagli occhj qualche lagrima la rimembranza delle fue fciagure. ,, Che vi pare? diffe allora Maxtlaton ,, al fuo favorito: non è da maravigliarfi, che un giovane ,, che appena ha cominciato a goder della vita, cerchi sì ,, intrepidamente la morte? ,, E volgendofi al Principe, l'affi-curò, che non macchinava niente contro la vita di lui: che il Re di Meffico nè era morto, nè egli mai lo farebbe mo-rire, e procurò infieme giuftificarfi per rapporto alla prigio-

————nìa di quello fventurato Re. Indi ordinò , che il Principe foffe convenevolmente alloggiato.

Confapevole Chimalpopoca dell' arrivo alla Corte del Principe fuo cognato, mandò a pregarlo, che veniffe a trovarlo nella prigione. Portoffi il Principe a lui, ottenuto prima il beneplacito di Maxtlaton, ed entrando nella prigione l' abbracciò, manifeftando amendue una gran tenerezza nei loro fembianti, e nelle loro efpreffioni. Gli efpofe Chimalpopoca la ferie delle fue difgrazie, gli fece palefe le maligne intenzioni del Tiranno contro tutti e due, e lo pregò di non voler tornare mai alla corte; poichè lo farebbe infallibilmente morire il fuo crudel nemico, e refterebbe la Nazione Acolhua affatto abbandonata. „ Finalmente, gli diffe, „ poiche la mia morte è inevitabile, vi prego caldamente „ d' aver cura de' miei poveri Mefficani. Siate verfo di loro „ e vero amico, e padre. In fegno poi dell' amore, che vi „ porto, accettate quefto pendente, che fu già del mio fratello „ Huitzilìhuitl:„ e levandofi dal labbro un pendente d' oro, che avea, glielo confegnò , ed infieme degli orecchini, ed altre gemme, che confervava nella prigione , e ad un famigliare, che accompagnava il Principe, diède altre cofe. Indi con gran rammarico fi congedarono, acciocchè la più lunga dimora nella vifita non cagionaffe qualche fofpetto. Nezahualcojotl, prendendo il configlio datogli, ufcì incontanente dalla Corte, e non tornò mai a prefentarfi al Tiranno. Andoffene a Tlatelolco, e prefa ivi una barca con buoni rematori, fi portò in fretta a Tezcuco.

Chimalpopoca reftò nella fua amara folitudine rivolgendo penfieri d'afflizione. Ogni giorno gli era più intollerabile la prigionìa: non aveva veruna fperanza di ricuperare la fua libertà, nè d'effer utile alla fua Nazione nel poco tempo, che gli reftava di vita. „ Se io diceva, ho finalmente a „ morire, quanto meglio, e più gloriofo non farà per me „ il morire per le mie mani, che non per quelle d' un perfido e crudele Tiranno? Poichè altra vendetta di lui prender non poffo, almeno non gli lafcierò il piacere, che „ poi

„ poi avrebbe nella fcelta del tempo, e della forte di mor-
„ te, con cui debbo finire i miei giorni infelici. Io voglio
„ effer padrone della mia vita, fcegliere il tempo, e la ma-
„ niera di morire, ed effere altresì l'efecutore della mia mor-
„ te, acciocchè tanto meno in effa fia d'ignominia, quanto
„ minor influffo vi abbia la volontà del mio nemico.„ (*) Con
sì fatta rifoluzione tanto conforme alle idee di quelle Nazioni, s' appiccò ad un travicello della gabbia, prevalendofi,
come è da crederfi, della fua propr.a cintola.

Con un fine sì tragico terminò la fua calamitofa vita
il terzo Re di Meffico. Non abbiamo rifcontri più precifi
del fuo carattere, nè dei progreffi, che ne fece la Nazione
nel tempo del fuo regno, il quale fu di tredici anni in circa, effendofi terminato nel 1423. un anno incirca dopo la morte di Tezozomoc. Soltanto fi fa di lui, che nell'anno unde-
cimo del fuo regno fece portar a Meffico una gran pietra,
acciocchè ferviffe d'altare pel facrifizio ordinario de' prigioni,
e un'altra tonda e più grande pel facrifizio gladiatorio, di cui
altrove parleremo. Nella quarta pittura della raccolta di Mendoza fi rapprefentano le vittorie dai Mefficani ottenute nel regno di Chimalpopoca fopra le Città di Chalco, e di Tequizquiac, e la pugna navale, che ebbero coi Chalchefi con perdita di qualche gente, e d'alcune barche rovefciate dai nemici. L'Interprete di quella raccolta aggiunge, che Chimalpopoca lafciò molti figliuoli avuti dalle fue concubine.

§. 16.
Imprigio-
namento,
e morte
del Re
Chimal-
popoca.

Tofto che Maxtlaton feppe la morte del fuo illuftre prigione, montando in collera per effere ftati fraftornati i fuoi
progetti, e temendo che ancor Nezahualcojotl fottrarfi poteffe
alla fua vendetta, rifolvette anticipargli in qualunque maniera poteffe la morte, che finora non gli avea dato, o per non
averla potuto efeguire nella maniera da fuo Padre ordinatagli,
o perchè s'era impaurito, come affermano altri Storici, da

C c 2   certi

_____

(*) Quefte ultime parole di Chimalpopoca, portate dagli Storici del Meffico, fi poterono fapere per la depofizione delle guardie, ch' erano dattor-
no alla gabbia, o carcere.

certi augurj dei Sacerdoti; ma la fua collera era già
in iftato di non trattenerfi per motivo di religione: onde diede
a quattro Capitani dei più bravi l'ordine di cercar da per
tutto quel Principe, e di torgli irremiffibilmente la vita,
dovunque il trovaffero. Ufcirono i Capitani Tepanechi con
poca gente, acciocchè non fe ne fuggiffe col rumore la preda, e fe n'andarono a dirittura a Tezcuco, dove al loro arrivo giocava al pallone Nezahualcojotl con un fuo famigliare appellato *Ocelotl*. Quefto Principe in ogni luogo, dove
andava per tirar gli animi al fuo partito, s'occupava in
balli, in giuochi, ed in altri divertimenti, acciocchè i Governatori di que'luoghi, che per ordine del Tiranno vegliavano fulla fua condotta, ed offervavano i fuoi paffi, vedendolo impiegato in paffatempi, fi perfuadeffero, che non penfava più alla corona, e trafcuraffero d'offervarlo. Così faceva le fue negoziazioni fenza cagionar il più leggiero fofpetto. In quefta occafione prima che i Capitani entraffero
nella fua cafa, feppe il Principe, che erano Tepanechi, e
che venivano armati: onde fofpettando quel che potrebbe
effere, lafciò il giuoco, e fi ritirò alle ftanze più interiori.
Avvifato poi dal portinajo, che l'addimandavano i Tepanechi, ordinò a Ocelotl d'accoglierli, e di dire ad effi, che farebbe con loro, dopochè aveffero pranzato, e ripofato. Non
parve ai Tepanechi, che per differire il colpo doveffero perder l'occafione, e forfe ancora non ebbero ardire d'efeguir
la commiffione, finchè non fi foffero afficurati di non effervi
dentro la cafa gente capace di far contrafto: onde dopo aver
ripofato, fi mifero a tavola, e frattanto ch'eglino pranza-
vano, il Principe fe ne fuggì per un ufcio fegreto, ed ufcen-
do dalla città, camminò più d'un miglio infino a Coatitlan,
luogo picciolo di teffitori, tutta gente a lui fedele ed
affezionata, dove reftò allora nafcofto. (*f*) I Tepanechi

(f) Torquemada dice, che il Principe ufcì dalla fua cafa per certa fpezie di laberinto, che s'era fatto fare con tanti giri ed intrighi, che era
impoffibile la ufcita a chiunque ignoraffe la fua difpofizione, il cui fegreto

chi, avendo afpettato un buon pezzo dopo pranzo, e ve
dendo, che nè il Principe fi lafciava vedere , nè il fuo famigliare *Ocelotl* , lo cercarono per tutta la cafa fenza tro-
varvi veruna perfona , che lor ne deffe contezza . Accerta-
ti dunque della fuga , ufcirono incontanente a cercarlo
per tutto, ed avendo faputo da un contadino nella ftrada
di Coatitlan, che s'era rifugiato in quel luogo, vi entrarono con
mano armata, minacciando della morte gli abitanti, fe non
manifeftavano il fuggitivo Principe; ma con efempio raro
di fedeltà non vi fu in tutto il luogo chi voleffe fcoprirlo,
benchè foffero alcuni uccifi per quefta cagione. Fra quelli
che facrificarono la loro vita alla fedeltà, vi fu *Tochmantzin*,
foprastante a tutti i telaj di Coatitlan, e *Matlalintzin* nobil donna.
Non potendo i Tepanechi tróvar ivi il Principe a difpetto
delle loro diligenze, e della crudeltà da loro adoperata contro gli abitatori, ufcirono a cercarlo per la campagna, e
Nezahualcojotl ufcì anch' egli per altra parte, e prefe una
ftrada oppofta a quella dei tuoi nemici; ma ficcome quefti
lo cercavano per tutto, trovoffi in gran rifchio di cadere nelle loro mani, fe non foffe ftato da certi contadini nafcofto
dentro un mucchio d' erba Chian, ch' era full' aja .

Salvo il Principe da sì fatto pericolo, fe n' andò a per-
nottare a *Tezcotzinco*, villa amena, fabbricata da fuoi antenati per loro ricreazione. Quivi afpettavano lei Signori, che
fuor dei loro ftati andavano erranti per le Città del regno.
Ivi tennero quella notte un configlio fegreto, e rifolvettero
di follecitare l' ajuto dei Chalchefi, contuttochè foffero coftoro ftati complici nella morte del Re Ixtlilxochitl. La mattina feguente a buon' ora andò il Principe a Matlallan,
e ad altri luoghi, ammonendo quei del fuo partito d' effer
preparati colle loro armi pel tempo del fuo ritorno. Due
giorni impiegò in quefte negoziazioni, e la fera del fecondo

§. 18.
Negozia-
zioni di
Nezahu-
alcojotl
per otte-
ner la co-
rona .

to non fapeva altri, che lo ftello Principe, e qualcuno dei fuoi intimi
confidenti Non è in vero incredibile, che deffo una tal fabbrica diffe-
gnaffe, mentre maraviglifofo fu lo ingegno di lui, e in tutto moftrò dei
lumi fuperiori a quelli di tutti i fuoi Nazionali.

lo giorno fu in Apan , dove l'incontrarono gli Ambafciatori

dei Cholullefi , i quali s' efibirono ad ajutarlo nella guerra contra il Tiranno. Quivi ancora lo raggiunfero due Signori del
fuo partito colla infaufta nuova della morte di Huitzilihuitl,
uno dei fuoi favoriti, il quale fu meffo dal Tiranno alla
tortura, acciocchè rivelaffe certi fegreti ; e perchè fedele al
fuo Padrone non volle fcoprirgli, finì la vita nei tormenti.
Con quefto difgufto pafsò d'Apan ad Huexotzinco, il cui
Signore era fuo parente, il quale l'accolfe con fingolar a-
more e compaffione, e promife ancora d'ajutarlo con tutte
le fue forze. Indi fe ne andò a Tlafcalla, dove fu magnifica-
mente accolto, ed in quefta Città s'accordarono ful tempo,
e ful luogo, in cui doveano radunarfi le Truppe di Cholol-
la, di Huexotzinco , e di Tlafcalla. Quando uící da quella
ultima Città per andar a Capollalpan , luogo fituato nel
mezzo della ftrada da Tlafcalla a Tezcuco, era da tanta nobiltà
accompagnato, che più fembrava un Re che andaffe colla fua
Corte a diporto, che un Principe fuggitivo, che cercava la
maniera d'impadronirfi della corona ufurpatagli. In Capollalpan
ricevette la rifpofta dei Chalchefi, nella quale fi dicevano pronti
a fervire al loro legittimo Signore contro l'iniquo ufurpatore.
E' da crederfi, che la crudeltà e l'infolenza del Tiranno alie-
naffero da lui molti popoli, oltrecchè i Chalchefi erano troppo incoftanti e facili ad aderire or ad uno, or ad un'altro partito, come fi farà vedere nel decorfo di quefta ftoria.

Mentre il Principe Nezahualcojotl eccitava i popoli alla guerra, i Mefficani trovandofi fenza Re , ed afflitti dai
Tepanechi, deliberavano di mettere alla tefta della Nazione
un uomo capace di reprime l'infolenza del Tiranno, e di
vendicare le graviffime ingiurie da lui ricevute. Radunatifi
dunque per l'elezione del nuovo Re, un autorevole vecchio
parlò così agli altri Elettori „ Vi è mancato, o nobili Mef-
„ ficani, nella morte del voftro Re il lume dei voftri oc-
„ chj; ma avete pure quello della ragione per eleggere un
„ degno fucceffore. Non s'è finita in Chimalpopoca la No-
„ biltà Mefficana ; reftano ancora parecchj eccellenti Princi-
„ pi

„ pi fratelli di lui, fra i quali potrete fcegliere un Signore
„ che vi regga, ed un Padre, che vi accolga. Figuratevi,
„ che per poco tempo s'è eccliffato il Sole, e s'è ofcurata
„ la terra, e che oramai ci riviene la luce nel nuovo Re.
„ Ciò che importa è, che fenza trattenerci in lunghe confe-
„ renze, eleggiamo un Principe, che riftabilifca l'onor della
„ noftra Nazione, che vendichi gli affronti fattile, e la ri-
„ metta nella primitiva fua libertà. „ Vennero tofto alla
elezione, e fu eletto di comun confenfo il Principe *Itzcoatl*,
fratello da canto di Padre dei due Re precedenti, e figliuolo naturale d'Acamapitzin avuto da una fchiava. Quanto
potea demeritare per la difgraziata condizione della Madre,
tanto era degno per la nobiltà e la celebrità di fuo Padre,
ed affai più per le fue proprie virtù, di cui diede molti
efempj nell' impiego di Generale delle armi Mefficane, che
per più di trenta anni aveva efercitato. Egli era ftimato
l' uomo più prudente, retto, e prode di tutta la Nazione.
Meffo ful *Tlatocaicpalli* o feggia reale, fu falutato Re da
tutta la Nobiltà con fingolari acclamazioni. Allora uno degli Oratori gli fece un ragionamento fugli obblighi d' un
Sovrano: „ Tutti, o gran Re e Signore, fra l'altre cofe
„ gli diffe, tutti ftiamo adeffo da voi pendenti. Sulle voftre
„ fpalle fi foftengono i vecchj, gli orfanelli, e le vedove.
„ Vi bafterà l'animo di deporre quefta foma? Permettere-
„ te che perifcano per le mani de' noftri nemici i fanciul-
„ li, che vanno carponi per terra? Orsù, Signore, comin-
„ ciate a diftendere il voftro manto per portar addoffo i po-
„ veri Mefficani, i quali fi lufingano di vivere ficuri fotto
„ l' ombra frefca della voftra benignità. „ Terminata quefta funzione, fi celebrò l'efaltazione del nuovo Monarca
con balli, e giuochi pubblici. Non fu meno applaudita da
Nezahualcojotl, e da tutto il fuo partito: poichè niuno dubitava, dover effere il nuovo Re alleato coftante del Principe fuo cognato; e fperavano dei grandi vantaggj dalla fua prodezza, e dalla fua perizia militare; ma ai Tepanechi, ed ai loro alleati, e maffimamente al Tiranno, fu affai fpiacevole cotal
elezione.   Itz-

Itzcoatl, il quale feriamente penfava a rimediare ai mali, che la fua Nazione pativa fotto la dura dominazione dei Tepanechi, mandò un' ambafciata al Principe Nezahualcojotl, per dargli parte della fua efaltazione, e per afficurarlo della fua determinazione d' unirfi a lui con tutte le fue forze contro il Tiranno Maxtlaton. Queft' ambafciata portata da un nepote dello fteffo Re, fu ricevuta da Nezahualcojotl dopo effere ufcito da Capollalpan, alla quale rifpofe congratulandofi col fuo cognato, ed accettando, e gradendo l'ajuto promeffogli.

Tutto il tempo, che il Principe era ftato in Capollalpan, l'avea impiegato nel fare i preparativi per la guerra. Quando gli parve effere ormai tempo di mettere in efecuzione i fuoi grandi difegni, ufcì colla fua gente, e colle truppe aufiliarie di Tlafcalla e di Huexotzinco colla rifoluzion di prender per affalto la Città di Tezcuco, e di gaftigare i fuoi abitanti per la loro infedeltà verfo di lui nella fua cattiva fortuna. Fece alto con tutto l'efercito a vifta della Città in un luogo appellato Oztopolco. Quivi pafsò la notte ordinando le truppe, e dando le difpofizioni, neceffarie per l'affalto, e la mattina feguente marciò verfo la Città; ma prima d'arrivarvi, i Tezcucani impauriti dal rigorofo gaftigo, che lor fopraftava, vennero umiliati ad inncontrarlo, addimandando perdono, e prefentandogli per moverlo a compaffione i vecchj invalidi, le donne gravide, e le Madri coi loro teneri figliuoli in braccia, le quali con amaro pianto, ed altre dimoftrazioni di cordoglio gli dicevano: ,, Abbiate pietà, o clementiffimo Signore, di quefti voftri ,, fervi tanto tribolati. In qual cofa vi hanno offefo quefti ,, miferabili vecchj, quefte povere donne, e quefti inocen- ,, ti fanciulli? Non vogliate difperdere coi colpevoli, quei ,, che non hanno veruna parte nelle offefe, che vendicar ,, volete. ,, Intenerito il Principe a vifta di tanti miferabili, accordò fubito il perdono alla Città; ma infieme diftaccò delle truppe, ed ordinò ai loro Capi d'entrarvi, e d'uccidere i Governatori, e gli altri miniftri ftabilitivi dal Tiranno,

ranno, e tutti i Tepanechi, quanti ve ne trovaſſero. Mentre queſta terribile punizione s'eſeguiva in Tezcuco, le truppe Tlaſcalleſi, ed Huexotzinche diſtaccate dall'eſercito aſſalirono con indicibile furore la Città d'Acolman, ammazzando quanti v'incontrarono infin'alla caſa del Signore della Città, ch'era fratello del Tiranno, il quale non avendo forze baſtevoli a difenderſi, fu dai ſuoi nemici ucciſo. Nello ſteſſo giorno i Chalcheſi auſiliarj del Principe piombarono ſulla Città di Coatlichan, e la preſero ſenza troppa reſiſtenza, colla morte del Governatore, che s'era rifugiato in ſull'alto del tempio maggiore: ſicchè in un ſolo dì riduſſe il Principe alla ſua ubbidienza e la Corte, e due conſiderabili Città del regno d'Acolhuacan.

Il Re di Meſſico conſapevole dei progreſſi del ſuo cognato, gli mandò un'altra ambaſciata per congratularſi con lui, e ratificar l'alleanza. Incaricò di queſt'ambaſciata un ſuo nipote, figliuolo del Re Huitzilihuitl, appellato *Moteuczoma*, (volgarmente *Motezuma*) giovane di grande forza nel corpo, e d'invincibile coraggio, al quale per le ſue immortali azioni diedero altresì il nome di *Tlacaelè*, o ſia uomo di gran cuore, e quello d'*Ilhuicamina*, cioè, il Saettatore del Cielo, e per indicarlo nelle antiche dipinture, rappreſentavano ſul capo di lui il Cielo ferito con una freccia, come ſi vede nelle pitture ſettima ed ottava della raccolta di Mendoza, e noi faremo vedere altrove fra le figure dei Re di Meſſico. Queſto è quell'Eroe Meſſicano, che ſotto il nome di *Tlacaellel* tanto celebra il P. Acoſta, o piuttoſto il P. Tobar, da cui quell'Autore preſe l'elogio, benchè in parecchie azioni attribuitegli abbia preſo sbaglio. (g) Ben vedevano ed il Re, ed il ſuo nipote quanto foſſe pericolo-

Storia del Meſſico Tom. I.   D d   ſa

(g Non ſolamente sbagliò il P. Acoſta, o ſia il P. Tobar nel ragguaglio d'alcune azioni del noſtro Eroe, ma eziandio in quello, che riguarda la ſua perſona: poichè credette diverſo Tlacaellel da Motezuma, eſſendo in fatti un ſolo perſonaggio con due, ed anche con tre nomi appellato Fa altresì Tlacaellel nipote d'Itzcoatl, ed inſieme Zio di Motezuma. il che è evidentemente falſo, mentre ſi ſa, che Motezuma era figliuolo di Huitzilihuitl fratello d'Itzcoatl, onde non poteva eſſer nipote del nipote d'Itzcoatl.

fa l' impreſa; poichè il Tiranno per impedire i progreſſi del ſuo rivale, e la ſua comunicazione coi Meſſicani, avea oc-cupato le ſtrade; ma nè il Re ſi tratenne per ciò di mandar l' ambaſciata, nè Motezuma diede moſtra veruna di codar-dìa; anzi per eſeguir più prontamente l' ordine del ſuo So-vrano, nè anche volle andar a caſa ſua per provvederſi del biſognevole pel viaggio; ma ſubito ſi miſe in cammino, dando ad un altro dei Nobili, che doveano accompagnarlo, la commiſſione di portargli le veſti neceſſarie per preſentarſi al Principe.

Conchiuſa felicemente la ſua ambaſciata, preſe congedo dal Principe per ritornare a Meſſico; ma nella ſtrada diede in un' imboſcata, che gli aveano diſpoſta i ſuoi nemici, fu fatto prigione con tutta la ſua comitiva, condotto a Chal-co, e preſentato a *Toteotzin*, Signor di quella Città, e ne-mico capitale dei Meſſicani. Queſti gli fece ſubito rinchiu-dere in una ſtretta prigione ſotto la cura di *Quateotzin*, perſona riguardevole, ordinandogli di non ſomminiſtrare ai prigionieri altro alimento, ſe non quello da lui preſcritto, finchè determinato foſſe il genere di morte, con cui doveano finire i lor giorni. Quateotzin, iſtimando troppo inuma-no un tal ordine, gli provvedeva abbondantemente a ſue ſpeſe. Ma il crudele Toteotzin, penſando fare un grande oſſequio agli Huexotzinchi, lor mandò i prigionieri, accioc-chè ſe lor pareva bene, gli ſacrificaſſero in Huexotzinco coll' aſſiſtenza de' Chalcheſi, ovvero in Chalco coll' aſſiſtenza degli Huexotzinchi. Queſti, i quali furono ſempre più umani dei Chalcheſi, ributtarono con iſdegno la propoſizione. ,, Che ra-,, gione v' è, dicevano, di privar della vita uomini, che non ,, hanno altro delitto, ſe non quello d' eſſer fedeli meſſag-,, gieri del lor Signore? E caſo mai che doveſſero morire, ,, non ci farebbe onore l' uccidere i prigioni altrui. Anda-,, te in pace, e dite al voſtro Padrone, che la Nobiltà ,, Huexotzinca non vuol infamarſi con azioni tanto indegne. ,,

Con queſta riſpoſta, e coi prigionieri ritornarono i Chal-cheſi a Toteotzin, il qual eſſendo determinato a farſi degli
ami-

amici con quei prigionieri, notiziò il Tiranno Maxtlaton, lafciando alla volontà di lui la forte di quegl' infelici, e fperando con una tal lufinga di calmare lo fdegno a lui cagionato colla fua perfidia, e colla fua incoftanza nell' abbandonare il partito dei Tepanechi per quello del Principe Nezahualcojotl. Frattanto che afpettava la rifpofta di Maxtlaton, fece rinchiudere i prigionieri nella medefima carcere, e fotto la cuftodia del medefimo Quateotzin. Quefti dolendofi della difgrazia d' un giovane sì illuftre e sì prode, chiamò la fera innanzi al giorno, in cui s'afpettava la rifpofta da Azapozalco, un fuo fervitore, di cui fidavafi affai, e gli ordinò di metter in libertà quella ftessa notte i prigionieri, e di dire dalla fua parte a Motezuma, ch'egli s'era rifoluto a falvargli la vita con rifchio evidente di perdere la fua propria: che fe per quefta cagione aveffe a morire, com'era da temerfi, non fi dimenticaffe di moftrare la fua gratitudine nella protezione de'figliuoli, che lafciava: finalmente che non andaffe per terra a Meffico; perchè farebbe un'altra volta prefo dalle guardie, ch'erano nella ftrada; ma s'incamminaffe per Iztapallocan a Chimalhuacan, ed ivi s'imbarcaffe per portarfi alla fua Città.

Efeguì il fervitore l'ordine, e Motezuma il configlio di Quateotzin. Ufcirono quella notte dalla prigione, e cautamente s'incamminarono verfo Chimalhuacan, dove fi tennero nafcofti tutto il dì feguente, e per non aver altro da mangiare, fi cibarono d'erbe crude: la notte s'imbarcarono, e colla maggior celerità fi trafportarono a Meffico, dove furono con fingolare giubilo ricevuti, mentre già morti li credevano.

Toffo che il barbaro Toteotzin fu avvertito della fuga dei prigioni, andò in collera, e ficcome non dubitava, che Quateotzin foffe ftato l'autore della loro libertà, lo fece fubito morire, e fquartare infieme colla fua moglie, e coi fuoi figliuoli, de' quali fi falvarono un figlio, ed una figlia. Quefta ricoveroffi in Meffico, dove fu affai onorata per riguardo di fuo Padre, che col difcapito della fua vita fatto aveva un fervizio sì importante alla Nazione Mefficana.

Dopo

Dopò queſto ſpiacere n'ebbe Toteotzin un altro non men grande nella riſpoſta del Tiranno Maxtlaton. Queſti eſſendo arrabbiato contro i Chalcheſi per l'ajuto dato a Nezahualcojotl, e per la ſtrage da loro fatta in Coatlichan, mandò a Toteotzin una ſeveriſſima riprenſione, chiamandolo uomo doppio e traditore, e ordinandogli di metter ſenza indugio i prigionieri in libertà. Premio degno d'un perfido adulatore! Non preſe cotal riſoluzione Maxtlaton per favorire i Meſſicani, i quali mortalmente odiava; ma ſoltanto per diſprezzare l'oſſequio di Toteotzin, e per opporſi alle ſue voglie. Tanto era lontano da favorire la Nazione meſſicana, che giammai non s'era tanto impegnato, quanto allora, in rovinarla, ed avea già alleſtito delle truppe per far un colpo deciſivo ſopra Meſſico, ed indi paſſar a riconquiſtar tutto ciò, che Nezahualcojotl gli avea tolto. Queſto Principe, conſapevole dei diſegni di Maxtlaton, ſe n'andò a Meſſico per conferir con quel prudente Re ſull'ordine, che dovevano oſſervare in quella guerra, e ſulle miſure da prenderſi per iſconcertare i progetti del Tiranno, e s'accordarono d'unir le truppe Tezcucane a quelle di Meſſico per la difeſa di quella Città, dalla forte della quale ſembrava dipendere l'eſito della guerra.

Col rumor della imminente guerra coſternoſſi in tal maniera la Plebe Meſſicana, che ſtimandoſi incapace di reſiſtere alla poſſanza dei Tepanechi, cui fino a quel tempo avea riconoſciuto ſuperiori, ſi portò in torme al Re per pregarlo con clamori, e con lagrime di non intraprendere una guerra ſì pericoloſa, che cagionerebbe infallibilmente il conquaſſo della lor Città, e della Nazione. *Che volete dunque, che facciamo*, diſſe il Re, *per liberarci da tante calamità? Che addimandiamo la pace*, riſpoſe la Plebe, *al Re d'Azcapozalco, e ci eſibiamo a ſervirgli: e per muoverlo alla clemenza, ſia condotto alla ſua preſenza il noſtro Dio ſulle ſpalle dei Sacerdoti.* Furono tali i clamori accompagnati da minacce, che il prudente Re temendo qualche ſedizione popolare più pernicioſa, che la guerra dei Nemici, fu coſtretto ſuo malgrado

do

do a condiscendere alla richiesta del popolo. Trovavasi là presente Motezuma, e non potendo sofferire, che una Nazione, la quale tanto si vantava dell'onore, s'appigliasse ad un partito sì ignominioso, parlò così alla Plebe: ,, Deh, che ,, pensate, o Messicani? Avete perduto il cervello? Come ,, s'è introdotta sì fatta codardìa nei vostri cuori? Vi siete ,, forse dimenticati d'esser Messicani, e discendenti da quegli ,, Eroi, che fondarono questa Città, e da quei valent'uomi- ,, ni, che l'hanno conservata a dispetto delle contraddizioni ,, dei nostri nemici? O cambiate dunque sentimento, o ri- ,, nunziate alla gloria, ch'ereditata avete dai vostri antena- ti. ,, E volgendosi indi al Re, ,, Come, Signor, gli disse, ,, sì grande ignominia permettete nel vostro Popolo? Parla- ,, tegli un'altra volta, e ditegli, che ci lasci prendere un ,, altro partito prima di metterci così scioccamente, e così ,, infamemente nelle mani dei nostri nemici. ,,

Il Re, che nulla più di ciò desiderava, parlò alla Ple- be, raccomandando il consiglio di Motezuma, il quale fu ben accolto. ,, E ben, disse allora il Re parlando alla Nobiltà, ,, chi di voi, che siete il fior della Nazione, avrà coraggio ,, per portar un'ambasciata al Signor dei Tepanechi? ,, Co- minciarono tutti a guardarsi scambievolmente, e non v'era tra loro chi ardisse affrontare il pericolo, finchè Motezuma con giovanile intrepidezza si presentò dicendo: ,, Io andrò; ,, poichè se finalmente debbo morire, poco importa, che sia ,, oggi o dimani, nè può trovarsi una miglior occasione per ,, morir con gloria, sacrificando la mia vita all'onor della ,, mia Nazione? Eccomi, Signore, pronto ad ubbidire ai ,, vostri comandi. Ordinatemi pure, ciò che vi piace. ,, Il Re compiaciutosi di sì gran coraggio, gli ordinò d'andare a proporre la pace al Tiranno, ma senza acconsentire a con- dizioni ignominiose. Andossene subito il prode giovane, ed incontrando le guardie Tepaneche, lor persuase di lasciarlo portare al lor Signore un'ambasciata di somma importanza. Presentato al Tiranno, addimandogli la pace a nome del suo Re, e della sua Nazione, ma sotto condizioni oneste. Il Tiranno rifpofe, ch'era d'uopo deliberare coi fuoi Configlieri per dar nel giorno feguente la rifpofta decifiva; ed avendo Motezuma da lui richiefto un falvocondotto, non altro gli diede, che quello ch'egli colla fua induftria fi procacciaffe: onde colui fe ne andò incontanente a Meffico promettendo di ritornare il giorno feguente. La poca fidanza e ficurtà, che avea in quella corte, e la comodità del viaggio, che non era più di quattro miglia, faranno ftate fenz'altro le cagioni di non aver quivi afpettato la decifione del Tiranno. Ritornò dunque ad Azcapozalco il giorno feguente, come avea promeffo, ed avendo fentito dalla bocca del Tiranno la rifoluzion della guerra, adoperò con lui le ceremonie folite a farfi dai Signori, quando fi sfidavano, cioè gli prefentò certe armi difenfive, e gli unfe il capo, e vi attaccò delle penne nella maniera, che il facevano coi morti, ed oltr'a ciò proteftogli a nome del fuo Re, che per non volere accettar la pace offertagli, farebbe fenza dubbio rovinato infieme con tutta la Nazione dei Tepanechi. Il Tiranno fenza moftrar difgufto per cotali ceremonie, nè per le minaccie fattegli, diede anch'egli delle armi da prefentarfi al Re di Meffico, ed avvertì Motezuma per la ficurtà della fua perfona, di ritornarfene traveftito per un piccolo ufcio di quel palagio. Non avrebbe il Tiranno badato tanto quefta volta al dritto delle genti, fe aveffe preveduto, che quello fteffo Ambafciatore, della vita di cui prendeva cura, doveva effere lo ftrumento principale della fua ruina. Motezuma profittoffi dell'avvifo; ma fubito che fi vide fuor di pericolo, fi mife ad infultar le guardie, a lor rinfacciando la loro trafcuraggine, e minacciandole della loro pronta perdizione. Le guardie gli fi avventarono per ucciderlo; ma egli sì coraggiofamente fi difefe, che uccife uno o due uomini, e fopravvenendo degli altri, fi ritirò precipitofamente a Meffico, portando la nuova, che era già dichiarata la guerra, ed erano sfidati i capi d'amendue le Nazioni.

Con una tal nuova tornò a fcompigliarfi la Plebe, e ricorfe al Re per richieder da lui il permeffo d'abbandonar la

la Città; perchè inevitabil credeva la sua ruina. Il Re procurò confortargli, ed incoraggiargli colla speranza della vittoria. *Ma se mai siamo vinti*, replicarono i Plebei, *che fa-*
remo? Se ciò accade, rispose il Re, *fin da ora noi ci obbli-*
ghiamo a metterci nelle vostre mani, per essere da voi sacri-
ficati, se vi piace. Così farà, tornò a dire la Plebe, *se siete*
vinti; ma se ottenete vittoria, fin da ora altresì ci obbli-
ghiamo noi, ed i nostri discendenti ad essere vostri tributarj,
a lavorar le vostre terre, e quelle dei Nobili, a fabbricar le
vostre case, ed a portarvi ogni volta, che alla guerra andrete,
le vostre armi, ed i vostri bagaglj. Fatto quello accordo fra
i Nobili ed i Plebei, e commesso il comando di tutte le
truppe Messicane al prode Motezuma, diede il Re pronto
avviso al Principe Nezahualcojotl, acciocchè venisse subito
col suo Esercito a Messico, siccome fece un giorno innanzi
alla battaglia.

Non può dubitarsi, che fossero già state fabbricate in
questo tempo dai Messicani delle strade sul lago per la più
comoda comunicazione della loro Città con quelle del Continente; perchè altrimenti non possono intendersi i movimenti, e le scaramuccie d' ambidue gli eserciti: anzi sappiamo
per la Storia, che tali strade erano tagliate con fossi, sopra
i quali aveano dei ponti levatoj; ma nessuno Storico ci ac-
cenna il tempo, in cui furono fabbricate. (*h*) Io in vero
mi maraviglio, che in mezzo ad una vita tanto calamitosa
bastasse l' animo ai Messicani per intraprendere, e per eseguí-
re una opera sì grande e sì malagevole.

Il giorno seguente all' arrivo del Prencipe Nezahualcojotl a Messico si lasciò vedere nel campo l' esercito dei Tepanechi assai numeroso e brillante non meno per le lamette
d' oro, di cui andavano adorni, che per i vaghi pennacchj,
che portavano in testa, con cui parevano voler aggrandire la
loro statura. Accompagnavano la loro marcia con grandi urli,

(*h*) Io credo, che i Messicani avessero a questo tempo fabbricate le strade di Tacuba e di Tepejacic, non già quella d' Iztapallapan, la quale e più
grande, ed ivi era il lago più profondo.

li, vantando troppo presto la vittoria : Questo esercito era comandato da un famoso Generale, appellato *Mazatl*. Il Tiranno Maxtlaton, contuttochè accettato avesse la sfida, pure non volle muoversi dal suo palagio, o perchè credeva avvilirsi nell' aver a combattere col Re di Messico, o ciò ch' è più verisimile, perchè temette la fortuna della guerra. Tosto che i Messicani avvertiti furono dei movimenti de' Tepanechi, uscirono bene ordinati a ricevergli, e dato dal Re Itzcoatl il segno della battaglia col suono d' un tamburello, che portava sulla spalla, s' attaccarono con indicibil furia ambedue gli eserciti, ben persuasi e gli uni e gli altri, che dovea quella battaglia decidere della lor sorte. Per la maggior parte del dì non si potè conoscere, da che banda inclinasse la vittoria, mentre ciò che guadagnavano i Tepanechi, fra poco il perdevano. Ma poco avanti al tramontar del Sole, vedendo la Plebe Messicana le forze dei Nemici, ognora aumentarsi con nuovi rinforzi, cominciò a sbigottirsi, ed a lagnarsi dei suoi capi. *Che facciamo, o Messicani!* si dicevano gli uni agli altri, *farà bene il sacrificar le nostre vite all' ambizione del nostro Re, e del nostro Generale! Quanto più salutevole non farà l' arrenderci confessando umilmente la nostra temerità, per ottenere il perdono, e la grazia della vita?*

Sentì il Re con sommo rammarico queste voci, e vedendo con esse scoraggirsi vieppiù la sua Gente, chiamò a consiglio il Principe, ed il Generale per richieder il loro sentimento intorno a ciò, che converrebbe fare per incoraggir la Plebe tanto sbigottita. *Che?* Rispose Motezuma, *combattere infino a morire. Se muojamo colle armi in mano difendendo la nostra libertà, faremo il nostro dovere. Se sopravviviamo vinti, resteremo coperti d' eterna confusione. Andiamo, dunque, andiamo a morire.* Cominciavano già a prevalere i clamori dei quasi vinti Messicani, tra i quali vi furono alcuni tanto vili, che chiamando i lor nemici dicevano: *O forti Tepanechi, Signori del Continente, frenate il vostro sdegno ; poichè ormai ci arrendiamo. Se vi pia-*

ce,

ce, qui fotto i vostri occhj ammazzeremo i nostri capi, per meritarci da voi il perdono della temerità, alla quale ci ha indotto la loro ambizione. Fu sì grande lo sdegno, ch' ebbero per sì fatti clamori il Re, il Principe, il Generale, e la Nobiltà, che quivi incontanente avrebbono punito colla morte la viltà dei loro codardi soldati, se non fosse stato per non agevolare ai nemici la vittoria; e però dissimulando il loro disgusto, gridarono tutti ad una voce, *Andiamo a morire con gloria*, e si scagliarono con tal impeto sopra i nemici, che gli rispinsero da un fosso, che aveano occupato, e gli fecero tornar indietro. Con questo vantaggio cominciò il Re ad animar la sua Gente, mentre il Principe ed il Generale facevano maraviglie di coraggio. Nel maggior fuoco della zuffa s'incontrò Motezuma col Generale Tepaneca, che veniva orgoglioso per lo terrore cagionato da' suoi soldati alla Plebe Messicana, e gli diede un sì fiero colpo nella testa, che il distese esanimato ai suoi piedi. Si sparse subito per tutto il campo il rumore della vittoria, col quale presero gran coraggio i Messicani; ma i Tepanechi talmente si consternarono colla morte del loro bravo Generale Mazatl, che tosto si misero in disordine. La notte sopravvenuta impedì i Messicani di continovare i loro progressi: onde e gli uni, e gli altri si ritirarono alle loro Città, i Messicani pieni di coraggio, ed impazienti di non poter compiere per la oscurità della notte la loro vittoria, ed i Tepanechi sconsolati e malinconici, benchè non affatto privi di speranza di vendicarsi il giorno seguente.

Maxtlaton assai afflitto e dalla morte del suo Generale, e dalla sconfitta delle sue truppe, passò quella notte (l' ultima della sua vita) animando i suoi Capitani, e ad essi rappresentando da una parte la gloria del trionfo, e dall'altra i mali, a cui soggiacerebbero, se mai fossero vinti: poichè i Messicani, che infin'a quel tempo erano stati tributarj dei Tepanechi, dove restassero vittoriosi, costrignerebbono i Tepanechi a pagar tributo a loro. (i)

Storia del Messico Tom. I.   E e   Ven-

____

(1) Per queste espressioni del Tiranno si può credere, che quando egli
s' im-

.Lib. III.

§. 22.
Conqui-
fta d'Az-
capozal-
co, e mor-
te del Ti-
ranno
Maxtla-
ton.

Venne finalmente quel giorno, che decidere dovea della forte di tre Re. Ufcirono ambedue gli eferciti al campo,
e cominciarono con iftraordinario furor la battaglia, la quale fi mantenne in vigore fino al mezzo dì. I Meffìcani, effendo incoraggiti e dai vantaggi il giorno innanzi riportati,
e da una ferma fperanza di vincere, fecero sì grande ftrage
dei loro nemici, che coprirono il campo di cadaveri, gli
fconfiffero, gli mifero in fuga, e gl'infeguirono fin dentro
la loro Città d'Azcapozalco, portando da per tutto il terrore, e la morte. Vedendo i Tepanechi, che nè anche nelle
loro cafe poteano fottrarfi dal furore dei vincitori, fuggirono alle montagne difcofte dieci, e dodici miglia da Azcapozalco. L'orgogliofo Maxtlaton, che fino a quel dì avea di-
fprezzato i fuoi nemici, e fuperiore riputavafi a tutti i contrafti della fortuna, ora vedendo nella fua Corte i Meffìcani, fentendo il pianto dei vinti, mancandogli le forze per
refiftere, e temendo effer raggiunto nella fuga, fe la intra-
prendeva, prefe il partito di nafconderfi dentro un *temax-
calli*, o fia Ipocaufto, di cui altrove parleremo; ma ficcome il cercarono da per tutto i vincitori, così finalmente lo
trovarono, e non baftando a piegarli nè le preghiere, nè le
lagrime, con cui implorava la loro clemenza, fu uccifo con
battonate, e faffate, ed il fuo cadavero fu gittato nella campagna, acciocchè foffe cibo agli uccelli di rapina. Quefto fu
il tragico fine di Maxtlaton, non avendo ancor compito tre
anni della fua tirannìa. Così terminarono l'ingiuftizia, la
crudeltà, l'ambizione, e la perfidia di coftui, e le graviffì-
me ingiurie da lui fatte al legittimo erede del regno d'A-
colhuacan, al fuo fratello Tajatzin, ed ai Re di Meffìco.
La fua memoria è odiofa, ed efecrabile negli annali di quelle Nazioni.

Quefto memorabile avvenimento, il quale cambiò in-

tera-

s'impadronì della corona d'Azcapózalco colla morte del fuo fratello Tajatzin, tornò ad imporre ai Meffìcani il tributo lor già rimeffo dal fuo
Padre Tezozomoc.

tera mente il fiftema di quei Regni, fegnalò l'anno 1425, della era volgare, un fecolo appunto dopo la fondazione di Meffico.

La notte feguente s'occuparono i vincitori nel faccheggiar la Città, nel rovinar le cafe, e nel bruciar i tempj, lafciando in tale ftato quella Corte già tanto celebre, che non poteffe rimetterfi in molti anni. Mentre i Mefficani, e gli Acolhui raccolgevano i frutti della loro vittoria, i Tlafcallefi, e gli Huexotzinchi diftaccati dall'efercito prefero per affalto la Corte antica di Tenajuca, e nel giorno feguente, vennero ad unirfi a coloro, per prendere la Città di *Cuetlachtepec*.

I fuggitivi Tepanechi, trovandofi nei monti ridotti alla maggior miferia, e temendo d'effere ancor ivi fopraggiunti dai vincitori, penfarono a renderfi, ed implorare la loro clemenza: e per ottenerla mandarono al Re di Meffico un illuftre perfonaggio accompagnato d'altri Nobili di parecchj luoghi della Nazione Tepaneca. Quefto Ambafciatore addimandò umilmente al Re il perdono a nome de' fuoi Nazionali, gli preftò ubbidienza, e promife, che il riconofcerebbero tutti i Tepanechi per loro legittimo Signore, e gli fervirebbero come vaffalli. Congratuloffi della loro fortuna in mezzo ad un sì grande conquaffo, di dover foggiacere ad un Re sì degno, e dotato delle più eccellenti qualità, e finalmente conchiufe il fuo ragionamento, caldamente pregandolo di voler accordar loro la grazia della vita, e la libertà di ritornare alle loro cafe. Itzcoatl gli accolfe con fomma benignità, accordò quanto volevano, e proteftò di ricevergli non già per fudditi, ma per figliuoli, e fi efibì di fare verfo di loro tutti gli uffizj d'un vero Padre; ma infieme lor minacciò l'ultimo efterminio, cafo che ofaffero violare la fedeltà giuratagli. Dopo tal grazia ritornarono i fuggitivi ai lor luoghi per riedificare le loro cafe, e per badare agli intereffi delle loro famiglie: e fin da allora reftarono fempre foggetti al Re di Meffico, accrefcendo colla loro difgrazia gli efempj di viciffitudine, che ognora offerviamo

mo

mo nell' umana felicità. Ma non tutti i Tepanechi si ri-

LIB. III. duffero tofto fotto l'ubbidienza del Conquiftatore: poichè quei di Cojohuacan, Città, e ftato confiderabile della fteffa Nazione, fi mantennero per qualche tempo oftinati, ficcome poi vedremo, nel loro primo partito.

Il Re Itzcoatl dopo quefta famofa conquifta fece ai Plebei ratificar l'accordo fatto già da loro colla Nobiltà: onde reftarono perpetuamente obbligati a fervirla, come fempre fecero nell'avvenire; ma quelli, che coi loro clamori e lamenti fcoraggiati aveano gli altri nella battaglia, furono fmembrati dal cotpo della Nazione, e dallo Stato Mefficano, e come vili e codardi, perpetuamente sbanditi. A Motezuma poi, ed agli altri, che più s'erano nella guerra fegnalati, diede il Re la proprietà di qualche parte delle terre conquiftate, ed un'altra ne affegnò ai Sacerdoti pel loro foftentamento: e dopo aver dati gli ordini opportuni per render più ferma e ftabile la fua dominazione, ritornò col fuo efercito a Meffico per celebrare con pubbliche allegrezze la felicità delle fue armi, e per ringraziare gli Dei della loro pretefa protezione.

LIBRO IV.

*Ristabilimento della famiglia Reale de' Cicimechi nel trono d' A-
colhuacan. Fondazione della Monarchia di Tacuba. Triplice
alleanza de' Re di Meſſico, d' Acolhuacan, e di Tacuba. Conquiſte, e morte del Re Itzcoatl. Conquiſte
ed avvenimenti de' Meſſicani ſotto i lor Re Motezuma I., ed Axajacatl. Guerra fra i Meſſicani, ed i Tlatelolchi. Conquiſta di Tlatelolco, e morte del ſuo Re Moquihuix. Governo, morte, ed elogio di Nezahualcojotl,
ed eſaltazione al trono del ſuo figliuolo Nezahualpilli.*

Oſto che Itzcoatl ben fermo ſi vide nel ſuo
trono, e nella pacifica poſſeſſione d' Azcapo-
zalco, per rimunerare il Principe Nezahualcojotl dell' ajuto datogli nella difeſa di Meſſico, e nella conquiſta della corte de' Tepanechi, determinò di ajutar lui medeſimo nella
recuperazione del regno d' Acolhuacan. Se il
Re di Meſſico aveſſe poſpoſto la fedeltà e la giuſtizia all'
ambizione, non gli ſarebbono mancati de' preteſti per impadronirſi ancor di quel regno. Il Tiranno Tezozomoc avea
meſſo Chimalpopoca in poſſeſſo di Tezcuco, e queſti, come
Signore, in quella Corte avea comandato. Itzcoatl, il quale er' entrato in tutti i diritti del ſuo anteceſſore, poteva
conſiderar quello ſtato, come incorporato da alcuni anni addietro alla Corona di Meſſico. Avendo poi da un altro
canto conquiſtato legittimamente Azcapozalco, e ſottomeſſo
i Tepanechi, pareva dover ſuccedere in tutti i dritti de' vinti, i quali, e per la poſſeſſione di dodici anni, e per l' ac-
cettazione della maggior parte dei popoli, potrebbonſi forſe

cre-

§. 1.
Riſtabili-
mento
della fa-
miglia
Reale de'
Cicime-
chi nel
trono d'
Acolhua-
can.

credere abbaſtanza giuſtificati. Ma mettendo in non cale sì fatti
preteſti, penſò ſeriamente a porre Nezahualcojotl ſul trono,
che per legittima ſucceſſione gli apparteneva, e di cui per
tanti anni era ſtato privo per la uſurpazione de' Tepanechi.

Anche dopo la disfatta de' Tepanechi v'erano parecchie
Città nel regno, che non volevano ſottometterſi al Principe
erede per paura del caſtigo da loro meritato. Era una di queſte la Città di Huexotla, vicina alla Corte di Tezcuco, il
cui Signore *Huitznahuatl* (a) s' era oſtinato nella ribellione.
Uſcirono da Meſſico le Truppe alleate, ed incamminandoſi
per le pianure, oggi appellate di *Santa Marta*, fecero alto
in Chimalhuacan, onde mandarono il Re, ed il Principe ad
offerir il perdono a quei Cittadini, ſe s' arrendevano, minacciando di mettere a fuoco e fiamma la Città, ſe perſiſte-
vano nella loro ribellione; ma i ribelli invece d'acettar l' of-
ferta uſcirono in ordine di battaglia contro l' eſercito Reale.
Poco durò la pugna; perchè eſſendo ſtato preſo dall' invitto
Motezuma il Signor di quella Città, ſi miſero in fuga le
truppe ribelli, e poi addimandarono umilmente il perdono,
preſentando, come far ſolevano, al Vincitore le donne gravide, i fanciulli, ed i vecchj per muoverlo a compaſſione.
Spianata finalmente la ſtrada al trono d' Acolhuacan, e col-
locatovi il Principe, furono congedate le truppe auſiliarie di
Huexotzinco e di Tlaſcalla con ſingolari dimoſtrazioni di
gratitudine, e con una buona parte del bottino d' Azcapozalco.

§ 2.
Conquiſta di Co-
johuacan,
e d' altri
luoghi, Indi portoſſi l' Eſercito de' Meſſicani, e degli Acolhui
contro i ribelli di Cojohuacan, d' Atlacuihuajan, e di Huitzilopochco. I Cojoacaneſi aveano procurato d' eccitar gli animi di tutti gli altri Tepanechi a ſcuoter il giogo de' Meſſicani. Piegaronſi alle loro ſollecitazioni le ſuddette Città,
ed altri luoghi vicini; ma gli altri impauriti per la ſtrage
d' Azcapozalco, non vollero eſporſi a nuovi periglj. Prima
di

***

(a) La Città di Huexotla era ſtata data da Tezozomoc al Re di Tlatelolco ond' è da crederſi, che il Tiranno Maxtlaton gliela togliéſſe per dar-
la ad Huitznahuatl.

di dichiarar la loro ribellione cominciarono a malmenare le
donne Meſſicane, che andavano al loro mercato, ed anche
gli uomini, che per qualſivoglia motivo capitavano a quella
Città. Onde il Re Itzcoatl comandò, che neſſun Meſſicano
andaſſe a Cojohuacan, finchè non foſſe caſtigata la inſolenza
di quei ribelli. Terminata dunque la ſpedizione di Huexotla,
andò contra loro. Nelle tre prime battaglie che diede, appena n'ebbe altro vantaggio, che quello di fargli retroce-
dere un poco; ma nella quarta, mentre i due eſerciti fu-
rioſamente combattevano, Motezuma colle truppe coraggioſe, che aveva meſſo in imboſcata, piombò con tal impeto
ſopra la retroguardia de' ribelli, che gli diſordinò, e gli coſtrinſe ad abbandonare il campo, ed a fuggirſene alla Città. Gli
inſeguì pure, ed accorgendoſi, che volevano fortificarſi nel
tempio maggiore, li prevenne coll'occuparlo, e bruciò la
torre di quel ſantuario. Con ſì fatto colpo ſi coſternarono a
tal ſegno i ribelli, che laſciando la Città, fuggirono alle montagne, che ſono a Mezzogiorno di Cojohuacan; ma ancor là
furono dalle truppe Reali incalzati per più di trenta miglia,
finattantochè in un monte a Ponente di Quauhnahuac, i fuggitivi ſtanchi e privi d'ogni ſperanza di ſcampare, gittarono
l'armi in ſegno d'arrenderſi, e ſi diedero a diſcrezione ai vincitori.

Con queſta vittoria reſtò Itzcoatl Padrone di tutto lo
ſtato de' Tepanechi, e Motezuma pieno di gloria. E' da far
maraviglia, dicono gli Storici, che la maggior parte de'
prigioni fattiſi in quella guerra di Cojohuacan apparteneva a
Motezuma, ed a tre bravi uffiziali Acolhui; poichè tutti e
quattro ſull'eſempio degli antichi Meſſicani nella guerra contro i Xochimilchi, s'erano convenuti di tagliar una ciocca
di capelli a tutti quei che prendeſſero, e nella maggior parte
di eſſi trovoſſi un tal contraſſegno.

Avendo terminata ſì felicemente queſta ſpedizione, e
regolati gli affari di Cojohuacan, e delle altre Città ſoggio-
gate, ritornarono a Meſſico tutti due i Re. Parve al Re
Itzcoatl convenevole il mettere alla teſta de' Tepanechi qualcuno

Lib. IV.

§. 3.
Monar-
chìa di
Tacuba,
ed alle-
anza de'
tre Re.

cuno della famiglia dei loro antichi Signori, acciocchè più tranquillamente, e con minor dispiacere vivessero sotto il giogo de' Messicani. Scelse per cotal dignità *Toroquibuatzin*, figliuolo d'un figliuolo del Tiranno Tezozomoc. Non si sa, che questo Principe avesse avuta mai parte nella guerra contro i Messicani, o per qualche secreta inclinazione, che a loro portasse, o per avversione al suo zio Maxtlaton. Itzcoatl lo fece venire a Messico, e lo creò Re di Tlacopan, o sia Tacuba, Città considerabile de' Tepanechi, e di tutti i luoghi, che erano a Ponente, compreso anche il paese di Mazahuacan; ma Cojohuacan, Azcapozalco, Mixcoac, ed altre Città de' Tepanechi restarono immediatamente sottoposte alla corona di Messico. Si diede quella Corona a Totoquihuatzin sotto la condizione di servir con tutte le sue truppe al Re di Messico, ogni volta che il richiedesse, assegnando a lui medesimo per ciò la quinta parte delle spoglie, che si avessero dai nemici. Similmente Nezahualcojotl fu messo in possesso del trono d'Acolhuacan sotto la condizione di dover soccorrere i Messicani nella guerra, e perciò gli fu assegnata la terza parte della preda, cavatane prima quella del Re di Tacuba, restando l'altre due terze parti pel Re Messicano. Oltr'a ciò tutti e due i Re furono creati Elettori onorarj del Re di Messico, (b) il qual onore soltanto riducevasi a ratificare l'elezion fatta da' quattro Nobili Messicani, ch'erano i veri Elettori. Il Re di Messico scambievolmente s'obbligò a soccorrere ognuno d'essi due Re, dove vi fosse bisogno. Questa alleanza de' tre Re, che ferma ed inalterabile si mantenne per quasi un secolo, fu la cagione delle rapide conquiste, che poi fecero i Messicani. Non fu questo l'unico colpo maestro della politica del Re Itzcoatl: rimunerò anche vantaggiosamente tutti quelli, che s'erano segnalati nella guerra, non facendo tanto conto della

la

____

(b) Parecchi Storici credettero, che i Re di Tezcuco e di Tacuba fossero veri Elettori, ma dalla stessa Storia ci consta l'opposto· nè v'è riscontro, che mai intervenissero, nè si trovassero presenti ad alcuna elezione, come altrove diremo.

la nafcita, e degl'impieghi, che ottenevano, quanto del coraggio moftrato, e dei fervigj da loro fatti. Così la fperanza del guiderdone gli animava alle più eroiche imprefe, effendo ficuri, che la loro gloria, ed i loro vantaggj non di-
pendevano da certi accidenti di fortuna, ma dal merito delle loro proprie azioni. Una tal politica fu dai Re pofteriori per lo più adottata con grande utilità dello ftato. Stabi-
lita quefta famofa alleanza portoffi Itzcoatl col Re Nezahualcojotl a Tezcuco per incoronarlo di fua propria mano. Quefta funzione fi celebrò colla maggior folennità nel 1426. Indi fe ne tornò il Re di Meffico alla fua Corte, e quello
d'Acolhuacan s'applicò colla più gran diligenza a riformar
la fua.

Non era così ben regolato il regno d'Acolhuacan; come il lafciò Techotlala. La dominazione de' Tepanechi, e § 4
Regola-
menti fin-
golari del
Re Ne-
zahual-
cojotl
le rivoluzioni avvenute in quei venti anni aveano alterato
il governo dei Popoli, indebolito il vigor delle leggi, e gua-
ftato in gran parte i coftumi. Nezahualcojotl, il quale oltre l'amore, che portava alla fua Nazione, era dotato di
fingolar prudenza, fece tali regolamenti per la riforma del
regno, che fra poco fi vide più fiorito, che fotto qualunque
altro de' fuoi Anteceffori. Diede nuova forma ai Configlj
già ftabiliti dal fuo Avo. Conferì le cariche alle perfone
più idonee. Un Configlio v'era per le caufe puramente civili, ed oltre ad altri affiftevano in effo cinque Signori, che
nelle fue avverfità gli erano ftati coftantemente fedeli. Un
altro Configlio v'era per le caufe criminali, dove prefiede-
vano due Principi fuoi fratelli di fomma integrità. Il Configlio di Guerra fi componeva de' più famofi Capitani, fra
i quali aveva il primo luogo il Signor di Teotihuacan genero del Re, ed uno de' tredici Magnati del regno. Il Configlio fopra le rendite Reali conftava dei Maggiordomi del
Re, e de' primi mercatanti della Corte. Tre erano i principali Maggiordomi, che avevano cura de' tributi, e delle altre
entrate del Re. Stabilì delle adunanze a foggia d'Accademie per la loro Poesìa, per l'Aftronomìa, per la Mufica,

per la Pittura, per la Storia, e per l'arte divinatoria, e chiamò alla Corte i più rinomati Profeſſori del regno: i quali ſi ragunavano in certi giorni per comunicarſi ſcambievolmente i loro lumi, e le loro invenzioni: e per ognuna delle ſuddette ſcienze ed arti, quantunque imperfette, fondò delle ſcuole nella Corte. Rapporto alle arti meccaniche diviſe la Città di Tezcuco in trenta e più parti, e a ciaſcun' arte aſſegnò la ſua con eſcluſion delle altre: ſicchè in un luogo erano gli Orefici, in altro gli Scultori, in altro i Teſſitori, e così degli altri. Pel fomento della Religione fabbricò nuovi templj, creò miniſtri pel culto dei loro Dei, diede loro delle caſe, ed aſſegnò delle rendite, e pel loro ſoſtentamento, e per l'altre ſpeſe da farſi nelle feſte, e nei ſacrifizj. Per accreſcere lo ſplendore della ſua Corte coſtruì de' grandi edifizj dentro e fuori della Città, e piantò nuovi giardini, e e boſchi, che in parte ſi conſervarono molti anni dopo la conquiſta, e finora ſi vedono alcuni veſtigj di quella magnificenza.

1 5
Conquiſte di Xochimilco, di Cuitlahuac, e d'altre Città.
Frattanto che il Re d'Acolhuacan s'occupava in regolar la ſua Corte, i Xochimilchi, temendo che i Meſſicani nell'avvenire voleſſero impadronirſi del loro ſtato, come aveano fatto di quello de' Tepanechi, ſi adunarono in conſiglio pei deliberar ſu' mezzi da adoperarſi per prevenire una tal diſgrazia. Alcuni furono di ſentimento di ſottometterſi volontariamente alla dominazione de' Meſſicani, dovendo eſſer finalmente ſopraffatti dalla loro poſſanza; ma prevalſe il parere degli altri, che ſtimarono meglio il dichiarar ad eſſi la guerra, prima che colle nuove conquiſte diveniſſero più formidabili. Appena ſeppe la loro riſoluzione il Re di Meſſico, che miſe in piede un buon eſercito ſotto il comando del celebre Motezuma, ed avviſò il Re di Tacuba, acciocchè veniſſe colle ſue truppe. La battaglia ſi diede ne' confini di Xochimilco. Quantunque grande foſſe il numero de' Xochimilchi, non però combattevano col buon ordine de' Meſſicani, onde in breve ſconfitti ſi ritirarono alla Città. I Meſſicani inſeguendogli vi entrarono, ed attac-

carono

carono il fuoco alle torri de' tempj, e ad altri edifizj. Non
potendo i Cittadini foltenere il loro attacco, fuggirono ai
monti; ma effendo ancor ivi dai Meffricani affediati, finalmente fi rendettero. Motezuma fu ricevuto da' Sacerdoti
Xochimilchi con mufica di flautini, e di tamburelli, effendofi sbrigato da sì importante fpedizione in undici foli giorni. Portoffi tofto il Re di Meffico a prender poffeffo di quella Città, che era, come abbiamo già accennato, la più
grande della Valle Meffricana dopo le Corti, dove fu riconofciuto ed acclamato Re, ricevè l'ubbidienza di quei nuovi
fudditi, e promife loro d'amarli come Padre, e di prender
cura per l'avvenire de' loro intereffi.

La fciagura de' Xochimilchi non baftò ad impaurire quei
di Cuitlahuac; anzi la vantaggiofa fituazione della loro Città,
ftabilita in una ifoletta del lago di Chalco, gli incoraggì
per provocare i Meffricani alla guerra. Itzcoatl piombar voleva fopra loro con tutte le forze di Meffico; ma Motezuma s'efibì ad abbattere con minori forze il loro orgoglio,
e perciò levò alcune compagnie di giovani, maffimamente
di quelli, che s'allevavano ne' Seminarj di Meffico: ed
avendogli efercitati nelle armi, ed inftruiti nell'ordine, e
nella maniera, che doveano offervare in quella guerra, difpofe un numero proporzionato di barche, ed andò con tal'
armata contro i Cuitlahuachefi. Ignoriamo affatto le particolari circoftanze di quefta fpedizione; ma fappiamo, che
dopo fette giorni fu prefa la Città, e fottomeffa alla ubbidienza del Re di Meffico, e che i giovani ritornarono carichi di fpoglie, e conduffero feco un buon numero di prigioni da facrificarfi al Dio della Guerra. Nè meno fi fà
l'anno precifo, in cui fi fece quefta guerra, come nè il
tempo di quella di Quauhnahuac, benchè quefta pare efferfi
fatta ful fine del regno d'Itzcoatl.

Il Signor di Xiuhtepec, Città del paefe de' Tlahuichi
più di trenta miglia a Mezzodì di Meffico, avea richiefto
dal fuo vicino il Signor di Quauhnahuac una fua figlia per
moglie, e quefti l'avea accordato. Pretefela poi il Signor

di

di Tlaltexcal, e ad eſſo lui la diede ſubito, **non** curandoſi della promeſſa fatta al primo, o per qualche offeſa da lui ricevuta, o per qualche altra cagione da noi ignorata. Gravemente riſentito d' un tal affronto il Signor di Xiuhtepec, volle vendicarſi; ma non potendo da. per ſe a cagione dell' inferiorità delle ſue forze, implorò il favore del Re di Meſſico, promettendo d'eſſergli ſempre amico ed alleato, e di ſervirlo ogni volta che il richiedeſſe, colla ſua perſona e colla ſua gente. Itzcoatl ſtimando giuſta la guerra, ed opportuna l'occaſione d'ampliare i ſuoi dominj, armò la ſua gente, e convocò quella d' Acolhuacan, e di Tacuba. Abbiſognava certamente di sì grande eſercito, poichè il Signor di Quauhnahuac era aſſai potente, e la ſua Città aſſai forte, ſiccome lo ſperimentarono poi gli Spagnuoli, quando l'aſſediarono. Comandò Itzcoatl, che tutto l'eſercito aſſaliſſe ad un tempo la Città, i Meſſicani per Ocuilla dalla banda di Ponente, i Tepanechi per Tlatzacapechco dalla banda di Tramontana, ed i Tezcucani inſieme coi Xiuhtepecheſi per Tlalquitenanco dalla banda di Levante, e di Mezzogiorno. I Quauhnahuacheſi confidando nella natural fortezza della Città, vollero aſpettar l'aſſalto. I primi a darlo furono i Tepanechi, i quali furono vigoroſamente riſpinti; ma ſopravvenendo immediatamente tutte l'altre truppe, furono i Cittadini coſtretti ad arrenderſi, ed a ſottometterſi al Re di Meſſico, al quale annualmente pagarono d'allora innanzi tributo in cotone, in carta, ed in altre derrate, ſiccome altrove diremo. Colla conquiſta di quella grande, amena, e forte Città, ch'era la capitale de' Tlahuichi, reſtò gran parte di quel paeſe ſotto la dominazione del Re Meſſicano: ed indi a poco s'aggiunſero a queſte conquiſte quelle di Quauhtitlan, e di Toltitlan, città conſiderabili, quindici miglia a Tramontana di Meſſico; ma ignoriamo affatto le loro circoſtanze.

In queſta maniera una Città, che poco innanzi era tributaria de' Tepanechi, e non molto pregiata dalle altre Nazioni, in poco più di dodici anni ſi trovò in iſtato di comandare quei medeſimi, che la dominavano, ed i Popoli, che

ſtima-

ſtimavanſi ſuperiori. Tanto importa alla felicità d' una Nazione la prodezza e la ſaviezza del ſuo Capo! Morì finalmente dopo sì glorioſo regno, ed in età molto avanzata il grand'Itzcoatl nel 1436. dell'era volgare. Re giuſtamente celebrato dai Meſſicani per le ſue ſingolari doti, e per gl' impareggiabili ſervizj, che loro fece. Egli ſervì alla Nazione per più di trenta anni nella carica di Generale, e la governò quaſi tredici come Sovrano. Oltre all'averla liberata dalla dominazione de' Tepanechi, all'aver ampliati i ſuoi dominj, all'aver ripoſta la famiglia Reale de' Cicimechi ſul trono d'Acolhuacan, all'aver arricchita la ſua Corte colla preda delle Città conquiſtate, ed all'aver gettati nella triplice alleanza, che ſtabilì, i fondamenti della ſua futura grandezza, la nobilitò ancora con nuovi edifizj. Oltre ad altri coſtruì dopo la conquiſta di Cuitlahuac un tempio alla Dea *Cihuacoatl*, ed indi a poco un altro ad Huitzilopochtli. Celebrarono i Meſſicani le ſue eſequie con ſtraordinaria ſolennità, e colle maggiori dimoſtrazioni di dolore, e ripoſero le ſue ceneri nello ſteſſo ſepolcro de' ſuoi anteceſſori.

Non ebbero a deliberare i quattro Elettori nella elezione del nuovo Re; poichè non ſopravvivendo già alcun fratello de' defunti Re, doveva ricadere l'elezione in qualcuno de' nipoti d'Itzcoatl; e neſſuno in vero più degno trovavaſi di Motezuma Ilhuicamina, figliuolo di Huitzilihuitl, non meno per le ſue virtù, che per gl'importanti ſervizj alla ſua Nazione fatti. Fu dunque eletto con general applauſo, e diedeſi incontanente di ciò parte a' due Re alleati, i quali non ſolamente ratificarono l'elezione; ma eziandio la celebrarono con grandi lodi dell'eletto, e gli mandarono de' preſenti degni della ſua grandezza, e della loro ſtima. Dopo le ſolite ceremonie, e l'aringhe gratulatorie de' Sacerdoti, de' Nobili, e de' Militari, ſi fecero delle grandi allegrezze di pranzi, di balli, e d'illuminazioni. Ma prima di venire alla incoronazione, o per legge ſtabilita dalla Nazione, o per ſua propria volontà uſcì alla guerra per far prigionieri dei nemici da ſacrificarſi in queſta gran funzione. Determinò, che eſſi foſſero de' Chalcheſi,

§ 5.
Motezuma I Re quinto di Meſſico.

chefi, per vendicar gli affronti ricevuti, e l'indegno trattamento fattogli, allorchè ritornando da Tezcuco col carattere d'Ambafciatore, fu prefo e condotto alla carcere di Chalco. Andò dunque in perfona contra loro, gli fconfiffe, e fece molti prigioni; benchè non fottomife allora del tutto quello ftato alla corona, per non differire la incoronazione. Nel giorno prefiffo a tal funzione furono introdotti in Meffico i tributi, ed i prefenti mandatigli da' luoghi conquiftati. Precedevano i Maggiordomi del Re, ed i Rifcotitori delle rendite Reali, e dietro a loro venivano i facchini, che i regali portavano, divifi in tante fchiere, quanti erano i Popoli, che gli mandavano, e sì bene ordinati, che diedero un gran piacere agli fpettatori. Portavano dell'oro, dell'argento, delle belle penne, della roba da veftirfi, infinita cacciagione, ed una gran quantità di viveri. E' da crederfi, benchè nol dicano gli Storici, che vi interveniffero i due Re alleati con molti altri Signori foreftieri, ed una immenfa folla di tutti i luoghi della valle mefficana.

§ 7
Atrocità de'Chalchefi, e loro punizione.

La prima cura, che ebbe Motezuma, tofto che nel trono fi vide, fu quella d'edificare un gran tempio nella parte della Città da loro chiamata *Huitznahuac*. I Re alleati da lui pregati d'ajutarlo, il provvidero di tanti materiali ed operaj, che in breve conchiufa fu, e dedicata la fabbrica. Nel tempo, in cui facevafi, pare effer avvenuta la nuova guerra contro Chalco. I Calchefi oltre alle ingiurie già fatte a Motezuma, provocarono nuovamente il fuo fdegno con un crudele ed orrendo attentato, che meritò l'efecrazione di tutta la pofterità. Avvenne dunque, che andando a caccia due Principi Reali di Tezcuco ne' monti, che dominano le pianure di Chalco, impegnati in tale divertimento, e difcofti dalla loro comitiva con foli tre Signori Mefficani, s'imbatterono in una quadriglia di Soldati Chalchefi, i quali credendo fare un gran fervizio alle crudeli paffioni del loro Padrone, gli fecero prigioni, e gli conduffero a Chalco. Il barbaro Signore di quella Città, che verifimilmente farà ftato il medefimo Toteotzin, da cui fu sì malmena-

menato Motezuma , fenza riguardo veruno all' alto carattere
de' prigionieri , e fenza timore de' funefti effetti della fua
inumana rifoluzione, fece fubito morir tutti e cinque ; ed
acciocchè non mancaffe mai a' fuoi occhj uno fpettacolo, in
cui la fua crudeltà fi poteffe dilettare , fece falare e fec-
care i loro cadaveri ; e poi che furono ben afciutti , gli
mife in una fala della fua cafa , affinchè gli ferviffero per
foftener le fiaccole di pino , con cui fi faceva lume la
notte .

La fama d' un sì orribile avvenimento fi fparfe incontanente per tutta la terra . Il Re di Tezcuco , a cui traffif-
fe il cuore cotal nuova , addimandò foccorfo da' Re alleati
per vendicar la morte de' fuoi figliuoli . Determinò Motezuma , che l' efercito Tezcucano attaccaffe per terra la Città di
Chalco , mentre egli , ed il Re di Tacuba colle loro truppe
l' attaccherebbero per acqua ; ed a ciò ottenere ragunò un
numero incredibile di barche da poter trafportar tanta gente ,
ed egli volle comandar in perfona queft' armata . I Chalchefi , a difpetto di sì grande moltitudine di nemici , fecero
una vigorofa refiftenza ; poichè oltre l' effere da per fe fteffi
guerrieri , quefta volta la difperazione accrebbe loro il coraggio . Lo fteffo Signore di quello ftato , con tutto che foffe tanto vecchio , che non poteva andar co' fuoi piedi , fi
fece portar in una lettiga per incoraggire colla prefenza , e colla voce i fuoi fudditi . Nondimeno furono affatto fconfitti , la Città faccheggiata . ed il Signor di effa
punito coll' eftremo fupplizio per li fuoi atroci delitti .
La preda fu , fecondo l' accordo fatto fotto il Re Itzcoatl , divifa ne' tre Re ; ma la Città con tutto quello ftato reftò fin d' allora fottopofta al Re di Meffico . Quefta
vittoria , per quel che dicono gli Storici , fi dovette in
gran parte al coraggio d' Axoquentzin , giovane figliuolo
di Nezahualcojotl .

Quefto famofo Re , avvegnachè dalla fua giovanil età
aveffe parecchie mogli , e da effe molti figliuoli , a neffuna
avea fin' allora conceffo l' onor di Regina , per effere tutte

te o figlie de' fuoi fudditi, o pure fchiave . (c) Ora ftimando ne-

cessario il togliere una moglie degna di sì grande onore , e
che a dargli valeffe un fucceffore nella Corona d' Acolhua-

§ 8.
Maritag-
gio del Re
d' Acol-
huacan
con una
Princi-
peffa di
Tacuba.
can, fposò *Matlalcihuatzin*, figlia del Re di Tacuba, giovane bella e modefta, la quale condotta fu a Tezcuco da
fuo Padre, e dal Re di Meffico . Si fecero per quefte nozze grandi allegrezze per ottanta giorni, e dopo un anno
nacque da tal matrimonio un figliuolo, cui appellarono *Nezahualpilli*, il quale fu, come appreffo vedremo, erede di
quella corona. Indi a poco fi fecero quivi altre allegrezze
affai ftrepitofe pel compimento della fabbrica dell' *Hueitecpan*, o fia Gran Palagio, della cui magnificenza furono teftimonj gli Spagnuoli . Quefte allegrezze, alle quali fi trovarono ancora i due Re alleati, fi terminarono con un lau-
tiffimo pranzo, a cui fu invitata la Nobiltà delle tre corti.
In quefto pranzo fece Nezahualcojotl fuoi Mufici cantar al
fuono degli ftromenti un' oda da lui medefimo compofta, la
quale cominciava, *Xochitl mamani in ahuehuetitlan*, il cui
argomento era il ricordare a' circoftanti la brevità della vita, e di tutti i piaceri de' Mortali nella prontezza, colla quale un bel fiore diventa paffo . I patetici avvertimenti di tal
canzone cavarono delle lagrime a' circoftanti, a cui l' amor
della vita rendeva più rincrefcevole la memoria della morte.

§. 9.
Morte di
Quauh-
tlatoa Re
di Tlate-
lolco.
Reftituitofi quindi Motezuma alla fua corte, videfi coftretto a fopraffare un nemico, che effendo troppo vicino, e
quafi domeftico, potrebbe però effere più perniciofo allo ftato. *Quauhtlatoa*, terzo Re di Tlatelolco, fpinto dall' ambizione d' ampliare i fuoi dominj, o dall' invidia della felicità del fuo vicino e rivale, avea già voluto toglier la vita al Re Itzcoatl, ed impadronirfi di Meffico, e per riufcir-
vi, non effendo baftevoli le fue forze, fi confederò con altri Signori vicini; ma tutte le fue diligenze furono vane;

men-

(c) Nezahualcojotl fposo nella fua giovanezza, come abbiam già detto,
Nezahualxochitl, la quale effendo della cafa Reale di Meffico, era più degna dell' onor di Regina; ma quefta Signora morì prima, che il Principe
fuo marito recuperaffe la Corona ufurpatagli da' Tepanechi.

mentre Itzcoatl confapevole di cotal intento, fi preparò oppor
tunamente alla difefa, e gli fece perder il coraggio. Quindi tal diffidenza e nimiftà cagionoffi fra i Mefficani, ed i
Tlatelolchi, che ftettero degli anni fenza comunicare infieme, ad eccezione di alcuni plebei, che furtivamente andavano a' Mercati. Sotto il regno di Motezuma ripigliò Quauhtlatoa i fuoi perverfi difegni; ma quefta volta non reftarono
impuniti; perciocchè effendo avvifato Motezuma, prevenne
il colpo con un furiofo affalto, che diede a Tlatelolco, nel
quale morir fece quell' inquieto Regolo, benchè la Città di
lui non reftaffe allora fottomeffa alla dominazion del Mefficano. I Tlatelolchi eleffero Re il prode *Moquihuix*, nella
cui elezione influì fenz'altro lo fteffo Re di Meffico.

Trovandofi già libero Motezuma da quefto perniciofo
vicino, fi portò alla Provincia de' Cohuixchi a Mezzodì di
Meffico, per vendicar la morte da quei Popoli data a certi
Mefficani. In tal gloriofa fpedizione aggiunfe alla fua corona
gli ftati di Huaxtepec, Jauhtepec, Tepoztlan, Jacapichtla,
Totolapan, Tlalcozauhtitlan, Chilapan, difcofto più di cencinquanta miglia dalla corte, Coixco, Oztomantla, Tlach-
mallac, e parecchj altri, e tornando verfo Ponente conquiftò Tzompahuacan, lafciando fin d' allora fottopofti alla
dominazione del Re di Meffico, ed il gran paefe de' Cohuixchi, ch' erano ftati gli autori di quelle morti, e molti altri ftati a quel paefe vicini, che forfe con sì fatti infulti
provocato aveano il fuo fdegno. Al fuo ritorno alla Corte
ampliò il tempio di Huitzilopochtli, e l' ornò colle fpoglie
di quei Popoli. Tutte quefte conquifte furono da lui fatte
nei primi nove anni del fuo regno.

Nell' anno decimo, che fu il 1446. dell' era volgare,
vi fu in Meffico una grande inondazione cagionata dalle
troppo abbondanti pioggie, le quali tant' acqua portarono
al lago, che non potendo dentro il letto fuo contenerfi,
traboccò, ed allagò a tal fegno la Città, che rovinò parecchie cafe, e non lafciò veruna ftrada, dove fi poteffe andar a piedi, effendo d' uopo da per tutto fervirfi di barche.

Storia del Meffico Tom. I.   G g   Mo-

Motezuma molto afflitto da cotal calamità, ricorse al Re

di Tezcuco, sperando dalla saviezza di lui il suggerimento di qualche rimedio. Questo prudente Re fu di parere di far un grand'argine per tener a freno le acque, e prescrisse le misure, ed il luogo, dove dovrebbe farsi. Piacque a Motezuma il consiglio, e comandò, che eseguito fosse colla maggior prontezza. Ordinò a quei d'Azcapozalco, di Cojohuacan, e di Xochimilco di fornire certe migliaja di stanghe grosse, ed ad altri Popoli di somministrare le pietre necessarie. Convocò altresì per quest'opera gli abitanti di Tacuba, d'Iztapalapan, di Colhuacan, e di Tenajuca, e gli stessi Re, e Signori precedettero agli altri nella fatica: col qual esempio in tal maniera i loro sudditi s'animarono, che in poco tempo si vide perfettamente compita un'opera, che altrimente appena potrebbe compiersi in parecchj anni. L'argine aveva nove miglia di lunghezza, ed undici braccia di larghezza, ed era composto di due steccati paralelli, il cui spazio di mezzo era terrapienato di pietra, e di sabbia. La maggior difficoltà si trovava nel dover lavorare dentro il lago, e massimamente in alcuni siti considerabilmente profondi; ma fu superata dalla industria del Direttore, e dalla costanza degli operaj. Fu in vero quest'argine utilissimo alla Città, benchè non bastasse a liberarla del tutto dalle inondazioni: nè ciò debbe far maraviglia, mentre gli Spagnuoli, contuttocchè si prevalessero degli Ingegneri Europei, non però poterono render quella Città affatto sicura nè col lavoro di due secoli e mezzo, nè colla spesa d'alcuni milioni di zecchini. Mentre in quest'opera si travagliava, si ribellarono i Chalchesi; ma furono prontamente ridotti alla ubbidienza, benchè non senza perdita d'alcuni Capitani Messicani.

§. 12.
Fame di Messico. Alla calamità della inondazione sopravvenne fra poco quella della fame; imperciocchè negli anni 1448, e 49 fu assai scarsa la raccolta del frumentone, per esser venuta la brina mentre erano ancor tenere le pannocchie. Nel 1450 si perdette altresì la raccolta per mancanza d'acqua. Nel

1451

1451 oltre l'effere ftato il tempo contrario, appena v'era del grano da feminare, per efferfi confumato quafi tutto per la fcarfezza delle raccolte anteriori: onde nel 1452 fu sì grande la neceffità de'popoli, che non baftando a follevarla la liberalità del Re, e de'Signori, i quali i lor granaj aprirono in pro de'loro fudditi, furono coltoro ridotti a comperare il bifognevole colla propria loro libertà. Motezuma, non potendo rilevar dalla miferia i fuoi fudditi, loro permife d'andarfene ad altri paefi per procacciarfi il vitto; ma fapendo che alcuni fi facevano fchiavi pel foftentamento di foli due o tre giorni, pubblicò un bando, nel quale comandò, che niuna donna fi vendeffe per meno di quattrocento pannocchie di frumentone, e neffun uomo per meno di cinquecento. Ma nulla baftò a fchivare i perniciofi effetti della careftìa. Alcuni di quelli, che andavano a cercar rimedio in altri paefi, morivano di fame nelle ftrade. Altri, che altrove fi vendettero, non ritornarono più alla loro patria. La maggior parte del volgo meffcano fi mantenne, come i loro antenati, cogli uccelli acquatici, e colle erbe paluftri, e cogl'infetti ed i pefcetti, che pefcavano nello fteffo lago. L'anno feguente non fu così cattivo, e finalmente nel 1454, che fu anno fecolare, s'ebbe una raccolta abbondantiffima non folamente di frumentone, ma eziandio di legumi, e d'ogni forta di frutti.

Ma non poterono i Meffcani godere tranquillamente della loro abbondanza, mentre loro fu d'uopo ufcir alla guerra contro *Atonaltzin*, Signor della Città, e dello ftato di *Coatxtlahuacan* nel paefe de'Mixtechi. Era quefti un poffente Signore, il quale, non fo perchè, non voleva dar paffaggio per le fue terre a neffun Meffcano, ed a tutti quanti per qualfivoglia intereffe capitaffero, faceva tutto il male, che poteva. Motezuma gravemente rifentito per le fue oftilità, gli mandò un'ambafciata per faper da lui la cagione di sì fatta condotta, minacciandogli la guerra, fe non dava una convenevole foddisfazione. Atonaltzin ricevette con ifcherno l'ambafciata, e facendo mettere innanzi agli Ambafcia-

tori

tori una parte delle fue ricchezze, „ Portate, lor diffe, co: „ tefto prefente al voftro Re, e ditegli, che da effo cono- „ fcerà quanto fia quello, che mi danno i miei fudditi, e quan- „ to grande fia altresì l'amore, che mi portano: che accet- „ to volentieri la guerra, nella quale refterà decifo, fe i „ miei fudditi hanno a pagar tributo al Re di Meffico, o „ pure i Mefficani a me. „ Avvisò tofto Motezuma i due Re alleati di sì arrogante rifpofta, e mandò un confiderabil efercito contro quel Signore, il quale ben preparato l'af- pettava nella frontiera del fuo ftato. Subito che fi videro gli eferciti, vennero alle mani; ma i Mixtechi fi fcagliaro- no addoffo a' Mefficani con tal furia, che gli fcompigliarono, e gli coftrinfero ad abbandonar l'imprefa.

Colla vittoria s'accrebbe l'orgoglio d'Atonaltzin; ma prevedendo, che i Mefficani farebbono tornati con più forze, domandò ajuto agli Huexotzinchi, ed ai Tlafcallefi, e que- fti lo mandarono prontamente, rallegrandofi d'aver occafione d'interrompere la felicità delle armi Mefficane. Motezuma, afflitto per l'elito infaufto di quella guerra, pensò a riftabi- lir l'onore della fua corona: onde alleftì in breve un efer- cito numerofo, e formidabile, e volle egli fteffo comandar- lo infieme co'due Re alleati; ma prima di marciare, ebbe la nuova, che i Tlafcallefi, e gli Huexotzinchi affalito ave- vano *Tlachquiauhco*, luogo della Mixteca, ed uccifa tutta la guernigione Mefficana, che vi era, (d) e tolta a' Cittadi- ni in parte la vita, e in parte la libertà. Ufcì dunque Mo- tezuma pieno di fdegno verfo la Mixteca. Non giovò nien- te ad Atonaltzin quefta volta nè la fua poffanza, nè l'aju- to de' fuoi amici. Nella prima zuffa fu affatto fconfitto il fuo efercito, e furono uccifi molti de'fuoi foldati, e quafi tutti i fuoi confederati: que'pochi d'effi, che fi fottraffero

dal

(d) Non fappiamo in qual tempo s'aggregaffe Tlachquiauhco alla Co- rona di Meffico. Nelle pitture della raccolta di Mendoza, dove s'accenna- no i luoghi principali conquiftati da ciafcuno de'Re Mefficani, non fi fa menzione di Tlachquiauhco, fe non fra le conquifte di Motezuma II, ma quefti pare averlo piuttofto riconquiftato.

furor de' Meſſicani, morirono per le mani de' Mixtechi, vendicando in loro l' eſito cattivo della battaglia. Atonaltzin ſi rendette a Motezuma, il quale non ſolamente reſtò padrone della Città, e dello ſtato di Coaixtlahuacan; ma paſſando avanti s' impadronì di Tochtepec, di Tzapotlan, di Tototlan, e di Chinantla, e ne' due anni ſeguenti di Cozamaloapan, e di Quauhtochco. La cagione di queſte guerre fu quella ſteſſa, che molte altre ne cagionò, cioè l' aver gli abitanti di que' luoghi ucciſi in tempo di pace alcuni Mercanti, o Corrieri Meſſicani.

Più malagevole, e più famoſa fu la ſpedizione intrapreſa nel 1457. contro *Cuetlachtlan*, o ſia Cotaſta. Queſta Provincia ſituata, come abbiam già detto, nella coſta del Seno Meſſicano, e fondata, o almeno abitata dagli Olmechi, ſcacciati da' Tlaſcalleſi, era aſſai popolata. Ignoriamo pure la cagione di tal guerra; ma ſappiamo bensì, che i Cotaſteſi antivedendo la tempeſta, che lor ſopraſtava, chiamarono in ajuto gli Huexotzinchi, ed i Tlaſcalleſi. Queſti, eſſendo gravemente riſentiti dalla disfatta di Coaixtlahuacan, e volendo vendicarſi, non ſolo s' eſibirono ad ajutarli, ma perſuaſero ancora i Cholulleſi lor vicini ad entrar nella ſteſſa confederazione. Queſte tre Repubbliche inviarono delle truppe numeroſe a Cotaſta per aſpettar quivi i nemici. Motezuma dalla ſua parte alleſtì un groſſo e brillante eſercito, nel quale s' era arrolato il fior della Nobiltà Meſſicana, dell' Acolhua, della Tlatelolca, e della Tepaneca. Oltre ad altri perſonaggj v' erano in queſto eſercito *Axajacatl*, Generale, *Tizoc*, ed *Ahuitzotl*, tutti e tre fratelli, e della caſa Reale di Meſſico; i quali ſucceſſivamente occuparono quel trono dopo Motezuma lor cugino. Vi erano altresì i Signori di Colhuacan, e di Tenajuca; ma il più riguardevole pel ſuo carattere era Moquihuix, Re di Tlatelolco, ſucceſſore dello ſventurato Quauhtlatoa. Quando uſcì queſto eſercito da Meſſico, non v' era ancor arrivata la nuova della confederazione delle tre Repubbliche coi Cotaſteſi: toſto che Motezuma la ſeppe, mandò a' ſuoi Generali de' Corrieri

coll'

coll' ordine di non paſſar avanti, ma di ritornarſene incontanente alla Corte. I Generali entrarono in deliberazione: chi era di parere, che ſi doveſſe ubbidire ſenza replica agli ordini del Sovrano; chi diceva, non eſſervi obbligo di ſottometterſi ad un ordine, che recherebbe ſì grave pregiudizio al lor onore, mentre ſcreditata reſterebbe, ed avvilita la loro Nobiltà, ſe mai ſchivavano di pugnare in una occaſion ſì opportuna di far conoſcere la loro bravura. Prevalſe pure, come più ſicuro, il primo parere; ma nel voler marciare verſo Meſſico, diſſe a loro il Re Moquihuix: „ Ritornino „ pur quegli, a cui baſta l' animo di volger le ſpalle al ne- „ mico, frattanto, che io coi ſoli miei Tlatelolchi mi pro- „ caccierò l' onore della vittoria. „ Sì fatta riſoluzione di Moquihuix punſe, e riſcaldò in tal maniera gli altri Generali, che tutti determinarono affrontatſi al periglio. Diedeſi finalmente la battaglia, nella quale avvegnachè coraggioſamente combatteſſero i Cotaſteſi, nondimeno furono vinti co' lor alleati. Di queſti reſtò la maggior parte nel campo, e degli uni, e degli altri fatti furono ſei mila e dugento prigionieri, che poco dopo furono ſacrificati in Meſſico nella feſta della dedicazione del *Quaxicalco*, o ſia dell' edifizio religioſo deſtinato a conſervare i teſchi delle vittime. Reſtò allora tutta quella Provincia ſottopoſta al Re di Meſſico, il quale vi ſtabilì un preſidio, per mantenere quei Popoli nella ubbidienza alla Corona. Sì grande vittoria ſi dovette principalmente al coraggio del Re Moquihuix, e ſin' a'noſtri tempi s'è conſervata un'ode, o canzone meſſicana (e) allora in lode di lui compoſta. Motezuma più lieto per l' eſito felice della guerra, che offeſo dalla diſubbidienza a'ſuoi ordini, premiò il Re di Tlatelolco, dandogli per moglie una ſua cugina, ſorella de' ſuddetti Principi Axajacatl, Tizoc, ed Ahuitzotl.

Frattanto i Chalcheſi ſi facevano ogni giorno più meri-te-

(a) Di queſt' oda fa menzione il Cav. Boturini, il quale l' aveva tra gli altri manuſcritti, e pitture del ſuo pregevoliſſimo muſeo.

ritevoli di gaſtigo, non ſolo per la ribellione, ma eziandìo per altri nuovi delitti. In queſto tempo ebbero la temerità di far prigione un fratello dello ſteſſo Re Motezuma, ch'era per quel che crediamo, Signore d'Ehècatepec, inſieme con altri Meſſicani. Un tal attentato eſeguito in una perſona sì congiunta di ſangue col loro Sovrano, pare eſſere ſtato un mezzo da loro immaginato per ſottrarſi alla dominazione de' Meſſicani, e far la Città di Chalco emula di quella di Meſ- ſico; poichè vollero far Re di Chalco quel Signore, e ſpeſ- ſe volte, benchè indarno, glielo propoſero. Egli vedendo co- loro oſtinati nella lor riſoluzione, lor diſſe, che accettava la corona offertagli; ed acciocchè l'atto della ſua eſaltazio- ne foſſe più ſolenne, voleva che ſi piantaſſe un albero al- tiſſimo nella piazza del Mercato, e ſopra eſſo ſi faceſſe un palchetto, dond'eſſer poteſſe da tutti veduto. Si fece tutto, come il richiedeva, e ragunando i Meſſicani attorno all'al- bero, ſalì ſul palchetto con un mazzetto di fiori in mano: e da quell'altezza a viſta d'una folla immenſa di Popolo, parlò a'ſuoi così: ,, Sapete bene, o bravi Meſſicani, che i ,, Chalcheſi mi vogliono coronar Re; ma non piaccia al no- ,, ſtro Dio, ch'io faccia tradimento alla noſtra patria: anzi ,, voglio inſegnarvi col mio eſempio a pregiar più la fedeltà ,, dovutale, che la ſteſſa vita. ,, E detto ciò ſi precipitò dal palchetto. Azione in vero barbara, ma aſſai conforme alle idee, che aveano gli Antichi della magnanimità, e tanto men biaſimevole di quella di Catone, e d'altri celebrati dal- la Antichità, quanto fu più nobile il motivo, e più gran- de l'animo del Meſſicano. Cotal riſoluzione infiammò tal- mente la collera de'Chalcheſi, che ſubito diedero addoſſo agli altri Meſſicani, ed a lanciate gli ucciſero. La notte ſe- guente ſentirono a caſo il canto malinconico d'un gufo, e come uomini dediti alla ſuperſtizione, il credettero un catti- vo augurio della loro imminente rovina. Non s'ingannaro- no pure nel preſentimento della loro diſgrazia; impercioc- chè Motezuma, gravemente irritato per la loro ribellione, e per i loro enormi attentati, pubblicò incontanente la

guerra

guerra, e fece accender fuoco nelle cime de' monti per fegno della condanna, a cui fottoponeva i ribelli. Indi marciò col fuo efercito contro quella Provincia, e fece in effa sì grande ftrage, che reftò quafi fpopolata. Moltiffimi furono trucidati, e quelli, che falvarono la vita, fuggirono alle fpelonche de' monti, che dominano le pianure di Chalco, ed altri per allontanarfi più dal periglio, paffando di là da' monti, fi ricoverarono in Huexotzinco, ed in Atlixco. La città di Chalco fu meffa a facco. Al furor della vendetta fuccedette in Motezuma, ficcome fuol ne' cuori nobili, la compaffione degli afflitti. Pubblicò un indulto generale per tutti i fuggitivi, e maffimamente in pro de' vecchj, delle donne, e de' fanciulli invitandoli a tornare fenza paura alla loro patria: nè di ciò contento mandò le fue truppe a fcorrere i monti per raccogliere quegli fventurati, che fuggendo dagli uomini aveano cercato rifugio tra le fiere. Così ritornarono molti, i quali diftribuiti furono in Amaquemecan, in Tlalmanalco, ed in altri luoghi; ma alcuni o per diffidenza del perdono, o per difperazione s'abbandonarono alla morte nelle montagne. Una parte della campagna di Chalco fu divifa da Motezuma fra i Capitani, che s'erano più fegnalati nella guerra.

Dopo quefta fpedizione conquiftarono i Mefficani Tamazollan, Piaztlan, Xilotepec, Acatlan, ed altri luoghi. Con sì rapide conquifte ampliò tanto Motezuma i fuoi dominj, che a Levante fi ftendevano infin' al Golfo Mefficano, a Scirocco infin' al centro del gran paefe de' Mixtechi, a Mezzogiorno infin' a Chilapan, e più oltre, a Ponente infin' alla valle di Toluca, a Maeftro infin' al centro del paefe degli Otomiti, ed a Tramontana infin' al termine della valle Mefficana.

Ma per badar alla guerra, non trafcurò quefto famofo Re ciò, che apparteneva al governo politico, ed alla Religione. Pubblicò nuove leggi, accrebbe lo fplendor della fua corte, e v'introduffe un certo ceremoniale ignorato da' fuoi Anteceffori. Edificò un gran tempio al Dio della guerra, inftituì ſtituì molti riti, ed aumentò il numero de' Sacerdoti. L' interprete della Raccolta di Mendoza aggiunge, che Motezuma fu ſobrio, e ſingolarmente ſevero nel punire l' ubbriachezza, e che colla ſua giuſtizia, colla ſua prudenza, e colla bontà de' ſuoi coſtumi ſi fece temere, e riſpettare da' ſuoi ſudditi. Finalmente dopo un glorioſo regno di ventotto anni, ed alcuni meſi, venne a morire da tutti compianto nel 1464. L' eſequie di lui con tanto maggior apparato ſi celebrarono, quanto era già più grande la magnificenza della Corte, e la poſſanza della Nazione.

Prima di morire convocò la primaria Nobiltà della Corte, e le fece un ragionamento per eſortarla alla concordia, e per pregar gli Elettori d' eleggere dopo i ſuoi giorni Axajacatl, ſtimandolo egli l' uomo più idoneo a promuovere la gloria de' Meſſicani. Gli Elettori o per deferenza al parere d' un Re sì benemerito della Nazione, o perchè eglino ſteſſi conoſcevano il merito d' Axajacatl, lo eleſſero preferendolo a Tizoc, ſuo fratello maggiore. Er' Axajacatl figliuolo di Tezozomoc, il qual era ſtato fratello de' tre Re, che precedettero Motezuma, e figliuolo, com' eſſi, del Re Acamapitzin.

Dopo le feſte dell' elezione uſcì il nuovo Re alla guerra per procacciarſi, ad eſempio del ſuo anteceſſore, delle vittime da ſacrificarſi nella ſua incoronazione. Fece la ſua ſpedizione contro la Provincia di Tecuantepec, ſituata nella coſta del mar Pacifico, quattrocento miglia in circa a Scirocco da Meſſico. I Tecuantepecheſi s' erano ben preparati, ed alleati co' lor vicini, per opporſi a' tentativi de' Meſſicani. Nella furioſa battaglia, che ivi ſi diede, Axajacatl, che comandava da Generale, ſimulò di fuggire per condurre i nemici ad un'imboſcata. I Tecuantepecheſi inſeguivano i Meſſicani cantando già la vittoria, quando all' improvviſo ſi trovarono attaccati alle ſpalle da una parte dell' Eſercito Meſſicano, che ſortì dall' imboſcata, e dalla parte dinanzi da que' che fuggivano, e contro loro ſi rivolſero: onde travagliati e dalla una, e dalla altra parte, furono affatto ſconfitti.

fitti. I nemici, che poterono falvar la vita colla fuga, fu-rono infeguiti da' Meſſicani fin' alla ſteſſa Città di Tecuan-tepec, la qual miſero a fuoco e fiamma; e queſti prevalen-doſi della coſternazione di que' Popoli, promoſſero le loro conquiſte infin' a Coatulco, luogo marittimo, il cui porto fu nel ſecolo ſeguente aſſai frequentato da' vaſcelli Spagnuo-li. Da queſta ſpedizione ritornò Axajacatl ricco di ſpoglie, e fu incoronato con apparato ſtraordinario di tributi, e di ſacrifizj de' prigioni. Ne' primi anni del ſuo regno s'applicò, ſe-guendo l'orme del ſuo anteceſſore, a promuovere le con-quiſte. Nel 1467. riconquiſtò Cotaſta e Tochtepec, che s' erano ribellate. Nel 1468. ottenne una compita vittoria, contro gli Huexotzinchi, e gli Atlixcheſi, e reſtituito a Meſ-ſico intrapreſe la fabbrica d'un tempio, che appellò *Coa-tlan*. I Tlatelolchi ne fabbricarono a gara un altro nella lor Città, che chiamarono *Coaxolotl*: onde ſi ravvivò fra que-ſti due Re la diſcordia, la quale riuſcì, come fra poco ve-dremo, aſſai funeſta a' Tlatelolchi. Nel 1469. morì Toto-quihuatzin, primo Re di Tacuba, il quale ne' quaranta an-ni e più, che tenne quel piccolo regno, fu coſtantemente fedele a' Re di Meſſico, e lor ſervì aſſai bene in tutte quaſi le guerre, che intrapreſero contro i nemici dello Stato. Gli ſuccedette nel regno il ſuo figliuolo Chimalpopoca, molto a lui ſimile non men nel coraggio, che nella fedeltà.

§. 15.
Morte,
ed elogio
del Re
Nezahu-
alcojotl.Aſſai più rincreſcevole fu la perdita, ch' ebbero i Meſ-ſicani nel 1470. nella morte del gran Re d' Acolhuacan Ne-zahualcojotl. Fu queſto Re uno de' più rinomati Eroi dell' America antica. Il ſuo coraggio, il quale nella ſua giova-nezza fu piuttoſto temerità, contuttochè foſſe sì grande, fu pure delle doti men rilevanti della ſua anima. La ſua fortezza, e la ſua coſtanza furono veramente mirabili in que' tredici anni, in cui viſſe privo della corona, e perſeguitato dall'u-ſurpatore. La ſua dirittura nell' amminiſtrazione della giuſti-zia fu infleſſibile. Per render più civile la ſua Nazione, e per correggere i diſordini introdotti nel regno in tempo de' Tiran-ni, pubblicò ottanta leggi, le quali compilò poi il ſuo chia-

riſſimo

riffimo difcendente D. Ferdinando d' Alba *Ixtlilxochitl* nella
fua m. s. *Storia de' Signori Cicimechi*. Stabilì , che niuna
caufa nè civile, nè criminale prolungar fi poteffe più d' ottanta giorni, o fia quattro mefi Meffìcani . Ogni ottanta
giorni fi faceva una gran radunanza nel Real palagio, dove
concorrevano tutti i Giudici, e tutti i rei. Le caufe, che
ne' quattro anteriori mefi non s'erano terminate, fi termi-
navano infallibilmente quel dì : ed i rei di qualfivoglia delitto convinti, portavano incontanente ed irremiffibilmente la
pena proporzionata al loro delitto in prefenza di quella numerofa radunanza. A diverfi delitti prefcriffe diverfe pene,
ed alcuni puniva con fommo rigore , maffimamente l' a-
dulterio, la fodomìa, il furto, l' omicidio, l' ubbriachezza,
ed il tradimento alla patria. Se crediamo agli Storici Tezcucani, fece egli morir quattro de' fuoi figliuoli, per effere
ftati rei d' incefto colle loro matrigne.

Era peraltro fingolare la fua clemenza verfo i miferabili. Era in quel regno fotto pena di morte proibito il prender qualche cofa dal campo altrui; ed era sì rigorofa quefta legge, che baftava il rubar fette pannocchie di frumentone per incorrer la pena. Nezahualcojotl per provvedere in
qualche maniera a' viandanti bifognofi fenza detrimento della legge, comandò, che dall'una e dall'altra parte delle ftrade maeftre fi feminaffe del frumentone ed altre femenze,de'
cui frutti fervirfi poteffero i bifognofi. Una gran parte delle
fue entrate fpendeva in pro dei poveri, particolarmente de'
vecchj, degli ammalati, e delle vedove. Per impedir il guafto de' bofchi prefcriffe de'limiti a'tagliatori di legna ,e vie-
tò il trapaffarli fotto gravi pene. Volendo fapere, fe un tal
ordine era efattamente offervato, ufcì un giorno traveftito
con un altro Principe fuo fratello, e fi portò alle falde de'
monti vicini, dov'erano i limiti da lui prefcritti.Quivi trovò un ragazzo occupato in raccogliere de'brucioli, ch'erano
reftati delle legne tagliate, e gli addimandò, perchè non
entrava nel bofco a far legna. Perchè il Re , rifpofe
il ragazzo, ci ha proibito il trapaffar quefti limiti, e fe

non

non gli ubbidiamo, ci punirà rigorofamente. Nè le iftanze, nè le promeffe fattegli dal Re baftarono per indurlo alla trafgreffione. La compaffione cagionatagli da queſto povero ragazzo il moffe ad ampliare i limiti già determinati.

Aveva un gran zelo per la fedele amminiſtrazione della giuſtizia, ed acciocchè niuno col pretefto di neceffità fi lafciaffe corrompere da qualcuna delle parti litiganti, ſtabilì, che a tutti i fuoi Miniſtri, e Giudici fi forniffe dal Real Erario il foſtentamento, il veſtire, e tutto il bifognevole fecondo il rango, e la qualità della perfona. Era tanto ciò, che annualmente fpendeva nella fua famiglia e cafa, nel foſtentamento de' Miniſtri e Magiſtrati, e nel follievo de' poveri, che farebbe affatto incredibile, nè io avrei coraggio di fcriverlo, fe non ci conſtaffe dalle dipinture originali vedute, ed efaminate da' primi Apoſtolici Religiofi, che s'impiegarono nella converfione di que' Popoli, e confermate colla teſtimonianza d'un terzo nipote dello ſteffo Re, il quale convertito alla Fede di Criſto ebbe nel batteſimo il nome di Don Antonio Pimentel. (*) Era dunque la fpefa di Nezahualcojotl, ridotta alle mifure Caſtigliane, come fegue:

Di Frumentone . . . . . . 4. 900. 300. Fanegas. (f)
Di Caccao . . . . 2. 744. 000. Fan.
Di Chile o fia Peverone ordinario,
    e di Tomate . . . . 3. 200. Fan.
Di Chiltecpin, o Peverone piccolo,
    e troppo acre per le falfe . . . . 240. Fan.
Di Sale . . . . 1. 300. pani groffi
Ei Gallinaccj, o Gallipavoni . . . . 8000.

Di quello poi, che fi confumava di Chia, di Fagiuoli, e d'altri legumi non v'era numero, nè pur de' Cervi, de' Conigli, delle Anitre, delle Quaglie, e d'altri uccelli. Ognuno potrà facilmente capire, quanto farà ſtato lo ſtento de' fudditi per am-

---

(*) Lo Storico Torquemada ebbe nelle mani le fuddette dipinture, ficcom' egli fa teſtimonianza.

(f) La Fanega è una mifura fpagnuola di cofe fecche, la quale comprende intorno a cento libbre fpagnuole di frumento comune, o più di 130. libbre romane.

ammaſſare una sì grande quantità di frumentone, e di Caccao; maſſimamente dovendo procacciarſi il caccao pel commercio co' paeſi caldi, non eſſendovi in tutto il regno d'Acolhuacan terreno proprio per la cultura di queſta pianta. Mezzo l'anno, ovvero per nove meſi Meſſicani fornivano tal provviſione quattordici Città, ed altre quindici la provviſione dell'altro mezzo anno. (g) Ai giovani era addoſſata la provviſion delle legna, che ſi conſumavano nel Real Palagio in quantità ſorprendente.

I progreſſi fatti da queſto celebre Re nelle arti, e nelle ſcienze furono tanti, quanti far ſi poſſono da un grand' ingegno, che non ha nè libri, in cui ſtudiare, nè Maeſtri, da cui imparare. Er'abile nella Poesìa di quelle Nazioni, e fece varie compofizioni, che furono univerſalmente applaudite. Nel ſecolo XVI. erano celebri, anche fra gli Spagnuoli, i ſeſſanta Inni da lui compoſti in lode del Creator del Cielo. Due delle ſue ode o canzoni, volgarizzate in verſo ſpagnuolo dal ſuo diſcendente Don Ferdinando d'Alba Ixtlilxochitl, ſi ſon conſervate infin'a'noſtri tempi. (♭) Una d'eſſe compoſta fu da lui qualche tempo dopo la rovina d'Azcapozalco. Il ſuo argomento non diſſimile da quell'altro, di cui abbiam fatto già menzione, è quello di piangere l'inſtabilità della grandezza umana ſulla perſona del Tiranno Tezozomoc, il quale a guiſa d'un albero grande, e folto avea diſteſe per tanti paeſi le ſue radici, ed ampliati i ſuoi verdi rami ſin' ad ombrare tutte le terre dell'Imperio; ma al fine intarlato e guaſto cadde in terra ſenza veruna ſperanza di riprender la ſua priſtina verdura.

Ma

(g) Le quattordici Città incaricate della provviſione del primo mezzo anno erano Tezcuco, Huexotla, Coatlichan, Atenco, Chiauhtla, Tezonjocan, Papalotla, Tepetlaoztoc, Acolman, Tepechpan, Xaltocan, Chimalhuacan, Iztapalocan, e Coatepec. L'altre quindici erano Otompan, Aztaquemecan, Teotihuacan, Cempóallan, Axapochco, Tlalanapan, Tepepolco, Tizajocan, Ahuatepec, Oztoticpac, Quauhtlatzinco, Cojoac, Oztotlatlauhcan, Achichilacachocan, e Tetliztacac.

(h) Queſte due ode di Nezahualcojotl avea fra le ſue prezioſe anticaglie il Cav. Boturini. Vorrei averle anch'io per poterle pubblicare in queſta Storia.

Ma in nulla dilettavafi tanto Nezahualcojotl, quanto nello ſtudio della natura. Acquiſtò pure parecchie cognizioni aſtronomiche colla frequente oſſervazione, che faceva del corſo degli aſtri. S'applicò altresì a conoſcere le piante, e gli animali, e perchè non poteva tener nella ſua Corte quelli, ch'erano proprj di diverſo clima, fece dipingere al vivo ne'ſuoi palagj tutti i vegetabili ed animali della terra d'Anahuac: delle quali dipinture ne fa teſtimonianza il celebre Dottor Hernandez, che le vide, ed in parte ſe ne ſervì. Dipinture in vero aſſai più utili, e più degne d'un Real palagio, di quelle che rappreſentano la ſcellerata mitologìa de'Greci. Inveſtigava curioſamente le cagioni degli effetti, che ammirava nella natura, e queſta continua oſſervazione gli fece conoſcere la ſciocchezza della idolatrìa. A' ſuoi figliuoli diceva privatamente, che nell'adorar eſteriormente gl'idoli per conformarſi col Popolo, deteſtaſſero coll'animo quel culto degno di ſcherno, perchè diretto a creature inſenſate: ch'egli altro Dio non riconoſceva, ſe non *il Creator del Cielo*, e che non vietava nel ſuo regno, come vorrebbe, l'Idolatrìa, per non eſſer biaſimato di voler contraddire alla dottrina de'ſuoi maggiori. Proibì i ſacrifizj, d'umane vittime; ma accorgendoſi poi, quanto ſia malagevole il diſtornar una Nazione dalle idee antiche in materia di religione, tornò a permetterli, ma comandando ſotto gravi pene, che non foſſero mai ſacrificati altri, che i prigionieri di guerra. Fabbricò ad onor del Creator del Cielo un'alta torre di nove piani, L'ultimo piano era oſcuro con una picciola volta dipinta al di dentro di turchino, ed ornata di cornici d'oro. Riſiedevano ſempre in queſta torre degli uomini incaricati di ſonare in certe ore del giorno delle lame di finiſſimo metallo, al ſuono delle quali s'inginocchiava il Re per far la ſua preghiera al Creator del Cielo, e ad onor di tal Dio faceva in certo tempo dell'anno un digiuno. (i)

L'al-

(1) Tutti i ſopraddetti aneddoti ſono ſtati preſi da'prezioſi manuſcritti di Don Ferdinando d'Alba. Egli come quarto nipote di quel Re, potè ricever a bocca molti riſcontri da'ſuoi Padri, ed Avi.

L'alto ingegno di quello Re fpinto dal grande amore, che portava al fuo Popolo, illuftrò in cotal maniera la fua Corte, che nell'avvenire fu confiderata, come la patria delle arti, ed il centro della cultura. Tezcuco era la Città, dove fi parlava con maggior pulitezza, e perfezione la lingua Meffìcana, dove fi trovavano i migliori Artefici, e dove più abbondavano i Poeti, gli Oratori, e gli Storici. (k) Quindi prefero molte leggi i Meffìcani, ed altri Popoli: onde potrebbe dirfi Tezcuco effere ftata l'Atene, e Nezahualcojotl il Solone d'Anahuac.

Nella ultima fua malattia, avendo fatto venir alla fua prefenza tutti i fuoi figlj, dichiarò fuo erede e fucceffore nel regno d'Acolhuacan Nezahualpilli, il quale contuttochè foffe il più giovane di tutti, fu pure agli altri prepofto così per effere nato dalla Regina Matlalcihuatzin, come per la fua notoria dirittura, e pel fuo fingolar talento. Incaricò il fuo primogenito Acapipioltzin d'ajutar col fuo configlio il nuovo Re, finattantochè imparaffe l'arte difficile di governare. A Nezahualpilli raccomandò caldamente l'amor dei fuoi fratelli, la cura de' fuoi fudditi, ed il zelo per la giuftizia. Finalmente per impedir qualunque fcompiglio, che dalla nuova della fua morte poteffe cagionarfi, comandò, che fi celaffe, quanto poffibil foffe, al Popolo, finchè Nezahualpilli afficurato foffe nel pacifico poffeffo della corona. I Principi accolfero con lagrime gli ultimi avvifi di loro Padre, e venendo fuori nella fala d'udienza, dove gli afpettava la Nobiltà, fu Nezahualpilli acclamato Re di Acolhuacan, dichiarando Acapipioltzin, effer quefta la volontà di loro Padre, il quale avendo a fare un lungo viaggio, volle prima nominar il fuo fucceffore. Diedero tutti l'ubbidienza al nuovo Re, e la mattina feguente morì Nezahualcojotl nel quarantefimo quarto anno del fuo regno, e nell'ottantefimo incirca della fua età. I fuoi figlj celarono la fua morte, ed oc-

---

(k) Nella lifta, che abbiamo dato, degli Storici di quel regno, fi vede, alcuni d'effi effere ftati della famiglia Reale di Tezcuco.

occultarono il fuo cadavero, bruciandolo fegretamente, com'
è da crederfi, ed in vece di fargli le efequie, celebrarono
con fefte ed allegrezze ftraordinarie l'incoronazione del nuo.
vo Re. Ma a difpetto delle loro diligenze, fi fparfe fubito
la nuova della fua morte per tutta la terra, e molti Signo.
ri vennero alla Corte a condolerfi co'Principi. Nondimeno
il volgo reftò perfuafo, che foffe ftato quel gran Re trasfe-
rito alla compagnia degli Dei in premio delle fue virtù.

§ 26.
Conqui-
ra di
Tlatelol-
co, e mor-
te del Re
Moqui-
huix.
Poco tempo dopo l'efaltazione di Nezahualpilli accadde
la memorabil guerra de' Mefficani co' loro vicini e rivali i
Tlatelolchi. Il Re di Tlatelolco Moquihuix, non potendo
fopportare la gloria del Mefficano, adoperava tutti i mezzi
per ofcurarla. Era egli ammogliato, come abbiam già detto, con una forella del Re Axajacatl, datagli da Motezuma in premio della famofa vittoria ottenuta fopra i Cota-
ftefi. In quefta sfortunata Signora sfogava fpeffo la fua rabbia contro il Cognato, e non contento di ciò procurò na-
fcoftamente allearfi con alrri ftati, che portavano mal volentieri il giogo de' Mefficani. Quefti furono quei di Chalco,
di Xilotepec, di Toltitlan, di Tenajucan, di Mexicaltzinco,
di Huitzilopochco, di Xochimilco, di Cuitlahuac, e di Mizquic, i quali s'accordarono d'attaccar alle fpalle i Mefficani, dapoichè aveffero cominciata la battaglia i Tlatelolchi.
I Quauhpanchefi poi, gli Huexotzinchi, ed i Matlatzinchi,
l'ajuto de' quali avea anche implorato, doveano incorporar
le lor truppe a quelle de' Tlatelolchi per la difefa della
Città. Seppe la Regina quefte negoziazioni, ed ora per l'o-
dio, che portava al fuo marito, ora per l'amore a fuo fratello, ed alla fua patria, avvisò di tutto Axajacatl, acciocchè fchivaffe un sì fatto colpo, che avrebbe fatto crollar il
fuo trono.

Moquihuix, afficurato dell'ajuto de' Confederati, convocò i Nobili della fua Corte per incoraggirgli all'imprefa.
Alzò la voce nell'affemblea un Sacerdote vecchio ed autorevole, appellato *Pojahuitl*, ed a nome di tutti s'efibì a
combatter coraggiofamente contro i nemici della patria: indi

di per animargli davvantaggio, lavò l' altare de' facrifizj, e
diede a bere quell' acqua tinta di fangue umano al Re, ed
a tutti i Capitani, colla quale fentirono, per quel che differo, aumentarfi il loro coraggio, ed io non dubito, che fi
foffe aumentato per efercitar della crudeltà. Frattanto la Regina
impaziente del maltrattamento, che foffriva, ed impaurita
da' perigli della guerra, lafciò il marito, e portoffi a Meffico con quattro figliuoli, per metterfi fotto l' ombra del fuo
fratello. Ciò far potè facilmente per la fomma vicinanza di
quelle due Città, Una tal novità accrebbe in tal maniera
lo fcambievol difgufto de' Mefficani e de' Tlatelolchi, che
dovunque s' incontravano, s' ingiuriavano con parole, fi bat-
tevano, e s' ammazzavano.

Accoftandofi ormai il tempo di far la guerra, fece Moquihuix infieme co' fuoi Capitani, e con molti de' Confederati
un folenne facrifizio nel monte men difcofto dalla Città per
procacciarfi la protezione de' loro Dei; ed ivi fi determinò
il giorno, nel quale dovea dichiararfi la guerra ai Meffica-
cani. Indi a pochi giorni avvisò i Confederati, acciocchè
foffero ben difpofti a foccorergli, tofto che cominciaffe l'attacco. *Xiloman*, Signor di Colhuacan, voleva affalire prima
i Mefficani, e poi fimulando fuga provocargli ad infeguirlo,
acciocchè allora i Tlatelolchi gli attaccaffero per le fpalle. Il
giorno feguente quefte ambafciate fece Moquihuix la ceremonia d' armar le fue truppe, ed indi portoffi al tempio di
Huitzilopochtli per implorar l' ajuto di lui, dove tornarono
a prender quella abominabile bevanda, che diede a loro Pojahuitl nel primo congreffo, e tutti i Soldati paffarono ad uno ad
uno dinanzi all'Idolo, facendogli una profonda riverenza. Appena terminata quefta ceremonia entrò nella piazza del Mercato una compagnìa d' arditi Mefficani, uccidendo tutti quanti
incontravano; ma fopravvenendo fubito le truppe Tlatelolche, gli fcacciarono, e fecero alcuni prigionieri, i quali furono fenza indugio facrificati in un tempio appellato *Tlil-
lan*. Quello fteffo giorno ful tramontar del Sole ebbero alcune donne Tlatelolche l' ardire d' innoltrarfi nelle ftrade di

Meſſico, e di bruciar delle ſcope nelle porte delle caſe, dicendo sfacciatamente degl' improperj a' Meſſicani, e minacciandogli della lor pronta ruina; ma i Meſſicani le trattarono col diſprezzo, che meritavano.

Quella ſteſſa notte ſi miſero in arme i Tlatelolchi, e la mattina cominciarono alla prima luce l' attacco di Meſſico. Erano nel maggior caldo della zuffa, quando arrivò Xiloman co' ſuoi Colhui; ma vedendo che il Re di Tlatelolco aveva cominciato a combattere ſenza aſpettarlo, nè curarſi del conſiglio di lui, ſi ritirò ſdegnato, e volendo far qualche danno a' Meſſicani, fece chiuder alcuni canali per impedir ogni ſoccorſo, che venir poteſſe a loro per acqua; ma furono toſto riaperti per ordine d' Axajacatl. Tutto quel dì ſi combattè con indicibile ardore e dall' una, e dall' altra parte, finchè la notte coſtrinſe i Tlatelolchi a ritirarſi. I Meſſicani bruciarono le caſe della Città, che erano più vicine a Tlatelolco, perchè forſe gl' impacciavano per i combattimenti; ma nell' appiccar il fuoco venti di loro furono fatti prigioni da' nemici, ed incontanente ſacrificati.

Axajacatl diſtribuì quella notte il ſuo eſercito in tutte le ſtrade, che conducevano a Tlatelolco, ed allo ſpuntar del dì cominciarono da ogni parte a marciare verſo la piazza del mercato, che dovea eſſer il punto della loro riunione. I Tlatelolchi, vedendoſi da ogni parte attaccati, ſi andavano ritirando verſo quella gran piazza, per unir ivi tutte le loro forze, e poter vieppiù reſiſtere; ma arrivati a quel luogo ſi trovarono più impacciati dalla ſteſſa loro moltitudine. Non baſtavano già le voci, colle quali il Re Moquihuix procurava dall' alto del gran tempio d' incoraggire i ſuoi. I Tlatelolchi erano feriti ed ucciſi, e que' che cadevano, sfogavano la loro rabbia contro il Re con improperj: „ Scendete di coſtà, gli dicevano, e prendete, o Codardo, l' ar„mi; poichè non è da uomini coraggioſi lo ſtar guardan„do tranquillamente que' che combattono, e perdono la vi„ta in difeſa della patria. „ Ma queſti lamenti cagionati dal dolor delle ferite, e dalle angoſcie della morte, erano

affat-

affatto ingiufti: poichè Moquihuix non mancava a' doveri di Generale, e di Re, non dovendo egli efporre tanto la fua, quanto i Soldati la loro vita, per poter effer ad effi più utile col configlio, e colla voce. Frattanto i Mefficani s'avanzarono fino alla fcala del tempio, e falendo per effa, arrivarono all' atrio fuperiore, donde Moquihuix animava la fua gente, e fi difendeva da difperato; ma un Capitano Mefficano appellato *Quetzalhua*, con una fpinta lo rovefciò giù per la fcala, (l) ed alcuni Soldati togliendone fulle lor braccia il cadavero, lo prefentarono ad Axajacatl, il quale apertogli il petto, gli ftrappò il cuore. Azione orribile, ma efeguita fenza orrore, per effer troppo comune ne' loro facrifizj.

Così finì il prode Moquihuix, e con lui la piccola Monarchìa de' Tlatelolchi, governata da quattro Re nello fpazio di cento diciotto anni incirca. I Tlatelolchi, vedendo morto il loro Re, tofto fi fcompigliarono, e procurarono di falvar la vita colla fuga, paffando a traverfo de' loro nemici: ma reftarono morti in quella piazza quattrocento e feffanta, e tra effi alcuni Uffiziali di confiderazione. Dopo quefta conquifta s'unì perfettamente la Città di Tlatelolco a quella di Meffico, e non fi confiderò più come Città diftinta, ma come una parte, o piuttofto come un fobborgo di quella Corte, ficcome è prefentemente. Il Re di Meffico mantenne ivi fempre un Governatore, ed i Tlatelolchi oltre al tributo, che annualmente pagavano alla Corona di frumentone, di robe da veftire, d'armi, e d'armadure, erano obbligati a rifare il tempio di Huitznahuac, ogni volta che bifognaffe.

Non fappiamo, fe i Quauhpanchefi, i Huexotzinchi, ed i Matlatzinchi, che s'erano confederati co' Tlatelolchi fi trovarono in fatti in quefta guerra. Degli altri Alleati

I i 2 di-

(l) L' Interprete della Raccolta di Mendoza dice, che avendo Moquihuix perduto la battaglia, fuggì all' alto del tempio, e quindi fi precipitò, per non poter fofferire gl' improperi d' un Sacerdote; ma il ragguaglio degli altri Storici ci pare più conforme al carattere di quel Re.

dicono gli Storici, che effendo arrivati al foccorfo de' Tlatelolchi, quando era già morto Moquihuix, e terminata la
guerra, fe ne tornarono fenza far nulla. Tofto, che Axajacatl fi vide vittoriofo, condannò all' eftremo fupplizio Pojahuitl, ed Ehecatzitzimitl, amendue Tlatelolchi, per effere
ftati quelli, che più caldamente aveano animati i loro Cittadini contro i Mefficani, ed indi a poco fece morire i Signori di Xochimilco, di Cuitlahuac, di Colhuacan, di Huitzilopochco, ed altri, per efferfi confederati co' fuoi nemici.

§ 17
Nuove
conqui-
fte, e mor-
te d'Axa-
jacatl

Per vendicarfi poi de' Matlatzinchi, Nazione numerofa
e poffente, ftabilita nella Valle di Toluca, e non ancor fottopofta a' Mefficani, pubblicò la guerra contro loro, ed u-
fcendo da Meffico infieme co' due Re alleati, prefe nel paffare i luoghi di Atlapolco, e di Xalatlauhco, e poi nella
fteffa Valle conquiftò Toluca, Tetena, Metepec, Tzina-
cantepec, Calimaja, ed altri luoghi ae parte meridionale
della Valle, reftando d' allora innanzi la Nazione tributaria
della Corona di Meffico. Dopo qualche tempo ritornò nella
medefima Provincia per conquiftare ancora la parte fettentrionale della Valle, appellata oggidì *Valle d' Ixtlahuacan*,
e principalmente Xiquipilco, Città e ftato confiderabile degli Otomiti, il cui Signore, chiamato *Tlilcuezpalin*, era famofo per la fua bravura. Axajacatl, il quale ancor vantava
il fuo coraggio, volle duellare con effo lui nella battaglia,
che prefentò a' Xiquipilchefi, ma la riufcita fu al medefimo
Axajacatl funefta; poichè ebbe una grave ferita nella cofcia,
e fopravvenendo due Capitani Otomiti, lo gettarono a più
colpi in terra, e l' avrebbono fatto prigione, fe certi giovani Mefficani, vedendo il loro Re in sì grave pericolo, non
gli aveffero coraggiofamente falvato la libertà, e la vita.
Malgrado d' una tal difgrazia, ottennero i Mefficani una compita vittoria, e fecero, per quel che dicono i loro Storici,
undici mila e feffanta prigionieri, tra i quali e lo fteffo Tlilcuezpalin, e que' due Capitani, che aveano affalito il Re.
Con quefta gloriofa vittoria aggiunfe Axajacatl alla Corona
Xiquipilco, Xocotitlan, Atlacomolco, e tutti gli altri luoghi, che
gli mancavano di quell' amena valle.   To-

Tosto che risanò Axajacatl della ferita, la quale per altro lo storpiò di una gamba per tutto il resto della sua vita, fece un gran pranzo a' Re alleati, ed a' Magnati Messicani, nel qual fece morire Tlilcuezpalin, ed i due suddetti Capitani otomiti. Non pareva a quegli uomini inopportuna l' esecuzion d' un supplizio fra le delizie d' un pranzo; imperciocchè avvezzi a spargere il sangue umano aveano cambiato l' orror naturale in ricreazione. Tanto grande è la forza del costume, e tanto è agevole a' nostri animi il rendersi famigliari gli obbietti più orribili!

Negli ultimi anni del suo regno, parendogli troppo stretti per la banda di Ponente i termini dell' imperio, uscì di nuovo in campagna per la Valle di Toluca, e passando di là da' monti, conquistò Tochpan, e Tlaximalojan, essendo d' allora in poi questo luogo la frontiera del regno di Michuacan. Indi rivolgendosi verso Levante s' impadronì d' Ocuilla, e di Malacatepec. La morte sopravvenutagli nel decimoterzo anno del suo regno, che fu il 1477. dell' era volgare, interruppe il corso delle sue vittorie. Fu assai guerriere, e severo nel punire i trasgressori delle leggi dal suo Antecessore pubblicate. Lasciò da parecchie mogli un gran numero di figliuoli, fra i quali il celebre Motezuma II., di cui fra poco ragioneremo.

In luogo d' Axajacatl fu eletto Tizoc, fratello maggior di lui, il quale esercitato avea la carica di General d' esercito. (m) Non sappiamo, dove fosse la sua prima spedizione, per procurarsi delle vittime necessarie per la sua incoronazione. Il suo regno fu breve, ed oscuro. Nondimeno nella dipintura decima della raccolta di Mendoza si rappresentano quattordici Città da lui sottomesse, fra le quali vi sono Toluca, e Tecaxic, che per essersi ribellate alla Corona, bisognò riconquista-

re

§. 18.
Tizoc Re settimo di Messico.

(m) Il P. Acosta fa Tizoc figliuolo di Motezuma I. e lo Interprete della raccolta di Mendoza il fa figliuolo d' Axujacatl; ma e l'uno, e l'altro sono sbagli dimostrati dagli altri Storici. Sbagliò eziandio il P. Acosta nell'ordine de' Re, poichè fa regnar Tizoc prima d' Axajacatl. Vedansi intorno a ciò le nostre dissertazioni.

re, *Chillan*, e *Jancuixlan* nel paefe de' Mixtechi, *Mazatlan*,

Tlipan, e *Tamapachco*. Torquemada fa menzione d'una vittoria da lui ottenuta fopra *Tlacotepec*.

Nel tempo di quefto Re accadde la guerra tra i Tezcucani, e gli Huexotzinchi. Cotal guerra ebbe la fua origine dall'ambizione de' Principi fratelli del Re Nezahualpilli, i quali quantunque contenti fi moftrarono ful principio della efaltazione del loro fratello minore, effendofi poi raffreddata la memoria del loro defunto Padre, e non più fofferendo il vederfi fottomeffi a colui, cui credevano dover comandare pel dritto della età, macchinarono contro lui una fegreta congiura. Per l'efecuzione de' lor perverfi difegni invitarono prima i Chalchefi, ch'erano i più pronti a sì fatti delitti; ma avendo fallito tutti i mezzi da effi adoperati, follecitarono pel medefimo fine gli Huexotzinchi. Nezahualpilli, avvifato d'una tal congiura, alleftì fenza indugio un buon efercito, e marciò per andar contro gli Huexotzinchi. Il Generale di quello ftato avea indagati tutti i contraffegni del Re Nezahualpilli, per portar contro effo lui tutti i fuoi colpi, ed aveva anche promeffo de' premj a chiunque glielo confegnaffe o vivo, o morto. Non mancò chi il faceffe fapere al Re: onde quefti prima d'entrar nella battaglia mutò le fue vefti ed infegne con quelle d'un fuo Capitano. Quefto fventurato uffiziale, effendo ftato creduto lo fteffo Re, fu fubito fopraffatto dalla moltitudine, ed uccifo. Mentre contro di lui fi sfogava la loro rabbia, Nezahualpilli diede addoffo al Generale Huexotzinca, e l'uccife non fenza grave rifchio d'effer anch'egli ammazzato da' foldati, che vennero a foccorrere il loro Generale. I Tezcucani, i quali aveano prefo lo fteffo sbaglio degli Huexotzinchi, per non effer confapevoli del cambiamento delle vefti, aveano cominciato a difanimarfi; ma ora conofcendolo, concorfero alla difefa di lui, e dopo avere fconfitti i fuoi nemici, faccheggiarono la Città di Huexotzinco, e carichi di fpoglie fe ne tornarono a Tezcuco. Niente dicono gli Storici del fine, che ebbero i Principi autori della congiura. Può crederfi,

che

che foffero ucciſi nella battaglia, o pure ſi ſalvaffero colla
fuga dal gaſtigo, che meritavano. Nezahualpilli, il quale
poco innanzi s'era fabbricato un nuovo palagio, fece ancora
per laſciar un eterno monumento della ſua vittoria, conſtrui-
re un muro, che tanto ſpazio di terra rinchiudeffe, quanto
era quello, che occupavano gli Huexotzinchi, allorchè vennero alla difeſa del loro Generale, e diede a quel luogo lo
ſteſſo nome del giorno, in cui s'ottenne la vittoria. Coſì
procuravano render immortale il loro nome, e la gloria delle loro azioni quelli, che da molti ſon creduti niente curarſi dell' avvenire.

§ 10.
Nozze
del Re
Nezahu-
alpilli
con due
Signore
Meſſica-
ne.

Aveva già allora il Re di Tezcuco parecchie mogli di
caſe nobiliſſime; ma niuna era ſtata da lui dichiarata Regina, riſervando tal'onore per quella, che voleva togliere dalla famiglia Real di Meſſico. Domandolla al Re Tizoc, e
queſti gli diede una ſua nipote, figlia di *Tzotzocatzin*. Ce-
lebraronſi queſte nozze in Tezcuco con gran concorſo di
Nobiltà delle due Corti. Aveva queſta Signora una ſorella
dotata di ſingolar bellezza, che ſi appellava *Xocotzin*. Ama-
vanſi tanto amendue, che non potendo ſepararſi, ottenne la
nuova Regina da ſuo Padre il permeſſo di condur ſeco a
Tezcuco ſua ſorella. Colla frequente viſta, e col trattare ſpeffo s'invaghì tanto il Re della ſua bella cognata, che
determinò ſpoſarla, ed eſaltarla ancora alla dignità di Regina. Queſte ſeconde nozze furono, per quel che dicono gli
Storici, le più ſolenni, e le più magnifiche, che mai ſi videro in quel paeſe. Poco tempo dopo ebbe il Re dalla prima Regina un figliuolo chiamato *Cacamatzin*, il quale fu
ſuo ſucceſſore nella Corona, e fatto poi prigione dagli Spagnuoli morì diſgraziatamente. Dall'altra ebbe *Huexotzincatzin*, (*) di cui fra poco parleremo, *Coanacotzin*, il quale
fu ancora Re d'Acolhuacan, e qualche tempo dopo la conquiſta degli Spagnuoli fu fatto impiccare dal Conquiſtatore
Cortès, ed *Ixtlilxochitl*, che ſi confederò cogli Spagnuoli
con-

***

(*) Il nome di Huexotzincatl fu dato ſenz'altro a quel Principe per riguardo alla vittoria ſopra gli Huexotzinchi.

contro i Meſſicani, e convertito al Criſtianeſimo preſe nel batteſimo il nome, ed il cognome di quel Conquiſtatore.

Mentre che Nezahualpilli procurava moltiplicar la ſua diſcendenza, godendo d'una gran pace e tranquillità nel ſuo regno, macchinavano la morte al Re di Meſſico alcuni de' ſuoi Feudatarj. Techotlalla, Signor d'Iztapalapan, o riſentito per qualche diſguſto ricevuto, o impaziente della dominazione di Tizoc, concepì il reo diſegno d'attentare contro la vita di lui, e non volle ad altri ſcoprirlo, ſe non a chi gli parve capace di porlo in eſecuzione. Egli, e Maxtlaton, Signor di Tlachco, ſi accordarono nel modo d'eſeguire un misfatto sì pericoloſo. Gli Storici non ſi trovano d'accordo in queſto punto. Alcuni dicono che ſi prevalſero di certe ſtreghe, e ch'eſſe colla malìa gli tolſero la vita; ma ciò mi pare una favola popolare. Altri affermano, che coloro trovarono la maniera di dargli il veleno. Checcheſia del modo, egli è certo, che riuſcì la loro macchinazione. Fu morto Tizoc nel quinto anno del ſuo regno, e nel 1482. dell' era volgare. Era uomo circonſpetto, ſerio, e ſevero, come i ſuoi anteceſſori, e ſucceſſori, nel gaſtigo de' delinquenti. Siccome nel ſuo tempo era già tanto grande la poſſanza, e l'opulenza di quella Corona, intrapreſe di fabbricare al Dio protettore della Nazione un tempio, che nella grandezza, e nella magnificenza ſuperaſſe tutti i tempj di quel paeſe, ed a tal fine avea preparati infiniti materiali, ed avea anche cominciata la fabbrica, quando la morte venne a fraſtornare i ſuoi diſſegni.

I Meſſicani ben conoſcendo, che non era ſtata naturale la morte del loro Re, vollero vendicarla prima di procedere a nuova elezione. Le loro ricerche furono sì grandi, che in breve ſcoprirono gli autori dell'attentato, e gli giuſtiziarono nella piazza maggior di Meſſico coll'intervento de' due Re alleati, e della Nobiltà Meſſicana, e Tezcucana. Radunatiſi poi gli Elettori per creare un nuovo Re, eleſſero *Ahuitzotl*, fratello de' due Re precedenti, il qual'era già General d'eſercito; poichè dal tempo del Re Chimal-

po-

popoca s'era introdotto il coſtume di non eſaltar al trono,

chi non aveſſe prima eſercitato quella carica, ſtimando aſſai convenevole, che deſſe ſaggio della ſua bravura colui, che dovea divenir Capo d'una Nazione tanto guerriera, e che nel comandar le truppe imparaſſe la maniera di governare il regno.

La prima cura, che ebbe il nuovo Re, poichè s'inco-

ronò, fu quella della fabbrica del magnifico tempio, che avea diſegnato, e cominciato il ſuo Anteceſſore. Sì ripigliò colla maggior attività, concorrendovi un numero incredibile d'Operai, e ſi terminò in quattro anni. Mentre che in queſt'opera ſi lavorava, uſcì il Re ſpeſſe volte alla guerra, e tutti quanti i nemici, che ſi facevano prigioni, ſi riſervarono per la feſta della Dedicazione. Le guerre di queſti quattro anni furono contro i Mazahui poche miglia a Ponente, che s'erano ribellati alla Corona di Tacuba, contro i Zapotechi trecento miglia a Scirocco, e contro parecchj altri popoli. Fornita la fabbrica invitò il Re alla feſta della Dedicazione i due Re alleati, e tutta la Nobiltà d'ambidue i regni. Il concorſo fu il più numeroſo, che mai ſi vedeſſe in Meſ- ſico (n); poichè vennero per trovarſi a sì celebre funzio- ne, anche da' luoghi i più lontani. La feſta durò quattro giorni, ne' quali furono ſacrificati nell'atrio ſuperiore del tem- pio tutti i prigionieri, fattiſi ne' quattro anni anteriori. Non ſono d'accordo gli Storici intorno al numero delle vittime. Tor- quemada dice, che furono ſettanta due mila, trecento qua- rantaquattro. Altri affermano, che furono feſſanta quattro mila e ſeſſanta. Per fare con maggior apparato sì orribili ſacrifizj, ordinarono le vittime in due file, ognuna d'un mi- glio e mezzo incirca, le quali cominciavano nelle ſtrade di

---

(n) Alcuni Autori affermano, che il numero di perſone, che ſi trovaro- no a quella feſta, arrivò a ſei milioni. Queſto numero può eſſere ſtato eſagerato, ma non mi pare affatto inveriſimile, atteſo la gran popolazione di quel paeſe, la grandezza, e la novità della feſta, e l'agevolezza di quel- la gente nel portarſi da un luogo ad un altro, avvezza eſſendo a cammi- nare a piedi ſenza l'impaccio degli equipaggj.

Tacuba, e d'Iztapalapan, e venivano a terminarſi nello ſteſſo tempio, (o) e toſto che v'arrivavano, erano ſacrificate. Finita la feſta fece il Re de'preſenti a tutti gl'invitati, nel che dovette fare una ſpeſa ſorprendente. Ciò avvenne nel 1486.

Nello ſteſſo anno Mozauhqui, Signor di Xalatlauhco, a imitazion del ſuo Re, a cui era molto affezionato, dedicò anch'egli un altro tempio, poco innanzi edificato, e ſacrificò eziandio un gran numero di prigioni. Tanta era la ſtrage, che faceva la crudele e barbara ſuperſtizion di que'Popoli!

L'anno 1487. non fu memorabile, ſenon per un gran tremuoto, e per la morte di Chimalpopoca Re di Tacuba, a cui ſuccedette Totoquihuatzin II.

Ahuitzotl, a cui il ſuo genio guerriero non permetteva goder della pace, uſcì di nuovo alla guerra contro quei di Cozcaquauhtenanco, ed ottenne una compita vittoria; ma per avergli fatto una gran reſiſtenza, fu con loro troppo ſevero, e crudele. Poi ſottomiſe que'di Quapilollan, ed indi paſsò a far guerra contro a Quetzalcuitlapillan, Provincia grande, e popolata da Gente guerriera, (p) e finalmente contro a *Quauhtla*, luogo ſituato nella coſta del ſeno Meſſicano, nella qual guerra ſi ſegnalò Motezuma, figliuolo d'Axajacatl, e ſucceſſore d'Ahuitzotl nel regno. Indi a poco i Meſſicani inſieme co'Tezcucani ſi portarono contro gli Huexotzinchi, nella qual guerra ſi diſtinſero col loro coraggio *Tezcatzin*, fratello del ſuddetto Motezuma, e *Tliltototl*, nobile Uffiziale Meſſicano, che poi diventò General d'eſercito. Non tro-

(o) Betancurt dice, che la fila de'prigioni ordinata ſulla ſtrada d'Iztapalapan cominciava in quel ſito, che oggidì è appellato *La Candelaria Malcuitlapilco*, e che per una tal cagione ebbe queſto nome, mentre *Malcuitlapilco*, ſignifica la coda, o ſia punta, o eſtremità de'prigioni. Queſta congettura è aſſai veriſimile, nè è facile il trovare un'altra origine di tal nome.

(p) Torquemada dice, che avendo Ahuitzotl ſpeſſe volte intrapreſa la conquiſta di Quetzalcuitlapillan, non potè mai ottenerla, ma fra le conquiſte di queſto Re, rappreſentate nella dipintura XI. della raccolta di Mendoza, v'è quella Provincia ancora.

troviamo appreſſo gli Storici nè la cagione, nè le circoſtanze di tali guerre. Terminata la ſpedizione contro Huexotzinco, celebrò Ahuitzotl la dedicazione d'un nuovo tempio,
detto *Tlacatecco*, nella quale furono ſacrificati i prigionieri
fatti nelle guerre anteriori, ma l'allegrezza di tal feſta fu
turbata dall'incendio del tempio di Thlan.

Così paſsò queſto Re in continue guerre infino al 1496.,
in cui ſi fece quella d'Atlixco. L'entrata dell'eſercito Meſſicano in queſta valle fu sì improvviſa, che il primo riſcon-
tro, che n'ebbero gli Atlixcheſi, fu quello, che ricevettero per
gli occhj nel vederli entrare. Si miſero ſubito in armi per la
difeſa; ma non trovandoſi con forze baſtevoli a reſiſtere per
molto tempo, domandarono ajuto agli Huexotzinchi lor
vicini. Quando arrivarono ad Huexotzinco gli ambaſciatori
Atlixcheſi, giocava al pallone un famoſo Capitano appellato
Toltecatl, in cui il gran coraggio non era punto inferiore alla
forza ſtraordinaria del ſuo braccio. Toſto che ſeppe la nuova dell'eſercito Meſſicano, laſciò il giuoco, per portarſi ad
Atlixco colle truppe auſiliarie, ed entrando diſarmato nella battaglia per oſtentar la ſua bravura, e per moſtrar il diſprezzo, che faceva, de' ſuoi nemici, atterrò colle pugna il primo
Meſſicano, che gli ſi preſentò, e preſe l'arme di lui, colle
quali grande ſtrage fece. I Meſſicani, non potendo ſuperar
la reſiſtenza de' loro nemici, abbandonarono il campo, e ſe
ne tornarono a Meſſico coperti d'ignominia. Gli Huexotzinchi per rimunerare la ſingolar prodezza di Toltecatl, il fecero capo della loro Repubblica. Queſta era ſtata ſottopoſta
alla dominazione de' Meſſicani, le cui armi provocato aveano co' loro inſulti; ma ſiccome i conquiſtati non ſoffrono il
giogo del Conquiſtatore, ſe non quando non poſſono ſcuoter-
lo, ogni volta che gli Huexotzinchi ſi trovavano con forze
baſtevoli per reſiſtere, ſi ribellavano, e lo ſteſſo accadeva alla maggior parte delle Provincie ſottopoſte per forza d'armi
alla Corona di Meſſico: onde biſognava, che l'eſercito Meſſicano foſse in un continuo moto per riconquiſtare ciò, che
il Re perdeva. Toltecatl accettò l'impiego conferitogli; ma

appena

appena paſſato un anno, fu coſtretto ad abbandonare la ca-
ricà, e la patria. I Sacerdoti, ed altri Miniſtri de' tempj,
abuſando della loro autorità, entravano nelle caſe de' particolari, e portavano via il frumentone, ed i gallinaccj, che v'
erano, e facevano altri eccesſi ſconvenevoli alla loro dignità.
Toltecatl volle porvi rimedio; ma ſi miſero in armi i ſacer-
doti. Il Popolo parte aderì a loro, e parte s' oppoſe alle loro violenze, e fra queſte due fazioni s' acceſe una guerra,
che ſiccome tutte l' altre guerre civili, cagionò graviſſimi
mali. Toltecatl, ſtanco di reggere un Popolo ſì indocile, e
temendo di perire nella tempeſta, s'aſſentò dalla Città con
altri Nobili, e paſſando i monti ſi portò a Tlalmanalco. Il
Governator di queſta Città diede di ciò pronto avviſo al Re
di Meſſico, e queſti fece ſubito morire tutti que' fuggitivi
in pena della lor ribellione, e portare i lor cadaveri ad Huexotzinco per impaurire i ribelli.

§ 25
Nuova
inonda-
zione di
Meſſico.

Nel 1498. parendo al Re di Meſſico, che per mancanza d' acqua ſi foſſe reſa malagevole la navigazione del lago,
volle aumentar quell' acqua coll' altra della ſorgente di Huitzilopochco, di cui ſervivanſi i Cojoacaneſi, e chiamò Tzotzo-
matzin Signor di Cojoacan, per dargli i ſuoi ordini. Tzot-
zomatzin gli rappreſentò, che quella ſorgente non era perpetua: che alle volte mancava l' acqua, ed alle volte veniva in tanta abbondanza, che potrebbe cagionar qualche danno alla Corte. Ahuitzotl ſtimando, che le ragioni di Tzot-
zomatzin foſſero meri preteſti per iſcuſarſi di far ciò, che
gli era comandato, inculcò il ſuo primo ordine, e vedendo
colui preſiſtere nella difficoltà propoſtagli, lo congedò adira-
to, ed indi lo fece morire. Queſta ſuol eſſere la ricompen-
ſa de' buoni conſiglj, quando i Principi oſtinati in qualche
capriccio, non vogliono ſentire le ſincere rimoſtranze de' lor
fedeli ſudditi. Ahuitzotl, non volendo ad alcun patto abbandonare il ſuo progetto, fece far un grande ed ampio acquidotto (*) da Cojoacan a Meſſico, e per eſſo ſi conduſſe
l'acqua

(*) Queſto acquidotto fu interamente disfatto o dallo ſteſſo Ahuitzotl, o
dal

l'acque con molte ceremonie fuperftiziofe; poichè alcuni Sacerdoti
l'andavano incenfando, altri facrificavano delle quaglie, ed L<small>IB.</small> IV.
ungevano con quel fangue il labbro dell'acquidotto, al-
tri fonavano degli ftromenti muficali, e tutti fefteggiavano
l'arrivo dell'acqua. Il Sommo Sacerdote portava quello fteffo abito, con cui rapprefentavano *Chalchihuitlicue*, Dea dell'
acqua. (*q*)

Con sì fatta folennità arrivò l'acqua a Meffico; ma
non iftette guari a cambiarfi in pianto la comune allegrezza; imperciocchè effendo ftate ftraordinariamente abbondanti
le pioggie di quell'anno, s'accrebbe tanto l'acqua del lago,
che allagò la Città, tutte le ftrade erano piene di barche,
ed alcune cafe rovinarono. Trovandofi un dì il Re in una
ftanza inferiore del fuo palagio, vi entrò improvvifamente
in tal copia l'acqua. che affrettandofi per la paura d'ufcir
per la porta, ch'era baffa, fi fece nella tefta una contufion sì
gagliarda, che dopo qualche tempo gli cagionò la morte.
Afflitto da'mali della inondazione e da'clamori del Popolo,
chiamò in fuo ajuto il Re d'Acolhuacan, il quale fenza indugio fece riparar l'argine, che pel configlio di fuo Padre
Nezahualcojotl fi era fatto nel regno di Motezuma.

Appena liberatifi i Mefficani dal male della inondazione, ebbero a patire l'anno feguente quello della fcarfezza
del grano, per effere andato a male il frumentone a cagione
della troppa abbondanza d'acqua; ma in quefto medefimo
anno ebbero la fortuna di fcoprire nella valle di Meffico
una cava di *tetzontli*, ch'è ftata tanto utile per gli edifizj
di quella gran Città. Cominciò tofto il Re a adoperare
quefta fpezie di pietra ne'tempi, ed a fua imitazione i particolari nelle loro cafe. Oltre a ciò fece il Re atterrare tutti gli

---

dal fuo fucceffore poichè non vi reftava niente di effo, quando arrivarono a quel paefe gli Spagnuoli.

(q) Il P. Acofta teftifica, che il conducimento dell'acqua di Huitzilopochco a Meffico, e le ceremonie fatte da'Sacerdoti, erano rapprefentate
in una dipintura mefficana, che v'era al fuo tempo (e forfe tuttora farà) nella biblioteca Vaticana.

Lib IV.

§ 26.
Nuove
conqui-
ste e mor-
te del Re
Ahui-
tzotl

ti gli edifizj rovinanti, e rifargli in miglior forma, aumentando notabilmente la bellezza, e la magnificenza della sua Corte.

Passò i due ultimi anni della sua vita in frequenti guerre come quelle di Izquixochitlan, d'Amatlan, di Tlacuilollan, di Xaltepec, di Tecuantepec, e di Huexotla nella Huaxteca. Tliltotl General Messicano, compiuta la guerra d'Izquixochitlan, portò le sue armi vittoriose infino a Quahtemallan, o sia Guatemala, più di novecento miglia a scirocco della Corte, nella quale spedizione fece, per quel che dicono gli Storici, de' prodigj di coraggio; ma niuno racconta i fatti particolari di sì rinomato Generale; nè sappiamo, che restasse tutto quel gran tratto di terra alla Corona di Messico sottoposta.

Finalmente nell'anno 1502. dopo venti anni incirca di regno, venne a morire Ahuitzotl di malattia cagionataglisi dalla già mentovata contusione del capo. Era uomo molto guerriero, ed uno de' Re, che più ampliarono i dominj della Corona. Quando morì, possedevano i Messicani quasi tutto ciò, che aveano all'arrivo degli Spagnuoli. Oltre al coraggio ebbe altre due virtù Reali, che il rendettero celebre tra i suoi Nazionali, cioè la magnificenza, e la liberalità. Abbellì in tal maniera Messico con nuovi, e magnifici edifizj, che era già divenuta la miglior Città del nuovo Mondo. Quando ricevea i tributi delle Provincie, radunava il Popolo in certo luogo della città, e personalmente distribuiva de' viveri, e de' vestimenti a' bisognosi. Rimunerava i suoi Capitani, e Soldati, che si segnalavano nella guerra, ed i Ministri ed Ufiziali della Corona, che gli servivano fedelmente, con oro, argento, gemme, e belle penne. Queste virtù vennero oscurate da alcuni vizj, poichè era capriccioso, vendicativo, e qualche volta crudele, e sì portato per la guerra, che pareva odiar la pace: onde il nome d'*Ahuitzotl* s'usa proverbialmente anche fra gli Spagnuoli di quel regno, per significare un uomo, che colle sue molestie e vessazioni non lascia vivere un altro. (r) Ma era peraltro di buon

(1) Gli Spagnuoli dicono. N è mio *Ahuizote*, Questi e l'*Ahuizote* d' N, a niuno manca il suo *Ahuizote &c.*

buon umore, e dilettavasi tanto della Musica, che nè il dì, nè la notte mancava questo divertimento in palagio: il che doveva recar pregiudizio al ben pubblico, mentre gl' involava gran parte del tempo, e della cura, che avrebbe dovuto impiegare negli affari del regno. Nè punto meno gli occupavano l'animo le donne. I suoi Antecessori aveano avute molte mogli, parendo loro, che tanto maggior comparisse la loro autorità, e la loro grandezza, quanto maggior era il numero di persone dedicate a'loro piaceri. Ahuitzotl, avendo tanto ampliati i domini, ed accresciuto il potere della Corona, mostrar volle la maggioranza della sua grandezza sopra quella de'suoi Antecessori nel numero eccessivo delle sue mogli. Tal'era lo stato della Corte di Messico sul principio del secolo XVI', di quel secolo sì fecondo d' avvenimenti grandi, nel quale doveva mutar faccia quel regno, e mettersi sottosopra tutto il nuovo Mondo.

LIBRO V.

*Avvenimenti di Motezuma II. Re nono di Meſſico fin' all'
anno 1519. Notizie della ſua vita, del ſuo governo, e
della magnificenza de' ſuoi palagj, giardini, e boſchi. Guerra di Tlaſcalla, ed avvenimenti di
Tlahuicole Capitano Tlaſcalleſe. Morte ed
elogio di Nezahualpilli Re d' Acolhuacan, e nuove rivoluzioni di
quel regno. Preſagj dell' arrivo, e della conquiſta degli
Spagnuoli.*

ORTO che fu Ahuitzotl, e celebrate che furono con magnificenza ſtraordinaria le ſue eſequie, ſi procedette all' elezione del nuovo
Sovrano. Non ſopravviveva già alcun fratello de' Re antecedenti: onde ſecondo la legge
del regno ſucceder doveva al Re defunto
qualcuno de' ſuoi nipoti, figliuoli de' ſuoi Anteceſſori. Queſti erano molti; perciocchè de' figliuoli d'Axa-

§ 1
Motezu-
ma II Re
nono di
Meſſico.

jacatl viveano Motezuma, (a) Cuitlahuac, Matlatzincatl,
Pinahuitzin, Cecepacticatzin, e di que'del Re Tizoc, Imac-
tlacuijatzin, Tepehuatzin, ed altri, i cui nomi ignoriamo.
Fu eletto fra tutti Motezuma, a cui per diſtinguerlo dall'
altro Re del medeſimo nome, fu dato il ſopranome di *Xo-*
cojo-

(a) L' Autore delle annotazioni ſopra le lettere del Conquiſtatore Cortes,
ſtampate in Meſſico l'anno 1770 dice, che Motezuma II. fu figliuolo di
Motezuma I Queſto è un groſſo ſbaglio, mentre ſappiamo da tutti gli
Storici sì Spagnuoli, come Meſſicani, eſſer colui ſtato figliuolo d'Axaia-
catl V. Torquemada, Bernal Diaz, l'Interprete della Raccolta di Mendoza &c.

cojotzin. (*) Oltre alla bravura da lui fatta fpiccare in parecchie battaglie, efercitando la carica di Generale, era altresì Sacerdote, e per la fua gravità, e circonfpezione, e per la fua religione era affai riverito. Era uomo taciturno, e molto confiderato non meno nelle fue azioni, che nelle fue parole, ed ogni volta che parlava nel Real Configlio, del qual'era membro, fi faceva fentir con rifpetto. Diedefi parte dell'elezione a' Re alleati, e coftoro fi portarono incontanente a quella Corte per fare i lor complimenti. Motezuma di ciò confapevole fi ritirò al tempio, come per proteftarfi indegno di tant' onore. Andò colà la Nobiltà per avvifarlo della fua elezione, e trovollo, per quel che dicono gli Storici, fpazzando il pavimento del tempio. Fu condotto con grand' accompagnamento a palagio, dove gli Elettori gl' intimarono folennemente la elezione fatta della perfona di lui per occupare il trono di Meffico. Indi ritornò al tempio per far le folite ceremonie; e terminate che furono, ricevette nel trono l'ubbidienza della Nobiltà, ed afcoltò l'aringhe gratulatorie degli Oratori. La prima fu quella di Nezahualpilli Re d'Acolhuacan, la quale prefentiamo quì a' Leggitori tale, quale ce la confervarono i Meffcani.

„ La gran ventura, diffe, della Monarchìa Meffcana „ fi rende manifefta nella concordia della voftra elezione, e „ ne' fingolari applaufi, con cui è da tutti celebrata. Hanno „ in vero ragione di celebrarla; mentre il regno di Meffi-„ co a cotal ampiezza è arrivato, che a portar sì gran pe-„ fo non bafterebbe nè minor fortezza di quella del voftro in-„ vincibil cuore, nè minor faviezza di quella, che in voi „ ammiriamo. Chiaramente veggo, quanto fia grande l'a-„ more, che l'Onnipotente Dio porta a quefta Nazione; „ poichè l'ha illuminata, acciocchè fapeffe fcegliere ciò, che

Storia del Meffico Tom. I.   L l   „ più

_____

(*) Il primo Motezuma era chiamato da' Meffcani *Huehue Moteuczoma*, ed il fecondo *Moteuczoma Xocojotzin*, nomi equivalenti al *Senior*, ed al *Junior* de' Latini.

„ più le tornava a conto. Chi farà capace di perſuaderſi, „ che quegli, il quale da particolare avea già ricercate le „ piegature del Cielo, (b) ora da Re non conoſca le coſe „ della terra per la felicità de' ſuoi ſudditi? Chi ha fatto „ ſpiccare in tante occaſioni la grandezza del ſuo animo, „ non l'avrà ora, quando più che mai gli biſogna? Chi „ può credere, che dov' è tanto coraggio, e tanta ſaviezza, „ abbia a mancar il ſollievo alla vedova, ed all' orfanello? „ E' arrivato ſenza dubbio l'imperio Meſſicano alla cima „ dell'autorità, poichè tanta ve ne ha comunicato il Crea- „ tor del Cielo, che inſpirate riſpetto a quanti vi guardano. „ Rallegrati dunque, o Terra beata, che ti ſia toccato un „ Principe, che farà il tuo ſoſtegno, e per la ſua miſeri- „ cordia farà da Padre, e da Fratello co' ſuoi ſudditi. Hai „ in fatti un Re, che non prenderà occaſione della ſua ſu- „ periorità per darſi alla mollezza, e ſtarſi diſteſo nel letto, „ ed abbandonato a' paſſatempi, ed alle delizie; anzi nel più „ dolce ripoſo gl'inquieterà il cuore, e lo deſterà la cura, „ che avrà di te, nè troverà guſto nel più delicato cibo per „ la premura del tuo bene. E voi, Nobiliſſimo Principe, „ e poſſente Signore, fate coraggio, e confidate, che il „ Creator del Cielo, che v' ha inalzato a ſì eminente di- „ gnità, vi darà forze per ſoddisfare agli obblighi ad eſſa an- „ neſſi. Chi è ſtato finora verſo voi ſì liberale, non vi ne- „ gherà i ſuoi pregeveli doni, avendovi egli medeſimo inal- „ zato al trono, nel quale vi auguro molti anni, ed aſſai „ felici. „

Aſcoltò Motezuma attentamente queſta aringa, e s'in- tenerì tanto, che volendo per tre volte riſpondere, non po- tè impedito dalle lagrime prodotte da un dolce piacere, che avea l'apparenza d'umiltà; ma alla fine avendo un po rite- nuto il ſuo pianto, riſpoſe in poche parole proteſtandoſi in- degno dell'onore, a cui era innalzato, e ringraziando quel

Re

(b) Queſto detto del Re Nezahualpilli pare ſignificare, che Motezuma s'era impegnato nello ſtudio dell' Aſtronomia.

Re delle lodi , con cui lo favoriva · ed avendo afcoltato l' altre aringhe reftò nel tempio per far il digiuno di quattro
giorni , ed indi fu con grande apparato al Real palagio ri-
condotto .

Penfò dipoi a far la guerra per procurarfi le vittime ,
che doveano facrificarfi nella fua incoronazione. Toccò quefta difgrazia agli Atlixchefi , che poco innanzi s'erano ribellati alla corona. Ufcì dunque il Re dalla Corte col fior
della Nobiltà , tra la quale andarono anche i fuoi fratelli ,
e cugini. In quefta guerra perdettero i Meffìcani alcuni bravi Uffiziali ; ma nondimeno rimifero i ribelli fotto il prifti-
no giogo , e Motezuma ritornò vittoriofo , conducendo feco
gli fventurati prigionieri , di cui abbifognava per la fua incoronazione. Celebroffi quefta funzione con un tal apparato di
giuochi , di balli , di rapprefentazioni teatrali , e d'illuminazioni , e con una tal copia e ricchezza di tributi mandati
dalle Provincie del regno , che vennero a vederla anche de'
foreftieri non mai veduti in Meffìco , e gli fteffi nemici de'
Meffìcani , come i Tlafcallefi , ed i Michuacanefi fi trave-
ftirono per trovarvifi fpettatori ; ma avendolo faputo Motezuma , con Real generofità li fece alloggiare e regalare , e
fece ancora accomodare · alcuni terrazzi , donde poteffero offervare a lor bell'agio quella gran funzione.

La prima cofa che fece , fu quella di rimunerare collo
ftato di Tlachauhco i grandi fervizj fatti a'fuoi Anteceffori
in parecchie guerre da un rinomato Capitano , appellato
Tlilxochitl. Principio in vero felice del fuo regno , fe foffero ftati ad effo rifpondenti i progreffi. Ma appena cominciò
ad ufar della fua autorità , che fece palefe l'orgoglio , che
fin'allora avea tenuto nafcofto fotto una bella apparenza d'u-
miltà. Tutti i fuoi Anteceffori erano foliti di conferir le
cariche a'più meritevoli , ed a quelli , che lor parevano più
idonei per efercitarle , onorando con effe indifferentemente i
Nobili , ed i Plebei , non oftante il folenne accordo celebra-
tofi tra la Nobiltà , e la Plebe fotto il regno d'Itzcoatl. Motezuma tofto che ne prefe le redine del governo , fi moftrò

§. 2.
Porta-
mento, e
ceremo-
niale del
Re Mo-
tezuma.

L l 2   d'un

d' un altro fentimento, e difapprovò la condotta de' fuoi An
teceffori col pretefto, che i Plebei fervivano fecondo la loro
qualità, e che in tutte le loro azioni manifeftavano la baf-
fezza della lor nafcita, e della loro educazione. Animato
da una tal maffima fpogliò i Plebei di tutte le cariche, che
ottenevano, e nella fua Real Cafa, e nella Corte, dichiaran-
dogli incapaci d' ottenerle per l'avvenire. Un prudente vecchio
ch'era ftato fuo Ajo, gli rapprefentò, che una tal rifoluzione potrebbe alienar dalla fua perfona gli animi della Plebe;
ma niente baftò per diftornarlo dalla prefa determinazione.

Tutto il fervizio del fuo Real Palagio era di perfone principali. Oltre a quelle, che fempre vi abitavano, le quali
erano ben molte, ogni giorno la mattina v'entravano feicento tra Signori feudatarj e Nobili per fargli corte. Quefti fi trattenevano tutto il dì nelle anticamere, dove non
era permeffa l'entrata a' fervitori, difcorrendo piano, ed afpet-
tando gli ordini del loro Sovrano. I Servitori, che andavano accompagnando quefti Signori, erano tanti, ch'empievano i tre cortili del Palagio, e reftavano molti nella ftrada.
Non era minore il numero delle donne, che v'abitavano,
tra dame, ferve, e fchiave. Tutta quefta numerofa greggia
viveva rinchiufa dentro una fpezie di ferraglio, fotto la cura d'alcune nobili Matrone, che vegliavano fulla loro condotta; poichè erano troppo gelofi que' Re, e qualunque difordine, che vi foffe in palagio, quantunque leggiero, il pu-
nivano con rigore. Di quefte donne prendeva il Re per fe
fteffo quelle, che gli piacevano, (c) e l'altre fervivano per
ricompenfare i fervizj de' fuoi Vaffalli. Tutti i Feudatarj della Corona doveano rifedere alcuni mefi dell' anno nella Corte, e nel ritornar a' loro ftati, vi lafciavano i loro figliuoli,
ovvero i loro fratelli, come oftaggi richiefti dal Re per af-
ficurarfi della loro fedeltà: onde lor bifognava aver cafa in
Meffico.

Effet-

(c) Alcuui Storici affermano, che Motezuma ebbe infieme gravide cencinquanta delle fue mogli, ma quefto è affatto incredibile.

Effetto ancora del difpotifmo di Motezuma fu il cere- ▬▬▬
moniale, che introduffe nella Corte. Neffuno poteva entrar Lib. V.
in palazzo, o per fervire al Re, o per trattar con lui qualche affare, fenza fcalzarfi prima nella porta. A niuno era
permeffo di comparire innanzi al Re in abito fuperbo; perchè fi ftimava mancanza di rifpetto alla Maeftà: ficchè i
più gran Signori (eccetto gli ftretti confanguinei del Re)
fi fpogliavano della vefte ricca, che portavano, o almeno la
coprivano con altra ordinaria, per moftrare la loro umiltà.
Tutti nell' entrare nella Sala d' udienza, e prima di parlare
al Re, facevano tre inchini, dicendo nel primo, *Signore*,
nel fecondo, *Mio Signore*, e nel terzo, *Gran Signore*. (d)
Parlavano baffo, e col capo chino, e riceveano la rifpofta, che
il Re lor dava per mezzo de' fuoi fegretarj, sì attentamente, e
sì umilmente, come fe foffe un oracolo. Nel licenziarfi niuno voltava le fpalle al trono.

La fteffa fala d' udienza gli ferviva pel pranzo: la men-
fa era un gran guanciale, e la fedia una fcranna baffa. Le
tovaglie, le falviette, e gli fciugatoi erano di cotone, ma
affai fini, bianchi, e nettiffimi. Le ftoviglie erano della ma-
jolica fina di Cholollan; ma niuna di quefte cofe gli ferviva
più d' una volta; poichè fubito la dava a qualcuno de'
Nobili. Le coppe, in cui gli fi appreftava la cioccolata, e
l' altre bevande di caccao, erano d' oro, o di vaga conca di
mare, o certi vafi naturali curiofamente inverniciati, di cui
altrove parleremo. Avea pur de' piatti d' oro; ma non fe ne
ferviva, fe non nel tempio in certe fefte. Le vivande erano tante e sì varie, che gli Spagnuoli, che le videro, reftarono maravigliati. Il Conquiftatore Cortès dice, ch' effe empievano il pavimento d' una gran fala, e che fi prefentavano a Motezuma de' piatti d' ogni forte di cacciagione, di
pefcagione, di frutta, e d' erbe di quella terra. Portavano quefto
pranzo trecento, o quattrocento giovani nobili ben ordinati;
lo pre-

lo prefentavano prima che il Re fi mettefſe a tavola, e ſubito fi ritiravano; ed acciocchè non ſi raffreddafſe, ogni piatto era accompagnato dal ſuo ſcaldavivande. Il Re accennava con una bacchetta, che aveva in mano, le vivande che voleva, e tutto il reſto ſi diſtribuiva fra i Nobili, ch' erano nelle anticamere. Prima di ſedere gli offerivano l' acqua da lavarſi le mani quattro delle ſue mogli, le più belle del ſuo Serraglio, le quali reſtavano quivi ritte in piedi, tutto il tempo che durava il pranzo, inſieme con ſei de' ſuoi principali Miniſtri, e lo Scalco.

Toſto che il Re ſi metteva a tavola, chiudeva lo Scalco la porta della Sala, acciocchè neſſuno degli altri Nobili lo vedeſſe mangiare. I Miniſtri ſi tenevano diſcoſti, ed oſſervavano un profondo ſilenzio, ſe non quando biſognava riſpondere a ciò, che il Re lor diceva. Miniſtravangli i piatti lo Scalco, e le quattro donne, oltre ad altre due, che gli portavano il pan di frumentone impaſtato con uova. Speſſe volte ſentiva della muſica nel pranzare, e ſi ricreava co' detti burleſchi di certi uomini deformi, che manteneva per grandezza. Moſtrava un gran piacere nel ſentirgli, e diceva che fra le burle gli ſolevano dire qualche verità importante. Fornito il pranzo prendeva del tabacco miſchiato co' liquidambra in una pippa, o ſia canna vagamente inverniciata, e con quel fumo ſi conciliava il ſonno.

Dopo aver dormito un poco appoggiato ſulla ſteſſa ſcranna, dava udienza, nella quale aſcoltava attentamente quanto gli ſi proponeva, incoraggiva coloro, che per la turbazione non ſapevano parlare, e riſpondeva a tutti per mezzo de' ſuoi Miniſtri, o Segretari. Dopo l' udienza ſi faceva della muſica; perchè dillettavaſi aſſai di ſentir cantare le azioni glorioſe de' ſuoi Antenati. Altre volte ſi divertiva nel veder far varj giuochi, di cui altrove parleremo. Quando uſciva di caſa era portato ſulle ſpalle de' Nobili in una lettiga ſcoperta ſotto un ricco baldacchino, e con un ſeguito numeroſo di Cortigiani, e dovunque paſſava, tutti a chiuſ' occhj ſi fermavano, come ſe temeſſero reſtare abbagliati dallo ſplendore

della

della Maeſtà. Quando ſmontava dalla lettiga per camminare a piedi, diſtendevano de' tappeti, acciocchè non toccaſſe co' piedi la terra.

A tanta maeſtà erano pur riſpondenti la grandezza, e la magnificenza de' ſuoi palagj, delle caſe di diporto, de' boſchi, e de' giardini. Il palagio della ſua ordinaria reſidenza era un vaſto edifizio di pietra e calcina, che aveva venti porte alla piazza, ed alle ſtrade, tre grandi cortili, ed in uno d' eſſi una bella fontana, parecchie ſale, e più di cento camere. Alcune delle ſtanze aveano le mura laſtricate di marmo, e d' altre pietre pregevoli. Le travature erano di cedro, di cipreſſo, e d' altri eccellenti legni ben lavorati ed intagliati. Tra le ſale ve n' era una sì grande, che, per quel che dice un teſtimonio oculato, ed eſatto (*), vi potevano ſtare tre mila uomini. Oltre di queſto palagio ne aveva altri dentro, e fuori della Capitale. In Meſſico oltre al ſerraglio delle ſue mogli, v' era dell' abitazione per i ſuoi Conſiglieri e Miniſtri, e per tutti gli Uffiziali della ſua caſa, e della ſua Corte, ed anche per alloggiar de' Signori ſtranieri, che vi capitavano, e maſſimamente per i due Re alleati.

Due caſe aveva in Meſſico per gli animali: l' una per gli uccelli fuor di que' di rapina, e l' altra per gli uccelli di rapina, per li quadrupedi, e per li rettili. Nella prima v' erano molte camere, e corridoi ſoſtenuti ſopra colonne di marmo tutte d' un pezzo. Queſti corridoi guardavano un giardino, dove fra la frondoſità d' un' albereta v' erano diſtribuiti dieci vivai, gli uni d' acqua dolce per gli uccelli acquatici di fiume, e gli altri d' acqua ſalmaſtra per quei di mare. Nel reſto della caſa v' erano tutte l' altre ſpezie d' uccelli, le quali erano tante e sì diverſe, che gli Spagnuoli, i quali le videro, reſtarono maravigliati, e non potevano

per-

_____

(*) Il Conquiſtatore anonimo nella ſua pregevole relazione Queſti ne dice davvantaggio, che eſſendo egli entrato quattro volte in quel gran palagio, e avendolo girato infino a ſtraccarſi, non potè vederlo tutto.

perfuaderfi, che vi mancaffe alcuna fpezie di quante vi fono al mondo. A ciafcuna fi fomminiftrava quello fteffo alimento, di cui cibavafi nel tempo della fua libertà, or femenze, or frutti, ed or' infetti. Solamente per gli uccelli,
che fi fuftentano di pefcagione fi confumavano ogni giorno
dieci pefi caftigliani di pefce, (come ne fa teftimonianza il
Conquiftatore Cortès nelle fue lettere a Carlo V.) cioè più
di trecento libbre romane. Trecento uomini, per quel che dice
lo fteffo Conquiftatore, erano impiegati foltanto nella cura
di quefti uccelli, oltre a' loro Medici, che ne offervavano
le malattie, e vi applicavano i rimedj opportuni. Di que'
trecento alcuni ne procacciavano il cibo, altri lo diftribui-
vano, altri avevano cura delle uova, e della lor covazione,
ed altri finalmente fpiumavano in certa ftagione gli uccelli;
poichè oltre al piacere, che il Re aveva nel veder raduna-
ta sì fatta moltitudine d' animali, fi prendeva principalmente cura delle penne, non meno per le famofe immagini di
mufaico, di cui a fuo luogo parleremo, che per gli altri
lavori, che d' effe facevano. Le fale e le camere di quefte
cafe erano tante, che, come teftifica il fuddetto Conquiftatore, avrebbon potuto in effa alloggiarfi due gran Principi
con tutto il loro feguito. Quefta celebre cafa era fituata nel
luogo, dove oggidì è il Convento grande di S. Francefco.

L' altra cafa per le fiere deftinata aveva un grande, e bel
cortile laftricato a fcacchi, ed era divifa in molti appartamenti.
In uno d' effi v' erano tutti gli uccelli di rapina dall' Aquila
Reale infino all' Acertello, e d' ogni fpezie molti individui.
Quefti uccelli erano compartiti fecondo le loro fpezie in molte ftanze fotterranee, che aveano più di fette piedi di profondità, e più di diciaffette di lunghezza, e di larghezza. La
metà d' ogni ftanza era coperta di buone laftre, ed eranvi
delle ftanghe affiffe al muro, acciocchè vi poteffero dormire
e difenderfi dalla pioggia. L' altra metà era foltanto coperta
da una gelosìa con altre ftanghe, dove godeffero del fole. Pel
foftentamento di quefti uccelli fi ammazzavano ogni giorno
infino a cinquecento gallinacci. Nella fteffa cafa v' erano molte
fale

fale baffe con un gran numero di gabbie forti di legno, dove ftavano rinchiufi i Leoni, le Tigri, i Lupi, i Cojoti, i Gatti falvatici, e tutte l'altre fpezie di fiere, le quali fi cibavano di Cervi, di Conigli, di Lepri, di Techichi, e d'altri animali, e degl'inteftini degli uomini facrificati.

Nè folamente manteneva il Re di Meffico tutte quelle fpezie d'animali, che altri Principi tengono per grandezza; ma eziandio quelli, che per la lor natura pajono efenti della fchiavitù, come i Coccodrilli, e le Serpi. Le Serpi di parecchie fpezie erano dentro a certe botti, o vafi grandi; i coccodrilli in vivai circondati da muro. Vi erano parimente moltiffimi vivai per i pefci, de' quali ne fuffiftono ancora due belli, da noi veduti nel palagio di Chapoltepec due miglia da Meffico.

Non contento Motezuma di tener ne' fuoi palagj ogni forte d'animali, avea ancor ivi radunati tutti gli uomini irregolari, che o pel colore del pelo, o della pelle, o per qualche altra deformità nelle membra, erano divenuti fingolari nella loro fpezie. Vanità in vero profittevole; mentre afficurava il mantenimento a tanti miferabili, e gli liberava dagli infulti inumani degli altri uomini.

In tutti i fuoi palagj aveva belliffimi giardini, dov'era ogni fpezie di fiori pregevoli, d'erbe odorofe, e di piante medicinali. Aveva ancora de' bofchi circondati di mura, e provveduti d'abbondante cacciagione, dove foleva divertirfi. Un di quefti bofchi era in una ifoletta del lago, conofciuta prefentemente dagli Spagnuoli col nome di *Peſſon*.

Di tutti i fuddetti palagj, giardini, e bofchi altro non refta, che il bofco di Chapoltepec, che hanno confervato i Vicerè Spagnuoli per loro diporto. Tutti gli altri furono da' Conquiftatori meffi in conquaffo. Rovinarono i più magnifici edifizj dell'Antichità Mefficana or per un zelo indifcreto di religione, or per vendetta, or per fervirfi de' materiali. Abbandonarono il coltivamento de' giardini Reali, abbatterono i bofchi, e ridurfero a tale ftato quella terra, che oggidì non fi potrebbe credere la magnificenza di que' Re, fe non ci conſtaſſe dalla teſtimonianza di quegli ſteſſi, che l'an

nichilarono.

Coſì i palagj, come tutti i ſuddetti luoghi di diporto, ſi tenevano ſommamente netti, anche quelli, dove mai andava; perchè non vi era coſa, di cui più ſi vantaſſe, che della pulitezza nella ſua perſona, ed in tutte le ſue coſe. Ogni giorno ſi bagnava, e però v'erano de'bagni in tutti i ſuoi palagj. Ogni giorno mutava quattro veſti, e quella che una volta laſciava, non l'adoperava più; ma ſi deſtinava per farne buona mano a'Nobili, che lo ſervivano, ed a'Soldati, che ſi portavano bene nella guerra. Ogni mattina impiegava, per quel che dicono alcuni Storici, più di mille uomini nello ſpazzare, e nell'innaffiar le ſtrade della Città.

§ 4.
Il buono,
ed il cat-
tivo di
Motezu-
ma.

In una delle caſe Reali vi era una grand'armerìa, dove aveva ogni ſorta d'armi offenſive, e difenſive, da quelle Nazioni uſitate, e d'inſegne, ed ornamenti militari. Nella fabbrica di queſti arneſi teneva impiegati un numero ſorprendente d'artefici, come pure per altri lavori aveva moltiſſimi orefici, artefici di muſaico, marmorarj, pittori, ed altri. Una contrada intera v'era ſoltanto di ballerini al divertimento di lui deſtinati.

Il ſuo zelo per la religione non era inferiore alla ſua magnificenza. Edificò parecchj tempi a'ſuoi Dei, e lor faceva frequenti ſacrifizj, oſſervando eſattamente i riti, e le ceremonie ſtabilite. Avea gran cura, che tutti i tempi, e maſſimamente il maggior di Meſſico, foſſero ben ſerviti, e ſommamente puliti; ma il vano timore degli augurj, e de'ſuppoſti oracoli di quelle ree Divinità, gli avviliva affatto l'animo.

Zelava ſommamente l'oſſervanza de'ſuoi ordini, e delle leggi del regno, ed era ineſorabile nel punire i traſgreſſori. Tentava ſpeſſe volte per terza perſona con preſenti la rettitudine de'ſuoi Magiſtrati, e ſe mai trovava qualcuno colpevole, lo caſtigava irremiſſibilmente, ancorchè foſſe della più coſpicua nobiltà.

Era nemico implacabile dell'ozio, e per isbandirlo,

quan-

quanto poſſibil foſſe, da' ſuoi dominj, procurava tener ognora occupati i ſuoi ſudditi, i Militari in continui eſercizj di guerra, e gli altri o nella coltura de' campi, o nella coſtruzione di nuovi edifizj, o in altre opere pubbliche, ed anche a' mendici, perchè non foſſero affatto ozioſi, impoſe il dover contribuire una certa quantità di quegl' immondi inſetti, che ſono allievi della ſozzura, e compagni della miſeria.

Queſta oppreſſione, in cui teneva i ſuoi vaſſalli, i ſoperchj aggravj, che lor aveva impoſti, la ſua alterigia, ed il ſuo orgoglio, e la troppa ſeverità nel punire gli alienavano gli animi; ma peraltro ſi conciliava il loro amore colla liberalità, così nel provvedere a' biſogni de' ſuoi Popoli, come nel ricompenſare i ſervizj de' ſuoi Capitani, e Miniſtri. Tra l' altre coſe degne di celebrarſi co' più grandi elogj, e d'eſſere imitate da tutti i Principi, deſtinò la Città di Colhuacan per Oſpedale di tutti quegl' invalidi, che dopo aver ſervito fedelmente alla Corona negl' impieghi militari, o politici, abbiſognavano o per la loro età, o per le loro infermità d'eſſer ſerviti. Ivi a ſpeſe del Real erario attendevaſi al loro ſoſtentamento, ed alla lor curazione. Tali erano le qualità in parte buone, ed in parte cattive del celebre Motezuma, che ci parve opportuno rappreſentar quì a' Leggitori prima di eſporre la ſerie de' ſuoi avvenimenti.

Sul principio del ſuo regno fece morir Malinalli, Signor di Tlachquiauhco, per eſſerſi ribellato alla Corona di Meſſico: rimiſe ſotto ſua ubbidienza quello ſtato, e conquiſtò quello d' *Achiotlan*. Indi a poco ſi riſvegliò un'altra guerra più grave e pericoloſa, nella quale non fu così felice.

§. 5.
Guerra di Tlaſcalla.

Fra tante Provincie conquiſtate da' Meſſicani per forza d'armi, o volontariamente ad eſſe ſottomeſſe per paura della loro poſſanza, la Repubblica di Tlaſcalla s'era mantenuta ſempre invitta ſenza mai piegar la cervice al giogo, contuttochè foſſe sì poco diſcoſta dalla Corte dell' Imperio Meſſicano. Gli Huexotzinchi, i Cholulleſi, ed altri ſtati vicini, che furono già alleati della Repubblica, geloſi poi per la loro pro-

ſpe-

sperità, aveano contro eſſ inaſprito i Meſſicani, col preteſto che i Tlaſcalleſi volevano impadronirſi delle Provincie marittime del Seno Meſſicano, e che col lor commercio con tali Provincie ogni giorno accreſcevano la loro poſſanza, e la loro ricchezza, ed andavano ſollecitando gli animi de' Popoli. Il commercio de' Tlaſcalleſi, di cui ſi lagnavano gli Huexotzinchi, era aſſai giuſtificato, e neceſſario; imperciocchè oltre all' eſſer la Gente di quelle Coſte originaria in gran parte di Tlaſcalla, e conſiderarſi gli uni, e gli altri come parenti, i Tlaſcalleſi aveano d' uopo di provvederſi del caccao, del cotone, e del ſale, che lor mancava. Nondimeno moſſero in tal maniera gli animi de' Meſſicani le rappreſentazioni degli Huexotzinchi, e degli altri rivali di Tlaſcalla, che cominciando da Motezuma I. tutti i Re di Meſſico trattarono i Tlaſcalleſi, come i più grandi nemici del loro Imperio, e mantennero ſempre groſſe guarnigioni nelle frontiere di Tlaſcalla, per impedire a coloro il commercio colle Provincie marittime.

I Tlaſcalleſi trovandoſi privi della libertà nel traffico, e conſeguentemente dell' acquiſto delle coſe neceſſarie alla vita, detetminarono di mandare un'ambaſciata alla Nobiltà Meſſicana, (veriſimilmente nel tempo del Re Axajacatl) lagnandoſi del torto a lor fatto per le ſiniſtre informazioni de' loro rivali. I Meſſicani, inſolenti per la loro proſperità, riſpoſero, che il Re di Meſſico era Signor univerſale del Mondo, e tutti i mortali erano vaſſalli di lui, e come tali dovevano i Tlaſcalleſi dargli ubbidienza, e riconoſcerlo col tributo ad eſempio delle altre Nazioni; ma ſe rifiutavano di ſottometterſi, perirebbono ſenza fallo, le loro Città ſarebbono affatto rovinate, ed il loro paeſe ſarebbe da altre genti abitato. Ad una riſpoſta ſì arrogante, e ſì ſciocca replicarono gli Ambaſciatori con queſte coraggioſe parole; ,, Poſſentiſſimi Signo,, ri, Tlaſcalla non vi debbe alcun omaggio, nè dacchè i ,, loro antenati uſcirono da' paeſi ſettentrionali per abitar ,, queſta terra, hanno mai i Tlaſcalleſi riconoſciuto alcun ,, Principe con tributo. Eglino hanno ſempre mai conſerva-

,, ta

„ ta la loro libertà, e non effendo avvezzi alla fchiavitù, a
„ cui voi pretendete ridurli, anzichè arrenderfi alla voftra
„ poffanza, fpargeranno più fangue di quello, che fparfero
„ i loro maggiori nella famofa battaglia di Pojauhtlan. „

I Tlafcallefi afflitti dall'arrogante ed ambiziofa pretenfione de' Meſſicani, e difperati di poterli indurre ad un convenevole accordo, penfarono feriamente a fortificar vieppiù
le loro frontiere per impedir qualunque invafione. Aveano davan-
ti già circondate le terre della Repubblica con grandi foffe, ed
aveano meffe fulle frontiere buone guarnigioni: or colle minacce de' Meſſicani accrebbero le loro fortificazioni, aumentando le truppe delle guernigioni, e fabbricando quella famofa muraglia di fei miglia, che impediva l'entrata a' nemici per la banda di Levante, dalla qual parte maggior pericolo lor fopraftava. Speffe volte furono affaliti dagli Huexotzinchi, da Chololleſi, dagl' Itzocaneſi, da' Tecamachalche-
fi, e da altri ftati vicini, o poco difcofti da Tlafcalla; ma
non poterono mai togliere un palmo di terra alla Repubblica, mercè la fomma vigilanza de' Tlafcalleſi, ed il coraggio
con cui s'opponevano agl'invafori.

Eranfi ricoverati nella terra di Tlafcalla moltiffimi vaffalli della Corona di Meſſico, maſſimamente de' Chalcheſi,
e degli Otomiti di Xaltocan, che fi falvarono dalla rovina
delle loro patrie nelle guerre già accennate. Quefti portavano un odio capitale a' Meſſicani a cagione de' mali da loro
ricevuti, e però parvero a' Tlafcalleſi gli uomini più idonei
ad opporfi vigorofamente a' tentativi de' loro nemici: non s'in-
gannarono; perchè in fatti non trovarono in altri maggior
refiftenza i Meſſicani, che in que' fuorufciti, fpezialmente
negli Otomiti, di cui fi componeva la guernigione delle
frontiere, i quali fervirono fedelmente alla Repubblica, e
da effa furono rimunerati con luminofi impieghi.

Tutto il tempo, che regnarono Axajacatl, ed i fuoi
fucceffori, ftettero privi i Tlafcalleſi del commercio colle
Provincie marittime: onde mancò il fale al Popolo in tal
maniera, che fi avvezzò a mangiar i cibi fenza un tal con-
di-

limento, e non tornò ad adoperarlo, se non molti anni do
po la conquista degli Spagnuoli; ma i Nobili (almeno alcuni) siccome avevano segreta corrispondenza con alcuni
Signori Messicani, si provvedevano di tutto il bisognevole,
senza che il sapesse nè l'una, nè l'altra Plebe. Nessuno
ignora, che nelle calamità generali i poveri son quelli, che
sopportano tutto il peso della tribolazione, mentre i bene-
stanti trovano nella loro ricchezza de' mezzi per ischivarla,
o almeno per raddolcirla.

Or Motezuma non potendo sofferire, che la piccola Repubblica di Tlascalla rifiutasse di prestargli l'ubbidienza, e
l'adorazione, che gli tributavano tanti Popoli, anche de' più
discosti dalla Corte, ordinò sul principio del suo regno, che
gli stati vicini a Tlascalla allestissero le loro truppe, ed as-
salissero da ogni parte quella Repubblica. Gli Huexotzinchi
confederati co' Chollolesi levarono tosto delle truppe sotto il
comando di Tecajahuatzin, capo dello stato di Huexotzinco;
ma fidandosi più della loro astuzia, che delle loro forze,
tentarono prima con doni, e con promesse di tirare al loro
partito que' di Huejotlipan, Città della Repubblica situata nella
frontiera del regno d'Acolhuacan, e gli Otomiti, che guardavano l'altre frontiere; ma nè gli uni, nè gli altri vollero
piegarsi; anzi protestarono d'esser disposti a morire in difesa della loro Repubblica. Onde gli Huexotzinchi, essendo costretti a prevalersi della forza, entrarono con una tal furia
nelle terre di Tlascalla, che non bastando a trattenergli la
guernigione della frontiera, s'avanzarono, facendo una grande strage sino a *Xiloxochitla*, luogo tre sole miglia distante
dalla Capitale. Quivi fece a loro gran resistenza *Tizatla-
catzin*, celebre Capitano Tlascallese; ma al fine morì sopraf-
fatto dalla moltitudine de' nemici: i quali trovandosi sì vicini alla capitale, ebbero tanta paura della vendetta de' Tlascallesi, che di là ritornarono precipitosamente alle lor terre.
Questo fu il principio delle continue battaglie, ed ostilità,
che vi furono tra quei due stati infino all'arrivo degli Spagnuoli. Non sappiamo dalla Storia, se questa volta s'impe-
gna-

gnirono nella guerra gli altri ftati vicini a Tlafcalla: può
effere che gli Huexotzinchi, ed i Cholollefi, non permettef-
fero agli altri d'aver parte nella lor gloria.

I Tlafcallefi reftarono tanto arrabbiati contro gli Huexotzinchi, che non volendo più contenerfi dentro al loro
ftato per difenderlo, come aveano fatto innanzi, ufcirono
fpeffe volte ad attaccare i loro nemici. Una volta gli affali-
rono per la falda delle montagne, che fono a Ponente di
Huexotzinco (*) e gli ftrinfero in tal maniera, che non baftando a refiftere gli Huexotzinchi, domandarono ajuto a
Motezuma, il qual fubito mandò un Efercito fotto il comando del fuo Primogenito. Quefto efercito marciò per la
falda meridionale del vulcano Popocatepec, dove s'ingrofsò
colle truppe di Chietlan, e d'Itzocan, ed indi per Quauhquechollan entrò nella Valle d'Atlixco. I Tlafcallefi confapevoli della ftrada, che facevano i Mefficani, determinarono
preoccuparli, e dar loro addoffo, prima che poteffero unirfi
agli Huexotzinchi. Fu sì improvvifo il loro affalto, che i
Mefficani furono fconfitti, e prevalendofi del loro difordine
i Tlafcallefi, fecero di loro una grande ftrage. Cadde fra i
morti lo fteffo Principe Generale, a cui forfe s'era conferita
sì importante carica, piuttofto per aggiungere queft'onore
allo fplendor della fua nafcita, che per riguardo alla fua perizia nell'arte della guerra. Il refto dell'efercito fi mife in
fuga, ed i vincitori carichi di fpoglie ritornarono a Tlafcalla. E' da maravigliarfi, che non piombaffero immediatamente fopra la Città di Huexotzinco, mentre avrebbono dovuto fperare, che fubito s'arrendeffe; ma forfe non fu sì compita la loro vittoria, che non mancaffero nella battaglia molti di loro, e ftimarono meglio il godere allora de' frutti della vittoria, per tornar poi con maggiori forze alla guerra.
In fatti tornarono; ma furono rifpinti dagli Huexotzinchi,
che s'erano già fortificati, e fi reftituirono a Tlafcalla fenz'
altro

(*) La Città di Huexotzinco non era allora, dov'è prefentemente, ma
più in fu verfo Ponente.

════ altro vantaggio, che quello di guaſtare i campi di Huexot-
Lib. V. zinco, e di Cholollan: onde vennero quei Popoli ad una tal
neceſſità, che furono coſtretti a cercar de' viveri in Meſſico,
ed in alrri luoghi.

Per ciò che riguarda il Re Motezuma, egli ebbe un
indicibile cordoglio per la morte del ſuo Primogenito, e per
la disfatta del ſuo Eſercito: quindi per vendicarſi fece alleſtir
ſubito un altro eſercito nelle Provincie circonvicine a Tlaſcalla, per bloccar tutta la Repubblica; ma i Tlaſcalleſi, ben preſentendo l'oſtilità de' Meſſicani, s'erano
ſtraordinariamente fortificati, ed aveano accreſciuto da per
tutto le guernigioni. Si combattè vigoroſamente dall'una,
e dall'altra parte; ma al fine furono riſpinte le truppe Reali, laſciando non poca ricchezza nelle mani de' loro nemici.
La Repubblica celebrò con grandi allegrezze queſta vittoria,
e rimunerò gli Otomiti, a cui principalmente ſi dovette,
innalzando i più riguardevoli alla dignità di *Texctli*, la qual'
era appo loro nella più grande ſtima, e dando per mogli a'
Capi di quella Nazione alcune figlie de' più nobili Tlaſcalleſi.

Non v'è dubbio, che ſe i Re di Meſſico ſi foſſero ſeriamente impegnati contro i Tlaſcalleſi, gli avrebbono finalmente ſottopoſti alla Corona; perciocchè quantunque grandi foſſero le forze della Repubblica, aguerrite le ſue truppe, e forti i ſuoi luoghi, era con tutto ciò inferiore d'aſſai
nella poſſanza e nelle forze a' Meſſicani. Onde mi pare aſſai
veriſimile ciò, che affermano gli Storici, che i Re di Meſſico laſciarono a bella poſta ſuſſiſtere la Repubblica di Tlaſcalla, appena diſtante ſeſſanta miglia da quella Capitale,
avendo conquiſtato le Provincie più diſcoſte, così perchè a-
veſſero, dov'eſercitar il loro coraggio le truppe Meſſicane,
come pure, e principalmente per aver dove procacciarſi facilmente delle vittime per i loro ſacrifizj. L'uno e l'altro
ottenevano ne' frequenti aſſalti, che davano a' luoghi di
Tlaſcalla.

Fra le vittime Tlaſcalleſi è aſſai memorabile nelle Storie

rie Meſſicane un famoſiſſimo Generale appellato *Tlahuicole*, (e) in cui non ſi ſapeva qual foſſe più grande ſe il coraggio, o la forza ſorprendente del corpo. Il *Maquahuitl*, o Spada Meſſicana, colla quale combatteva era sì peſante, che un uomo d' ordinaria forza appena poteva alzarla da terra. Il ſuo nome era il terrore de' nemici della Repubblica, e dovunque egli ſi preſentava colla ſua arma, tutti fuggivano. Queſti dunque in un aſſalto, che diedero gli Huexotzinchi ad una guernigione d' Otomiti, ſi miſe incautamente nel maggior calor della zuffa in un luogo pantanoſo, dove non potendo muoverſi tanto ſpeditamente, quanto voleva, fu fatto prigione, rinchiuſo in una forte gabbia, ed indi portato a Meſſico, e preſentato a Motezuma. Queſto Re, il quale ſapeva fare ſtima del merito anche ne' ſuoi nemici, in vece di farlo morire, gli accordò generoſamente la libertà di ritornarſene alla ſua patria; ma l' arrogante Tlaſcalleſe non volle accettar la grazia, col preteſto che eſſendo ſtato fatto prigione, non gli baſtava l' animo di preſentarſi con sì fatta ignominia a' ſuoi Nazionali. Diſſe, che voleva morire, come gli altri prigionieri, in onor de' lor Dei. Motezuma vedendolo sì renitente a tornarſene alla ſua patria, e non volendo per altro privar il Mondo d' un uomo cotanto celebre, lo andò trattenendo nella Corte colla ſperanza di farlo amico de' Meſſicani, e ſervirſene in pro della Corona. Frattanto s' acceſe la guerra co' Michuacaneſi, la cagion della quale, e le circoſtanze affatto ignoriamo, e Motezuma commiſe allo ſteſſo Tlahuicole il comando dell' eſercito, che mandò a Tlaximalojan, frontiera, come abbiam già detto, del regno di Michuacan. Tlahuicole corriſpoſe vantaggioſamente alla confidenza di lui avuta; perciocchè benchè non poteſſe diſalloggiare i Michuacaneſi dal luogo, dove s' erano fortificati, fece pure prigioni molti di loro, e lor levò una buona quantità d' oro, e d' argento. Ebbe in

Storia del Meſſico Tom. I.   N n   pre-

§ 6. Tlahuicole celebre Generale de' Tlaſcalleſi.

(c) Lo avvenimento di Tlahuicole accadde veriſimilmente negli ultimi anni del regno di Motezuma, ma nel rapporto, che ha colla guerra di Tlaſcalla, ci parve convenevole lo anticiparlo.

pregio Motezuma il fervizio di lui, e tornò ad accordargli la libertà; ma rifiutandola egli come innanzi, gli offerì l'impiego luminofo di *Tlacatecatl*, o fia Generale delle armi Meflicane. A ciò rifpofe coraggiofamente il Tlafcallefe, che non voleva effer traditore alla fua patria, e che voleva affolutamente morire, purchè foffe nel facrifizio gladiatorio, che come deftinato per li più riguardevoli prigionieri, farebbe più onorevole per lui. Tre anni fi trattenne in Meflico quefto celebre Generale con una delle fue mogli, che da Tlafcalla fe n'era andata colà per vivere con lui. Si può credere, che gli fteffi Meflicani ciò procuraffero, acciocchè lor lafciaffe una gloriofa pofterità, che nobilitaffe colla fua prodezza la Corte, ed il regno di Meflico. Finalmente vedendo il Re l'oftinazione, con cui rifiutava qualunque partito gli faceva, condifcefe alle barbare di lui voglie, e preffiffe il giorno del facrifizio. Otto giorni innanzi cominciarono i Meflicani a celebrarlo con balli, e compito il termine, in prefenza del Re, della Nobiltà, e d'una immenfa folla di Popolo, mifero il prigione Tlafcalleffe legato per un piede nel *Temalacatl*, o fia pietra grande e rotonda, dove cotali facrifizj fi facevano. Ufcirono ad uno ad uno per combattere con effo lui parecchi uomini coraggiofi, de' quali uccife, per quel che dicono, otto, e ne ferì fino a venti, finattantochè cadendo mezzo morto in terra da un forte colpo ricevuto nel capo, lo portarono innanzi all'Idolo di Huitzilopochtli, ed ivi gli aprirono il petto, e gli cavarono il cuore i Sacerdoti, e precipitarono per le fcale del tempio il cadavero fecondo il rito ftabilito. Così finì quefto famofo Generale, il cui coraggio, e la cui fedeltà alla fua patria l'avrebbon innalzato alla claffe degli Eroi, fe regolato fi foffe coi lumi della vera religione.

Nel tempo, in cui fi faceva la guerra contro i Tlafcallefi, fi patì fame in alcune Provincie dell'Imperio Meflicano, cagionata dalla ficcità di due anni. Confunto tutto il grano, che aveano i particolari, ebbe il Re occafione d'efercitar la fua liberalità: aprì però tutti i fuoi granai, e diftribuì

buì fra ſuoi ſudditi tutto il frumentone, che v'era; ma non
baſtando ciò a rimediare alla loro neceſſità, permiſe ad imitazione di Motezuma I., lo andarſene ad altri paeſi a procu-
rarſi il loro alimento. L'anno ſeguente (1505) avendo avuto un'
abbondante raccolta, uſcirono i Meſſicani alla guerra contro
Quauhtemallan, Provincia diſtante più di novecento miglia
da Meſſico verſo Scirocco. Mentre ſi faceva queſta guerra,
cagionata veriſimilmente da qualche oſtilità fatta da' Quauh-
temalleſi contro i ſudditi della Corona, ſi terminò in Meſſico la fabbrica d'un tempio eretto ad onore della Dea *Cen-*
teotl, la cui ſolenniſſima dedicazione fu celebrata co' ſacrifizj de' prigionieri fatti in quella guerra.

Aveano ancora per queſto tempo ampliata la ſtrada ſul
lago da Chapoltepec a Meſſico, e rifatto l'acquidotto, che
v'era ſopra la ſtrada medeſima; ma l'allegrezza, che ebbero per la concluſione di sì fatta opera, ſi turbò dall'incendio della torre d'un altro tempio detto *Zomolli* cagionato
da un fulmine. Gli abitanti di quella parte della Città, che
era più diſcoſta da eſſo tempio, e particolarmente i Tlatelolchi, non eſſendoſi accorti del fulmine, ſi perſuaſero, che
un tal incendio foſſe ſtato eccitato da' nemici venuti improvviſamente alla Città: onde ſi miſero toſto in armi per di-
fenderla, e corſero in torme verſo il tempio. Ebbe un tale ſdegno Motezuma per quella inquietudine, perſuadendoſi,
ciò eſſere ſtato un mero preteſto de' Tlatelolchi per muover
qualche ſedizione, (mentre s'era in perpetua diffidenza di
loro) che gli privò di tutti gl'impieghi pubblici, che
eſercitavano, ed anche proibì, che compariſſero nella
Corte, non baſtando allora a diſtornarlo da una tal riſoluzione nè le proteſte, che fecero della loro innocenza, ne le
preghiere, colle quali imploravano la Real clemenza; ma toſto che ſi ſmorzò quel primo fuoco della ſua collera, gli re-
ſtituì a' loro impieghi, ed alla ſua grazia.

Frattanto ſi ribellarono alla Corona i Mixtechi, ed
i Zapotechi. I principali capi della ribellione, ne' quali ſi compromiſero tutti i Signori d'ambedue le Nazio-
N n   ni.

ii, furono *Cetecpatl* Signor di Coaixtlahuacan, e *Nahuixo-chitl*, Signor di Tzotzollan. Prima d'ogni altra cosa uccisero a tradimento tutti i Messicani, che erano ne' Presidj di Huaxjacac, e d'altri luoghi. Subito che Motezuma ebbe riscontro di tal ribellione, mandò contra loro un grosso esercito composto di Messicani, di Tezcucani, e di Tepanechi sotto il comando del Principe Cuitlahuac, suo fratello, e successore nella Corona. I Ribelli furono interamente disfatti, moltissimi di loro fatti prigioni co' loro Capi, e messe a sacco le loro Città. L'esercito ritornò a Messico carico di spoglie, i prigionieri furono sacrificati, e lo stato di Tzotzollan si diede a *Cozcaquauhtli*, fratello di *Nahui-xochitl*, per essere stato fedele alla Corona, anteponendo l'obbligo di suddito a' legami del sangue; ma *Ce-tecpatl* non fu sacrificato, finchè non ebbe scoperti tutti i complici della ribellione, ed i disegni de' Ribelli.

Poco dopo questa spedizione si risvegliò non so che contesa fra gli Huexotzinchi, ed i Cholollesi lor vicini ed amici, e commettendo la decisione alle armi, si diedero una battaglia campale. I Cholollesi, come più pratici nell'esercizio della religione, del commercio, e delle arti, che in quello della guerra, furono tosto vinti, e costretti a ritirarsi alla loro Città, fin dove gli perseguirono i Nemici; loro uccisero qualche gente, e lor bruciarono alcune case. Appena ottennero una tal vittoria gli Huexotzinchi, che se ne pentirono pel gastigo che lor soprastava: onde per ischivarlo mandarono al Re Motezuma due persone riguardevoli, appellate *Tolimpanecatl*, e *Tzoncoztli*, procurando giustificarsi, ed incolpar i Cholollesi. Questi Ambasciatori o per far comparir più grande il coraggio de' lor Cittadini, o per qualsissia altro motivo, esagerarono in tal maniera la strage de' Cholollesi, che fecero credere al Re, che tutti erano periti, e che que' pochi, che aveano salvata la vita, aveano abbandonata la Città. Motezuma in sentendo questo ragguaglio, se ne attristò sommamente, e temette la vendetta del Dio Quetzalcoatl, il cui santuario, ch'era de' più celebri, e de'

più

più riveriti di tutta quella terra, credeva profanato dagli Huexotzinchi. Confgliatofi dunque co'due Re alleati, mandò a Cholollan alcuni perfonaggi della fua Corte per informarfi bene di tutto il fatto, ed avendolo trovato molto diverfo da ciò, che gli aveano detto gli Huexotzinchi, ebbe un tale fdegno per effere ftato da loro ingannato, che fubito fpedì un efercito ordinando al Generale di punirgli rigorofamente, fe non foffero per dare una convenevole foddisfazione. Gli Huexotzinchi prefentendo la tempefta, che andava a piombar fopra loro, fortirono ordinati in forma di battaglia a ricevere i Meffcani; ma il General Meffcano s'avanzò verfo loro per efporre in quefte parole la fua commiffione: ,, Noftro Signor Motezuma, che ha la fua Corte ,, in mezzo all'acqua, Nezahualpilli, che comanda fulle rive ,, del lago, e Totoquihuatzin, che regna appiè delle monta- ,, gne, ci ordinano di dirvi, che avendo faputo da' voftri ,, Ambafciatori, che voi avete rovinato Cholollan, ed ucci- ,, fi i fuoi abitatori, hanno avuto un fommo cordoglio, e ,, fon coftretti a vendicar sì fatto attentato contro il vene- ,, rabile Santuario di Quetzalcoatl. ,, Gli Huexotzinchi proteftarono, effer troppo efagerato e falfo il ragguaglio de' loro Ambafciatori, e però non poter effere autore d'effo un corpo tanto rifpettabile, quanto era quello della Città di Huexotzinco, e s'efibirono a foddisfare a tutti i tre Re col gaftigo de'colpevoli. Indi fatti venir colà i fuddetti Ambafciatori, e tagliate loro l'orecchie, ed il nafo, (che era la pena ftabilita contro coloro, che dicevano delle bugìe perniciofe al pubblico,) gli confegnarono al Generale. Così fchivarono i mali della guerra, che altrimenti farebbono ftati inevitabili.

Affai diverfa fu la forte degli Atlixchefi, che s'erano ribellati alla Corona; poichè furono da' Meffcani fconfitti, e molti di loro fatti prigioni. Ciò appunto accadde nel mefe di Febrajo del 1506, quando per effer terminato il fecolo, fi celebrava la gran fefta della rinovazione del fuoco con più grande apparato e folennità, che fotto il regno di Mo-

LIB. V.

§ 10. Spedizioni contro Atlixco, ed altri luoghi.

tezu-

tezuma I., e negli altri anni fecolari. Quefto, il quale fu il più folenne, fu pure l'ultimo, che celebrarono i Meffica-ni. Fu in effo facrificato un numero affai grande di prigio-nieri, rifervando altri per la fefta della Dedicazione del *Tzompantli*, ch'era come altrove diremo, un edifizio preffo al tempio maggiore, dove fi confervavano infilzati i tefchi delle vittime.

Queft'anno fecolare fembra effere fcorfo fenza guerra; ma nel 1507. fecero i Mefficani la fpedizione contro Tzol-lan, e Mictlan, ftati de' Mixtechi, i cui abitanti fuggirono a' monti per falvarfi, e non ebbero altro vantaggio i Mef-ficani, che quello di far prigioni alcuni pochi Mixtechi, ch'erano nelle lor cafe reftati. Indi fi portarono a foggioga-re que' di Quauhquechollan, che s'erano ribellati, nella qual guerra fece fpiccar il fuo coraggio il Principe Cuitlahuac Ge-neral dell'efercito. Morirono in quefta fpedizione alcuni bra-vi Capitani de' Mefficani; ma pure rimifero i ribelli fotto il giogo, e fecero tre mila e dugento prigioni, i quali furono facrificati parte nella fefta *Tlacaxipehualiztli*, che fi faceva nel fecondo mefe Mefficano, e parte nella Dedicazione del Santuario Zomolli, che dopo il già memorato incendio s'era rifatto con maggior magnificenza.

L'anno feguente ufcì l'efercito Reale de' Mefficani, Tez-cucani, e Tepanechi contro la rimota Provincia d'Amatlan. Nel marciare, che fecero per un'altiffima montagna, foprav-venne una furiofa tramontana con neve, che fece nell'Efer-cito una grandiffima ftrage, mentre alcuni, effendo avvezzi ad un clima dolce, ed andando quafi ignudi, morirono di freddo; ed altri furono fopraffatti dagli alberi, che ftrappò il vento. Del refto dell'efercito, che continuò indebolito il fuo viaggio fino ad Amatlan, morì la maggior parte nella battaglia.

Quefte ed altre calamità aggiunte alla apparizione d'u-na cometa in quello fteffo tempo nel Cielo, mifero in gran cofternazione tutti que' Popoli. Motezuma, il quale era trop-po fuperftiziofo per poter guardar con indifferenza sì fatto feno-

fenomeno, confultò fopra ciò i fuoi Aftrologi; ma non fapendo quefti indovinarne la fignificazione, la richiefe dal Re
d'Acolhuacan, ch'era ancora portato per l'Aftrologìa, e la
Divinazione. Quefti Re, avvegnachè parenti foffero fra loro,
e perpetuamente alleati, non però viveano in molta armonìa,
dacchè il Re d'Acolhuacan fece morire, ficcome fra poco
vedremo, il fuo figliuolo *Huexotzincatzin*, non curando le preghiere di Motezuma, il quale come Zio di quel Principe,
s'interpofe per lui. Era già molto tempo, che non fi trat-
tavano più con quella frequenza, e con quella confidenza
con cui folevano; ma quefta volta il vano terrore, che in-
gombrò l'animo di Motezuma lo fpinfe a prevalerfi della
fcienza del Re Nezahualpilli: onde lo pregò di portarfi a
Meffico per deliberare infieme fopra tal affare, che premeva
del pari a tutti e due. Andò Nezahualpilli, e dopo aver
conferito proliffamente con Motezuma, fu di parere, per
quel che dicono gli Storici, che la Cometa annunziava le
future difgrazie di que' regni per l'arrivo di nuove genti.
Ma non piacendo cotal interpretazione a Motezuma, Nezahualpilli lo sfidò al giuoco del pallone, ch'era frequentiffimo
anche fra gli ftefli Re, e s'accordarono, che fe il Re di
Meffico vinceva la partita, quello d'Acolhuacan rinunziereb-
be alla fua interpretazione, ftimandola falfa; ma fe vinceva
Nezahualpilli, Motezuma dovrebbe riconofcerla vera, ed ab-
bracciarla. Sciocchezza veramente ridicola di quegli uomini
nel credere dipendente la verità d'una predizione dalla deftrezza del giuocatore, o dalla fortuna del giuoco; ma pure
men perniciofa di quella degli antichi Europei, che compro-
mettevano nella barbarie del duello, e nella incertezza delle armi la verità, l'innocenza, e l'onore. Reftò Nezahualpilli vittoriofo nel giuoco, e Motezuma fconfolato per la
perdita, e per la confermazione di sì cattivo pronofticamen-
to. Nondimeno volle tentare altra ftrada, fperando trovare
una predizione più favorevole, che fi contrappefaffe con quella del Re d'Acolhuacan, e colla difgrazia del giuoco. Fece
dunque confultar un famofiffimo Aftrologo, molto verfato
nelle

═══nelle fuperftizioni della Divinazione , colla quale avea rèn-
duto tanto celebre il fuo nome in quella terra , ed erafi con-
ciliata sì grande autorità, che fenza ufcir di cafa era confol-
tato come un oracolo dagli fteffi Re. Egli fapendo fenz'altro
ciò ch' era avvenuto fra i due Re, in vece di dare una rifpofta
gradevole al fuo Sovrano, o almeno equivoca, come fanno
per lo più tali pronofticatori, confermò la funefta predizione
del Tezcucano. Sdegnofsi tanto Motezuma della rifpofta, che
in ricompenfa fece rovinargli la cafa, reftando l' infelice indo-
vino fepolto fra le rovine del fuo fantuario.

Quefti, ed altri fimili pronofticamenti della caduta di
quell' Imperio fi vedono nelle pitture degli Americani, e
nelle Storie degli Spagnuoli. Sono troppo lontano da perfuadermi, che tutto ciò, che fcritto troviamo fopra sì fatto argomento, degno fia della noftra fede; ma neppur fi può dubitare della tradizione, che v' era fra gli Americani di dovere arrivare a quel regno delle nuove genti affai diverfe
da' proprj abitatori, che s' impadronirebbero di tutta la terra. Non v' è ftata nel paefe d' Anahuac veruna Nazion dirozzata, o mezzo dirozzata, che non abbia fatto fede di cotal tradizione, o colle loro teftimonianze verbali, o colle
proprie loro Storie. Non è poffibile indovinare la prima origine di quefta tradizione tanto univerfale; ma nel Secolo
XV., ed anche nel XIV. dappoichè colla invenzione della
buffola non temevano più gli uomini di perder di vifta la
terra, e gli Europei ftimolati dall' ambizione, e dalla infa-
ziabil fame dell' oro aveano cominciato a renderfi famigliari
i perigli dell' Oceano, quel maligno fpirito, capital nemico
del genere umano, che gira inceffantemente per tutta la terra fpiando le azioni dei Mortali, potè facilmente congetturare i progreffi degli Europei, la fcoperta del nuovo Mondo,
ed una parte de' grandi avvenimenti, che ivi erano per accadere : e non è inverifimile, che gli prediceffe a Nazioni confacrate al fuo culto, per confermarle colla fteffa
predizione dell' avvenire nella erronea perfuafione della fua
pretefa divinità. Ma fe il Demonio pronofticava le future

cala-

calamità per ingannar que' miferabili Popoli, il pietofiffimo
Dio le annunziava per difporre i loro fpiriti al Vangelo.
L'avvenimento, che fon per raccontare in conferma di quefta verità, fu pubblico, e ftrepitofo, accaduto in prefenza di
due Re, e della Nobiltà Meflicana. Trovoffi altresì rapprefentato in alcune dipinture di quelle Nazioni, e fe ne mandò alla Corte di Spagna un atteftato giuridico. (*)

    Papantzin, Principeffa Meflicana, e forella del Re Mo-
tezuma s'era maritata col Governatore di Tlatelolco, e morto poi coftui, rimafe nel palagio di lui fino all'anno 1509,
in cui venne anch'ella a morir d'infermità. Il fuo funerale
celebroffi colla magnificenza corrifpondente allo fplendore della fua nafcita, intervenendovi il Re fuo fratello, e tutta la
Nobiltà Meflicana, e Tlatelolca. Il fuo cadavero fu feppel-
lito dentro una cava o fpelonca fotterranea, che era nel giardino del medefimo palagio vicino ad un vivajo, dove foleva
bagnarfi, e l'entrata della cava fi chiufe con una lapida poco pefante. Il giorno feguente venne ad una fanciulla di
cinque o fei anni la voglia di paffar dall'appartamento della
Madre fua, a quello del Maggiordomo della defunta, ch'era
di là dal giardino, e nel paffare vide la Principeffa meffa a
federe fu' gradini del vivajo, e fentì da effa chiamarfi colla
parola *Cocoton*, (f) della quale fi fervono parlando con tenerezza
a'fanciulli. La ragazzetta non effendo capace per la fua età
di riflettere fulla morte della Principeffa, e parendole, che
andava a bagnarfi, come foleva, s'accoftò fenza paura, e
colei la inviò a chiamar la moglie del fuo Maggiordomo.
Andò pure a chiamarla; ma la donna forridendo, e facen-
dole delle carezze, le diffe. „ Mia figliuola, Papantzin già
„ è morta, e jeri l'abbiam feppellita. „ Ma ficcome la fanciulla inftava, ed anche la tirava per l'*huepilli*, o fia camicia femminile, ella più per compiacerle, che perchè credef-

Storia del Meffico Tom. I.   O o   fe

(*) Veggafi Torquemada nel lib. 2. cap. 91 , e Betancurt nella Part 3.
tratt 1 cap. 8.
(f) *Cocoton* vale quafi lo fteffo, che *Fanciulla*, ma efprime alquanto più
di tenerezza.

ſe ciò, che le diceva, la ſeguì; ma appena arrivata a viſta della Principeſſa fu da un tal orrore ſorpreſa, che cadde in terra tramortita. La fanciulla avvisò la Madre ſua, e queſta con altre due compagne corſero a dare ajuto alla donna; ma in vedendo la Principeſſa s'impaurirono a tal ſegno, ch' erano per venir meno, ſe la medeſima Principeſſa non le aveſſe confortato, aſſicurandole d'eſſere ormai viva. Fece chiamar per mezzo di loro il ſuo Maggiordomo, e lo incaricò d'andare a portar cotal nuova al Re ſuo fratello; ma egli non osò farlo; perchè temette, che il Re ſtimando queſta nuova una favola, ſenza eſaminarla lo gaſtigaſſe come bugiardo colla ſua ſolita ſeverità. Andate dunque a Tezcuco, gli diſſe allora la Principeſſa, e pregate a mio nome il Re Nezahualpilli di venire a trovarmi. Ubbidì il Maggiordomo, ed il Re da lui informato ſe ne andò incontanente a Tlatelolco. Quando arrivò colà, la Principeſſa era entrata in una ſtanza del palagio. Salutolla il Re pieno di ſtupore, ed ella lo pregò di portarſi a Meſſico, e dire al Re ſuo fratello, ch'era viva, ed avea biſogno di vederlo per iſcoprirgli alcune coſe di ſommo rilievo. Portoſſi il Re a Meſſico per eſeguir la commiſſione; ma appena poteva Motezuma dar fede a ciò, che ſentiva. Nondimeno per non far torto al riſpetto dovuto a sì autorevole Ambaſciatore, andò con lui, e con molta Nobiltà Meſſicana a Tlatelolco, ed entrando nella ſala, dove ſtava la Principeſſa, l'addimandò, s'era ella la ſua ſorella. „ Sono pure, Signore, riſpoſe „ la Principeſſa, voſtra ſorella Papan, che jeri l'altro avete „ ſeppellita: ſono veramente viva, e voglio manifeſtarvi ciò, „ che ho veduto; perchè v'importa. „ Ciò detto ſi miſero i due Re a ſedere, reſtando tutti gli altri in piedi, maravigliati di ciò, che vedevano.

Allora la Principeſſa continuò a parlar così: „ Dappoi „ che morii, o ſe non volete credere, che ſia ſtata morta, „ dappoi che reſtai priva del moto, e de' ſenſi, mi trovai „ improvviſamente in una pianura diſteſa, che da niuna ban- „ da ſi vedeva il termine. Nel mezzo d'eſſa oſſervai una

ſtrada

„ strada, che poi vidi dividersi in varj sentieri, e da una
„ banda scorreva un grosso fiume, le cui acque faceano un
„ rumore spaventevole: e volendo io gettarmi nel fiume per
„ passar a nuoto alla opposta riva, vidi innanzi a me un bel
„ giovane di buona statura, vestito d'un abito lungo, bianco
„ come la neve, e risplendente, come il sole, fornito d' ali di
„ vaghe piume, e portando sulla fronte questo segno (nel dir
questo la Principessa fece colle due prime dita il segno della
croce) e prendendomi la mano, mi disse: *Fermati; poichè*
„ *non è ancor tempo di passar questo fiume. Iddio t'ama as-*
„ *sai, benchè tu nol conoschi.* Indi mi condusse lungo il fiu-
„ me, nella cui sponda vidi moltissimi cranj umani ed ossa-
„ mi, e sentii de' gemiti tanto lagrimevoli, che mi mossero a
„ compassione. Volgendo poi gli occhj al fiume, vidi all'insù
„ alcune barche grandi, ed in esse certi uomini di colore ed
„ abito assai diverso dal nostro. Erano bianchi e barbati, e
„ portavano degli stendardi in mano, e degli elmi in testa.
„ *Iddio*, mi disse allora il giovane, *Iddio vuol che tu viva,*
„ *acciocchè sii testimonio delle rivoluzioni, che son per av-*
„ *venire in questi regni. I gemiti, che sentisti fra quegli os-*
„ *sami, sono delle anime de' tuoi antenati, che sono e saranno*
„ *sempre mai tormentati per i loro delitti. Quegli uomini, che*
„ *vedi venir nelle barche, sono coloro, che colle armi si ren-*
„ *deranno padroni di tutti questi regni, e con esso loro verrà*
„ *anche la notizia del vero Dio, Creator del Cielo, e della*
„ *terra. Tu tosto che finita sia la guerra, e promulgato il bagno,*
„ *con cui si scancellano i peccati, sii la prima nel riceverlo, e*
„ *guida col tuo esempio i tuoi Nazionali.* Ciò detto disparve
„ il giovane, ed io mi trovai richiamata alla vita: mi alzai
„ dal luogo, dove giaceva, levai la lapida dal sepolcro, ed
„ uscii al giardino, dove fui da' miei dimestici trovata. „

Attonito restò Motezuma nel sentir sì fatto ragguaglio,
e colla mente turbata da una gran folla di pensieri s'alzò, ed
uscì subito per andarsene ad un suo palagio destinato pel tempo di duolo, senza far motto a sua sorella, nè al Re di Tezcuco, nè a verun altro di quelli, che lo accompagnavano,

ben-

benchè alcuni adulatori per rafferenarlo, procurarono perfua. dergli, che la malattia, che avea patito la Principeſſa, le avea ſtravolto il cervello. Non volle tornar più a lei, per non ſentir un'altra volta i malinconici preſagj della rovina del ſuo Imperio. La Principeſſa viſſe poi molti anni in ſomma ritiratezza ed aſtinenza. Fu la prima, che nell'anno 1524 ricevette in Tlatelolco il ſacro batteſimo, e ſi chiamò fin d'allora *Donna Maria Papantzin*. Negli anni in cui ſopravviſſe alla ſua rigenerazione, fu un perfetto modello di virtù criſtiana, e la ſua morte corriſpoſe alla ſua vita, ed alla ſua maraviglioſa vocazione al Criſtianeſimo. (g)

Oltre a queſto memorabile ſucceſſo accadde nel 1510, l'improvviſo, e violento incendio delle torri del tempio maggior di Meſſico in una notte ſerena, ſenza poterſi mai indovinar la cagione, e nell'anno antecedente una sì rapida e sì ſtraordinaria agitazione delle acque del lago, che rovinarono alcune caſe di Meſſico, non eſſendovi nè vento, nè tremuoto, nè altra cagione naturale, a cui poteſſe aſcriverſi sì raro fenomeno. Si dice ancora, che nel 1511. ſi videro rappreſentati nell'aria degli uomini armati, che combattevano fra loro, e s'ammazzavano. Queſti, ed altri ſimili fenomeni raccontati dall'Acoſta, dal Torquemada, e da altri, ſi trovarono eſattamente deſcritti nelle Storie Meſſicane, ed Acolhue. Non è pur inveriſimile, che avendo Dio annunziato con sì fatti prodigj l'eccidio d'alcune Città, ſiccome in parte ci conſta dalla Sacra Scrittura, e in parte dalla teſtimonianza di Gioſeffo, d'Euſebio Ceſarienſe, d'Oroſio, e d'altri Autori, adoperaſſe ancora la medeſima providenza nello ſcompiglio generale d'un Mondo intero, ch'è ſenza dubbio l'avvenimento più raro e più notabile di tutti quanti ſi leggono nelle Storie umane.

La coſternazione meſſa da sì funeſti preſagj nell'animo di Motezuma, non lo diſtornò da' penſieri di guerra. Molte

(g) Queſto ſucceſſo della Sorella di Motezuma ſi aſcrive dal Cav Boturini ad una Sorella del Re di Michuacan Nel lib. 2. abbiamo fatta menzione delle favole, di cui è pieno il ragguaglio di queſto Autore!

te erano ſtate nel 1508. le ſpedizioni de' ſuoi eſerciti, particolarmente contro gli Tlaſcalleſi, gli Huexotzinchi, gli Atlix-
che ſi, e contro que' d' Icpatepec, e di Malinaltepec, nelle quali fecero più di cinque mila prigionieri, che poi furono nella Corte ſacrificati. Nel 1509. avvenne la guerra contro que' di Xochitepec, che s' erano ribellati. Nell' anno
ſeguente parendo a Motezuma piccolo l' altare de' Sacrifizj,
e men proporzionato alla magnificenza del tempio, fece cercar una buona pietra di ſmiſurata grandezza, e ſi trovò preſſo a Cojoacan. Dopo averla fatta pulire ed intagliar curioſamente, comandò, che foſſe portata ſolennemente a Meſſico.
Concorſe un gran Popolo a ſtraſcinarla; ma nel paſſarla per
un ponte di travi, che era ſopra un canale nella entrata
della Città, col ſuo enorme peſo ruppe le travi, e cadde
nel canale, traendo ſeco alcuni uomini, e tra eſſi il Sommo
Sacerdote, che l' andava incenſando. Rincrebbe aſſai al Re, ed
al Popolo cotal diſgrazia; ma ſenz' abbandonar l' impreſa,
tirarono fuor dell' acqua la pietra con ſomma fatica, e la
portarono al tempio, dove fu dedicata co' ſacrifizi di tutti
i prigionieri, ch' erano ſtati riſervati per queſta gran feſta,
che fu veramente delle più ſolenni, che celebrarono i Meſſicani. Ad eſſa convocò il Re la principal Nobiltà di tutto
il ſuo regno, e ſpeſe de' grandi teſori ne' doni, che fece a'
Nobili, ed a' Plebei. Queſto medeſimo anno ſi celebrò ancora la Dedicazione del tempio *Tlamatzinco*, e di quello
del *Quaxicalco*, di cui altrove parleremo. Le vittime ſacrificate nella Dedicazione di queſti due edifizj, ed in quella
dell' altare de' ſacrifizj, furono, per quel che dicono gli Storici, dodici mila dugento e dieci.

Per fornir ſì gran numero di vittime biſognava far con-
tinuamente la guerra. Nel 1511. ſi ribellarono gli Jopi, e volevano ammazzar tutta la guernigione di Meſſicani, che v'
era in Tlacotepec; ma eſſendo ſtato opportunamente ſcoper-
to il loro diſegno, furono puniti, e dugento di loro condotti prigioni alla Corte. Nel 1512. marciò un eſercito di
Meſſicani verſo Tramontana contro i Quetzalapaneſi, e con

per-

LIB. V

§ 14.
Erezione
d' un
nuovo
altare per
li ſacri-
fizj, e
nuove
ſpedizio-
ni de'
Meſſica-
ni.

perdita di foli novanta cinque uomini fecero mille trecento
trentadue prigionieri, che furono ancora menati a Meſſico.
Con queſte, ed altre conquiſte fatte ne' tre anni feguenti
pervenne l' Imperio Meſſicano alla fua maggior ampiezza,
cinque o fei anni prima della fua rovina, alla quale contribuirono aſſai le ſteſſe rapide conquiſte. Ogni Provincia,
ogni luogo conquiſtato diveniva un nuovo nemico de' conquiſtatori, il quale impaziente del giogo, a cui non era avvez-
zo, ed irritato colla violenza non altro aſpettava, che qualche buona occaſione per vendicarſi, e reſtituirſi alla fua priſtina libertà. La felicità d' un regno non conſiſte nelle eſtenſione de' fuoi dominj, neppur nella moltitudine de' Vaſſalli;
anzi non s' accoſta mai eſſo tanto al fuo fine, che allorchè
a cagione della fua vaſta e ſmiſurata ampiezza, nè può mantenere la unione neceſſaria fra le fue parti, nè quel vigore,
che ſi biſogna per reſiſtere alla moltitudine de' fuoi nemici.

Nè contribuirono meno alla rovina dello Imperio Meſſicano le rivoluzioni, che per queſto medeſimo tempo av-
vennero nel regno d' Acolhuacan, cagionate dalla morte del
Re Nezahualpilli. Queſto celebre Re, dopo aver poſſeduto
§ 15
Morte ed
elogio
del Re
Neza-
hualpilli.
il trono quarantacinque anni, o annojato del governo, o
pure aggravato dalla malinconìa per i funeſti fenomeni, che
avea oſſervati, laſciò le redine del governo nelle mani di
due Principi Reali, e ſi ritirò al fuo palagio di diporto in
Tezcotzinco, conducendo feco la fua favorita Xocotzin, e
pochi fervitori, laſciando ordine a' fuoi figliuoli di non uſci-
re dalla Corte, e d' aſpettar ivi le fue ulteriori diſpoſizioni.
Nei fei meſi, che vi ſtette, ſi divertiva ſpeſſo nell' eſercizio
della caccia, e la notte s' occupava nella oſſervazione del
Cielo, e per ciò s' avea fatto fare nel terrazzo del palagio
un piccolo oſſervatorio, il quale conſervoſſi fino al fecolo
feguente, e fu veduto da alcuni Storici Spagnuoli, che ne parlano. Quivi non folo contemplava il moto, e il corſo degli aſtri; ma conferiva con alcuni intendenti d' Aſtrono-
mìa; poichè eſſendo ſtato queſto ſtudio ognora in pregio appo loro, ſi diedero più ad eſſo dopo che furono eccitati coll'
eſem-

efempio del gran Re Nezahualcojotl, e del fuo figliuolo e
fucceffore.

Dopo fei mei di quefta vita privata ritornò alla Corte, ordinò alla fua cara Xocotzin di ritirarfi co' fuoi figliuoli nel palazzo appellato *Tecpilpan*, ed egli fi rinchiufe in quello di fua ordinaria refidenza, fenza lafciarfi veder da neffuno, fe non da qualcheduno de' fuoi confidenti
col difegno d' occultar la fua morte ad imitazione di fuo Padre. In fatti non fi feppe mai nè il tempo, nè le altre circoftanze della fua morte. Soltanto fi fa, che morì nel 1516., e
che prima di morire comandò a' confidenti, di cui fi ferviva, che
bruciaffero fegretamente il fuo cadavero. Quindi avvenne, che
il Volgo, ed anche, parecchi Nobili reftaffero perfuafi, che
non era morto, ma che fe n' era andato al regno d' Amaquemecan, dond' ebbero origine i fuoi Antenati, ficcome fpeffe
volte avea detto di volerlo fare.

Fu quefto Re dello fteffo fentimento in materia di religione del fuo gran Padre Nezahualcojotl. Difprezzava colla
fua mente il culto degl' Idoli, benchè efternamente fi confor-
maffe col Popolo. Imitò parimente fuo Padre nel zelo per le
leggi, e nella feverità della giuftizia, di cui diede un raro e-
fempio negli ultimi anni del fuo regno. V' era una legge, che
vietava fotto pena di morte il dir delle parole *indecenti* nel
Real palagio. Violò quefta legge uno de' Principi fuoi figliuoli appellato *Huexotzincatzin*, a cui portava più amore,
che a tutti gli altri, non meno per l' indole di lui, e per
le virtù, che ormai fpiccavano nella fua giovinezza, che per
effere ftato il primogenito tra i figliuoli avuti dalla fua favorita Xocotzin; ma le parole del Principe erano ftate piuttofto effetto della inconfiderazion giovanile, che di qualche reo
propofito. Il feppe il Re da una delle fue concubine, a cui
erano ftate dette tali parole. Domandolle, fe ciò era avvenuto innanzi ad altre perfone, ed avendo faputo, che fi trovarono prefenti gli Ai del Principe, fi ritirò ad un appartamento del palagio, ch' era deftinato per le occafioni di duolo. Quivi fece chiamar gli Ai per efaminargli. Eglino, te-
men-

mendo d' effer feveramente puniti, fe celavano la verità; la teftificarono fchiettamente; ma infieme s' ingegnarono di fcufare il Principe, dicendo che nè colui conofceva la perfona a cui parlava, nè le parole erano ftate ofcene. Ma a difpetto delle loro rappresentazioni, ordinò fubito, che il Principe foffe arreftato, e nello fteffo giorno pronunziò contro lui fentenza di morte. Cofternoffi per sì rigorofa fentenza tutta la Corte, s' interpofe con preghiere e con lagrime la Nobiltà, e la fteffa Madre del Principe confidata nel grande amore, che il Re le portava gli fi prefentò piangente, e per muoverlo più a compaffione, conduffe feco i fuoi figliuoli. Ma nè ragioni, nè preghiere, nè lagrime baftarono a piegar il Re. „ Il mio figliuolo diceva, ha violata la leg„ ge. S' io gli perdono, diraffi, che le leggi non fo„ no fatte per tutti. Sappiano i miei fudditi, che a nef„ funo farà perdonata la trafgreffione, poichè non la per„ dono al figliuolo, che più amo. „ La Regina traffitta dal più vivo dolore, e difperata di poter vincere la coftanza del Re. „ Giacchè, gli diffe, per sì leggiera cagione ave„ te fcacciato dal voftro cuore tutti gli affetti di Padre, e „ di Marito, e volete farvi carnefice del voftro proprio fi„ gliuolo, che altro vi refta, fe non di dar anche a me la „ morte, ed a quefti teneri Principi, che vi ho partorito? „ Il Re allora con afpetto grave le comandò, che fi ritiraffe; poichè non v' era più rimedio. Andoffene la Regina fconfolata al fuo appartamento, e quivi in compagnia d' alcune dame, che andarono a confolarla, s' abbandonò al pianto. Frattanto coloro, ch' erano incaricati del fupplizio del Principe, 'l andavano indugiando, acciocchè rallentato col tempo il zelo per la giuftizia, vi foffe luogo allo amor paterno, ed alla clemenza; ma accorgendofi del loro intento il Re, comandò, che fubito foffe efeguito, come in fatti avvenne con general difpiacere di tutto il regno, e con graviffimo difgufto del Re Motezuma, non folo pel parentado, che avea con effo Principe, ma eziandio per effere ftate non curate le preghiere da lui interpofte, acciocchè fi rivocaffe la fen-

ten-

tenza. Poi che fu efeguito il fupplizio, fi rinchiufe il Re dentro una fala per lo fpazio di quaranta giorni, fenza lafciarfi veder da neffuno, per dare ivi tutto lo sfogo al fuo dolore, e fece chiuder con muro le porte dell' appartamento del fuo figliuolo, per levarfi dagli occhj quell' incentivo di cordoglio.

Quefta feverità nel punire i trafgreffori fi contrappefava colla compaffione, che moftrava, della miferia de' fuoi fudditi. V'era nel fuo palagio una fineftra, che guardava la piazza del mercato, coperta da una gelosìa, donde offervava fenza effer veduto, la gente che vi concorreva; e quando vedeva qualche donna mal veftita, la faceva chiamare, ed informatofi della vita di lei, e della fua neceffità, la provvedeva del bifognevole per lei, e per tutti i fuoi figliuoli, fe gli aveva. Ogni giorno faceva nel fuo palagio delle limofine a tutti gl'invalidi, ed orfannelli. V'era in Tezcuco un Ofpedale per tutti quelli, che nella guerra aveano perduti gli occhi, o in qualunque altra maniera s'erano refi inutili per l'efercizio delle armi, ed ivi erano a fpefe del Re foftentati fecondo la lor condizione, e fpeffe volte dallo fteffo Re vifitati. In cotali opere fpendeva una gran parte delle fue rendite.

L'ingegno di quefto Re è ftato affai celebrato dagli Storici di quel regno. Egli fi propofe da imitare e per gli ftudj, e per la condotta della vita lo efempio di fuo Padre, ed in fatti gli fu affai fomigliante. Con lui fi può dir finita la gloria de' Re Cicimechi; poichè la difcordia eccitatafi fra i fuoi figliuoli diminuì lo fplendor della Corte, indebolì le forze dello Stato, e lo difpofe alla fua ultima rovina. Non dichiarò Nezahualpilli chi dovea fuccedergli nella Corona, come aveano fatto tutti i fuoi Anteceffori. Ignoriamo pure il motivo d'una tal trafcuratezza, che fu sì perniciofa al regno di Acolhuacan.

Tofto che il Configlio fupremo del Re defunto fu afficurato della fua morte, fi credette in obbligo d'eleggere il fucceffore ad imitazione de' Mefficani. Radunaronfi dunque per deliberare fopra un affare di tanto rilievo, e comincian do

§. 16. Rivoluzioni del regno d' Acolhuacan.

do a difcorrere il più anziano, e più autorevole di loro, rappre-fentò i graviffimi danni, che potrebbe recar allo ftato l'A-narchìa, fe fi ritardava l'elezione: che egli era di parere, che doveffe ricader la corona nel Principe Cacamatzin; poichè oltre alla fua prudenza, ed al fuo coraggio, era il pri-mogenito della prima Principeffa Mefficana, che fposò il de-funto Re. Tutti gli altri configlieri aderirono a quefto pa-rere, che era tanto giufto, e di una perfona tanto autorevo-le. I Principi, che in una fala vicina afpettavano la rifo-luzione del Configlio, furono pregati d'entrarvi per fentir-la. Entiati che furono tutti, fi diede la principal fedia a Cacamatzin, ch'era giovane di venti due anni, ed a' fianchi di lui fedettero i fuoi fratelli Coanacotzin di venti, e Ix-tlilxochitl di diciannove anni. Alzoffi poi quell'Anziano ch' era ftato il primo a parlare, e dichiarò la rifoluzione del Con-figlio, nella quale era compromeffa quella del regno, di dar la Corona a Cacamatzin attefo il diritto della primogenitura. Ixtlilxochitl, ch'era un giovane ambiziofo ed intraprenden-te, fi oppofe dicendo, che fe il Re foffe ftato veramente morto, avrebbe fenz'altro nominato il fucceffore: che il non averlo fatto era indizio non dubbiofo della fua vita, ed ef-fendo vivo il legittimo Sovrano, era attentato ne' fudditi il nominare un fucceffore. I Configlieri conofcendo bene l'in-dole d'Ixtlilxochitl, non ofarono contraddirgli apertamente; ma pregarono Coanacotzin di dire il fuo fentimento. Que-fto Principe lodò, e confermò la determinazione del Confi-glio, ed accennò gl'inconvenienti, ch'erano per avvenire, fe fi ritardaffe la efecuzione. Ixtlilxochitl gli contraddiffe, tacciandolo di leggerezza, e d'inconfiderazione, mentre non s'accorgeva, che nell'abbracciar tal partito favoriva i di-fegni di Motezuma, ch'era troppo inclinato a Cacamatzin, e fi adoperava per metterlo ful trono, fperando aver in co-ftui un Re di cera, a cui dar poteffe qualunque forma gli piaceffe. ,, Non è ragionevole, o mio fratello, replicò Coa-,, nacotzin, l'opporfi ad una rifoluzione sì favia e sì giu-,, fta. Non avvertite, che quando non foffe Re Cacamatzin,

a me,

,, a me, non a voi fi dovrebbe la Corona? ,, ,, E' vero,
,, diffe allora Ixthilxochitl, che fe per la fucceffione fi deb-
,, be confiderar foltanto l' età, la Corona fi debbe a Caca-
,, matzin, e mancando lui, a voi; ma fe fi ha riguardo,
,, ficcome è giufto, al coraggio, a me è dovuta, piuttofto che a
,, voi, ovvero a Cacamatzin. ,, I Configlieri vedendo, che
la collera de' Principi s' andava vieppiù rifcaldando, impofero filenzio a tutti e due, e licenziarono la radunanza.

I due Principi andarono alla lor Madre la Regina Xocotzin,
per continuar la loro contefa, e Cacamatzin accompagnato
da molta Nobiltà fi portò fubito a Meffico per informar Motezuma di ciò, che era avvenuto, e per addimandare il fuo
ajuto. Motezuma, il quale oltre all' amor, che gli portava,
vedeva il dritto di tal Principe, ed il confenfo della
Nazione, gli configliò di metter in falvo prima d' ogni altra
cofa il Real teforo, e gli promife d' accomodar la lite col
fuo fratello, e d' impiegar l' armi Meffcane in favor di lui,
fe mai non foffero abbaftanza le negoziazioni.

Ixtlilxochitl tofto che feppe la partenza di Cacamatzin,
ed antivide le confeguenze del ricorfo di lui a Motezuma,
ufcì dalla Corte con tutti i fuoi partigiani, e fe n' andò agli
ftati, che aveano i fuoi Ai nelle montagne di Meztitlan. Coanacotzin diede prontamente avvifo a Cacamatzin, acciocchè
fenza indugio fi reftituiffe a Tezcuco, e fi prevaleffe di sì
opportuna occafione per incoronarfi. Pigliò Cacamatzin il
falutevole configlio del fuo fratello, e portoffi a quella Corte accompagnato da Cuitlahuazin, fratello di Motezuma, e
Signor d' Iztapalapan, e da molta Nobiltà Meffcana. Cui-
tlahuatzin, fenza perder tempo, convocò la Nobiltà Tezcucana nell' *Hueitecpan*, o fia gran palagio de' Re d' Acolhuacan, e gli prefentò il Principe Cacamatzin, acciocchè foffe
da loro riconofciuto per legittimo Sovrano. Accettaronlo
tutti, e reftò allora determinato il giorno per la folennità del-
l' Incoronazione; ma s' impedì colle nuove, che arrivarono
alla Corte, che il Principe Ixtlilxochitl fcendeva dalle montagne
di Meztitlan alla tefta d' un groffo efercito.

Que-

Questo inquieto giovane subito che arrivò a Meztitlan, convocò tutti i Signori de' luoghi situati in quelle grandi montagne, e lor fece sapere il suo disegno d'
opporsi a suo fratello Cacamatzin sotto pretesto di zelo per
l'onore, e per la libertà delle Nazioni Cicimeca, ed Acolhua: ch'era cosa indegna ed assai pericolosa l'ubbidire
ad un Re sì pieghevole alla volontà di quello di Messico · che i Messicani dimenticatisi di quanto dovevano a-
gli Acolhui, volevano aumentar le loro inique usurpazioni
con quella del regno d'Acolhuacan: ch'egli dalla sua parte
era determinato di adoperare tutto il coraggio, che Iddio
gli avea dato, nel difender la sua patria dalla tirannìa di
Motezuma. Con sì fatte ragioni suggeritegli verisimilmente
da' suoi Ai, riscaldò in tal maniera gli animi di quei Signori, che tutti s'esibirono ad ajutarlo con tutte le loro
forze, ed in fatti levarono tante truppe, che quando il Principe scese dalle montagne, montava il suo esercito, per quel
che dicono, a più di cento mila uomini. In tutti i luoghi
dove passava era ben accolto, o per paura della sua pos-
sanza, o per inclinazione a favorir le sue pretensioni. Da
Tepepolco mandò un'ambasciata agli Otompanesi, ordinando
loro di prestare a lui ubbidienza, come a lor proprio Re;
ma costoro risposero, che morto il Re Nezahualpilli, altro
Padrone non riconoscevano, che Cacamatzin, il quale era
stato pacificamente accettato nella Corte, e si trovava già
in possesso del trono d'Acolhuacan. Questa risposta irritò
Ixtlilxochitl, e lo fece andar precipitosamente contra quella
Città. Gli Otompanesi gli vennero all'incontro in ordine
di battaglia; ma benchè facessero qualche resistenza all'esercito nemico, furono pur vinti, e presa dal Principe la loro
Città. Tra i morti cadde lo stesso Signor d'Otompan, e
ciò appunto anticipò al Principe la vittoria.

Questo successo mise in grande inquietudine Cacamatzin, e tutta la sua Corte: onde temendo, che volesse anche
il nemico assediar la capitale, procurò fortificarsi; ma il
Principe contento di vedersi rispettato e temuto, non si mos-
se

se allora da Otompan; ma difpofe delle guardie fulle ftrade coll'ordine di non far male a neffuno, di non impedire il paffo a'particolari, che dalla Corte voleffero andare a qualunque altro luogo, e di offequiar le perfone di primo rango, che vi paffaffero. Cacamatzin vedendo le forze, e la rifoluzione del fratello, e ftimando manco male il facrificar una parte, benchè grande del regno, che il perderlo tutto, gli mandò col confenfo di Coanacotzin un'ambafciata per far con effo lui qualche accomodamento. Mandò a dirgli, che riteneffe pure, fe voleva, tutti i dominj delle montagne, poichè egli fi contentava della Corte, e degli ftati delle pianure: che voleva anche partire col fuo fratello Coanacotzin le rendite del regno; ma infieme lo pregava di lafciar ogni altra pretenfione, e di non perturbar più la pubblica tranquillità. Gli Ambafciatori furono due Perfonaggi del fangue Reale d'Acolhuacan, a cui portava un gran rifpetto Ixtlilxochitl. Quefto Principe rifpofe, che i fuoi fratelli potevano far tutto ciò che lor piaceffe: che a lui era caro, che Cacamatzin foffe in poffeffione del regno d'Acolhuacan: ch'egli niente macchinava contro loro, nè contro lo ftato: che non manteneva per altro quell'efercito, che per opporfi agli ambiziofi difegni de'Mefficani, i quali aveano recati de'graviffimi difgufti, e de'fofpetti a fuo Padre Nezahualpilli: che fe allora fi divideva il regno pel comun intereffe della Nazione, fperava di vederlo un'altra volta unito: che foprattutto fi guardaffero di cadere ne'laccj dell'aftuto Motezuma. Non s'ingannò pure Ixtlilxochitl nella diffidenza di Motezuma; poichè in fatti quefto Re fu quegli, che diede lo fventurato Cacamatzin, come vedremo, in mano agli Spagnuoli, malgrado l'amor che gli portava.

Coll'accordo fatto col fratello reftò Cacamatzin nella pacifica poffeffione della corona d'Acolhuacan; ma co'fuoi dominj troppo diminuiti. mentre ciò che avea ceduto, era una parte confiderabile del regno. Ixtlilxochitl mantenne ognora le fue truppe in moto, e fpeffe volte fi lafciò vedere col fuo efercito nelle vicinanze di Meffico, sfidando Motezuma
ma

Lib. V. ma a combattere a corpo a corpo con lui. Ma questo Re non trovavasi più in istato di accettar una tale sfida: il fuoco ch' ebbe nella sua giovanezza s' era già cominciato a smorzare cogli anni, e le delizie dimestiche gli aveano indebolito l'animo. nè prudenza sarebbe stata lo esporsi ad un tal conflitto con un giovane sì risoluto, il quale con segrete negoziazioni avea già tirata al suo partito una gran parte delle Provincie Messicane. Nondimeno spesse volte combatterono i Messicani con quell'esercito, restando or vinti, or vittoriosi. In una di quelle zuffe fu preso un parente del Re di Messico, il quale era uscito alla guerra colla risoluzione di far prigione quel Principe, e condurlo legato a Messico, e così lo avea promesso a Motezuma. Seppe Ixtlilxochitl questa arrogante promessa, e per vendicarsi avendolo fatto legare e coprir di canna secca, lo fece bruciar vivo a vista di tutto l'esercito.

Nel decorso della nostra storia faremo vedere, quanta parte ebbe questo inquieto Principe nella felicità degli Spagnuoli, i quali a questo tempo cominciarono a lasciarsi vedere sulle coste del Golfo Messicano; ma prima d'intraprendere la narrazione d'una guerra, che mise tutti que' regni in iscompiglio, è d'uopo far conoscere la Religione, il Governo, le arti, ed i costumi de' Messicani.

Fine del Tomo Primo.

GENEALOGIA DEI RE MESSICANI

DEDOTTA INSIN DAL COMINCIAMENTO DEL SECOLO XIII.

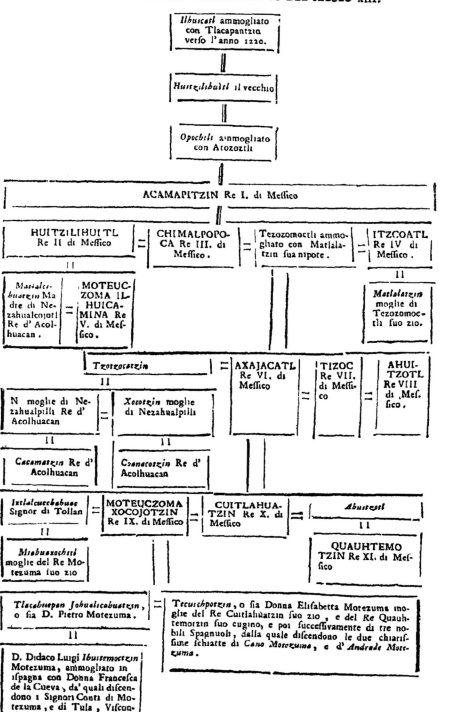

INDICE
DEL TOMO I.
LIBRO I.

LIBRO V.

ERRA

306

ERRATA ⋯ CORRIGE

Dedic. iv lin 2 diffettofa ⋯ difettofa
    vii lin 9 qualche ⋯ qualche
Pag 1. lin 7 e stata ⋯ e stata
pag 5 lin 5. correggendovi le mi- ⋯ correggendovi le proporzioni dell'im-
    fure da lui recate   magine per le mifure da lui recate
pag 6 lin pen alla truppe ⋯ alle truppe
pag 11 lin 32 Demenicano ⋯ Domenicano
pag 17 lin 3 e stato ⋯ è stato
pag 28. ed altrove, oltre di quefte ⋯ oltre a quefte
pag 33. ed altrove, oltrecche ⋯ oltrechè
pag 40 lin 17. ragioni ⋯ regioni
    lin 24 combaftili ⋯ combuftibili
pag 47 lin. 4 e fia ⋯ o fia
pag 50 lin 17 alla pigna ⋯ alla pina
pag 59 lin 2 della palma di cocco ⋯ la palma di cocco, e quelle de' dat-
    e di quella de datteri   teri
pag 76 nella nota ld) effendofi trovati ⋯ effendofi trovate
pag 78 lin 4 confidebile ⋯ confiderabile
pag 81 lin 30 è il Tropilot ⋯ e il Tropilot
pag 99 lin 27 Linguattola ⋯ Linguatola
pag 108. lin 22 gionco ⋯ giunco
pag. 115 nella nota, bianhi ⋯ bianchi
pag 119 lin 3 capigliatura ⋯ capellatura
pag 121 lin 28 li ⋯ li
pag 122 lin. 30 differtazione ⋯ differtazioni
pag 146 lin. 17 Tlotzin nel fecolo XIV ⋯ Tlotzin nel fecolo XIII
pag 181. lin. 19. quelli Europei ⋯ quegli Europei
pag 182 lin 29. del fuo palagio ⋯ di palagio
pag 190 lin 22 roverfciare ⋯ rovefciare
pag. 193. lin 20. diffimulò però ⋯ diffimulò pure
pag 195 lin 23. s'affidette ⋯ s'affife
pag 197 lin. 20. in dirittura ⋯ a dirittura
pag 205. lin 7. che s'era rifugiato ⋯ ch'era rifuggito
pag 209 lin 10
pag. 219 lin 8. raccolgevano ⋯ raccoglievano
pag 244 lin 28. Ei Gallinaccj ⋯ Di Gallinaccj
pag 290 lin pen pianura diftefa ⋯ pianura sì diftefa

*N.l margine della pag. 170. manca quefta poftilla. §. 20. Divifione de' Te-
nucheni, e de' Tlatelolchi, e nella pag 203. fi vede replicata la poftilla antecedente, laddove dovrebbe dir così. § 17. Perfecuzione contro il Principe Nezahualcoiotl. Non dubito, che i cortefi Lettori fuferanno benignamente quefti, ed altri errori, e che i tomi feguenti diveranno più corretti*

GOLFO

MESSICANO

pan

 Otapan
Cozolpae
Tochtla
COA Acayocca TZA ONO
Hurlot'a Mo'u HUAL
Painalla Tona CO
CUALCO
Zojaltepec

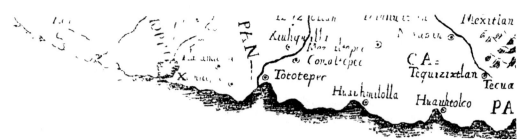

Zuihquilli · Cuauhquechollan · Mexitlan
Conatepec · Tototepec
Huauhmilolla · Huauhtolco · Tequizixtlan · Tecua
CA= · PA

MARE PACIFICO

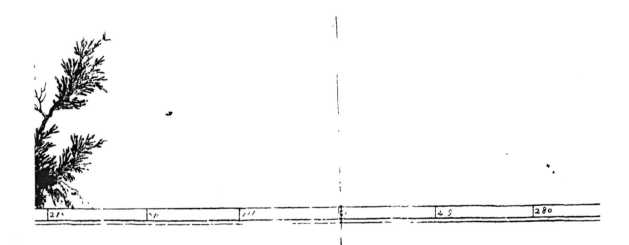

27 · 26 · 25 · 280

TEOCHI PAN

Teochi_
pan

Xalapan

Ocotzcuaui

Miltepec
ntepec
N Izcaltepec Tlpanatepec
Eztepec To·lapan
Xolotla
XOCONOCH Xocotenai o
Pinolla
Itzcuintla
CO
Huehuetlan
Tlpachotla Tochtlan
Xoconochco

281 282 283

CPSIA information can be obtained at www.ICGtesting.com
Printed in the USA
BVOW061639180213

313554BV00007BB/185/P